"十二五"职业教育国家规划教材
经全国职业教育教材审定委员会审定
高等职业院校精品教材系列

# 建筑工程法规原理与实务
## （第2版）

陈正　刘国华　主编

林鹏　毛云婷　罗珺　杨睿　副主编

李汉华　主审

电子工业出版社
Publishing House of Electronics Industry
北京·BEIJING

## 内 容 简 介

本书在第 1 版得到广泛使用的基础上，充分征求相关教师的使用建议和专家意见，结合最新的职业教育教学改革要求和作者多年的校企合作经验进行编写。本书根据最新的建筑工程法律法规，从建筑工程管理的实际需要出发，介绍建筑工程法规原理与实务，其主要内容共分 4 章，分别为建筑工程法律制度、合同法律制度、建筑工程纠纷处理的法律制度、建筑工程法律责任。

本书为高等职业本专科院校相应课程的教材，也可作为开放大学、成人教育、自学考试、中职学校、培训班等的教材，以及建造师、监理师等工程技术人员的一本参考工具书。

本书配有免费的电子教学课件和练习题参考答案，详见前言。

未经许可，不得以任何方式复制或抄袭本书之部分或全部内容。
版权所有，侵权必究。

**图书在版编目（CIP）数据**

建筑工程法规原理与实务/陈正，刘国华主编．—2 版．—北京：电子工业出版社，2011.6
全国高等职业院校规划教材．精品与示范系列
ISBN 978-7-121-13518-7

Ⅰ．①建… Ⅱ．①陈…②刘… Ⅲ．①建筑法—中国—高等职业教育—教材 Ⅳ．①D922.297

中国版本图书馆 CIP 数据核字（2011）第 084512 号

策划编辑：陈健德（E-mail:chenjd@phei.com.cn）
责任编辑：陈健德　　　特约编辑：张　彬
印　　刷：天津画中画印刷有限公司
装　　订：天津画中画印刷有限公司
出版发行：电子工业出版社
　　　　　北京市海淀区万寿路 173 信箱　　邮编　100036
开　　本：787×1 092　1/16　印张：21.5　字数：550.4 千字
版　　次：2006 年 1 月第 1 版
　　　　　2011 年 6 月第 2 版
印　　次：2021 年 5 月第 25 次印刷
定　　价：39.00 元

凡所购买电子工业出版社图书有缺损问题，请向购买书店调换。若书店售缺，请与本社发行部联系，联系及邮购电话：（010）88254888，88258888。

质量投诉请发邮件至 zlts@phei.com.cn，盗版侵权举报请发邮件至 dbqq@phei.com.cn。
本书咨询联系方式：chenjd@phei.com.cn。

# 职业教育　　继往开来（序）

自我国经济在 21 世纪快速发展以来，各行各业都取得了前所未有的进步。随着我国工业生产规模的扩大和经济发展水平的提高，教育行业受到了各方面的重视。尤其对高等职业教育来说，近几年在教育部和财政部实施的国家示范性院校建设政策鼓舞下，高职院校以服务为宗旨、以就业为导向，开展工学结合与校企合作，进行了较大范围的专业建设和课程改革，涌现出一批示范专业和精品课程。高职教育在为区域经济建设服务的前提下，逐步加大校内生产性实训比例，引入企业参与教学过程和质量评价。在这种开放式人才培养模式下，教学以育人为目标，以掌握知识和技能为根本，克服了以学科体系进行教学的缺点和不足，为学生的顶岗实习和顺利就业创造了条件。

中国电子教育学会立足于工业和信息行业，为行业教育事业的改革和发展，为实施"科教兴国"战略做了许多工作。电子工业出版社作为国家职业教育教材出版大社，具有优秀的编辑人才队伍和丰富的职业教育教材出版经验，有义务和能力与广大的高职院校密切合作，参与创新职业教育的新方法，出版反映最新教学改革成果的新教材。中国电子教育学会经常与电子工业出版社开展交流与合作，在职业教育新的教学模式下，将共同为培养符合当今社会需要的、合格的职业技能人才而提供优质服务。

由电子工业出版社组织策划和编辑出版的"全国高职高专院校规划教材·精品与示范系列"，具有以下几个突出特点，特向全国的职业教育院校进行推荐。

（1）本系列教材的课程研究专家和作者主要来自教育部和各省市评审通过的多所示范院校。他们对教育部倡导的职业教育教学改革精神理解得透彻准确，并且具有多年的职业教育教学经验及工学结合、校企合作经验，能够准确地对职业教育相关专业的知识点和技能点进行横向与纵向设计，能够把握创新型教材的出版方向。

（2）本系列教材的编写以多所示范院校的课程改革成果为基础，体现重点突出、实用为主、够用为度的原则，采用项目驱动的教学方式。学习任务主要以本行业工作岗位群中的典型实例提炼后进行设置，项目实例较多，应用范围较广，图片数量较大，还引入了一些经验性的公式、表格等，文字叙述浅显易懂。增强了教学过程的互动性与趣味性，对全国许多职业教育院校具有较大的适用性，同时对企业技术人员具有操作参考性。

（3）根据职业教育的特点，本系列教材在全国独创性地提出"职业导航、教学导航、知识分布网络、知识梳理与总结"及"封面重点知识"等内容，有利于老师选择合适的教材并有重点地开展教学过程，也有利于学生了解该教材相关的职业特点和对教材内容进行高效率的学习与归纳总结。

（4）根据每门课程的内容特点，为方便教学过程对教材配备相应的电子教学课件、习题答案与操作指导、教学素材资源、程序源代码、教学网站支持等立体化教学资源。

职业教育要不断进行改革，创新型教材建设是一项长期而艰巨的任务。为了使职业教育能够更好地为区域经济和企业服务，殷切希望高职高专院校的各位职教专家和老师提出建议和撰写精品教材（联系邮箱：chenjd@phei.com.cn，电话：010-88254585），共同为我国的职业教育发展尽自己的责任与义务！

**中国电子教育学会**

# 全国高职高专院校土建类专业课程研究专家组

**主任委员：**

  赵　研　　黑龙江建筑职业技术学院院长助理、省现代建筑技术研究中心主任

**副主任委员：**

  危道军　　湖北城市建设职业技术学院副院长

  吴明军　　四川建筑职业技术学院副院长

**常务委员（排名不分先后）：**

  王付全　　黄河水利职业技术学院土木工程系主任

  许　光　　邢台职业技术学院建筑工程系主任

  孙景芝　　黑龙江建筑职业技术学院机电工程学院教授

  冯美宇　　山西建筑职业技术学院建筑装饰系主任

  沈瑞珠　　深圳职业技术学院建筑与环境工程学院教授

  王俊英　　青海建筑职业技术学院建筑系主任

  王青山　　辽宁建筑职业技术学院建筑设备系主任

  毛桂平　　广东科学技术职业学院广州学院院长

  陈益武　　徐州建筑职业技术学院建筑设备与环境工程系副主任

  宋喜玲　　内蒙古建筑职业技术学院机电与环境工程系副主任

  陈　正　　江西建设职业技术学院教务督学

  肖伦斌　　绵阳职业技术学院建筑工程系主任

  杨庆丰　　河南建筑职业技术学院工程管理系主任

  杨连武　　深圳职业技术学院建筑与环境工程学院教授

  李伙穆　　福建泉州黎明职业大学土木建筑工程系主任

  张　敏　　昆明冶金高等专科学校建筑系副主任

  钟汉华　　湖北水利水电职业技术学院建筑工程系主任

  吕宏德　　广州城市职业学院建筑工程系主任

  侯洪涛　　山东工程职业技术学院建筑工程系主任

  刘晓敏　　湖北黄冈职业技术学院建筑工程系副教授

  张国伟　　广西机电职业技术学院建筑工程系副主任

**秘书长：**

  陈健德　　电子工业出版社职业教育分社首席策划

如果您有专业建设与课程改革或教材编写方面的新想法，请与我们及时联系。

电话：010-88254585，电子邮箱：chenjd@phei.com.cn

# 前言

随着我国建筑行业的快速发展，各种工程实践对精通行业应用法规的技术人员的需求越来越高，高职院校有必要在多个专业开设此课程，来培养具有建筑工程法规操作实务的技能型人才。本教材在 2005 年出版的第 1 版得到广泛使用的基础上，经过教育部组织的专家评审，被评为普通高等教育"十一五"国家级规划教材。随着国家政策法规的调整及行业技术的进步，原有书籍的部分内容已不能完全适应新的职业教育教学改革，我们组织编写队伍按照新的课程要求进行修订。在修订时充分征求相关教师的使用建议和专家意见，结合最新的职业教育教学改革要求和作者多年的校企合作经验，对不适用的部分内容进行了调整与修订。

在教材的修订过程中，以建筑行业特点和就业岗位需求导向为出发点，突出法律法规的新颖性，注重课程内容与岗位技能之间的关系，以让学生真正掌握实践技能为目的，以必需、够用为原则，以讲清概念和政策、强化应用为重点，不拘泥于理论的系统性、完整性。

本书在编写修订过程中力求做到内容务实创新，结构新颖独特，体现鲜明的时代气息。其主要的编写特点是：

1. 主体内容与建造师考试相衔接。本书以一、二级注册建造师考试大纲为基础，其章、节、目和条的编写大部分与考试大纲要求相一致，以使学生不仅学到应用知识，同时又能应对执业资格考试。

2. 理论联系实际，突出实践。全书既有对建筑工程法规基本理论的研究和相关知识的阐述，又有实际工作的案例与操作。全书凡阐述重要原理时都附有针对性的案例分析，以利于学生对内容的掌握。全书每章的后面部分为综合案例分析，以帮助学生对该章重要原理应用的理解。

3. 内容新颖，前瞻性强。本书充分吸收近年来建筑工程法规的最新成果，力求反映我国新的立法动向。同时加入近三年的全国建造师执业资格考试题及答案，以方便学生取得资格证书和顺利就业。

4. 必需，够用。本书侧重介绍我国建筑工程法律领域实践中用得较多的法律法规。

5. 版面新颖独特、生活活泼。通过多幅漫画对建筑实践中的各种活动进行说明，赞扬和夸奖正确行为，讽刺和批判错误行为，有助于提高教学趣味性。

本书为高职高专院校相应课程的教材，也可作为应用型本科、成人教育、自学考试、电视大学、中职学校、培训班等的教材，以及建造师、监理师等工程技术人员的一本好参考书。

本书由江西省建筑业法律工作委员会主任、江西建设职业技术学院建设工程与房地产法律研究中心主任陈正教授、无锡城市职业技术学院刘国华副教授主编,江西省城乡建设培训中心林鹏,江西建设职业技术学院毛云婷、罗珺,四川大学建环学院杨睿为副主编,湖南城建职业技术学院陈笑晴参加编写。全书由江西建设职业技术学院副院长李汉华教授主审。

  在本书的编写过程中,曾参阅了大量的相关资料和著作,在此谨向文献的作者表示感谢。

  由于作者学识水平有限,加上时间仓促,书中难免存在疏漏和不足之处,恳请读者批评指正。

  为了方便教师教学及学生学习,本书配有免费的电子教学课件和练习题参考答案,请有需要的教师及学生登录华信教育资源网(www.hxedu.com.cn)免费注册后再进行下载,有问题时请在网站留言板留言或与电子工业出版社联系(E-mail:hxedu@phei.com.cn)。

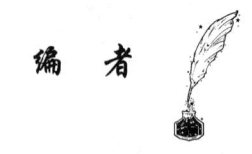

编 者

# 目 录

## 第1章 建筑工程法律制度 ... 1

教学导航 ... 1

### 1.1 建筑法概述 ... 2
- 1.1.1 建筑法的概念和法律体系 ... 2
- 1.1.2 建筑法的一般原则 ... 3
- 1.1.3 建筑法的适用范围 ... 4

### 1.2 建筑许可法律制度 ... 5
- 1.2.1 建筑工程施工许可制度 ... 5
- 1.2.2 建筑从业资格制度 ... 8

### 1.3 建筑工程发包与承包制度 ... 10
- 1.3.1 建筑工程发包与承包的规定 ... 10
- 1.3.2 建筑工程招标的规定 ... 16
- 1.3.3 建筑工程投标的规定 ... 23
- 1.3.4 建筑工程开标、评标、中标的主要规定 ... 27

### 1.4 建筑工程监理制度 ... 38
- 1.4.1 监理的主要内容 ... 39
- 1.4.2 监理企业的法律责任 ... 40

### 1.5 建筑工程安全生产和质量管理制度 ... 43
- 1.5.1 《安全生产法》与工程建设相关的主要内容 ... 43
- 1.5.2 《建设工程安全生产管理条例》的主要规定 ... 50
- 1.5.3 《建设工程质量管理条例》的主要规定 ... 58

### 1.6 与工程建设相关的法律制度 ... 65
- 1.6.1 《保险法》与工程建设相关的主要规定 ... 65
- 1.6.2 《劳动法》与工程建设相关的主要规定 ... 69
- 1.6.3 《消防法》与工程建设相关的主要规定 ... 74
- 1.6.4 环境保护法与工程建设相关的主要规定 ... 76
- 1.6.5 税法与工程建设相关的主要规定 ... 81
- 1.6.6 建设工程勘察设计管理 ... 84
- 1.6.7 《国有土地上房屋征收与补偿条例》的主要规定 ... 86
- 1.6.8 《节约能源法》的主要规定 ... 87

综合案例1 土地新建住宅限期拆除诉讼案 ... 88
综合案例2 工程发包经济纠纷诉讼案 ... 92
综合案例3 工程联营承包原材料欠款案 ... 94

综合案例 4　建筑施工企业内部承包经营合同纠纷案 ································· 98
　　综合案例 5　业主与监理工程师恶意串通致工程延期案 ······························ 100
　　综合案例 6　建造高楼致周边房屋损坏赔偿案 ········································· 102
　　综合案例 7　工程施工造成承包人雇员死亡赔偿案 ··································· 105
　　综合案例 8　某露天煤矿建设项目施工不当赔偿案 ··································· 107
　　综合案例 9　工程施工因建材质量不合格致人伤亡赔偿案 ·························· 110
　　思考与练习题 1 ························································································ 114

# 第 2 章　合同法律制度 ································································································· 118

　　教学导航 ································································································· 118
　　2.1　合同的订立与效力 ············································································· 119
　　　　2.1.1　合同的订立 ············································································· 119
　　　　2.1.2　合同的效力 ············································································· 129
　　2.2　合同的履行与担保 ············································································· 134
　　　　2.2.1　合同的履行 ············································································· 134
　　　　2.2.2　合同的担保 ············································································· 141
　　2.3　违约责任 ·························································································· 147
　　　　2.3.1　违约责任的构成要件 ································································ 147
　　　　2.3.2　违约责任的形式及免责规定 ······················································ 151
　　2.4　建设工程合同法律规范 ······································································· 153
　　　　2.4.1　建设工程合同概述 ··································································· 153
　　　　2.4.2　建设工程勘察、设计合同 ························································· 155
　　　　2.4.3　建设工程施工合同 ··································································· 158
　　2.5　FIDIC 合同 ······················································································· 166
　　　　2.5.1　FIDIC 合同条件与标准化 ·························································· 166
　　　　2.5.2　FIDIC 土木工程施工合同条件 ··················································· 168
　　　　2.5.3　FIDIC 设计-建造与交钥匙合同条件 ·············································· 170
　　　　2.5.4　FIDIC 土木工程施工分包合同条件 ·············································· 174
　　综合案例 10　无效工程承包合同赔偿案 ··················································· 178
　　综合案例 11　拖欠工程进度款致工程停工纠纷案 ······································ 181
　　综合案例 12　锅炉设备拆除工程纠纷案 ··················································· 182
　　综合案例 13　中建二局与裕达公司拖欠工程款纠纷上诉案 ························· 184
　　综合案例 14　设备安装质量不合格纠纷案 ················································ 193
　　思考与练习题 2 ························································································ 197

# 第 3 章　建筑工程纠纷处理的法律制度 ········································································· 201

　　教学导航 ································································································· 201
　　3.1　建筑工程纠纷的处理 ·········································································· 202
　　　　3.1.1　工程建设常见纠纷的成因与防范措施 ········································· 202
　　　　3.1.2　工程建设纠纷的处理程序 ························································· 207

  3.1.3 证据的种类、保全和应用 ··················································· 215
 3.2 处理建筑工程纠纷的相关法律制度 ················································· 218
  3.2.1 仲裁法律制度的有关规定 ··················································· 218
  3.2.2 民事诉讼法律制度的有关规定 ·············································· 221
 综合案例 15 联合开发工程款拖欠纠纷案 ··············································· 226
 综合案例 16 气象观测楼工程质量纠纷案 ··············································· 228
 综合案例 17 长期建筑修缮工程款拖欠纠纷上诉案 ···································· 230
 综合案例 18 装修工程款争议仲裁案 ······················································ 231
 综合案例 19 工程材料款拖欠引起司法执行妨碍案 ···································· 236
 思考与练习题 3 ········································································································ 238

# 第 4 章 建筑工程法律责任 ································································· 241
 教学导航 ············································································································· 241
 4.1 建筑工程法律责任的构成、特点及分类 ········································· 242
  4.1.1 建筑工程法律责任的构成要件 ············································· 242
  4.1.2 建筑工程法律责任的特点 ··················································· 244
  4.1.3 建筑工程法律责任的分类 ··················································· 245
 4.2 建筑当事人的法律责任 ································································ 247
  4.2.1 建设单位的法律责任 ·························································· 247
  4.2.2 承包单位的法律责任 ·························································· 250
  4.2.3 监理单位的法律责任 ·························································· 252
 综合案例 20 建筑工程承包合同纠纷案 ·················································· 256
 综合案例 21 工程发包收受贿赂案 ························································ 259
 思考与练习题 4 ········································································································ 262

**附录 A 综合测试题（一）** ································································· 265
**附录 B 综合测试题（二）** ································································· 274
**附录 C 综合测试题（三）** ································································· 282
**附录 D 2008 年度全国二级建造师执业资格考试《建设工程法规及相关知识》试卷及答案** ··· 291
**附录 E 2009 年度全国二级建造师执业资格考试《建设工程法规及相关知识》试卷及答案** ··· 304
**附录 F 2010 年度全国二级建造师执业资格考试《建设工程法规及相关知识》试卷及答案** ··· 316
**参考文献** ················································································································ 334

# 第 1 章 建筑工程法律制度

## 教学导航

| 知识重点 | 1. 建筑许可法律，建筑从业资格； 2. 建筑工程招投标；<br>3. 建筑工程质量和安全生产管理制度 |
|---|---|
| 知识难点 | 1. 建筑工程发包与承包； 2. 我国实行强制监理的范围 |
| 学习要求 | 掌握建筑法的一般原则和适用范围，建筑法关于施工许可证的主要内容，建筑法关于建筑工程发包与承包的主要内容，建筑法关于工程监理的主要内容，招标投标法的基本原则，招标投标法关于投标的主要规定，招标投标法关于开标、评标和中标的主要规定，安全生产法与工程建设相关的主要内容，建设工程安全生产管理条例的主要内容，建设工程质量管理条例的主要内容，建设工程项目的环境影响评价和环境保护的"三同时"的有关规定；<br>熟悉保险法与工程建设相关的主要内容，劳动法关于劳动合同和劳动保护的主要内容，环境保护法、水污染防治法、固体废物污染环境防治法和噪声污染环境防治法等与工程建设相关的主要内容，消防法与工程建设相关的主要内容；<br>了解建设工程勘察设计管理条例的主要内容，税法与工程建设相关的主要内容 |
| 推荐教学方式 | 从建筑法的基本概念、体系入手，逐渐深入讲解关于承包、发包工程各个阶段的法律、法规 |
| 建议学时 | 30 学时 |

**【案例 1-1】** 张某与某省第一建筑集团签订了一份挂靠协议，协议中约定：张某可以第一建筑集团的名义对外承接工程，挂靠期间为三年，挂靠期内每年须上缴管理费 10 万元人民币。协议签订后，张某以第一建筑集团的名义承接了不少工程，但三年期满，第一建筑集团才收到管理费共计 12 万元人民币。第一建筑集团多次催要，张某不予支付。第一建筑集团遂将张某诉至法院，要求张某缴清管理费。你认为第一建筑集团的要求能得到满足吗？请说明理由。

评价：不能得到满足。我国《建筑法》规定，建筑企业不得允许他人以本企业的名义承接工程。案例中第一建筑集团与张某的协议是无效的，不受法律保护。而第一建筑集团收到的 12 万元管理费也是非法所得，应被收缴。

## 1.1 建筑法概述

### 1.1.1 建筑法的概念和法律体系

**1. 建筑法的概念**

在人类社会历史的发展过程中，建筑活动始终是和人类的生产和生活息息相关的。建筑活动直接影响到人们的人身、财产安全，而且和社会公共利益也紧密相连。为了保证建筑活动有序进行，就必须为建筑活动进行立法，将其纳入法制轨道。

建筑法是指调整建筑活动的法律规范的总称。建筑活动是指各类房屋及其附属设施的建造和与其配套的线路、管道、设备的安装活动。

法律概念通常有广义和狭义之分，建筑法也不例外。狭义的建筑法是指全国人民代表大会常务委员会于 1997 年 11 月 1 日通过的、1998 年 3 月 1 日起施行的《中华人民共和国建筑法》（以下简称《建筑法》）。该法共八章八十五条，以规范建筑市场行为为出发点，以建筑工程质量和安全为主线，由总则、建筑许可、建筑工程发包与承包、建筑工程监理、建筑安全生产管理、建筑工程质量管理、法律责任、附则等内容组成，是建筑活动的基本法律。广义的建筑法除了包括狭义的建筑法以外，还包括了其他所有调整建筑活动的法律法规。在我国进行建筑活动除了要遵守《建筑法》以外，还必须遵守其他有关建筑活动的规范，即应该遵守广义的建筑法。

**2. 建筑法的体系**

法律体系是指按照一定的原则和标准划分的同类法律部门组成的法律规范。我国建筑法的法律体系是我国法律体系的组成部分，是由与建筑活动有关的法律、行政法规、行政规章、地方性法规、地方政府规章组成的有机整体。

我国的建筑法体系即广义的建筑法，是以《建筑法》为龙头，以国务院颁布的行政法规为主体，以建设部等部门颁布的行政规章为补充。我国的建筑法法律体系是一个开放的体系，随着社会的发展，不断出现的新问题需要新的法律规范来调整，调整建筑活动的法律规范应

该及时地补充和修改。

## 1.1.2　建筑法的一般原则

建筑法的一般原则是指贯穿于建筑法的始终，指导建筑活动的立法、执法、守法的总指导思想，集中反映了建筑立法的目的和宗旨。

《建筑法》第一条规定："为了加强对建筑活动的监督管理，维护建筑市场秩序，保证建筑工程的质量和安全，促进建筑业健康发展，制定本法。"此条既规定了《建筑法》的立法目的，同时也体现了我国建筑法的一般原则。

### 1．确保工程建设质量和安全原则

建筑工程的质量与安全，是建筑活动永恒的话题，是整个工程建设活动的核心，关系到人民的生命财产安全。建筑物如果因为质量问题而倒塌，往往会造成人身伤害等重大恶性事故。而且建筑工程的造价通常很高，一旦其主体结构或隐蔽工程发生质量问题，必将造成社会的巨大经济损失。

工程建设质量是指国家规定的或合同约定的对工程建设的适用、安全、经济、美观等系列指标的要求。工程建设的安全是指工程建设对人身和财产的安全，确保工程建设的安全就是确保工程建设不能引起人身伤亡和财产损失。

《建筑法》以建筑工程质量与安全为主线，做出了一些重要规定。

（1）建筑活动应当确保建筑工程质量和安全，符合国家的建筑工程安全标准。

（2）建筑工程的质量和安全应当贯穿建筑活动的全过程，进行全过程的监督管理。

（3）建筑活动的各个阶段、各个环节，都要保证质量和安全。

（4）明确建筑活动各有关方面在保证建筑工程质量与安全中的责任。

### 2．扶持建筑业良性发展原则

建筑业是国民经济的重要物质生产行业，是国家的重要支柱产业之一。有关部门曾做过测算，建筑业每完成 1 元产值，即可带动相关产业完成 1.76 元产值，所以，建筑活动的管理水平、效果、效益，直接影响到我国国民经济的发展程度。

我国《建筑法》以法律的形式确认了国家扶持建筑业发展的基本方针，但是建筑业的发展不能简单地盲目追求数量和规模，其发展应当建立在科学技术的应用和更新的可持续性发展上。我国《建筑法》第四条规定："国家扶持建筑业的发展，支持建筑科学技术研究，提高房屋建筑设计水平，鼓励节约能源和保护环境，提倡采用先进技术、先进设备、先进工艺、新型建筑材料和现代管理方式。"

### 3．法治原则

社会主义市场经济是法制经济，工程建设活动同样也应该依法从事。工程建设当中的法治原则主要体现在以下几个方面。

（1）从事工程建设活动应该遵守法律、法规，不得损害社会公共利益和他人的合法权益。

（2）政府对建筑活动的监督管理也必须依法进行。
（3）合法的建筑活动受法律保护。

### 1.1.3 建筑法的适用范围

法律的适用范围，一般是指法律的效力范围，包括 4 个方面的内容，即法律在时间上的适用范围、法律在空间上的适用范围、法律对人的适用范围、法律对事的适用范围。建筑法也不例外，其适用范围也包括这 4 个方面的内容。掌握建筑法的适用范围是正确适用建筑法的前提条件，下面从这 4 个方面进行具体介绍。

#### 1. 建筑法在时间上的适用范围

建筑法在时间上的适用范围，是指建筑法在什么时间具有法律效力的问题，具体是指何时生效、何时终止效力及对其生效以前的事件和行为有无溯及力。

（1）建筑法的生效时间。法律的生效时间主要有三种情况：一是自法律公布之日起生效；二是由该法律规定具体的生效时间；三是法律公布后符合一定条件时生效。例如，《中华人民共和国企业破产法》第一百三十六条规定："本法自 2007 年 6 月 1 日起施行，《中华人民共和国企业破产法（试行）》同时废止。"

我国《建筑法》第八十五条规定："本法自 1998 年 3 月 1 日起施行。"《建筑法》是 1997 年 11 月 1 日经第八届全国人大常委会第二十八次会议通过，同日通过主席令予以公布的，所以我国《建筑法》的生效时间属于"由该法律规定具体的生效时间"，这种生效方式主要是为了使有关方面利用这段时间充分做好法律实施的准备工作，比如宣传工作等，以保证这部法律的有效实施。

（2）建筑法的失效时间。法律的失效又称法律终止生效，即法律效力的消灭，一般分为明示的废止和默示的废止两类。明示的废止，是指在新法或者其他法律文件中明文规定废止旧法。默示的废止，是指在适用法律中，新法与旧法冲突时，适用新法而使旧法事实上被废止。

自 1998 年 3 月 1 日起，凡是在我国境内从事建筑活动的，都必须遵守《建筑法》的规定，过去制定的有关法规、规章与《建筑法》不一致的，应以《建筑法》为准。

我国目前没有法律文件明文规定废止《建筑法》，所以，《建筑法》在使用中如果出现新的法律规定与其相冲突时应该以新法为依据。

（3）建筑法的溯及力。法律溯及力，是指法律对其生效以前的事件和行为是否适用。如果适用，就具有溯及力；如果不适用，就无溯及力。通常情况下，为了保证社会的稳定和法律的权威性，法律一般不具有溯及力。

我国《建筑法》也不具有溯及力，在其施行以前发生的行为，不适用《建筑法》的规定。

#### 2. 建筑法在空间上的适用范围

法律的空间效力，是指法律在哪些地域有效力，适用于哪些地区。一般来说，一国法律适用于该国主权范围所及的全部领域。由于建筑法律规范的制定机关不同，其适用的空间范围也就不同。凡是由中央国家机关制定的，适用于我国主权范围所及的全部领域；凡是由地方各级国家机关制定的，只适用于其管辖区域，在其他区域不发生法律效力。

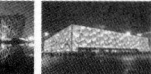

由于《建筑法》是全国人大常委会制定的,所以《建筑法》第二条规定:"在中华人民共和国境内从事建筑活动,实施对建筑活动的监督管理,应当遵守本法。"需要注意的是,《建筑法》不适用于我国港、澳、台地区。

### 3. 建筑法对人的适用范围

建筑法对人的适用范围,即建筑法适用的主体范围,是指建筑法律规范对哪些人具有法律效力。建筑法适用的主体范围包括一切从事建筑活动的主体和各级政府监督管理机关。

从事建筑活动的主体主要包括从事建筑工程的勘察、设计、施工、监理等活动的单位、组织和个人。他们进行建筑活动必须遵守建筑法。政府监督管理机关也必须遵守建筑法,依法进行管理,包括依法对从事建筑活动的企业进行资质审查,依法颁发资质等级证书,对建筑工程的质量和建筑安全生产依法进行监督管理等。

### 4. 建筑法对事的适用范围

法律对事的适用范围也称对事的效力,是指法律对哪些行为或法律关系起调整作用。关于建筑法对事的适用范围,在各个法律文件中都有明确的规定。我国《建筑法》第二条对其调整的行为进行了规定。首先,该条明确了《建筑法》调整的行为是建筑活动和对建筑活动的监督管理;其次,对建筑活动的范围进行了界定,即"本法所称建筑活动,是指各类房屋建筑及其附属设施的建造和与其配套的线路、管道、设备的安装活动"。

## 1.2 建筑许可法律制度

【案例1-2】经调查,某建筑公司在没有办理施工许可证的情况下开始施工。有关主管部门到施工现场命令建筑公司必须立即停止施工,补办施工许可证,并要求罚款。建筑公司的负责人拒绝,称:《建筑法》并没有强制要求予以罚款。并且本公司已具备申请施工许可证的条件,只不过由于匆忙开工没有时间办理。主管部门不能要求停工。你认为建筑公司的说法正确吗?

评析:正确。在没有领取施工许可证的情况下施工,的确要补办施工许可证。但是,是否停工取决于是否具备申请施工许可证的条件。在没有确认公司是否具备申请施工许可证的条件的前提下就要求建筑公司停工是不合法的。

《建筑工程施工许可管理办法》规定:不具备申请施工许可证的条件,就必须要对建设单位和施工单位予以处罚。所以,不能进行罚款不是因为《建筑法》没有强制性规定,而是由于建筑公司已具备申办施工许可证的条件。

### 1.2.1 建筑工程施工许可制度

#### 1. 建筑工程施工许可的规范

建设单位必须在建设工程立项批准后、工程发包前,向建设行政主管部门或其授权的部门办理工程报建登记手续。未办理报建登记手续的工程,不得发包,不得签订工程合同。新建、扩建、改建的建筑工程,建设单位必须在开工前向建设行政主管部门或其授权的部门申

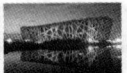

请领取建筑工程施工许可证。未领取施工许可证的，不得开工。否则由此引起的经济损失由建设单位承担责任，并视违法情节，对建设单位做出相应处罚。

《建筑法》第七条规定："建筑工程开工前，建设单位应当按照国家有关规定向工程所在地县级以上人民政府建设行政主管部门申请领取施工许可证；但是，国务院建设行政主管部门确定的限额以下的小型工程除外。"

要在中华人民共和国境内从事各类房屋建设及其附属设施的建造、装修装饰和与其配套的线路、管道、设备的安装，以及城镇市政基础设施工程的施工，建设单位在开工前应当依照《建筑法》和《建筑工程施工许可管理办法》（1999年10月15日建设部令第71号发布，并于2001年7月4日重新修订）的规定，向工程所在地的县级以上人民政府建设行政主管部门（以下简称发证机关）申请领取施工许可证。建筑工程施工许可证是指建筑工程开始施工前，建设单位向建筑行政管理部门申请的可以施工的证明。

工程投资额在30万元以下或者建筑面积在300平方米以下的建筑工程，可以不申请办理施工许可证。省、自治区、直辖市人民政府建设行政主管部门可以根据当地的实际情况，对限额进行调整，并报国务院建设行政主管部门备案。按照国务院规定的权限和程序批准开工的建筑工程，不再领取施工许可证。规定必须申请领取施工许可证的建筑工程未取得施工许可证的，一律不得开工。任何单位和个人不得将应该申请领取施工许可证的工程项目分解为若干限额以下的工程项目，规避申请领取施工许可证。

建筑工程施工许可证由国务院建设行政主管部门制定格式，由各省、自治区、直辖市人民政府建设行政主管部门统一印制。施工许可证分为正本和副本，正本和副本具有同等法律效力。复印的施工许可证无效。

**2．申请建筑工程施工许可证的条件和程序**

1）申请建筑工程施工许可证的条件

《建筑法》第八条规定，申请领取建筑工程施工许可证应具备下列条件。

（1）已经办理该建筑工程用地批准手续。

（2）在城市规划区的建筑工程，已经取得规划许可证。

（3）需要拆迁的，其拆迁进度符合施工要求。

（4）已经确定建筑施工企业。

（5）有满足施工需要的施工图纸及技术资料。

（6）有保证工程质量和安全的具体措施。

（7）建设资金已经落实。

（8）法律、行政法规规定的其他条件。

《建筑工程施工许可管理办法》中明确规定，必须具备下述条件，并提交相应的证明文件，才可以领取施工许可证。

（1）已经办理该建筑工程用地批准手续。

（2）在城市规划区的建筑工程，已经取得建设工程规划许可证。

（3）施工场地已经基本具备施工条件，需要拆迁的，其拆迁进度符合施工要求。

（4）已经确定施工企业。按照规定应该招标的工程没有招标，应该公开招标的工程没有公开招标，或者肢解发包工程，以及将工程发包给不具备相应资质条件的企业，所确定的施

工企业无效。

(5) 有满足施工需要的施工图纸及技术资料，施工图设计文件已经按规定进行了审查。

(6) 有保证工程质量和安全的具体措施。施工企业编制的施工组织设计中有根据建筑工程特点制定的相应质量、安全技术措施，专业性较强的工程项目编制了专项质量、安全施工组织设计，并按照规定办理了工程质量、安全监督手续。

(7) 按照规定应该委托监理的工程已委托监理。

(8) 建设资金已经落实。建设工期不足一年的，到位资金原则上不得少于工程合同价的50%，建设工期超过一年的，到位资金原则上不得少于工程合同价的30%。建设单位应当提供银行出具的到位资金证明，有条件的可以实行银行付款保函或者其他第三方担保。

(9) 法律、行政法规规定的其他条件。

2) 申请建筑工程施工许可证的程序

申请办理建筑工程施工许可证，应当按照下列程序进行。

(1) 建设单位向发证机关领取《建筑工程施工许可证申请表》。

(2) 建设单位持加盖单位及法定代表人印鉴的《建筑工程施工许可证申请表》，并附《建筑工程施工许可管理办法》第四条规定的证明文件，向发证机关提出申请。

(3) 发证机关在收到建设单位报送的《建筑工程施工许可证申请表》和所附证明文件后，对于符合条件的，应当自收到申请之日起十五日内颁发施工许可证；对于证明文件不齐或者失效的，应当限期要求建设单位补正，审批时间可以自证明文件补正齐全后作相应顺延；对于不符合条件的，应当自收到申请之日起十五日内书面通知建设单位，说明理由。

建筑工程在施工过程中，建设单位或者施工单位发生变更的，应重新申请领取施工许可证。

### 3. 申请建筑工程施工许可证的法律后果

(1) 建设单位应当自领取施工许可证之日起三个月内开工。因故不能按期开工的，应当在期满前向发证机关申请延期，并说明理由；延期以两次为限，每次不超过三个月。既不开工又不申请延期或者超过延期次数、时限的，施工许可证自行废止。

(2) 在建的建筑工程因故中止施工的，建设单位应当自中止施工之日起两个月内向发证机关报告，并按照规定做好建筑工程的维护管理工作。建筑工程恢复施工时，应当向发证机关报告；中止施工满一年的工程恢复施工前，建设单位应当报发证机关核验施工许可证。

(3) 按照国务院有关规定批准开工报告的建筑工程，因故不能按期开工或者中止施工的，应当及时向批准机关报告情况，因故不能按期开工超过六个月的，应当重新办理开工报告的批准手续。

### 4. 违反施工许可证管理规定的法律责任

对于未取得施工许可证或者为规避办理施工许可证将工程项目分解后擅自施工的，由有管辖权的发证机关责令改正，对于不符合开工条件的责令停止施工，并对建设单位和施工单位分别处以罚款。

对于采用虚假证明文件骗取施工许可证的，由原发证机关收回施工许可证，责令停止施工,并对责任单位处以罚款;构成犯罪的,依法追究其刑事责任。

对于伪造施工许可证的,该施工许可证无效,由发证机关责令停止施工,并对责任单位处以罚款;构成犯罪的,依法追究刑事责任。

对于涂改施工许可证的,由原发证机关责令改正,并对责任单位处以罚款;构成犯罪的,依法追究刑事责任。

发证机关及其工作人员为不符合施工条件的建筑工程颁发施工许可证的,由其上级机关责令改正,并对责任人员给予行政处分;徇私舞弊、滥用职权的,不得继续从事施工许可管理工作;构成犯罪的,依法追究其刑事责任。

### 1.2.2 建筑从业资格制度

#### 1. 国家对建筑工程从业者实行资格管理

建筑工程种类很多,不同的建筑工程,其建设规模和技术要求的复杂程度也存在较大的差异。而从事建筑活动的施工企业、勘察单位、设计单位和工程监理单位的技术和实力情况也各不相同。为此,我国在对建筑活动的监督管理中,把从事建筑活动的单位按照其具有的不同经济、技术条件,划分为不同的资质等级,并且对不同的资质等级单位所能从事的建筑活动范围做出了明确的规定。

我国建筑法在法律上确定了建筑从业资格许可制度。《建筑法》第十三条规定:"从事建筑活动的建筑施工企业、勘察单位、设计单位和工程监理单位,按照其拥有的注册资本、专业技术人员、技术装备和已完成的建筑工程业绩等资质条件,划分不同的资质等级,经资质审查合格,取得相应等级的资质证书后,方可在其资质等级许可的范围内从事建筑活动。"实践证明,从业资格制度是建立和维护建筑市场的正常秩序,保证建筑工程质量的一项有效措施。

《建筑法》第十四条规定:"从事建筑活动的专业技术人员,应当依法取得相应的执业资格证书后,方可在其资质等级许可的范围内从事建筑活动。"

同时,在涉及国家、人民生命财产安全的专业技术工作领域,实行专业技术人员职业资格制度,包括注册建筑师、注册结构工程师、注册监理工程师、注册工程造价师、注册估价师和注册建造师等。

#### 2. 国家规范的建筑工程从业者

1)建筑工程从业的经济组织

建筑工程从业的经济组织主要包括建筑工程总承包企业,建筑工程勘察、设计单位,建筑施工企业,建筑工程监理单位,法律、法规规定的其他企业或者单位(如工程招标代理机构、工程造价咨询机构等)。以上组织应该具备下列条件。

(1)有符合国家规定的注册资本。

(2)有与其从事的建筑活动相适应的具有法定职业资格的专业技术人员。

(3)有从事相关建筑活动所应有的技术设备。

(4)法律、行政法规规定的其他条件。

2）建筑工程的从业人员

从事建筑工程活动的专业技术人员，要通过国家任职资格考试、考核，由建设行政主管部门注册并颁发资格证书。建筑工程的从业人员主要包括注册建筑师、注册结构工程师、注册监理工程师、注册工程造价、注册建造师及法律、法规规定的其他人员。

严禁出卖、转让、出借、涂改、伪造建筑工程从业者资格证件。违反上述规定的，将视具体情节，追究法律责任。建筑工程从业者资格的具体管理办法，由国务院建设行政主管部门另行规定。

下面重点以建造师为例，介绍其从业资格。

### 3．建造师的从业资格

1）建造师的执业要求

（1）建造师执业前提。建造师经注册后，方有资格以建造师名义担任建设工程项目施工的项目经理及从事其他施工活动的管理。取得建造师执业资格，未经注册的，不得以建造师名义从事建设工程施工项目的管理工作。

（2）建造师执业基本要求。建造师在工作中，必须严格遵守法律、法规和行业管理的各项规定，恪守职业道德。

（3）建造师执业分类。建造师执业划分为 14 个专业：房屋建筑工程、公路工程、铁路工程、民航机场工程、港口与航道工程、水利水电工程、电力工程、矿山工程、冶炼工程、石油化工工程、市政公用与城市轨道工程、通信与广电工程、机电安装工程、装饰装修工程。注册建造师应在相应的岗位上执业，同时鼓励和提倡注册建造师"一师多岗"，从事国家规定的其他业务。

2）建造师的基本条件

一级建造师应具备的执业技术能力如下。

（1）具有一定的工程技术、工程管理理论和相关经济理论水平，并具有丰富的施工管理专业知识。

（2）能够熟练掌握和运用与施工管理业务相关的法律、法规、工程建设强制性标准和行业管理的各项规定。

（3）具有丰富的施工管理实践经验和资历，有较强的施工组织能力，能保证工程质量和安全生产。

（4）有一定的外语水平。

二级建造师应具备的执业技术能力如下。

（1）了解工程建设的法律、法规、工程建设强制性标准及有关行业管理的规定。

（2）具有一定的施工管理专业知识。

（3）具有一定的施工管理实践经验和资历，有一定的施工组织能力，能保证工程质量和安全生产。

（4）建造师必须接受继续教育，更新知识，不断提高业务水平。

3）建造师的执业范围

（1）担任建设工程项目施工的项目经理。

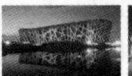

(2) 从事其他施工活动的管理工作。

(3) 法律、行政法规或国务院建设行政主管部门规定的其他业务。

## 1.3 建筑工程发包与承包制度

### 1.3.1 建筑工程发包与承包的规定

**1.《建筑法》对建筑工程发包的规范**

1) 建筑工程发包方式

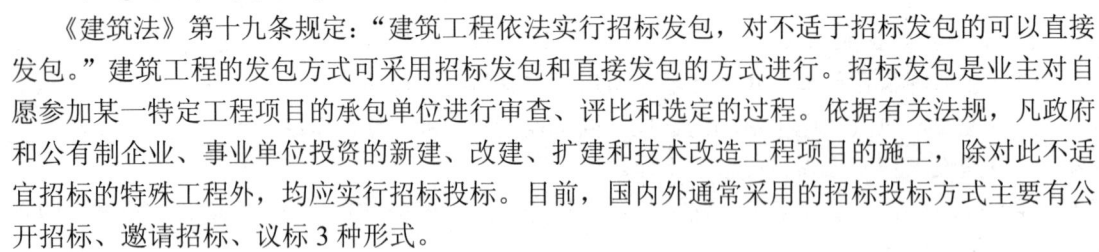

《建筑法》第十九条规定："建筑工程依法实行招标发包，对不适于招标发包的可以直接发包。"建筑工程的发包方式可采用招标发包和直接发包的方式进行。招标发包是业主对自愿参加某一特定工程项目的承包单位进行审查、评比和选定的过程。依据有关法规，凡政府和公有制企业、事业单位投资的新建、改建、扩建和技术改造工程项目的施工，除对此不适宜招标的特殊工程外，均应实行招标投标。目前，国内外通常采用的招标投标方式主要有公开招标、邀请招标、议标3种形式。

2) 发包单位发包行为的规范

《建筑法》第十七条规定："发包单位及其工作人员在建筑工程发包中不得收受贿赂、回扣或者索取其他好处。"

《建筑法》第二十二条规定："建筑工程实行招标发包的，发包单位应当将建筑工程发包给依法中标的承包单位。建筑工程实行直接发包的，发包单位应当将建筑工程发包给具有相应资质条件的承包单位。"

《建筑法》第二十五条规定："按照合同约定，建筑材料、建筑构配件和设备由工程承包单位采购的，发包单位不得指定承包单位购入用于工程的建筑材料、建筑构配件和设备或者指定生产商、供应商。"

3) 发包活动中政府及其所属部门权力的限制

《建筑法》第二十三条规定："政府及其所属部门不得滥用行政权力，限定发包单位将招标发包的建筑工程发包给指定的承包单位。"

4) 禁止肢解发包

《建筑法》第二十四条规定："提倡对建筑工程实行总承包，禁止将建筑工程肢解发包。""建筑工程的发包单位可以将建筑工程的勘察、设计、施工、设备采购一并发包给一个工程总承包单位，也可以将建筑工程勘察、设计、施工、设备采购的一项或者多项发包给一个工程总承包单位；但是，不得将应当由一个承包单位完成的建筑工程肢解成若干部分发包给几个承包单位。"

**2.《建筑法》对建筑工程承包的规范**

1) 承包单位的资质管理

《建筑法》第二十六条规定："承包建筑工程的单位应当持有依法取得的资质证书，并在其资质等级许可的业务范围内承揽工程。""禁止建筑施工企业超越本企业资质等级许可的业务范围或者以任何形式用其他建筑施工企业的名义承揽工程。禁止建筑施工企业以任何形式允许其他单位或者个人使用本企业的资质证书、营业执照,以本企业的名义承揽工程。"

2)联合承包

《建筑法》第二十七条规定:"大型建筑工程或者结构复杂的建筑工程,可以由两个以上的承包单位联合共同承包。共同承包的各方对承包合同的履行承担连带责任。""两个以上不同资质等级的单位实行联合共同承包的,应当按照资质等级低的单位的业务许可范围承揽工程。"

3)禁止建筑工程转包

《建筑法》第二十八条规定:"禁止承包单位将其承包的全部建筑工程转包给他人,禁止承包单位将其承包的全部工程肢解以后以分包的名义分别转包给他人。"

4)建筑工程分包

《建筑法》第二十九条规定:"建筑工程总承包单位可以将承包工程中的部分工程发包给具有相应资质条件的分包单位;但是,除总承包合同中约定的分包外,必须经建设单位认可。施工总承包的,建筑工程主体结构的施工必须由总承包单位自行完成。""建筑工程总承包单位按照总承包合同的约定对建设单位负责;分包单位按照分包合同的约定对总承包单位负责。总承包单位和分包单位就分包工程对建设单位承担连带责任。""禁止总承包单位将工程分包给不具备相应资质条件的单位。禁止分包单位将其承包的工程再分包。"

**3. 建设工程的联合承包、带资承包、转包和挂靠**

1)联合承包

在国际工程承包中,由几个承包方组成联营体进行工程承包是一种通行的做法,一般适用于大型、技术复杂的工程项目。在我国一些大型工程建设上,也开始采用这种承包方式。

(1)联合共同承包的概念:联合共同承包,是指由两个或两个以上单位共同组成非法人的联合体,以该联合体的名义承包某项建设工程的承包方式。这种联合承包方式类似于我国民法中规定的联营。即指两个或两个以上的企业之间,企业与事业单位之间,在平等自愿的基础上,为实现一定的经济目的而实行联合的一种形式,包括法人型联营、合伙型联营、协作型联营。《建筑法》第二十七条规定:"大型建筑工程或者结构复杂的建筑工程,可以由两个以上的承包单位联合共同承包。共同承包的各方对承包合同的履行承担连带责任。""两个以上不同资质等级的单位实行联合共同承包的,应当按照资质等级低的单位的业务许可范围承揽工程。"

(2)联合共同承包的特点如下:

① 采用联合承包方式承包工程,可以利用各个承包单位的优势,加强人员、技术、设备等方面优势组合和资源的优化,增强竞争的优势,减弱相互之间的竞争,增加中标的机会。

也能够发挥联合体各方的优势，有利于建设项目的进度控制、投资控制、质量控制。

② 采用联合承包方式承包工程，可以降低风险，争取更大的利润。一般来说，大型建筑工程或者结构复杂的建筑工程，标的金额较大。而承包的工程利润越大也就意味着风险越大，采用联合承包方式承包工程，既可共享利润，又可以共担风险。

③ 采用联合承包方式承包工程，有助于承包单位相互学习，更好地掌握联合体各方的工程管理方式和管理经验，为企业改进技术、增强管理经验、积蓄力量，为企业谋求长远的发展。

④ 采用联合承包方式承包工程，对业主来说，不仅可以降低投资成本，同时风险也较低。一旦出现违约事件，由于联合承包各方负有连带责任，可以向任何一方要求赔偿。

(3) 对联合承包方式应有的规范如下：

① 进行联合承包的工程项目必须是大型建设工程或者结构复杂的建设工程。这是因为一般的中、小型建设工程或结构不复杂的工程由一家承包单位就足以顺利完成，而无须采用联合承包的方式，这样可有效避免由于联合承包方过多而造成资质管理上的混乱。

② 共同承包的各方对承包合同承担连带责任。一般情况下，联合承包各方要签订联合承包合同，明确各方在承包合同中的权利、义务及相互协作、违约责任的承担等条款，并推选出承包代表人同发包人签订工程承包合同。对工程承包合同的履行，各承包方共同对发包人承担连带责任。这种联合承包方式，联营各方都应共担风险、共负盈亏，联合承包合同中不能规定只分享利润不承担责任的条款。

③ 联合承包方的资质要求，应以资质等级低的业务许可范围承揽工程。根据规定，企业应当在资质等级范围内承包工程。这条规定同样适用于联合承包。也就是说，联合承包各方本身必须具有与其所承包的工程相符合的资质条件，不能超越其资质等级去联合承包，几家联合承包方资质等级不一致的，必须以低资质等级的承包方为联合承包方的业务许可范围。这样的规定，可有效地避免在实践中以联合承包方式为借口的"资质挂靠"不规范行为。

2）带资承包

带资承包也称"垫资"，是指在工程建设中，发包方不需要支付费用，全部费用都由承包方预先垫付的承包方式。

建设资金的落实是建筑工程开工后顺利实施的关键。一段时间，一些建设单位无视国家固定资产投资的宏观调控和自身的经济实力，违反工程建设程序，在建设资金不落实或资金不足的情况下，盲目上新项目，强行要求建筑施工企业带资承包工程和垫资施工，转嫁投资缺口；也有一些施工单位以带资承包作为竞争手段，承揽工程，人为助长扩大建设规模，造成拖欠工程款数额急剧增加。这不仅干扰了国家对固定资产投资的宏观调控和工程建设的正常进行，严重影响了投资效益的提高，也加重了建筑施工企业生产经营的困难和承包工程的风险。这种承包方式必须禁止。

禁止在工程建设中带资承包的规定主要有以下几点。

(1) 各级计划部门把好工程建设项目立项和决策审批关，对资金来源不落实、资金到位无保障的建设项目不予审批立项，更不得批准开工；对拖欠施工单位工程款和建材、设备生产企业货款的建设单位，不能批准上新的建设项目。

(2) 各级计划、财政、银行、审计等机构严格审查建设项目开工前和年度计划中的资金来源，据实出具资金证明。

(3) 各级建设行政主管部门加强对工程建设实施阶段有关环节的管理，在严格查验计划部门的立项和决策批文及有关机构出具的资金到位的文件后，方可办理工程施工的有关手续。对用于建筑安装施工的年度建设资金到位率不足30%的工程项目，有关部门不得进行招标、议标，不予发放施工许可证。

(4) 任何建设单位都不得以要求施工单位带资承包作为招标投标条件，更不得强行要求施工单位将此内容写入工程承包合同。违反者取消其工程招标资格，并给予经济处罚。对于在工程建设过程中出现的资金短缺，应由建设单位自行筹集解决，不得要求施工单位垫款施工。建设单位不能按期结算工程款，且后续建设资金到位无望的，施工单位有权按合同中止施工，由此造成的损失均由建设单位按合同承担责任。

(5) 施工单位不得以带资承包作为竞争手段承揽工程，也不得用拖欠建材和设备生产厂家货款的方法转嫁由此造成的资金缺口。违反者要给予经济处罚，情节严重的，在一定时期内取消其工程投标资格。今后由于施工单位带资承包而出现的工程款回收困难等问题，由其按合同自行承担有关责任。

(6) 外商投资建筑业企业依据我国有关规定，在我国境内带资承包工程，可不受有关限制，但各级计划、财政和建设行政主管部门要加强监督管理。

3) 转包

转包是当前建筑市场存在的严重问题。正确认识转包的法律性质，有助于净化建筑市场。《建设工程质量管理条例》规定，转包是指承包单位承包建设工程后，不履行合同约定的责任和义务，将其承包的全部建设工程转给他人或者将其承包的全部建设工程肢解以后，以分包的名义分别转给其他单位承包的行为。

转包行为主要是指在工程建设中，承包单位不履行承包合同规定的职责，将所承包的工程一并转包给其他单位，只收取管理费，对工程不承担任何经济、技术及管理责任的行为。转包特别是层层转包，层层盘剥工程费用，最后势必将因费用不足而导致偷工减料，引起工程质量的低劣；转包还易使工程最终由不符合资质条件的低素质队伍承接，导致质量、安全事故的发生或留下隐患；转包还易产生行贿受贿等腐败现象，干扰建筑市场的正常秩序。由于工程转包可能造成恶果，因此为我国《建筑法》明文禁止。

从《建筑法》的规定来看，承包单位转包的主要表现形式如下。

(1) 承包单位承接工程后，将所承包的工程全部转包。

(2) 承包单位承接工程后，将全部工程肢解后以分包的名义转包。包括将工程的主要部分或群体工程中半数以上的单位工程转给其他施工单位施工的。

(3) 承包单位层层转包。

(4) 分包单位对分包的工程又全部转包。

(5) 在发包与承包过程中，强行指定不合格的承包单位承包，也是造成转包的重要原因。

转包的法律后果：由于转包行为严重违法，转包合同依法无效。转包合同的发包方应当向建设单位承担不亲自履行合同义务的违约责任，支付违约金；如果造成建设单位有经济损失的，由转包合同的发包方和承包方按《建筑法》的规定，向建设单位承担连

带赔偿责任。

另外，转包合同的发包方应对其违法行为承担行政处罚的法律责任。《建筑法》第六十七条规定："承包单位将承包的工程转包的，或者违反本法规定进行分包的，责令改正，没收违法所得，并处罚款，可以责令停业整顿，降低资质等级；情节严重的，吊销资质证书。"

实践中，非法转包的当事人往往规避法律，以合法形式实施转包。如何透过承包合同签订人与实际施工的施工队伍的关系，认定是否属于转包，这个问题十分复杂。而有关的法律、法规及其他规范性文件对转包的认定规定得过于笼统，可操作性较差。建设行政主管部门应当加强对转包问题的调查、研究，制定出更为切实可行的规定，以便为打击转包行为提供详细、准确的法律依据。

【案例1-3】某开发公司（甲方）于2006年8月进行某住宅小区的公开招标。甲施工单位中标并与甲方签订施工合同。2006年11月，经过甲方的同意，甲施工单位把该项工程的附属工程分包给乙施工单位。2007年7月，该项目完成了施工任务。但是经权威部门鉴定，附属工程中存在较大的质量问题。开发公司找到甲施工单位要求其负责，甲施工单位辩称，是乙施工单位施工的部分出现质量问题。开发公司找乙施工单位，乙施工单位辩称本方没有和开发公司签订任何合同。开发公司决定起诉到法院，你认为它应该起诉谁？

评析：根据《最高人民法院关于审理建设工程施工合同纠纷案件适用法律问题的解释》第二十五条，因建设工程质量发生争议的，发包人可以以总承包人、分包人和实际施工人为共同被告提起诉讼。因此，开发公司可以将甲施工单位和乙施工单位作为共同被告提起诉讼。当然，也可以单独起诉甲施工单位。

4）挂靠

所谓挂靠，是指在工程建设活动中，承包人以赢利为目的，以某一承包单位的名义承揽建设工程任务的行为。

建设工程承包活动中的挂靠一般具有如下特点。

（1）挂靠人没有从事建筑活动的主体资格，或者虽有从事建筑活动的资格，但没有具备与建设项目的要求相适应的资质等级。

（2）被挂靠的单位或企业具有与建设项目的要求相适应的资质等级证书，但缺乏承揽该工程项目的手段和能力。

（3）挂靠人以被挂靠的单位或企业的名义承揽到任务后，通常自行完成工作，并向被挂靠的单位或企业交纳一定数额的"管理费"；而该被挂靠的单位或企业也只是以单位或企业的名义代为签订合同及办理各项手续，收取"管理费"而不实施管理，或者所谓"管理"仅仅停留在形式上，不承担技术、质量、经济责任。

资质挂靠在形式上尽管与转包有所不同，但其性质是一样的。一些不具备资质条件的施工单位通过种种手段揽到工程后，为逃避管理，挂靠到具有相应资质的单位或企业名下，以其名义承包工程，而被挂靠的单位或企业对工程不进行任何管理，只收取一定的管理费。

我国法律禁止以任何形式以其他建筑施工企业的名义承揽工程。禁止建筑施工企业以任何形式允许其他单位或者个人使用本企业的资质证书、营业执照，以本企业的名义承揽工程。

从行政法的角度而言，挂靠是一种违反行政管理规定，扰乱建筑市场管理秩序，应承受行政处罚的行为，对于这一点，应是较为明确的。而从民法的角度对挂靠行为的性质进行认定，挂靠是一种违反诚实信用原则、具有欺诈性质的无效民事行为。

常见的挂靠形式主要有以下几种。

（1）以挂靠的主体为划分标准的挂靠形式。

① 不具有从事建筑活动资格的公民个人、合伙组织或单位等，以具备从事建筑活动资格的施工企业的名义承揽工程。

② 不具备总包资格的非等级施工企业，以等级施工企业的名义承揽工程。

③ 资质等级低的施工企业，以资质等级高的施工企业的名义承揽工程。

④ 实力较弱、社会信誉较差的施工企业，以实力较强、社会信誉较好的施工企业的名义承揽工程。

⑤ 外地（含境外）施工企业未依法取得在工程所在地承揽工程的许可，而以有权在当地承揽工程的施工企业的名义承揽工程。

（2）以挂靠的外在表现形式为标准的挂靠形式。

①"联营"形式的挂靠。在所谓"联营"合同中，与建设单位签订承包合同的一方只负责以本企业的名义办理投标、签订合同、结算等手续，而不同意承担包括技术、质量、安全、经济等任何责任，只收取固定的"联营"利润，不承担"联营"风险。

②"分包"形式的挂靠。在所谓"分包"合同中，发包一方发包的范围与其从建设单位所承包的范围是一致的，由"分包"合同中承包的一方实际履行合同。"分包"合同中对承发包双方的责、权、利的约定与上述"联营"合同中对"联营"双方的责、权、利的约定没有质的区别，至多是将"固定利润"等的文字表现形式改称"管理费"等而已。

③"内部承包"形式的挂靠。挂靠的一方是个人，被挂靠的一方就是以其名义与建设单位签订工程承包合同的施工企业。所谓的"内部承包"，是由被挂靠的施工企业任命或聘任挂靠的个人为其职员，并委以职务，然后由该个人与企业再签订"内部承包合同"，由"承包者"承担该项目的人、财、物、施工管理职责，由发包者负责处理"对外事务"，并在此基础上收取"内部承包管理费"。这种形式的挂靠较之其他形式更具隐蔽性，是查处的难点。

（3）以实施挂靠的具体方法为划分标准的挂靠形式。

① 转让或出借资质证书而实施的挂靠。

② 出借业务介绍信联系业务，使用公章或合同专用章订立合同而实施的挂靠。

③ 通过其他形式实施的挂靠。

近几年来，由于打击建筑市场违法行为的力度不断加大，挂靠合同的当事人为规避法律规定，达到以合法的形式掩盖违法行为的目的，在"联营"合同或"分包"合同中增加了一些貌似合法的文字内容，如：将合同中的当事人均换成有承包施工任务资格的施工企业，即实际负责施工的个人或单位以第三人（具有施工承包资格）的名义，与同建设单位签订承包合同的施工单位签订"联营"合同或"分包"合同；合同中往往也规定以其名义承揽工程的一方要派出工程管理、技术人员进驻工地，负责技术、质量、安全的监督检查等，但这些规定并不执行。类似这些问题是认定和查处挂靠行为时应予注意的。

我国法律对挂靠的法律后果也进行了明确规定。《建筑法》第六十六条规定，"建筑施工企业转让、出借资质证书或者以其他方式允许他人以本企业的名义承揽工程的，责令改正，

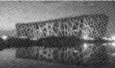

没收违法所得，并处罚款，可以责令停业整顿，降低资质等级；情节严重的，吊销资质证书。"本条可以理解为挂靠当事人应当承受的行政处罚。

此外，挂靠当事人依法应当对如下法律后果承担民事法律责任。

（1）挂靠当事人之间所订立的挂靠协议无效。双方应分别承担过错责任。

（2）根据《建筑法》及有关司法解释的规定，被挂靠的施工企业与建设单位所订立的建筑安装工程承包合同无效。该施工单位与使用其名义承揽工程的单位或个人，对建设单位因此而遭受的损失承担连带赔偿责任。如果建设单位在知情的情况下仍与该被挂靠的施工企业签订合同，则建设单位也有过错，自行承担相应的过错责任。

【案例1-4】2007年年初，某建设单位与某施工单位签订施工承包合同，进行小区住宅的施工建设，并约定每月28日计算当月工程量并支付进度款。2007年5月施工单位接到开工通知后进场施工。此后5个月，建设单位均结清了进度款。不久施工方获悉，建设单位的经营状况发生严重恶化，甚至已出现资不抵债的状况。施工单位经过研究，于2007年11月向建设单位发出书面通知，提出暂时中止施工，要求建设单位提供适当担保再协商后续事宜。你认为施工单位提出此要求合理吗？

评析：要求合理。当有证据证明建设单位的经营状况严重恶化时，承包人行使不安抗辩权，中止施工，并有权要求发包人提供适当担保，并可根据是否获得担保再决定是否终止合同。

### 1.3.2 建筑工程招标的规定

【案例1-5】《中华人民共和国招标投标法》（下称《招标投标法》）第二十四条规定："招标人应当确定投标人编制投标文件所需要的合理时间，但是，依法必须进行招标的项目，自招标文件开始发出之日起至投标人提交投标文件截止之日止，最短不得少于二十日。"2009年5月1日一招标人发出招标文件，招标文件中规定了提交投标文件截止的日期为2009年5月11日。请全面分析此要求是否合理。

评析：施工工程的招投标分为必须进行招标的项目及可以不进行招标的项目（如军事工程）。因此，案例中关于提交投标文件时间的合理性，应全面进行分析。

根据《招标投标法》法规定：必须进行招标的项目，投标文件提交时间应自招标文件开始发出之日起至投标人提交投标文件截止之日止，最短不得少于二十日。如果案例中所述工程为必须进行招标的项目，那么规定不合理。

另外，不是必须招标的项目也可以招标，但是就不受《招标投标法》的限制了。仅仅满足"投标人编制投标文件所需要的合理时间"就可以了。

1. **建筑工程招标的基本要求**

1）建设工程招标的原则

《建筑法》第十六条规定："建筑工程发包与承包的招标投标活动，应当遵循公开、公正、平等竞争的原则，择优选择承包单位。"这确定了招投标活动的基本原则。

（1）公开原则。招标投标活动的公开原则，首先要求进行招标活动的信息要公开。采用公开招标方式，应当发布招标公告，依法必须进行招标项目的招标公告，必须通过国家指定的报刊、信息网络或者其他公共媒介发布。无论是招标公告、资格预审公告，还是投标邀请书，都应当载明能大体满足潜在投标人决定是否参加投标竞争所需要的信息。另外，开标的程序、评标的标准和程序、中标的结果等都应当公开。

但是，信息的公开也是相对的，对于一些需要保密的信息是绝对不可以公开的。例如，评标委员会成员的名单在确定中标结果以前就不可以公开。

（2）公平原则。招标投标活动的公平原则，要求招标人或评标委员会严格按照规定的条件和程序办事，同等地对待每一个投标竞争者，不得对不同的投标竞争者采用不同的标准。招标人不得以任何方式限制或者排斥本地区、本系统以外的法人或者其他组织参加投标。

（3）公正原则。在招标投标活动中，招标人或评标委员会行为应当公正，对所有的投标竞争者都应平等对待，不能有特殊。特别是在评标时，评标标准应当明确、严格，对所有在投标截止日期以后送到的投标书都应拒收，与投标人有利害关系的人员都不得作为评标委员会的成员。招标人和投标人双方在招标投标活动中的地位平等，任何一方不得向另一方提出不合理的要求，不得将自己的意志强加给对方。

（4）诚实信用原则。诚实信用是民事活动的一项基本原则，招标投标活动是以订立合同为目的的民事活动，当然也适用这一原则。诚实信用原则要求招标投标各方都要诚实守信，不得有欺骗、背信的行为。例如，在招标过程中，招标人不得发布虚假的招标信息，不得擅自终止招标。在招投标过程中，投标人不得以他人名义投标，不得与招标人或其他投标人串通投标。中标通知书发出后，招标人不得擅自改变中标结果，中标人不得擅自放弃中标项目。

2）必须招标的建设工程项目

工程建设项目招标范围如下。

（1）大型基础设施、公用事业等关系社会公共利益、公众安全的项目。

（2）全部或者部分使用国有资金投资或者国家融资的项目。

（3）使用国际组织或者外国政府资金的项目。

3）工程建设项目招标规模标准

《工程建设项目招标范围和规模标准规定》规定的上述各类工程建设项目，包括项目的勘察、设计、施工、监理及与工程建设有关的重要设备、材料等的采购，达到下列标准之一的，必须进行招标。

（1）施工单项合同估算价在200万元人民币以上的。

（2）重要设备、材料等货物的采购，单项合同估算价在100万元人民币以上的。

（3）勘察、设计、监理等服务的采购，单项合同估算价在50万元人民币以上的。

（4）单项合同估算价低于上述规定的标准，但项目总投资额在3 000万元人民币以上的。

上述建设工程的设计，应当采用方案竞投的方式确定。法律规定不宜公开招标或邀请招标的军事设施工程、保密设施工程、特殊专业工程等项目，经报建设行政主管部门或其授权的部门批准后，可以采取议标方式发包。

**【案例 1-6】** 南昌某集团公司在 2004 年的一次招标活动中，招标指南中写明投标人不能口头附加材料，也不能附条件投标。但最终该业主将合同授予了这样一个投标人甲。业主解释说，如果考虑到该投标人的口头附加材料，则该投标人的报价最低。另一个报价低的投标人乙起诉业主，请求法院判定业主将该合同授予自己。法院经过调查发现，投标人甲是业主早已内定的承包商。法院最后判决将合同授予合格的最低价的投标人乙。

**评析：** 招标投标是国际和国内建筑行业为订立合同广泛采用的一种方式，其目的旨在保护公共利益和实现自由竞争。招标法规有助于在公共事业上防止欺诈、串通、倾向性和资金浪费，确保政府部门和其他业主以合理的价格获得高质量的服务。从本质上讲，招标法规是保护公共利益的，保护投标人并不是它的出发点。为了更好地保护公共利益，确保自由、公正的竞争是招标法规的核心内容。对于招标法规的实质性违反是不能允许的，即使这种违反是出于善意也不允许违反有关招标法规的强制性规定。

保证招标活动的竞争性是有关招标法规最重要的原则。《建筑法》第十六条规定，建筑工程发包与承包的招标投标活动，应当遵循公开、公正、平等竞争的原则，择优选择承包单位。这就从法律上确立了保障招标投标活动竞争性这一最高原则。

在本案中，业主私下内定了承包商，这就违反了招标法规的有关竞争性原则。况且本案中的招标文件明确规定投标不能口头附加材料，也不能附条件投标。法院判决将合同授予合格的最低价的投标人乙是正确的。对于投标人甲，由于他违反了招标法规的竞争原则，当然不能取得合同，也不能要求返还他的合理费用。

**【案例 1-7】** 在一个招标过程完成后，最低价投标人的报价仍高于原来的计划，这使业主的资金筹措发生很大困难。业主的工程师重新设计了工程项目，对原有的设计做了大约 65%的改动。在业主代表与最低价投标人协商谈判后，业主同该投标人签订了合同。其他投标人起诉业主，要求业主重新招标。但业主认为招标文件允许业主改变工程量，实际上业主与该投标人的谈判正是根据招标文件进行的。所以将合同授予该最低价投标人是符合招标法规的。

法院认为，该合同的授予是无效的，因为它违反了招标法规的竞争性原则。业主对项目的修改等于是专门为适应该投标人而进行的。同其中的一个投标人谈判等于给了该投标人不公正的优待。法院判决本次招标无效。

**评析：** 我们认为法院的判决是公正的。如果支持该业主的观点就等于彻底背离了竞争性招标的目的。因为其他投标人如果知道业主对项目进行重新设计，他们就可能改变了原来的报价，其他没有投标的承包商也可能决定参加竞标。所有的投标人都应当对同一确定了工程量的工程项目投标，这是一个基本的原则。业主与承包商在合同已经授予，工程已经施工以后不能任意改变工程量。

### 2. 建筑工程招标应具备的条件

建设单位招标应当具备的条件如下。
（1）具有法人资格，或依法成立的其他组织。
（2）有与招标工程相适应的经济、技术管理人员。
（3）有组织编制招标文件的能力。
（4）有审查投标单位资质的能力。
（5）有组织开标、评标、定标的能力。

不具备上述（1）～（5）项条件的，须委托具有相应资质的咨询、监理等单位代理招标。

建筑工程项目招标应当具备的条件如下。

（1）概算已经批准。

（2）建设项目已正式列入国家、部门或地方的年度固定资产投资计划。

（3）建设用地的征用工作已经完成。

（4）有能够满足施工需要的施工图纸及技术资料。

（5）建设资金和主要建筑材料、设备的来源已经落实。

（6）已经建设项目所在地规划部门批准，施工现场的"三通一平"已经完成或一并列入施工招标范围。

### 3．招标单位对参加投标者的资格审查

招标单位对参加投标的承包商进行资格审查，是招标过程中的重要一环。招标单位（或委托咨询、监理单位）对投标者的审查，着重要掌握投标者的财政状况、技术能力、管理水平、资信能力和商业信誉，以确保投标者能胜任投标的工程项目承揽工作。招标单位对投标者的资格审查内容主要包括以下几点。

（1）企业注册证明和技术等级。

（2）主要施工经历。

（3）质量保证措施。

（4）技术力量简况。

（5）正在施工的承建项目。

（6）施工机械设备简况。

（7）资金或财务状况。

（8）企业的商业信誉。

（9）准备在招标工程上使用的施工机械设备。

（10）准备在招标工程上采用的施工方法和施工进度安排。

### 4．建设工程招标的方式

建筑工程的招标方式根据不同工程的性质、规模可分为公开招标、邀请招标和议标三种。

（1）公开招标。公开招标是由招标单位通过报刊、广播、电视等方式发布招标公告，面向社会招标。

（2）邀请招标。邀请招标由招标单位向有承担该项工程施工能力的三个以上企业发出招标邀请书，相约来投标。

（3）议标。议标是针对不宜公开招标或邀请招标的军事设施工程、保密设施工程、特殊专业工程等项目，经报建设行政主管部门或其授权的部门批准，采取议标方式发包工程项目。参加议标的单位一般不得少于两家。

招标方式还可以根据招标内容、发包范围、计价方式划分。

### 5．建筑工程招标形式

建筑工程招标的形式主要表现为：全过程（项目）招标，勘察、设计招标与竞投，材料、

设备供应招标，工程施工招标。

1）全过程招标

全过程招标是指从项目建议书开始，包括设计任务书、勘察设计、准备材料、询价与采购、工程施工、设备安装、生产准备、投料试车，直到竣工投产、交付使用，实行全面招标。其主要程序如下。

（1）由工程项目主管部门或建设单位，根据批准的项目建议书，委托几个工程承包公司或咨询、设计单位做出可行性研究报告，通过议标竞选，选定最佳方案和总承包单位。

（2）总承包单位受工程项目主管部门或建设单位委托，组织编制设计任务书，经审查同意后，由工程项目主管部门或建设单位向审批机关报送设计任务书。

（3）设计任务书获准后，总承包单位即可按照顺序分别组织工程勘察招标、工程设计竞投、设备材料供应招标和工程施工招标，并与中标单位签订承包合同。

2）设计招标（竞投）

设计招标应具备如下文件。

（1）有正式批准的项目建议书。

（2）具有设计所必需的可靠基础资料。

（3）招标申请报告业已审批同意。

设计招标文件应包括如下主要内容。

（1）项目综合说明书（包括对工程内容、设计范围和深度、图纸内容、图幅、建设周期和设计进度，对投标单位资质等级的要求等）。

（2）批准的项目建议书或设计任务书。设计招标标底编制的原则：标底价格应以设计范围、深度、图纸内容、份数和国家规定的收费标准为依据。

3）设备招标

设备招标文件的主要内容如下：

（1）招标须知，包括招标单位名称、设备性能和要求、投标的起止日期和地点、组织技术交底与解答招标文件的方式、开标日期和地点。

（2）正式批准的设计任务书，初步设计或设计单位确认的设备清单。

（3）设备的名称、型号、规格、数量、技术要求、交货期限、方式、地点和检验方法及专用、非标准设备要求的设计图纸和说明书。

（4）可提供的原材料数量、价格。

（5）引进设备的外汇解决途径。

（6）合同的主要条款。

4）施工招标

施工招标应具备如下条件：

（1）初步设计及概算已经审批，有施工图或有能满足标价计算要求的设计文件。

（2）已正式列入年度建设计划，资金、主要材料、设备的来源已基本落实。

（3）建设用地的征购及拆迁已基本完成。

（4）招标申请报告已审批同意。

施工招标的程序如下：
（1）由建设单位组织招标班子。
（2）向招标投标办事机构提出招标申请书。申请书的主要内容包括招标单位的资质、招标工程具备的条件、拟采用的招标方式和对投标单位的要求等。
（3）编制招标文件和标底，并报招标投标办事机构审定。
（4）发布招标公告或发出招标邀请书。
（5）投标单位申请投标。
（6）对投标单位进行资质审查，并将审查结果通知各申请投标者。
（7）向合格的投标单位分发招标文件及设计图纸、技术资料等。
（8）组织投标单位踏勘现场，并对招标文件答疑。
（9）建立评标组织，制定评标、定标办法。
（10）召开开标会议，审查投标标书。
（11）组织评标，决定中标单位。
（12）发出中标通知书。
（13）建设单位与中标单位签订承发包合同。

施工招标文件的主要内容如下：
（1）工程综合说明，包括工程名称、地址、招标项目、占地范围、建筑面积和技术要求，质量标准及现场条件、招标方式、要求开工和竣工日期，对投标企业的资质等级要求等。
（2）必要的设计图纸和技术资料。
（3）工程量清单。
（4）由银行出具的建设资金证明和工程款的支付方式及预付款的百分比。
（5）主要材料（钢材、木材、水泥等）与设备的供应方式，加工订货情况和材料、设备价差的处理方法。
（6）特殊工程的施工要求及采用的技术规范。
（7）投标书的编制要求及评标、定标原则。
（8）投标、开标、评标、定标等活动的日程安排。
（9）《建设工程施工合同条件》及调整要求。
（10）要求交纳的投标保证金额度。其数额视工程投资的大小确定，最高不得超过80万元。
（11）其他需要说明的事项。

施工招标标底的编制原则如下：
（1）根据设计图纸及有关招标文件，参照国家规定的技术、经济标准定额及规范，确定工程量和编制标底。
（2）标底价格应由成本、利润、税金组成，一般应控制在批准的总概算（或修正概算）及投资包干的限额内。
（3）标底价格作为建设单位的期望计划价，应力求与市场的实际变化吻合，要有利于竞争和保证工程质量。
（4）标底价格应考虑人工、材料、机械台班等价格变动因素，还应包括施工不可预见费、包干费和措施费等。工程要求优良的，还应增加相应费用。

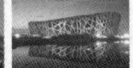

(5) 一个工程只能编制一个标底。

标底由招标单位自行编制或委托经建设行政主管部门认定具有编制标底能力的咨询、监理单位编制。标底编制后，必须报经招标投标管理机构审定，标底一经审定应密封保存至开标时，所有接触过标底的人员均负有保密责任，不得泄露。实行议标的工程，其承包价格由承发包双方商议，报招标投标办事机构备案。

**【案例 1-8】** 在一次招投标过程中，业主的招标文件明显含糊不清。一个投标人怀疑业主已经内定了承包商并试图利用该招标文件的含糊。该投标人起诉要求法院判决停止该招标的进行。法院在审查了招标文件之后认为该招标文件确实含糊，判决要求业主在授标之前停止招标的进行。业主必须在招标文件中澄清投标人资格并重新刊登广告进行招标。

评析：我国《建筑法》第二十条对招标文件的内容做了比较笼统的规定："建筑工程实行公开招标的，发包单位应当依照法定程序和方式，发布招标公告，提供载有招标工程的主要技术要求、主要的合同条款、评标的标准和方法，以及开标、评标、定标的程序等内容的招标文件。"

有关招标投标的法规对招标文件的内容也做了详略不同的规定，例如《工程建设项目施工招标投标办法》第二十四条规定，招标文件的主要内容包括：

（一）投标邀请书；

（二）投标人须知；

（三）合同主要条款；

（四）投标文件格式；

（五）采用工程量清单招标的，应当提供工程量清单；

（六）技术条款；

（七）设计图纸；

（八）评标标准和方法；

（九）投标辅助材料。

招标人应当在招标文件中规定实质性要求和条件，并用醒目的方式标明。

这些规定或者非常笼统，或者有"招标文件一般包括下列内容"的字样，这表明这些规定不是强制性的，允许业主或招标机构在招标过程中根据具体情况做出适当的调整。从另一方面说，有关法规也不可能事先对复杂多样工程的招标文件做出全面具体的规定。但是招标文件应有必要的语言和条件，足以保证招标全面、自由、平等地竞争。所有有能力的和适当的投标人都有机会通过平等的竞争获得合同。否则，如果招标文件含糊、不确定，或者不公正地限制投标人，没有充分保证招标的公开、公正和平等竞争原则，则这个招标文件要受到法律的挑战，投标人在法律上有理由要求重新审查招标过程。法院也完全可以根据具体情况审查有关招标文件能否保证公开、公正和平等竞争的原则。但法院在审查招标文件是否适当时也应注意不能要求招标文件 100% 完全，不能因为文件内容中有富有弹性的内容而认定招标无效；也不能理解为所有的投标人都须在同一条件、同一时间同时启动相应招标邀请。

从各国审判实践看，大体说来，在递交标书以前对招标过程提出异议成功的可能性比较大。因此，在这里我们对承包商的建议是：如果有异议就尽快提出，否则就难以获得适当的法律援助。在实践中常常遇到的情况是失败的投标人即使有权起诉对招标过程提出异议，甚至在诉讼中获胜了，他们所取得的也往往只是一纸空文。因为授标已经完成，中标人已经开始施工。在这种情况下，失败的投标人所获得的补偿至多只是准备投标的花费。法院一般不能要求已经开始施工的承包商中止合同，而将合同授予另外的承包商，因为这样将给业主和其他当事人造成太大的损失。

#### 6．招标代理

招标人有权自行选择招标代理机构，委托其办理招标事宜。任何单位和个人不得以任何方式为招标人指定招标代理机构。招标人具有编制招标文件和组织评标能力的，可以自行办理招标事宜，任何单位和个人不得强制其委托招标代理机构办理招标事宜。依法必须进行招标的项目，招标人自行办理招标事宜的，应当向有关行政监督部门备案。

招标代理机构是依法设立、从事招标代理业务并提供相关服务的社会中介组织。招标代理机构应当具备下列条件。

（1）有从事招标代理业务的营业场所和相应资金。

（2）有能够编制招标文件和组织评标的相应专业力量。

（3）有可以作为评标委员会成员人选的技术、经济等方面的专家库。

从事工程建设项目招标代理业务的招标代理机构，其资格由国务院或者省、自治区、直辖市人民政府的建设行政主管部门认定，具体办法由国务院建设行政主管部门会同国务院有关部门制定。从事其他招标代理业务的招标代理机构，其资格认定的主管部门由国务院规定。招标代理机构与行政机关和其他国家机关不得存在隶属关系或者其他利益关系。

招标代理机构应当在招标人委托的范围内办理招标事宜，并遵守《招标投标法》中有关招标人的规定。

### 1.3.3 建筑工程投标的规定

建筑工程投标，是投标人愿意依照招标人提出的招标方案承包建筑工程，并提出投标方案的法律行为。凡持有企业法人营业执照、资质证书的勘察设计单位、建筑安装企业、工程承包公司、城市建设综合开发公司等承包商，不论其经济形式（国有企业、集体企业、私营企业、中外合资经营企业、中外合作经营企业、外资企业、联营企业等），都可以参加投标。

#### 1．投标的要求

《招标投标法》第二十六条规定："投标人应当具备承担招标项目的能力；国家有关规定对投标人资格条件或者招标文件对投标人资格条件有规定的，投标人应当具备规定的资格条件。"

投标人应当具备承担招标项目的能力。就建设工程施工企业来讲，这种能力主要体现在不同资质等级的认定上，其法律依据为建设部第87号令《建筑业企业资质管理规定》（2007年

6月26日发布，2007年9月1日起实施）。根据该规定，建筑业企业资质分为施工总承包、专业承包和劳务分包三个序列，每个序列各有其相应的等级（如施工总承包序列企业资质设特级、一级、二级、三级共4个等级）。就建设工程勘察设计企业来讲，其法律依据为建设部2001年7月25日发布并实施的第93号令《建设工程勘察设计企业资质管理规定》。根据该规定，工程勘察资质分为工程勘察综合资质、工程勘察专业资质、工程勘察劳务资质，工程设计资质分为工程设计综合资质、工程设计行业资质、工程设计专项资质，每种资质各有其相应等级（如工程勘察、设计综合资质只设甲级）。

根据《建筑法》的有关规定，承包建筑工程的单位应当持有依法取得的资质证书，并在其资质等级许可的范围内承揽工程。禁止建筑施工企业超越本企业资质登记许可的业务范围或以任何形式用其他施工企业的名义承揽工程。《建筑业企业资质管理规定》和《建设工程勘察设计企业资质管理规定》规定的各等级具有不同的承担工程项目的能力，各企业应当在其资质等级范围内承揽工程。

**2．建筑工程投标的程序**

（1）申请投标。参加投标的企业，应按照招标通知的时间报送申请书，供招标单位资格审查。其内容如下。

① 企业名称、地址、法定代表人姓名及开户银行和账号。

② 企业的所有制性质及隶属关系。

③ 企业营业执照和资质等级证书。

④ 企业简况。

（2）领取招标文件，交投标保证金。

（3）研究招标文件，调查工程环境，确定投标策略。

（4）编制投标书。投标人按照招标文件的要求，用书面形式进行意思表示的文件，称为投标书。施工企业投标书应包括下列内容。

① 综合说明。

② 按照工程量清单计算底标价及钢材、木材、水泥等主要材料用料。投标单位可依据统一的工程量计算规则自主报价。

③ 施工方案和选用的主要施工机械。

④ 保证工程质量、进度、施工安全的主要技术组织措施。

⑤ 计划开工、竣工日期，工程总进度。

⑥ 对合同主要条件的确认。

（5）报送标书，参加开标会议。

**3．投标担保**

（1）投标担保的含义。所谓的投标担保，是为了防止投标人不审慎进行投标活动而设定的一种担保形式。招标人不希望投标人在投标有效期限内随意撤回标书或中标后不能提交履约保证金和签署合同。

（2）投标担保的形式和有效期限。《工程建设项目施工招标投标办法》第三十七条规定："招标人可以在招标文件中要求投标人提交投标保证金。投标保证金除现金外，可以是银行出具的银行保函、保兑支票、银行汇票或现金支票。

投标保证金一般不超过投标总价的百分之二,但最高不得超过八十万元人民币。投标保证金有效期应当超出投标有效期三十天。

投标人应当按照招标文件要求的方式和金额,将投标保证金随投标文件提交给招标人。

投标人不按招标文件要求提交投标保证金的,该投标文件将被拒绝,作废标处理。

如果有下列情形,投标保证金将被没收。

① 投标人在有效期内撤回投标文件。

② 中标人未能在规定期限内提交履约保证金或者签署合同协议。

#### 4. 联合体投标

**【案例1-9】** 甲建筑公司与乙建筑公司组成了一个联合体去投标,中标后,双方协议分工,甲公司主要进行工程的勘察及地基建设,乙公司主要进行工程的主体建设。并约定,如果在施工过程中出现质量问题而遭遇建设单位的索赔,各自承担索赔额的50%,后来在施工过程中由于乙建筑公司的施工技术问题出现质量缺陷。建设单位向甲建筑公司提出索赔,甲建筑公司拒绝,理由为质量事故的出现是乙建筑公司的技术原因,应该由乙建筑公司承担责任。你认为理由成立吗?

**评析:** 理由不成立。依据《建筑法》,联合体中共同承包的各方对承包合同的履行承担连带责任。也就是说,建设单位向联合体中的任意一方提出索赔都应该得到赔偿。联合体中若有赔偿协议的,已经承担责任的一方,可以就超出自己应承担的部分向对方追偿。但是却不可以拒绝先行赔付。

1)联合投标的含义

根据《招标投标法》第三十一条第1款的规定,联合投标是指"两个以上法人或者其他组织可以组成一个联合体,以一个投标人的身份共同投标。"

2)联合体各方的资格要求

《招标投标法》第三十一条第2款规定:"联合体各方均应当具备承担招标项目的相应能力;国家有关规定或者招标文件对投标人资格条件有规定的,联合体各方均应当具备规定的相应资格条件。由同一专业的单位组成的联合体,按照资质等级较低的单位确定资质等级。"

3)联合体各方的权利和义务

《招标投标法》第三十一条第3款规定:"联合体各方应当签订共同投标协议,明确约定各方拟承担的工作和责任,并将共同投标协议连同投标文件一并提交招标人。联合体中标的,联合体各方应当共同与招标人签订合同,就中标项目向招标人承担连带责任。"根据该规定,联合体各方的权利和义务分为内部和外部两种。

(1)联合体各方内部的权利和义务。共同投标协议属于合同关系,即平等主体的自然人、法人、其他组织之间通过设立、变更、终止民事权利义务关系的协议而形成的关系。联合体内部各方通过协议明确约定各方在中标后要承担的工作和责任,该约定必须详细、明确,以免日后发生争议。同时,该共同协议应当同投标文件一并提交招标人,使招标人了解有关情

况，并在评标时予以考虑。

（2）联合体各方外部的权利和义务。联合体各方就中标项目对外向招标人承担连带责任。所谓连带责任，是指在同一债权债务关系中两个以上的债务人中，任何一个债务人都负有向债权人履行债务的义务，债权人可以向其中任何一个或者多个债务人请求履行债务，可以请求部分履行，也可以请求全部履行。负有连带责任的债务人不得以债务人之间对债务分担比例有约定来拒绝部分或全部履行债务。连带债务人中一个或者多个履行了全部债务后，其他连带债务人对债权人的履行义务即行解除。但是，对连带债务人内部关系而言，根据其内部约定，债务人清偿债务超过其应承担份额的，有权向其他连带债务人追偿。联合体各方在中标后承担的连带责任包括以下两种情况。

① 联合体在接到中标通知书未与招标人签订合同前，除不可抗力外，联合体放弃中标项目的，其已提交的投标保证金不退还，给招标人造成的损失超过投标保证金数额的，还应当对超过部分承担连带赔偿责任。

② 中标的联合体除不可抗力外，不履行与招标人签订合同时，履约保证金不予退还，给招标人造成的损失超过履约保证金数额的，还应当对超过部分承担连带赔偿责任。

**5．投标的禁止性规定**

1）投标人之间串通投标

《招标投标法》第三十二条第 1 款规定："投标人不得相互串通投标报价，不得排挤其他投标人的公平竞争，损害招标人或者其他投标人的合法权益。"《关于禁止串通招标投标行为暂行规定》列举了以下几种表现形式。

（1）投标者之间相互约定，一致抬高或者压低投标价。

（2）投标者之间相互约定，在招标项目中轮流以高价位或低价位中标。

（3）投标者之间进行内部竞价，内定中标人，然后再参加投标。

（4）投标者之间其他串通投标的行为。

2）投标人与招标人之间串通招标投标

《招标投标法》第三十二条第 2 款规定："投标人不得与招标人串通投标，损害国家利益、社会公共利益或者他人的合法权益。"《关于禁止串通招标投标行为的暂行规定》列举了下列几种表现形式。

（1）招标者在公开开标前，开启标书，并将投标情况告知其他投标者，或者协助投标者撤换标书，更改报价。

（2）招标者向投标者泄露标底。

（3）投标者与招标者商定，在招标投标时压低或者抬高标价，中标后再给投标者或者招标者额外补偿。

（4）招标者预先内定中标者，在确定中标者时以此决定取舍。

（5）招标者和投标者之间其他串通招标投标行为（如通过贿赂等不正当手段，使招标人在审查、评选投标文件时，对投标文件实行歧视待遇；招标人在要求投标人就其投标文件澄清时，故意做引导性提问，以使其中标等）。

3）投标人以行贿的手段谋取中标

《招标投标法》第三十二条第 3 款规定："禁止投标人以向招标人或者评标委员会成员行贿的手段谋取中标。"

投标人以行贿的手段谋取中标是违背《招标投标法》基本原则的行为，对其他投标人是不公平的，投标人以行贿手段谋取中标的法律后果是中标无效，有关责任人和单位应当承担相应的行政责任或刑事责任，给他人造成损失的，还应当承担民事赔偿责任。

4）投标人以低于成本的报价竞标

《招标投标法》第三十三条规定，投标人不得以低于成本的报价竞标。投标人以低于成本的报价竞标，其目的主要是为了排挤其他对手。这里的成本应指个别企业的成本。投标人的报价一般由成本、税金和利润三部分组成。当报价为成本价时，企业利润为零。如果投标人以低于成本的报价竞标，就很难保证工程的质量，各种偷工减料、以次充好等现象也随之产生。因此，投标人以低于成本的报价竞标的手段是法律所不允许的。

5）投标人以非法手段骗取中标

《招标投标法》第三十三条规定，投标人不得以他人名义投标或者以其他方式弄虚作假，骗取中标。在工程实践中，投标人以非法手段骗取中标的现象时有发生，主要表现在如下几方面。

（1）非法挂靠或借用其他企业的资质证书参加投标。

（2）投标文件中故意在商务上和技术上采用模糊的语言骗取中标，中标后提供低档劣质货物、工程或服务。

（3）投标时递交虚假业绩证明、资格文件。

（4）假冒法定代表人签名，私刻公章，递交假的委托书等。

上述不正当竞争行为对招投标市场的秩序构成了严重危害，为《招标投标法》所严格禁止，同时也是《中华人民共和国反不正当竞争法》（下称《反不正当竞争法》）所不允许的。

## 1.3.4 建筑工程开标、评标、中标的主要规定

建筑工程决标是指招标单位确定中标企业的法律行为，它通常包括开标、评标和定标三个过程。开标、评标和定标活动，在招标投标办事机构的监督下由招标单位主持进行。

### 1. 开标

开标是指招标人按照招标公告或者投标邀请函规定的时间、地点，当众开启所有投标人的投标文件，宣读投标人名称、投标价格和投标文件的其他主要内容的过程。《招标投标法》第三十四条规定："开标应当在招标文件确定的提交投标文件截止时间的同一时间公开进行；开标地点应当为招标文件中预先确定的地点。"

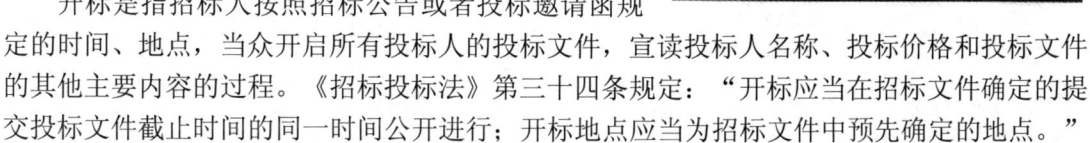

开标由招标人主持邀请所有投标人参加。

开标时，由投标人或者其推选的代表检查投标文件的密封情况，也可以由招标人委托的

公证机构检查并公证；经确认无误后，由工作人员当众拆封，宣读投标人名称、投标价格和投标文件的其他主要内容。招标人在招标文件要求提交投标文件的截止时间前收到的所有投标文件，开标时都应当当众予以拆封、宣读。

开标过程应当记录，并存档备查。

招标人开标的日期、时间和地点都要在招标文件中明确规定。开标时间由招标人根据工程项目的大小和招标内容确定。投标人的标书必须在开标前寄达招标文件指定的地点，招标人应按规定的时间公开开标，当众启封标书，公布各投标企业的报价、工期及其他主要内容。根据《房屋建筑和市政基础设施工程施工招标投标管理办法》第三十五条规定，有下列情况之一的，应当作为无效投标文件，不得进入评标。

（1）投标文件未按照招标文件的要求予以密封的。

（2）投标文件的投标函未加盖投标人的企业及企业法定代表人印章的，或企业法定代表人的委托代理人没有合法、有效的委托书（原件）及委托代理人印章的。

（3）投标文件的关键内容字迹模糊、无法辨认的。

（4）投标人未按照招标文件的要求提供投标保函或者投标保证金的。

（5）组织联合体投标的，投标文件未附联合体各方共同投标协议的。

投标人在开标后不得更改其投标内容，但可以允许对自己的标书做一般性说明或澄清某些问题。未按规定日期寄送的标书，应视为废标，不予开标。但如果这种延误并非投标人的过错，招标人也可同意该标书为有效。

**【案例1-10】**在一个工程招标中，承包商在标书中没有个人签名，业主因此拒绝了该标书。法院否决了业主的决定，认为承包商没有在标书上签名是一个轻微的缺陷，是可以原谅的，因为在标书的附件中，投标保函中有承包商的手写签名。

**评析：**本案例是关于标书中的缺陷是否可以接受的问题。我国《建筑工程招标投标暂行规定》第二十二条规定，"未加盖本单位和负责人的印鉴"的标书无效。《工程建设项目施工招标投标办法》第五十条也规定，"无单位盖章并无法定代表人或法定代表人委托的代理人签字或盖章的"投标书宣布作废。上述法规明确规定了标书中应当加盖相应印鉴，而且明文规定无相应印鉴属于标书无效原因之一。但在实际招标过程中可能遇到的情况是多种多样的。如果一个标书各方面都非常优秀，仅仅因为没有印鉴就被排除，实在是可惜。对业主而言失去了一个好的承包商，也是不值得的。本案判决进行了非常灵活的处理，作者认为是适当的。因为印鉴无非是为了能够确认是承包商递交的标书，能够确认标书是承包商的真实意思表示，在标书附件的投标保函的签名足以满足这个要求。

2．评标

1）评标委员会

《招标投标法》第三十七条第 1 款明确规定："评标由招标人依法组建的评标委员会负责。"

（1）评标委员会的组成

① 评标委员会由招标人的代表和有关技术、经济等方面的专家组成，成员人数为 5 人以上单数，其中技术、经济等方面的专家不得少于成员总数的 2/3。

② 评标委员会专家应当从事相关领域工作满 8 年，并具有高级职称或者具有同等专业

水平，由招标人从国务院有关部门或者省、自治区、直辖市人民政府有关部门提供的专家名册或者招标代理机构的专家库内的相关专业的专家名单中确定；一般招标项目可以采取随机抽取方式，特殊招标项目可以由招标人直接确定。与投标人有利害关系的人不得进入相关项目的评标委员会；已经进入的应当更换。

③ 评标委员会成员的名单在中标结果确定前应当保密。

（2）评标委员会成员的义务

① 评标委员会成员应当客观、公正地履行职务，遵守职业道德，对所提出的评审意见承担个人责任。

② 评标委员会成员不得私下接触投标人，不得收受投标人的财物或者其他好处。

③ 评标委员会成员和参与评标的有关工作人员不得透露对投标文件的评审和比较、中标候选人的推荐情况及与评标有关的其他情况。

在此需要注意的是，参与评标的有关工作人员是指评标委员会成员以外的因为参与评标监督工作或者事务性工作而知悉有关评标情况的所有人员。

2）评标程序中应该注意的问题

（1）招标人应当采取必要的措施，保证评标在严格保密的情况下进行。任何单位和个人不得非法干预、影响评标的过程和结果。

（2）评标委员会可以要求投标人对投标文件中含义不明确的内容做必要的澄清或者说明，但是澄清或者说明不得超出投标文件的范围或者改变投标文件的实质性内容。

（3）评标委员会应当按照招标文件确定的评标标准和方法，对投标文件进行评审和比较；设有标底的，应当参考标底。评标委员会完成评标后，应当向招标人提出书面评标报告，并推荐合格的中标候选人。

（4）招标人根据评标委员会提出的书面评标报告和推荐的中标候选人确定中标人。招标人也可以授权评标委员会直接确定中标人。

（5）评标委员会经评审，认为所有投标都不符合招标文件要求的，可以否决所有投标。依法必须进行招标项目的所有投标被否决的，招标人应当依照《招标投标法》重新招标。

（6）在确定中标人前，招标人不得与投标人就投标价格、投标方案等实质性内容进行谈判。

【案例 1-11】在一个工程的招标投标过程中，投标人的标书有一个书写错误，书写错误总额超过了投标报价的 5%。开标的同一天，投标人发现了错误并及时通知了业主，要求撤回标书。根据业主的要求，投标人提供了标书工作表（Worksheets）。三个星期以后，业主根据错误的标书将合同授予该投标人，拒绝了投标人的错误声明。由于投标人不签订合同，业主起诉要求投标人赔偿损失并没收了投标人的保证金。投标人和保险人要求取消合同。

法院认为，投标人标书的错误是可以原谅的，也是重大的，履行这样的合同是显失公平的。这个错误通过比较工作表和标书是能够客观地确定的。法院判决合同不成立。

评析：错误标书导致履行合同显失公平，要求其错误是"重大"的，"轻微"的错误不能允许取消合同。在本案的判决中，错误总额超过标价的 5%，法院认定属于"重大错误"。

允许撤回错误标书是根据公平原则的一种救济手段。以标书错误导致"显失公平"为由要求撤回，投标人必须证明"如果履行根据错误标书签订的合同是多么不合理"，而且还要

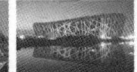

证明自己是清白的。虽然这并不意味着投标人没有一点疏忽，但他必须准备以充分的资料说明自己的清白，尤其说明自己没有任何恶意。

对于业主及其授权的代表来说，在承包商提供了错误的标书以后，不要侥幸地认为自己可以获得意外的收获。根据法律，在某些条件下，承包商可以根据重大错误导致显失公平为由向法院要求取消合同。

**【案例 1-12】** 在一个工程的招标投标过程中，某投标人的报价是业主底价的 82%，该投标人与其他两个投标人一样，大大偏离了大多数投标人的报价。业主对该投标人进行了标价确认，但没有告知上述价格的巨大差距。法院认为业主没有适当履行确认的义务，是在利用投标人的标书错误。判决要求业主以最低标价和次低价之间的修正报价将合同授予该投标人。

评析：本案涉及投标人的标书错误如何处理的情况。如果业主已经知道（无论是实际知道，还是推定应当知道）标书的错误，又没有适当确认标书价格，而随后将合同授予该投标人，我们可以据此认定业主的行为是恶意的，是在利用投标人的错误。这时应允许投标人修改标书，否则就是不公平的。

如果业主知道或应当知道某些事实或条件会导致标书错误，他就有义务提醒投标人注意可能的标书错误。投标人对有关技术规范的解释是否合理同业主的确认义务无关。不能认为投标人对技术规范的解释不合理就解除了业主的确认义务。

并非所有标书错误都允许更正，只有书写错误、计算错误和错读技术规范才允许进行更正。

**【案例 1-13】** 业主招标进行道路工程建设。某投标人是次低价投标人。在该投标人标书的"施工动员"款项中写明"10 491.00 美元"，但该款的大写却写明"玖仟肆佰玖拾壹美元"。如果适用大写则该投标人的标价比原最低报价稍低而成为最低价投标人。业主根据"大写优于小写"的规定将投标人标书的报价进行更改并将合同授予该投标人。该投标人要求撤回标书，在业主将合同授予该承包商的情况下，该承包商起诉业主。

法院认为，由于标书错误很小，不能构成"重大错误"，因此不同意投标人撤回标书，而允许业主根据招标规则对标书进行改正并将合同按照改正以后的价格授予该承包商。

原最低价投标人认为业主修正了标书报价以使标书报价最低，这是不合理的。法院认为，业主修正标书是根据"大写优于小写"的规定，而不是根据投标人的愿望进行的修改。法院不支持原最低价投标人的异议。

评析：对于投标人的标书错误，业主首先应当确定标书错误是否属于"重大错误"，即投标人是否有权撤回；在已经确定了投标人有权撤回标书的情况下，投标人有权选择是否撤回标书；当标书错误不大，不属于"重大错误"，则投标人不能撤回标书，而应当接受业主的修正，按修正以后的价格签订和履行合同。换句话说，投标人的标书有"重大错误"，投标人或者撤回标书，或者按照错误的价格（较低的价格）签订合同，而不允许投标人修改标书价格、按修改后的标书价格签订合同；如果投标人的标书错误不大，不属于"重大错误"，则业主可以对标书价格进行修改，投标人必须按照修改后的标书价格签订和履行合同，而不允许投标人再选择撤回标书。为什么呢？假使一个投标人提交了一个错误的标书，对错误的标书允许撤回，又允许投标人进行修改，这样，该投标人就比其他投标人处于一种优越的地

位，如果他想签订合同，他就放弃撤回，而选择修改标书按修改后的标书同业主签订合同；如果他不想签订合同，他就选择撤回标书。在这种情况下，提交了错误标书倒比其他投标人有更多的选择机会，即有了优越的地位，这是不公平的。

在本案中，更正标书所涉及的金额占标书报价的比例较小，而且按大写数字改正过的标书同原来的最低价标书报价相差很小。因此，履行该合同并非非常不合理，不会导致显失公平。

### 3. 中标

定标是招标人最后决定中标人的行为。选择中标人的条件主要考虑下列两个因素：一是能够最大限度地满足招标文件中规定的各项综合评价标准；二是能够满足招标文件的实质性要求，并且经评审的投标价格最低，但是投标价格低于成本的除外。

根据《招标投标法》和《工程建设项目施工招标投标办法》的相关规定，确定中标人应遵守以下规定：

（1）评标委员会提出书面评标报告后，招标人一般应当在15日内确定中标人，最迟应当在投标有效期结束日30个工作日前确定。

（2）招标人根据评标委员会提出的书面评标报告和推荐的中标候选人确定中标人；也可以授权评标委员会直接确定中标人。但不得在评标委员会推荐的中标候选人之外确定中标人。

（3）依法必须招标的项目，招标人应当确定排名第一的中标候选人为中标人。排名第一的中标候选人放弃中标、因不可抗力提出不能履行合同，或者招标规定应当提交履约保证金而在规定的期限内未能提交的，招标人可以确定排名第二的中标候选人为中标人。排名第二的中标候选人因前款规定的同样原因不能签订合同的，招标人可以确定排名第三的中标候选人为中标人。

（4）在确定中标人之前，招标人不得与投标人就投标价格、投标方案等实质性内容进行谈判。

根据《招标投标法》及《工程建设项目施工招标投标办法》的有关规定，招标人发出中标通知书应当遵守以下规定：

（1）中标人确定后，招标人应当向中标人发出中标通知书，并同时将中标结果通知所有未中标的投标人。

（2）招标人不得提出压低报价、增加工作量、缩短工期或其他违背中标人意愿的要求，不得以此作为发出中标通知书和签订合同的条件。

（3）中标通知书对招标人和投标人具有法律效力。中标通知书发出后，招标人不得改变中标结果，否则要承担法律责任；而中标人也不得放弃中标项目，否则招标人将对投标保证金予以没收。

招标人和中标人应当自中标通知书发出之日起30日内，按照招标文件和中标人的投标文件订立书面合同。招标人和中标人不得再行订立背离合同实质性内容的其他协议。

招标文件要求中标人提交履约保证金或者其他形式履约担保的，中标人应当提交；拒绝提交的，视为放弃中标项目。招标人要求中标人提供履约保证金或其他形式履约担保的，招标人应当同时向中标人提供工程款支付担保。招标人不得擅自提高履约保证金，不得强制要求中标人垫付中标项目建设资金。

31

招标人与中标人签订合同后5个工作日内,应当向中标人和未中标的投标人退还投标保证金。

根据《招标投标法》的有关规定,依法必须进行招标的项目,招标人应当自确定中标人之日起15日内,向有关行政监督部门提交招标投标情况书面报告。《工程建设项目施工招标投标办法》规定该书面报告应当至少包括下列内容:

(1)中标范围;
(2)招标方式和发布招标公告的媒介;
(3)招标文件中投标人须知、技术条款、评标标准和方法、合同主要条款等内容;
(4)评标委员会的组成和评标报告;
(5)中标结果。

**【案例1-14】** 某政府部门招标回填一个矿坑,要求获得一个最大竞争性招标,同时力求保证政府部门从竞争中获益。某承包商的标价最低。但该政府部门在认真审查和比较了招标文件要求的施工措施和承包商标书的有关内容后,发现标书有下列不符合招标文件要求的情况:(1)标书中没有提供有关承包商推荐的设备供应商的有关设备适用性的说明文件;(2)标书中没有提供有关承包商主要管理人员的充分并符合要求的资料;(3)标书没有提供灌注泥浆的有关资料;(4)标书没有提供要求列明的分包商名单。该政府部门要求承包商给予澄清,并给承包商一个补正的机会。但承包商提供的资料比原来的标书没有实质性的改进。于是该政府部门拒绝了该承包商的投标。该承包商起诉政府部门,力图阻止某政府部门授标给次低报价的投标者,而将合同授予自己。

一审法院认为,虽然该承包商的标书与招标文件的要求有差距,但还不构成对招标文件的实质性违反,所以政府部门拒绝该承包商的投标是不适当的。一审法院认为,只要该承包商在法院的诉讼中能够证明自己被授标后胜任招标的工作,其提交的投标与招标文件的差距就应认定为微不足道的。判决政府部门将合同授予该最低价承包商。政府部门上诉。

二审法院认为,一般的原则是,对于政府部门发包的公共合同的投标应当满足招标文件的要求和对投标人的指导。政府部门负有责任依据自己的判断决定是否接受一个标书。进行招标需要广泛的知识和高超的技术,行政机关应该有广泛的权限去做出判断和决定。如果政府机关在行使权力时没有欺诈、恶意串通、反复无常等不合法或不合理的行为,判断投标是否满足招标文件的要求是政府职能范围内的事。法院不应介入政府的职能范围。证明行政机关非法行使决定权的举证责任在要求推翻行政决定的一方。

**评析:** 标书应当满足有关法规和招标文件的要求,没有满足招标文件要求的标书将被视为废标而失去中标机会,进而失去合同。但是在实际招标过程中,判断一个标书是否符合有关法规和招标文件的要求并不是一件容易的事,因为一项工程往往非常复杂,其招标投标文件的内容也非常多,要求标书一点疏漏也没有是很困难的。这就要求法院在审理案件的时候要具体判断标书疏漏的性质是否严重,以便确定标书是否合格。由于法官均不是建筑行业的专业人员,法院做出审查和判断也有一定的困难。这就需要法官充分听取诉辩双方的观点,必要时听取专业人员的证词,以便做出公正的判决。判断标书是否合格的一个重要标准是该标书疏漏的存在是否违背了《建筑法》规定的公开、公正和平等竞争原则。如果允许该标书疏漏的存在将导致对其他投标人的不公正和不公平,那就应当认定该标书是不合格的标书。

本案涉及的问题是政府部门作为业主进行招标的情况。对于这种情况,法院应当考虑以

下两个因素：(1) 政府部门是有法定行政权力的国家机关，对其管辖的事务有很大的自由裁量权；(2) 相对于法院，政府部门对其管辖的业务更加熟悉和精通。因此法院在审查政府部门在招标活动中的决定时应当谨慎一些，尽量尊重政府部门的决定。但是如果有证据表明政府部门所做的决定有不诚实、欺诈或者串通等行为，或者所做决定有恶意、没有任何根据的武断和反复无常，或者所做决定明显违法和不合理，那么法院就可以考虑判决推翻政府部门的决定。

【案例1-15】在一个工程的招标中，业主将合同授予了承包商甲。但另一个承包商乙提出起诉，指出承包商甲没有适当的施工许可证。考虑到解决诉讼纠纷会耽误工程进度，业主拒绝了所有投标，准备重新招标。结果两个投标人都提出起诉。

法院在审查中认定最低价承包商甲的施工许可证是适当的，拒绝所有投标是错误的。招标文件规定，业主可以拒绝所有投标；另一条则规定，业主在接到标书后必须在三十天内将合同授予最低价投标人或者拒绝所有投标。这个条款是强制性的。法院认为法院有义务禁止业主将合同授予承包商甲以外的其他投标人，但法院无权要求业主将合同授予承包商甲，因为在授标前，业主有权拒绝所有投标。但本案的问题在于，在业主已经将合同授予承包商甲的情况下是否还有权力拒绝所有投标。

法院认为，根据招标规则，业主对于是否拒绝所有标书有选择权。但是，一旦业主履行了他的选择权，将合同授予了最低价的合格的承包商，他就不能再拒绝所有的投标而另行招标，否则就违背了合同法的有关原则，可能造成存在倾向性。法院判决业主拒绝所有标书无效，应当将合同授予承包商甲。

评析：这是法院对业主"拒绝所有标书"权力进行审查的一个例子。虽然业主"拒绝所有标书"的权力很大，但不能毫无限制，否则将导致投标人人力、财力的巨大浪费，这对投标人是不公平的；同时，更重要的是，业主毫无限制地"拒绝所有标书"也容易导致招标产生倾向性。假设业主内定了一个承包商，在一个招标过程中该内定的承包商没有中标，业主便拒绝所有标书；下一次内定承包商再失败，业主再拒绝所有标书……直到该承包商中标。这将导致非常荒唐和不合理的情况。因此法院对招标过程进行审查，限制业主不合理地行使"拒绝所有标书"权力是非常必要的。

值得一提的是，在本案中，业主拒绝所有标书的目的是想避免耽误工程进度和增加费用。但法院下达判决时已经是两年以后了。接下来的问题是承包商是否要求业主补偿案件审理期间的费用。看来业主既耽误了时间，又要增加费用。

【案例1-16】在一个工程招标中，投标人投标后了解到当地经常发生劳资纠纷，遂要求撤回标书，取消合同。法院认为，投标人没有以适当的细心和勤勉（Care And Diligence）去调查潜在的劳工问题，由于投标人没有进行适当的投标前调查，法院判决投标人因为没有履行全面的投标调查而导致的标书错误不能要求撤回。

评析：本案涉及投标人投标后在什么情况下可以撤回标书。一般来说，一旦投标人提交了标书就不能撤回，否则业主就要没收投标人提交的投标保函（Bid Bond）或者保付支票（Certified Check）。但如果错误是纯粹的数字错误，或者是对招标文件的解释错误，则允许投标人撤回标书而不没收有关的保证金。投标人判断上的错误不允许撤回标书。以标书有错误

为由要求撤回标书不必证明对方当事人有欺诈或其他不公平的行为。

投标人撤回标书有下列特点：（1）错误是由投标人的疏忽造成的；（2）如果投标人有权要求撤回标书，业主不能扣留投标保证金或其他担保；（3）投标人在开标以后，授标以前及时给予通知；（4）业主没有受到损失，因为业主可以将合同授予其他投标人。

标书错误是由于投标人疏忽造成的，典型的错误是书写错误和计算错误。这种情况下，错误的标书没有反映投标人的真实意图。如果他重新计算标书或者其他人再计算标书，这个明显的错误就会被发现和改正。这就是说，业主和投标人这时没有达成合意，因此也就不能成立合同。

根据《中华人民共和国民法通则》（下称《民法通则》）第五十九条规定："下列民事行为，一方有权请求人民法院或者仲裁机关予以变更或者撤销：（一）行为人对行为内容有重大误解的；（二）显失公平的。被撤销的民事行为从行为开始起无效。"最高人民法院《关于贯彻〈中华人民共和国民法通则〉若干问题的意见》对"重大误解"的界定是指行为人因对行为的性质、对方当事人、标的物的品种、质量、数量等的错误认识，使行为的后顾与自己的意思相悖，并造成较大损失（第七十一条）。显失公平是指一方当事人利用优势或者利用对方没有经验，致使双方权利义务明显违反公平、等价有偿原则（第七十二条）。

上述规定为投标人撤回错误标书提供了法律依据。由于国际工程招标投标对错误标书均有撤回的实践和习惯，因此，我们在实践上掌握错误标书撤回的标准应当比审理其他案件中运用"重大误解"和"显失公平"的标准适当放松。

具体说来，投标人在准备的标书中有错误是可以撤回的，但投标人应举证说明其标书符合下列条件：（1）错误是重大的；（2）如果按照错误的标价执行合同是显失公平的；（3）错误不是因为投标人未履行法律义务而产生的，也不是因为投标人有应受惩罚的疏忽造成的；（4）除了没有获得投标人的合同外，业主没有受到其他损失；（5）投标人在投标以前及时将错误通知了业主；（6）尽管投标人已经足够细心仍难以避免错误。

错误标书并不一定都允许投标人撤回，如果标书错误是投标人判断错误造成的，如低估了劳动力的价格或材料价格，就不允许投标人撤回标书。

另外，在决定错误标书是否可以撤回之前，法院通常还要进一步审查以确定业主是否会因为允许投标人撤回标书而受到损失，是否会给业主造成不公平。如果投标人等了很长一段时间才通知业主标书的错误，或者因为投标人没有适当通知业主给业主造成了严重的损失，则不能允许投标人撤回标书。超过了规定的时间，次低价投标人和其他投标人已经撤回标书是一种给业主造成损失的典型情形；有关的担保过期失效也是一种常见的情况。如果因为业主没有适当建议有希望的投标人确保有效的担保，则提供错误标书的投标人不应当承担责任。另外，因为标书错误而使业主没有取得最低价的标书不能认为是业主受到了严重的损害，因为错误的标书表明业主与投标人之间没有达成合意。次低价标书是合格的，因此也才是实际上的最低价标书。

本案例是一个撤回标书被拒绝的例子。这一案例提醒我们，虽然标书因为错误在某些情况下可以撤回，但这不是无条件的，投标人负有举证责任来说明自己进行了细致全面的投标前调查。

对于递交错误标书的投标人，他不能仅凭"对不起，我弄错了，请原谅。"就能够撤回标书。毕竟是你投标人有过错，导致对招标过程的影响。投标人必须举证说明何时、何地怎

样造成的错误,说明尽管投标人已经足够细心,还是递交了错误的标书。如果投标人不能说明错误的实际性质,不能说明已经足够细心,错误纯粹是疏忽造成的,就不能允许他撤回标书。

许多投标人不能撤回错误标书就是因为他们不能说明自己出错的时间、地点,以及怎么出的错。有鉴于此,我们提醒投标人保管好准备标书的任何文件以备不时之需。因为一旦标书出错而要求撤回,举证责任是在投标人一方的。对于来自其他人的价格或其他数据,投标人应及时将有关的单位名称、数量、价格等记录在记事本或工作日记上。应该做到需要查对标书的有关数据马上就能提供其来源和出处。这些资料即使在投标以后也不能扔掉。它们对于施工和完工以后的索赔工作都是至关重要的。因为一个精心打印的材料不如一个记载有关数据的草稿的证明效果好。

除非投标人能够证明其标书的错误是可以撤回的,业主有义务将合同授予最低价的投标人或者扣留投标人保证金。虽然标书错误是由于疏忽导致的,但如果投标人没有履行有关的法律义务是导致疏忽的原因,或者投标人的疏忽是应该受到惩罚的,则他的错误标书就不允许撤回。投标人不能进行充分举证,就面临败诉的危险。

**【案例 1-17】** 业主招标制造两台 50 吨的塔吊。招标文件包括 98 页的技术规范,详细规定了设计要求。投标人的负责人在读过两三页,了解了主要的要求后,认为所要求的塔吊属于投标人公司的轻型塔吊,只要将投标人公司的相应塔吊加以改造就可以了。实际上后 90 多页的内容有对塔吊更具体的要求,所要求的塔吊根本不是轻型塔吊而是重型塔吊。投标人的报价低于 400 万美元,而次低报价超过 700 万美元。由于差距太大,业主要求投标人确认自己的报价。投标人对标价进行了书面确认。业主对确认还不放心,在投标以前召开了会议以进一步确定投标人是否理解了技术规范的要求,以及能否完成该要求。业主审查了技术和设计要求,但没有就巨大的报价差距进行磋商。业主要求投标人提供费用分析资料,投标人没有提供,但声称除了一个微不足道的错误外,没有其他错误,错误对总报价没有影响。考虑到投标人一再表示保证按照技术规范的要求履行合同,业主将合同授予投标人。

在进行初步设计时,业主意识到履约存在问题并决定开会讨论。这时投标人才发现价格上的巨大差距。

投标人要求修改合同,延长工期并增加费用。投标人认为如果合同价格远远偏离实际成本是由于双方的错误造成的,那么业主无权要求投标人履行合同;如果业主坚持要求履行合同,那就得对合同的价格和工期进行公平的调整以使合同价格反映实际成本。

法院认为,投标人只读了部分技术规范,根据部分技术规范进行的投标属于判断错误,而不属于错读技术规范,因此拒绝了投标人修改合同或撤销合同的诉讼请求。

**评析:** 一般来说,投标人要求修改合同,必须证明:(1)因为错误,投标人的投标报价有遗漏;(2)错误必须是书写错误、计算错误或者错读了技术规范(Misreading A Specification)。

本案是一个比较典型的例子,投标人没有履行自己的职责,认真审查招标文件,而仅仅根据其中的两三页制作了标书。而根据这两三页技术规范制作的标书是投标人经过谨慎的考虑以后才决定选择标准塔吊加以改造以后来满足业主要求的。根据部分技术规范所做的投标属于一种判断错误,根据判断错误进行投标的错误投标人不能要求获得额外付款。

为什么错读技术规范可以允许投标人撤回标书,而没读技术规范就不能允许撤回或给予费用调整呢?我们认为,错读技术规范与没读全部技术规范是有本质区别的。错读技术规范

是投标人疏忽或其他原因造成的难以完全避免的结果,即使投标人非常认真仔细地制作标书也难免不发生疏漏;没有读全技术规范则是投标人没有认真履行自己的职责造成的,如果投标人认真一些,完全可以避免标书的错误。在本案中,业主对投标人的报价进行几次确认,投标人一直声明自己的报价是准确无误的。考虑到这样的因素,我们更容易理解法院判决不能对标价进行调整的理由。虽然判决结果有些残酷,但我们应当理解,不能允许在招标投标过程如此不负责任的行为,让投标人品尝如此不负责任的苦果并不过分。

另外,在工程招标投标中,基于判断错误导致的标书错误也不能允许投标人撤回标书。我们知道,在市场经济下,影响工程价格的因素很多,对各种材料、设备、服务价格的估计,对其他各种因素的估计,等等,尤其是建筑工程大多工期很长,对这些因素的估计实际上属于正常的经营风险。对于这些因素和风险的估计必须在投标时进行充分的、比较准确的估计,投标以后就不能允许任意改变,否则,就意味着将这些本应由投标人承担的经营风险转移给了业主。在本案中,投标人是依据部分技术规范进行的判断,其制作的标书是投标人所做出的真正意思表示,因此其标书错误属于判断错误,不能允许投标人撤回标书或对其标书进行修正。

**【案例1-18】**业主招标建设高速公路,某投标人在标书的施工动员分项中没有填写数据,而是在总报价中加入了施工动员费用525 000美元。开标以后该投标人发现自己的标价比次低价投标人的报价低100 000美元,于是及时通知了业主。业主拒绝免除投标人的标书错误,而坚持按标书中分项总价的和作为标价与投标人签订合同。这样等于在标书报价的基础上再减去525 000美元。投标人起诉要求按原来价格签订合同。法院拒绝了投标人的要求。业主同意投标人撤销标书而不扣留保证金。这等于给了投标人一个选择:或者撤销标书,或者按照更低的价格签订合同。投标人接受了后者。但随后投标人上诉主张自己有权按较高的价格签订合同。

法院认为,标书错误不是双方造成的,而是投标人单方造成的,因此不能要求更正标书错误。另外525 000美元不是一个轻微的错误,是不能原谅并允许改正的。标书错误是重大的,投标人或者按照错误标书接受较低的价格,或者撤回标书。法院拒绝了投标人提高价格的诉讼请求。

**评析:**本案涉及如何处理标书错误的问题。正如前面的案例说明的,投标人的标书有"重大错误",投标人或者撤回标书,或者按照错误的价格(较低的价格)签订合同,而不允许投标人修改标书价格,按修改后的标书价格签订合同;如果投标人的标书错误不大,不属于"重大错误",则业主可以对标书价格进行修改,投标人必须按照修改后的标书价格签订履行合同,而不允许投标人再选择撤回标书。

这里应当强调,通常不允许投标人更正标书错误或者修改合同价格,接受一个经过修正价格的合同。虽然这不是绝对的,但以一个高于标价的价格授予合同是有严格限制的。在下列情况下允许业主按修改后适当提高的价格授予合同:

(1)如果标书错误能够明确地从标书表面确定;
(2)业主认为标书是轻微的违规错误;
(3)业主知道或应当知道标书存在错误。

再一次强调,以防引起误导:一般的原则不允许更正标价。一个投标人可能在主张标书错误的诉讼中取胜,但可能的结果是撤回标书或者取消合同,而不是提高标书价格。

**【案例1-19】工程未能按期竣工仲裁案**

申请人：某市供销社

被申请人：某市国营建筑公司

一、诉辩主张和事实认定

某市供销社（以下简称发包方）与某市国营建筑公司（以下简称承包方）于2005年5月30日签订一份建筑一栋六层营业、办公两用楼的工程承包合同。合同规定：建筑面积2 600平方米；工程造价，每平方米875元，总计工程款为2 275 000元；承包方式为大包干，即包工、包料；开工时间，2005年6月10日；竣工时间，2005年12月20日。经双方和质量部门验收合格后交付使用。因建筑工程未能按期竣工而发生纠纷，发包方于2006年2月25日向某市经济合同仲裁委员会申请仲裁。

发包方诉称：承包方在施工中，没有使用自己的施工队伍，多次转包，影响工程进度，延误竣工交付使用时间，给我方造成直接经济损失达210 000元，承包方应承担违约责任。

承包方答辩称：由于发包方未能按照合同约定的时间提供图纸，延误了开工时间；在施工中，我方使用农民建筑队施工，属于雇用劳务不是转包，发包方未按约定支付工程款，影响了施工进度。延误竣工时间，多支出的费用，发包方应当负责。

仲裁委员会审理查明：发包方提供施工图纸，有的提前，有的错后，未按合同约定时间提供。但经某设计院鉴定，提供图纸的时间，不会影响开工时间和工程进度；发包方支付工程款是采取双方协商零星拨款的方式。承包方购买建筑材料时随买随拿支票，由发包方签字。经核算，发包方支付的工程款比合同规定多支付10万元。承包方所提影响施工进度的理由不能成立。承包方因自己的施工力量没有排开，在施工期间先后四次雇用农民建筑队进行施工，加之管理不善，影响工程进度，至合同期满仅完成主体工程三层。

二、裁决理由和裁决结果

仲裁委员会认为：承包方由于自己施工力量不足，四次雇用农民建筑队施工，属雇用劳务性质，不属转包，由于组织不严、管理不善，影响了工程进度，未按期竣工，应当负违约责任。根据《建筑安装工程承包合同条件》第十三条第2款规定："工程交付时间不符合规定，按合同中违约责任条款的规定偿付逾期违约金。"经调解，未达成协议，故依法做出如下裁决：

（1）承包方按合同约定赔偿发包方未按期竣工的违约金21万元，从拨付的工程款中扣除。

（2）承包方继续履行合同，按原合同设计标准积极组织施工，保证工程质量，并于2006年10月31日竣工验收，交付使用。

（3）仲裁费12 900元由承包方负担。

**评析**：仲裁机关对该案认定的事实、适用的法律和处理结果是正确的。建筑工程或者称基本建设是实现社会主义扩大再生产的一个重要手段，它决定着我国国民经济的发展规模和速度，并为不断提高整个社会的物质和文化生活水平的需要创造新的物质技术基础。基本建设的重要性，决定了以建设工程为标的的建设工程承包合同，在我国合同制度中处于重要的地位，成为实现社会主义固定资产的扩大再生产，保证四个现代化建设的重要的法律形式。因此，建设单位和施工单位应当按照国家的法律和政策，依照国家规定的基本建设程序和国家批准的投资计划，签订建设工程承包合同，确立双方的权利义务关系。合同一经签订，即

在双方当事人之间产生法律约束力,双方当事人必须全面履行合同规定的义务,不履行或者不完全履行合同规定的义务,给对方造成损失的,要追究法律责任。

承包方承包了工程,应当以自己的施工力量、施工设备和施工技术进行施工。如果自己力量不足,可以将承包的工程部分分包给其他分包单位,签订分包合同。法律规定,承包单位对发包单位负责,分包单位对承包单位负责,但承包单位不得将全部所承包的工程转包给其他单位,而从中渔利。如果雇用乡镇建筑队的劳动力,只能作辅助工,或辅助工程,并严格监督管理。由于施工组织、管理不善,造成工程质量低劣或者延误竣工日期,造成损失的,承包单位应当负责。

《建筑法》对转包有明确的禁止性规定,该法第二十八条规定:"禁止承包单位将其承包的全部建筑工程转包给他人,禁止承包单位将其承包的全部建筑工程肢解以后以分包的名义分别转包给他人。"第六十七条规定:"承包单位将承包的工程转包的,或者违反本法规定进行分包的,责令改正,没收违法所得,并处罚款,可以责令停业整顿,降低资质等级;情节严重的,吊销资质证书。承包单位有前款规定的违法行为的,对因转包工程或者违法分包的工程不符合规定的质量标准造成的损失,与接受转包或者分包的单位承担连带赔偿责任。"但在实际建筑活动中,变相的转包多种多样,这为审判中的识别和认定带来了很大的难度。法院如果在案件中将工程转包或挂靠经营承包认定为内部承包或内部经营方式,则不利于国家法律禁止转包的立法意图,也不利于净化建筑市场。为确保建筑活动的安全和质量,法院处理此类案件应进行多方调查。

从这一合同纠纷案来看,发包单位按照合同规定履行了自己的义务。但是,我们还必须指出,建设单位不能把建设工程包出去就算完事,而是应当派驻工地代表,对工程进度、工程质量进行监督,解决应由发包方解决的问题,以及其他事宜。承包方没有按照合同规定的日期竣工交付使用,与监督不力也不是没有关系的。发包方应当接受教训。

总之,发包单位和承包单位都应当按照合同的规定,通力协作,认真组织施工,多快好省地完成建设工程任务。要尽力缩短工期,节省材料,降低造价,共同保证国家建设计划的完成。如果不认真组织施工,或者在施工中浪费材料,偷工减料,延误工期,造成损失,就要负法律责任。

## 1.4 建筑工程监理制度

**【案例1-20】** 张某是某建设单位雇佣的监理工程师,自张某在施工现场进行监理工作以来,一直工作认真负责,在某次施工过程中,张某还解决了施工过程中的一个技术难题,挽回了不少不必要的损失。出于感激,施工单位决定奖励张某5000元。张某认为这的确属于自己劳动所得,就收下了这笔钱。你认为张某可以收下这笔费用吗?

**评析:** 不可以。如果张某收下了这些补助费,就与施工单位存在了实质上的利害关系,而张某又是建设单位雇佣的监理人员。这与《建筑法》的规定不符。

## 1.4.1 监理的主要内容

**1. 建筑工程监理的基本规定**

建筑工程监理，是指具有相应资质的监理单位受工程项目业主的委托，依照国家法律、法规，经建设主管部门批准的工程项目建设文件，建设工程委托监理合同及其他建设工程合同，对工程建设实施的专业化监督管理。

建筑工程监理制度是我国建设体制深化改革的一项重大举措，是适应市场经济和参照国际惯例的产物。我国《建筑法》第三十条规定："国家推行建筑工程监理制度。"

国务院可以规定实行强制监理的建筑工程的范围。实行监理的建筑工程，由建设单位委托具有相应资质条件的工程监理单位监理。建设单位与其委托的工程监理单位应当订立书面委托监理合同。建筑工程监理应当依照法律、行政法规及有关的技术标准、设计文件和建筑工程承包合同，对承包单位在施工质量、建设工期和建设资金使用等方面，代表建设单位实施监督。工程监理人员认为工程施工不符合工程设计要求、施工技术标准和合同约定的，有权要求建筑施工企业改正。工程监理人员发现工程设计不符合建筑工程质量标准或者合同约定的质量要求的，应当报告建设单位，要求设计单位改正。

**2. 我国实行强制监理的范围**

我国《建设工程质量管理条例》第十二条对必须实行监理的建设工程做出了原则规定。根据该条例，建设部于2001年1月17日颁布了《建设工程监理范围和规模标准规定》，明确必须实行监理的建设工程项目具体范围和规模标准。必须实行监理的建设工程项目主要有以下几种。

（1）国家重点建设工程。

（2）大中型公用事业工程。

（3）成片开发建设的住宅小区工程。

（4）利用外国政府或者国际组织贷款、援助资金的工程。

（5）国家规定必须实行监理的其他工程。

**3. 工程建设监理的内容**

工程监理的主要内容可以概括为"三控制、两管理、一协调"。"三控制"是指建设工程监理对建设工程的投资、工期和质量进行控制。"两管理"是指建设工程监理对建设工程进行的合同管理、信息管理。"一协调"是指建设工程监理要协调好与有关单位的工作关系。

此外，根据《建设工程安全生产管理条例》及相关法律、法规的规定，安全管理也是监理工作的重要工作内容。

在施工阶段进行监理的内容和权限如下：

（1）审查承建单位提出的施工组织设计（或方案），提出改进意见，参加承建单位的技术交底并监督其实施；

（2）督促、检查承建单位严格执行工程承包合同和有关工程技术规范、标准；

（3）检查工程使用的材料、构配件和设备质量，对不合格者提出更换要求；

（4）检查工程进度和施工质量，签署工程付款凭证，对严重违反规范、规程者，必要时签发停工通知单；

（5）负责隐蔽工程验收，参与处理工程质量事故，并监督事故处理方案的执行；

（6）调解建设单位与承建单位之间的争议；

（7）督促和审查承建单位整理合同文件和工程技术档案资料，并汇总归档；组织设计单位和施工单位进行工程初步验收，提出竣工验收报告；

（8）参加建设单位组织的最终竣工验收，审查工程结算等；

（9）建设工程的安全管理与督促。

### 4．工程建设监理的依据

工程建设监理的依据主要有以下几个。

（1）有关法律、行政法规、规章及标准、规范。

（2）有关工程建设文件。

（3）建设单位委托监理合同及有关的建设工程合同。

### 5．工程监理单位的资质许可制度

国家对工程监理单位实行资质许可制度。《建设工程质量管理条例》第三十四条第1款规定："工程监理单位应当依法取得相应等级的资质证书，并在其资质等级许可的范围内承担工程监理业务。"同时该条还规定："禁止工程监理单位超越本单位资质等级许可的范围或者以其他工程监理单位的名义承担工程监理业务。禁止工程监理单位允许其他单位或者个人以本单位的名义承担工程监理业务。工程监理单位不得转让工程监理业务。"

根据《建筑法》、《建设工程质量管理条例》，建设部于2007年6月26日颁布了建设部令第158号《工程监理企业资质管理规定》，规定工程监理企业应当按照其拥有的注册资本、专业技术人员和工程监理业绩等资质条件申请资质，经审查合格，取得相应等级的资质证书后，方可在其资质等级许可的范围内从事工程监理活动。工程监理企业的资质等级分为甲级、乙级和丙级，并且按照工程性质和技术特点划分为若干工程类别。

## 1.4.2 监理企业的法律责任

实施建设工程监理前，建设单位应当将委托的建设工程监理单位、监理的内容及监理权限，书面通知被监理的建筑施工企业。

建设工程监理单位应当在其资质等级许可的监理范围内，承担工程监理业务。建设工程监理单位应当根据建设单位的委托，客观、公正地执行监理任务。建设工程监理单位与被监理工程的承包单位，以及建筑材料、建筑构配件和设备供应单位不得有隶属关系或者其他利害关系。建设工程监理单位不得转让工程监理业务。

建设工程监理单位不按照委托监理合同的约定履行监理义务，对应当监督检查的项目不检查或者不按规定检查，给建设单位造成损失的，应当承担相应的赔偿责任。建设工程监理单位与承包单位串通，为承包单位谋取非法利益，给建设单位造成损失的，应当与承包单位承担连带赔偿责任；构成犯罪的，依法追究刑事责任。

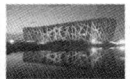

**【案例 1-21】** 业主聘请一家咨询公司作为建设礼堂的施工监理。在工程完工以后，业主起诉咨询公司，指控其明知承包商在修建礼堂时使用了许多质量低劣的填充材料，却掩盖了这一事实并签发了礼堂工程的接收证书。法院判决咨询公司因欺诈性掩盖事实真相而承担返修责任。

评析：一般地说，在业主、承包商和监理工程师三者之间的关系上，业主和监理工程师的关系是比较密切的。尽管在法律上要求监理工程师能够客观公正，但毕竟业主是监理工程师的雇主，监理工程师的工作宗旨很大程度上是为了维护业主利益的。对于监理工程师对于业主的倾向性，大多承包商都有充分的心理准备。在某些不正常的情况下可能发生业主与监理工程师串通刁难甚至欺骗承包商的情况，比如本章的综合案例 5。在建筑工程合同中，人们注意不够的是承包商与监理工程师串通欺骗业主的情况。这种情况在我国应当引起足够的重视。由于我国的基本建设大多是国家投资，因此业主通常是国有企业或其他各种形式的"政府业主"，而承包商或监理单位存在各种所有制形式，即使是国有企业，也是"小公"，代表局部利益。在这种情况下，承包商与监理工程师串通，从而侵吞国家财产的问题就比较容易发生。如果业主或建设单位的某些工作人员也参与进去，侵吞国家财产的问题就更加严重了。本案就是承包商与监理工程师串通欺骗业主的一个例子。

**【案例 1-22】**

原告：某监理公司

被告：某房地产开发公司

基本案情：某房地产开发公司投资开发一住宅小区，与某工程监理公司签订了建设工程委托监理合同。在专用条件的监理职责条款中，双方约定："乙方（监理公司）负责甲方（房地产开发公司）住宅小区工程设计阶段和施工阶段的监理业务……房地产开发公司应于监理业务结束之日起 5 日内支付最后 20%的监理费用。"写字楼工程竣工一周后，监理公司要求房地产开发公司支付最后 20%的监理费用，房地产开发公司以双方有口头约定，监理公司的监理职责应该履行到工程保修期满为由，拒绝支付。

监理公司索款未果，于是起诉到法院。法院判决双方口头约定的监理职责应该履行到工程保修期满的内容不构成委托监理合同的内容，房地产开发公司到期不支付监理费用构成违约，应该承担违约责任，支付监理公司剩余的 20%的监理费用及延期付款的利息。

评析：根据我国《合同法》、《建筑法》的有关规定，依法应当实行监理的建设工程，发包人应与监理人订立书面的委托监理合同，由监理人按照合同内容对建设工程进行监理。

根据《建筑法》及《建设工程监理范围和规模标准规定》等有关规定，房地产开发公司投资开发的住宅小区，属于需要实行监理的建设工程，依法应该与监理人订立书面的委托监理合同。本案的争议焦点在于确定监理公司的监理义务范围。依照书面合同约定，监理范围包括工程设计和施工两个阶段，而没有包括保修阶段；双方只是口头约定包括保修阶段。

根据《合同法》第二百七十六条规定，委托监理合同应该以书面形式订立，口头形式约定不成立。因此，该委托监理合同关于监理义务的约定，只能包括工程设计和施工两个阶段，不应包括保修阶段。也就是说，监理公司已经完全履行了合同义务，房地产开发公司到期不支付监理费用构成违约，故判决其承担违约责任，支付监理公司剩余的 20%的监理费用及延期付款的利息是正确的。

**【案例1-23】** 一家工程咨询公司协助业主选定承包商，他选定一个标价比较低、施工经验也比较丰富的承包商，但他们忽视了在财务方面的调查。这家承包商在财务上已经发生了严重的问题，合同签订后不久，它就宣告破产。招标工作不得不重新进行。法院判决由工程咨询公司负担重新招标所发生的全部额外费用。法院判决的根据就是咨询公司的工作未能达到合理的细心和技能（Reasonable Care And Skill），没有调查清楚承包商的财务能力。

评析：在建筑工程合同中，监理工程师（也称咨询工程师或简称工程师，国外直接称"Engineer"或"Architect"）的地位是非常特殊的。一方面他与业主签订聘用合同，这样，业主与监理工程师就是雇佣关系，业主同时也是监理工程师的雇主。另一方面，在法律上监理工程师不是工程施工合同的一方当事人，他在合同中的签字只是作为鉴证人。尽管监理工程师不作为合同中业主与承包商双方的任何一方，但为了项目实施，他有权作为中间人根据合同条款做出自己的客观判断，对业主和承包商发出指令并约束双方，行使法律上准仲裁员的权利，甚至业主也无权影响并干涉咨询工程师的决定，因为业主如果要求监理工程师采取倾向性立场就属于违约。理论上讲，监理工程师在业主和承包商之间应当不偏不倚、保持公正。当然这只能是理论上的，实际上，由于国际承包工程市场毕竟还是买方市场，指望咨询工程师在实际运作中完全中立，就未免太理想化了。监理工程师是受业主委托并与其有合同关系，自然要千方百计为业主服务，作为业主的代理人负责项目管理。业主、监理工程师和承包商三者之间并不是等边三角形，监理工程师在这个三角关系中靠业主更近一些。

本案中监理工程师基本上是以业主代理人的身份为业主选择合适的承包商。由于选择的承包商破产，监理工程师就违反了他与业主之间明示的或暗示的合同条款。法院判决该咨询公司负担重新招标所发生的全部额外费用是适当的。这里涉及在建筑法上的一个重要问题，即该监理工程师或咨询工程师的工作应达到什么程度才是适当的，从而可以免除责任。对此，国际上和其他国家的审判实践普遍接受"合理的细心和技能（Reasonable Care And Skill）"原则。根据这一原则，监理工程师的工作应达到一般合格监理工程师所具备的平均工作能力就可以了，这一原则不要求监理工程师达到本专业最尖端的技术水平。除此之外，监理工程师的年龄大小、智力强弱或工作繁重等不能作为辩护的理由。在实践上这一原则是建立在判例的基础上，有时需要专家的证言才能加以确定。

在我国，《建筑法》第四章专门规定了建筑工程监理制度。对于监理工程师的权限，《建筑法》第三十一条规定："实行监理的建筑工程，由建设单位委托具有相应资质条件的工程监理单位监理。建设单位与其委托的工程监理单位应当订立书面委托监理合同。"这就明确了监理工程师的权限是来源于业主在监理合同中的授予。对于监理工程师的地位，《建筑法》没有做出更明确具体的规定。《建筑法》第三十二条规定："建筑工程监理应当依照法律、行政法规及有关的技术标准、设计文件和建筑工程承包合同，对承包单位在施工质量、建设工期和建设资金使用等方面，代表建设单位实施监督。工程监理人员认为工程施工不符合工程设计要求、施工技术标准和合同约定的，有权要求建筑施工企业改正。工程监理人员发现工程设计不符合建筑工程质量标准或者合同约定的质量要求的，应当报告建设单位要求设计单位改正。"第三十四条规定："工程监理单位应当在其资质等级许可的监理范围内，承担工程监理业务。工程监理单位应当根据建设单位的委托，客观、公正地执行监理任务。工程监理单位与被监理工程的承包单位，以及建筑材料、建筑构配件和设备供应单位不得有隶属关系或者其他利害关系。"从这些规定看，监理工程师的地位更接近业主或建设单位的代理人。对于监理工程师的独立地位，只是在第三十四条有一点不太明确的规定，即工程监理单位应当根据建设单位的委托客观、公正地执行监理任务。但究竟如何"客观"、如何"公正"，《建筑法》中没有更进一步的说明。这样看来，监理工程师的地位和权限只能根据他与业主之间的聘用合同来确定。

在《建筑法》颁布实施之前，建设部公布的《建设监理试行规定》第四章"监理单位、建设单位和承建单位之间的关系"中对监理工程师地位和权限的规定更接近国际工程承包的惯例，其中第二十一条规定："建设单位与承建单位在执行工程承包合同过程中发生的任何争议，均须提交总监理工程师调解，总监理工程师接到调解要求后，必须在 30 日内将处理意见书面通知双方"。这一规定类似 FIDIC 合同条件的有关规定。

## 1.5 建筑工程安全生产和质量管理制度

### 1.5.1 《安全生产法》与工程建设相关的主要内容

《中华人民共和国安全生产法》（以下简称《安全生产法》）规定："在中华人民共和国领域内从事生产经营活动的单位的安全生产，适用本法；有关法律、行政法规对消防安全和道路交通安全、铁路交通安全、水上交通安全、民用航空安全另有规定的，适用其规定。"所以，工程安全管理属于《安全生产法》的调整范围。

《安全生产法》的方针是：安全生产管理，坚持安全第一、预防为主的方针。

《安全生产法》的原则是：加强安全生产监督管理，防止和减少安全生产事故，保障人民群众的生命和财产安全，促进经济发展。

【案例1-24】某市政工程地处市内的繁华街道，为施工需要在施工场地挖了一条长三米深一米的长沟。为了避免有人掉入沟中，在沟附近设立了明显的警示标志。

当晚下班后，这些警示标志被偷，只有工人小李发现，这时候，已到深夜，其他工友均已下班，小李就自己拿些障碍物拦住长沟。并没有通告就自行回家。当夜，有一群众路过，因障碍物并没有完全拦住长沟而掉入，造成骨折。你认为小李对此事是否应承担一定责任？

评析：小李应为此承担一定的责任。根据《安全生产法》第五十一条，从业人员发现事故隐患或者其他不安全因素，应当立即向现场安全生产管理人员或者本单位负责人报告。危险报告义务是从业人员必须要遵守的，而小李没有履行这个法定义务，与路过群众掉入沟中有间接关系，应当为此承担一定的法律责任。

1. 工程建设单位的安全生产保证

工程建设单位即《安全生产法》所指的生产经营单位。

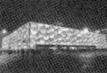

1）生产经营单位保障安全生产的必备条件

生产经营单位应当具备《安全生产法》和有关法律、行政法规和国家标准或者行业标准规定的安全生产条件才能从事生产经营活动。

《建筑施工企业安全生产许可证管理规定》第四条规定，建筑施工企业取得安全生产许可证应具备的安全生产条件如下：

（1）建立、健全安全生产责任制，制定完备的安全生产规章制度和操作规程；

（2）保证本单位安全生产条件所需资金的投入；

（3）设置安全生产管理机构，按照国家有关规定配备专职安全生产管理人员；

（4）主要负责人、项目负责人、专职安全生产管理人员经建设主管部门或者其他有关部门考核合格；

（5）特种作业人员经有关业务主管部门考核合格，取得特种作业操作资格证书；

（6）管理人员和作业人员每年至少进行一次安全生产教育培训并考核合格；

（7）依法参加工伤保险，依法为施工现场从事危险作业的人员办理意外伤害保险，为从业人员交纳保险费；

（8）施工现场的办公、生活区及作业场所和安全防护用具、机械设备、施工机具及配件符合有关安全生产法律、法规、标准和规程的要求；

（9）有职业危害防治措施，并为作业人员配备符合国家标准或者行业标准的安全防护用具和安全防护服装；

（10）有对危险性较大的分部分项工程及施工现场易发生重大事故的部位、环节的预防、监控措施和应急预案；

（11）有生产安全事故应急救援预案、应急救援组织或者应急救援人员，配备必要的应急救援器材、设备；

（12）法律、法规规定的其他条件。

2）生产经营单位主要负责人的安全生产职责

（1）建立、健全本单位安全生产责任制。

（2）组织制定本单位安全生产规章制度和操作规程。

（3）保证本单位安全生产投入的有效实施。

（4）督促、检查本单位的安全生产工作，及时消除安全生产事故隐患。

（5）组织制定并实施本单位的安全生产事故应急救援预案。

（6）及时、如实报告安全生产事故。

3）生产经营单位安全生产的基本要求

（1）生产经营单位安全生产的投入

① 生产经营单位应当具备的安全生产条件所必需的资金投入必须予以保证。

② 矿山、建筑施工单位和危险物品的生产、经营、储存单位，应当设置安全生产管理机构或者配备专职安全生产管理人员。

③ 生产经营单位应当安排用于配备劳动防护用品、进行安全生产培训的经费。

④ 生产经营单位必须依法参加工伤社会保险，为从业人员缴纳保险费。

（2）生产经营单位的安全培训

① 危险物品的生产、经营、储存单位及矿山、建筑施工单位的主要负责人和安全生产管理人员，应当由有关主管部门对其安全生产知识和管理能力考核合格后方可任职。

② 生产经营单位的主要负责人和安全生产管理人员必须具备与本单位所从事的生产经营活动相应的安全生产知识和管理能力。

③ 生产经营单位应当对从业人员进行安全生产教育和培训，保证从业人员具备必要的安全生产知识，熟悉有关的安全生产规章制度和安全操作规程，掌握本岗位的安全操作技能。未经安全生产教育和培训合格的从业人员，不得上岗作业。

④ 生产经营单位采用新工艺、新技术、新材料或者使用新设备，必须了解、掌握其安全技术特性，采取有效的安全防护措施，并对从业人员进行专门的安全生产教育和培训。

⑤ 生产经营单位的特种作业人员必须按照国家有关规定经专门的安全作业培训，取得特种作业操作资格证书，方可上岗作业。

⑥ 生产经营单位应当教育和督促从业人员严格执行本单位的安全生产规章制度和安全操作规程，并向从业人员如实告知作业场所和工作岗位存在的危险因素、防范措施及事故应急措施。

⑦ 生产经营单位必须为从业人员提供符合国家标准或者行业标准的劳动防护用品，并监督、教育从业人员按照使用规则佩戴、使用。

（3）安全生产"三同时"制度

① 生产经营单位新建、改建、扩建工程项目（以下统称建设项目）的安全设施，必须与主体工程同时设计、同时施工、同时投入生产和使用。安全设施投资应当纳入建设项目概算。

② 矿山建设项目和用于生产、储存危险物品的建设项目，应当分别按照国家有关规定进行安全条件论证和安全评价。

③ 建设项目安全设施的设计人、设计单位应当对安全设施设计负责。

④ 矿山建设项目和用于生产、储存危险物品的建设项目的安全设施设计应当按照国家有关规定报经有关部门审查，审查部门及其负责审查的人员对审查结果负责。

⑤ 矿山建设项目和用于生产、储存危险物品的建设项目的施工单位必须按照批准的安全设施设计施工，并对安全设施的工程质量负责。

⑥ 矿山建设项目和用于生产、储存危险物品的建设项目竣工投入生产或者使用前，必须依照有关法律、行政法规的规定对安全设施进行验收，验收合格后方可投入生产和使用。验收部门及其验收人员对验收结果负责。

（4）安全生产规程

① 生产经营单位应当在有较大危险因素的生产经营场所和有关设施、设备上，设置明显的安全警示标志。

② 安全设备的设计、制造、安装、使用、检测、维修、改造和报废，应当符合国家标准或者行业标准。

③ 生产经营单位必须对安全设备进行经常性维护、保养，并定期检测，保证正常运转维护、保养、检测，应当做好记录，并由有关人员签字。

④ 生产经营单位使用的涉及生命安全、危险性较大的特种设备，以及危险物品的容器、运输工具，必须按照国家有关规定，由专业生产单位生产，并经取得专业资质的检测、检验

机构检测、检验合格，取得安全使用证或者安全标志，方可投入使用。检测、检验机构对检测、检验结果负责。

⑤ 生产经营单位不得使用国家明令淘汰、禁止使用的危及生产安全的工艺、设备。

⑥ 生产、经营、运输、储存、使用危险物品或者处置废弃危险物品的，由有关主管部门依照有关法律、法规的规定和国家标准或者行业标准审批并实施监督管理。

⑦ 生产经营单位生产、经营、运输、储存、使用危险物品或者处置废弃危险物品，必须执行有关法律、法规和国家标准或者行业标准，建立专门的安全管理制度，采取可靠的安全措施，接受有关主管部门依法实施的监督管理。

⑧ 生产经营单位对重大危险源应当登记建档，进行定期检测、评估、监控，并制定应急预案，告知从业人员和相关人员在紧急情况下应当采取的应急措施。

⑨ 生产经营单位应当按照国家有关规定将本单位重大危险源及有关安全措施、应急措施报有关地方人民政府负责安全生产监督管理的部门和有关部门备案。

⑩ 生产、经营、储存、使用危险物品的车间、商店、仓库不得与员工宿舍在同一座建筑物内，并应当与员工宿舍保持安全距离。

⑪ 生产经营场所和员工宿舍应当设有符合紧急疏散要求、标志明显、保持畅通的出口。禁止封闭、堵塞生产经营场所或者员工宿舍的出口。

⑫ 生产经营单位进行爆破、吊装等危险作业，应当安排专门人员进行现场安全管理，确保操作规程的遵守和安全措施的落实。

**2. 安全生产中从业人员的权利和义务**

【案例1-25】小张是某施工单位聘用的民工，在工程结束的时候，施工单位派小张等五人清理现场。小张等五人把现场垃圾清扫到一起后坐在一旁休息，期间，有人不慎打翻垃圾中剩余的一瓶酒精，并与期间的一些物质相接触进而起火。小张等五人虽奋力救火，但火势蔓延，导致一部分设施烧毁。施工单位要求小张等五人负责。小张以施工单位在清理现场前并没有告知新的工作存在危险要求施工单位承担责任。而施工单位则声称小张等人并没有询问现场是否存在危险，放弃了知情权。你认为谁的观点正确？

评析：小张等人的观点是正确的。询问现场是否存在安全隐患是从业人员的权利，这个权利可以放弃，但是，告知作业场所和工作岗位存在的危险因素也同样是施工单位的义务，这个义务并不以从业人员是否已经询问为前提。即使没有询问，施工单位也必须要告知存在的危险因素。本案例中，施工单位没有尽到告知的义务，需要对此事故承担部分责任。

1) 安全生产中从业人员的权利

（1）知情权，即有权了解其作业场所和工作岗位存在的危险因素、防范措施和事故应急措施。

（2）建议权，即有权对本单位的安全生产工作提出建议。

（3）批评权和检举、控告权，即有权对本单位安全生产管理工作中存在的问题提出批评、检举、控告。

（4）拒绝权，即有权拒绝违章作业指挥和强令冒险作业。

（5）紧急避险权，即发现直接危及人身安全的紧急情况时，有权停止作业或者在采取可

能的应急措施后撤离作业场所。

（6）依法向本单位提出要求赔偿的权利。

（7）获得符合国家标准或者行业标准劳动防护用品的权利。

（8）获得安全生产教育和培训的权利。

2）安全生产中从业人员的义务

（1）自律遵规的义务，即从业人员在作业过程中，应当遵守本单位的安全生产规章制度和操作规程，服从管理，正确佩戴和使用劳动防护用品。

（2）自觉学习安全生产知识的义务，要求掌握本职工作所需的安全生产知识，提高安全生产技能，增强事故预防和应急处理能力。

（3）危险报告义务，即发现事故隐患或者其他不安全因素时，应当立即向现场安全生产管理人员或者本单位负责人报告。

### 3. 安全生产的监督管理

建筑工程安全生产的监督管理，是指各级人民政府建设行政主管部门，以及其授权的建筑工程安全生产的管理机构，对建设工程安全生产所实施的行政监督管理。

我国现行对建设工程（包括土木工程、建筑工程、线路管道和设备安装工程）安全生产的行政监督管理是分级进行的，建设行政主管部门因级别不同而具有的管理职责也不完全相同。

国务院建设行政主管部门负责建筑工程安全生产的统一监督管理，并依法接受国家安全生产综合管理部门的指导和监督。国务院铁路、交通、水利等有关部门按照国务院规定的职责分工，负责有关专业建设工程的安全生产管理。

县级以上地方人民政府建设行政主管部门负责本行政区域内的建筑工程安全生产管理。县级以上地方人民政府交通、水利等有关部门在各自的职责范围内，负责本行政区域内的专业建筑工程安全生产管理。县级以上地方人民政府建设行政主管部门和地方人民政府交通、水利等有关部门应当设立建筑工程安全监督机构负责建筑工程安全生产的日常监督管理工作。

1）安全生产的四种监督方式

（1）工会民主监督，即工会有权对建设项目的安全设施与主体工程同时设计、同时施工、同时投入生产和使用的情况进行监督，提出意见。

（2）社会舆论监督，即新闻、出版、广播、电影、电视等单位有对违反安全生产法律、法规的行为有进行舆论监督的权利。

（3）公众举报监督，即任何单位或者个人对事故隐患或者安全生产违法行为，均有权向负有安全生产监督管理职责的部门报告或者举报。

（4）社区报告监督，即居民委员会、村民委员会发现其所在区域内的生产经营单位存在事故隐患或者安全生产违法行为时，有权向当地人民政府或者有关部门报告。

2）安全监督检查人员职权

（1）现场调查取证权，即安全生产监督检查人员可以进入生产经营单位进行现场调查，单位不得拒绝，有权向被检查单位调阅资料，向有关人员（负责人、管理人员、技术人员）了解情况。

(2)现场处理权,即对安全生产违法作业当场纠正权;对现场检查出的隐患,责令限期改正、停产停业或停止使用的职权;责令紧急避险权和依法行政处罚权。

(3)查封、扣押行政强制措施权,其对象是安全设施、设备、器材、仪表等;依据是不符合国家或行业安全标准;条件是必须按程序办事、有足够证据、经部门负责人批准、通知被查单位负责人到场、登记记录等,并必须在十五日内做出决定。

3)安全监督检查人员义务

(1)审查、验收禁止收取费用。

(2)禁止要求被审查、验收的单位购买指定产品。

(3)必须遵循忠于职守、坚持原则、秉公执法的执法原则。

(4)监督检查时须出示有效的监督执法证件。

(5)对被检查单位的技术秘密和业务秘密,应当尽保密义务。

#### 4. 安全生产责任事故的处理

重大安全事故,是指因为违反有关建设安全的法律、法规和强制性标准,造成人身伤亡或者重大经济损失的事故。

《生产安全事故报告和调查处理条例》第三条规定,根据生产安全事故造成的人员伤亡或者直接经济损失,事故一般分为以下等级:

(1)特别重大事故,是指造成30人以上死亡,或者100人以上重伤(包括急性工业中毒,下同),或者1亿元以上直接经济损失的事故;

(2)重大事故,是指造成10人以上30人以下死亡,或者50人以上100人以下重伤,或者5000万元以上1亿元以下直接经济损失的事故;

(3)较大事故,是指造成3人以上10人以下死亡,或者10人以上50人以下重伤,或者1000万元以上5000万元以下直接经济损失的事故;

(4)一般事故,是指造成3人以下死亡,或者10人以下重伤,或者1000万元以下直接经济损失的事故。

1)安全生产责任事故应急救援体系

(1)县级以上地方各级人民政府应当组织有关部门制定本行政区域内特大安全生产事故应急救援预案,建立应急救援体系。

(2)危险物品的生产、经营、储存单位及矿山、建筑施工单位应当建立应急救援组织;生产规模较小,可以不建立应急救援组织的,应当指定兼职的应急救援人员。

(3)危险物品的生产、经营、储存单位及矿山、建筑施工单位应当配备必要的应急救援器材、设备,并进行经常性维护、保养,保证正常运转。

2)责任事故报告

(1)生产经营单位发生安全生产事故后,事故现场有关人员应当立即报告本单位负责人。

(2)单位负责人接到事故报告后,应当迅速采取有效措施,组织抢救,防止事故扩大,减少人员伤亡和财产损失,并按照国家有关规定立即如实报告当地负有安全生产监督管理职责的部门,不得隐瞒不报、谎报或者拖延不报,不得故意破坏事故现场、毁灭有关证据。

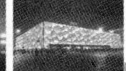

（3）安全生产监督管理部门和负有安全生产监督管理职责的有关部门接到事故报告后，应当依照下列规定上报事故情况，并通知公安机关、劳动保障行政部门、工会和人民检察院：

① 特别重大事故、重大事故逐级上报至国务院安全生产监督管理部门和负有安全生产监督管理职责的有关部门；

② 较大事故逐级上报至省、自治区、直辖市人民政府安全生产监督管理部门和负有安全生产监督管理职责的有关部门；

③ 一般事故上报至设区的市级人民政府安全生产监督管理部门和负有安全生产监督管理职责的有关部门。

负有安全生产监督管理职责的部门和有关地方人民政府对事故情况不得隐瞒不报、谎报或者拖延不报。

（4）有关地方人民政府和负有安全生产监督管理职责部门的负责人接到重大生产安全事故报告后，应当立即赶到事故现场，组织事故抢救。

3）安全生产责任事故调查处理

（1）事故调查处理应当按照实事求是、尊重科学的原则，及时、准确地查清事故原因，查明事故性质和责任，总结事故教训，提出整改措施，并对事故责任者提出处理意见。事故的调查和处理应按照《生产安全事故报告和调查处理条例》中的规定进行，其中第十九条规定如下：

① 特别重大事故由国务院或者国务院授权有关部门组织事故调查组进行调查；

② 重大事故、较大事故、一般事故分别由事故发生地省级人民政府、设区的市级人民政府、县级人民政府负责调查。省级人民政府、设区的市级人民政府、县级人民政府可以直接组织事故调查组进行调查，也可以授权或者委托有关部门组织事故调查组进行调查；

③ 未造成人员伤亡的一般事故，县级人民政府也可以委托事故发生单位组织事故调查组进行调查。

（2）生产经营单位发生安全生产事故，经调查确定为责任事故的，除了应当查明事故单位的责任并依法予以追究外，还应当查明对安全生产的有关事项负有审查批准和监督职责的行政部门的责任，对有失职、渎职行为的，依法追究法律责任。

《生产安全事故报告和调查处理条例》中规定如下：

① 重大事故、较大事故、一般事故，负责事故调查的人民政府应当自收到事故调查报告之日起 15 日内做出批复；特别重大事故，30 日内做出批复，特殊情况下，批复时间可以适当延长，但延长的时间最长不超过 30 日；

② 有关机关应当按照人民政府的批复，依照法律、行政法规规定的权限和程序，对事故发生单位和有关人员进行行政处罚，对负有事故责任的国家工作人员进行处分；

③ 事故发生单位应当按照负责事故调查的人民政府的批复，对本单位负有事故责任的人员进行处理；

④ 负有事故责任的人员涉嫌犯罪的，依法追究刑事责任；

⑤ 事故发生单位应当认真吸取事故教训，落实防范和整改措施，防止事故再次发生。防范和整改措施的落实情况应当接受工会和职工的监督；

⑥ 安全生产监督管理部门和负有安全生产监督管理职责的有关部门应当对事故发生单

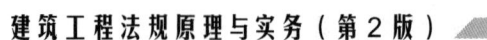

位落实防范和整改措施的情况进行监督检查；

⑦ 事故处理的情况由负责事故调查的人民政府或者其授权的有关部门、机构向社会公布，依法应当保密的除外。

（3）任何单位和个人不得阻挠和干涉对事故的依法调查处理。

（4）县级以上地方各级人民政府负责安全生产监督管理的部门应当定期统计、分析本行政区域内发生安全生产事故的情况，并定期向社会公布。

### 1.5.2 《建设工程安全生产管理条例》的主要规定

**1. 建设工程安全生产管理基本制度**

2003年11月24日《建设工程安全生产管理条例》颁布实施，该条例依据《建筑法》和《安全生产法》的规定进一步明确了建设工程安全生产管理基本制度，下面作简要介绍。

1）安全生产责任制度

安全生产责任制度是建筑生产中最基本的安全管理制度，是所有安全规章制度的核心。安全生产责任制度是指将各种不同的安全责任落实到负有安全管理责任的人员和具体岗位人员身上的一种制度。这一制度是"安全第一、预防为主"方针的具体体现，是建筑安全生产的基本制度。在建筑活动中，只有明确安全责任、分工负责，才能形成完整有效的安全管理体系，减少和杜绝建筑工程事故。

安全责任制的主要内容包括：一是从事建筑活动主体的负责人的责任制。比如，施工单位的法定代表人要对本企业的安全负主要的安全责任。二是从事建筑活动主体的职能机构或职能处室负责人及其工作人员的安全生产责任制。比如，施工单位根据需要设置的安全处室或者专职安全人员要对安全负责。三是岗位人员的安全生产责任制。岗位人员必须对安全负责。从事特种作业的安全人员必须进行培训，经过考试合格后方能上岗作业。

2）群防群治制度

群防群治制度是职工群众进行预防和治理安全的

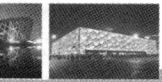

一种制度。这一制度也是"安全第一、预防为主"方针的具体体现，同时也是群众路线在安全工作中的具体体现，是企业进行民主管理的重要内容。这一制度要求建筑企业职工在施工中应当遵守有关生产的法律、法规和建筑行业安全规章、规程，不得违章作业；对于危及生命安全和身体健康的行为有权提出批评、检举和控告。

3）安全生产教育培训制度

安全生产教育培训制度是对广大建筑干部职工进行安全教育培训，提高安全意识，增加安全知识和技能的制度。安全生产，人人有责。只有通过对广大职工进行安全教育、培训，才能使广大职工真正认识到安全生产的重要性、必要性，才能使广大职工掌握更多更有效的安全生产的科学技术知识，牢固树立安全第一的思想，自觉遵守各项安全生产和规章制度。分析许多建筑安全事故，一个重要的原因就是有关人员安全意识不强，安全技能不够，这些都是没有搞好安全教育培训工作的后果。

4）安全生产检查制度

安全生产检查制度是上级管理部门或企业自身对安全生产状况进行定期或不定期检查的制度。通过检查可以发现问题，查出隐患，从而采取有效措施，堵塞漏洞，把事故消灭在发生之前，做到防患于未然，是"预防为主"的具体体现。通过检查，还可总结出好的经验加以推广，为进一步搞好安全工作打下基础。安全检查制度是安全生产的保障。

5）伤亡事故处理报告制度

施工中发生事故时，建筑企业应当采取紧急措施减少人员伤亡和事故损失，并按照国家有关规定及时向有关部门报告的制度。事故处理必须遵循一定的程序，做到四不放过（事故原因未查清不放过、事故责任人未受到处理不放过、事故责任人和周围群众没有受到教育不放过、事故没有制订切实可行的整改措施不放过）。通过对事故的严格处理，可以总结经验教训，为以后的事故防范起到借鉴作用。

6）安全责任追究制度

法律责任中，规定建设单位、设计单位、施工单位、监理单位，由于没有履行职责造成人员伤亡和事故损失的，视情节给予相应处理；情节严重的，责令停业整顿，降低资质等级或吊销资质证书；构成犯罪的，依法追究刑事责任。

**2. 建设单位安全生产管理的主要责任和义务**

1）建设单位应当向施工单位提供有关资料

《建设工程安全生产管理条例》第六条规定，建设单位应当向施工单位提供施工现场及毗邻区域内供水、排水、供电、供气、供热、通信、广播电视等地下管线资料，气象和水文观测资料、相邻建筑物和构筑物、地下工程的有关资料，并保证资料的真实、准确、完整。

建设单位因建设工程需要，向有关部门或者单位查询前款规定的资料时，有关部门或者单位应当及时提供。

2）不得向有关单位提出影响安全生产的违法要求

《建设工程安全生产管理条例》第七条规定，建设单位不得对勘察、设计、施工、工程监理等单位提出不符合建设工程安全生产法律、法规和强制性标准规定的要求，不得压缩合同约定的工期。

3）建设单位应当保证安全生产投入

《建设工程安全生产管理条例》第八条规定，建设单位在编制工程概算时，应当确定建设工程安全作业环境及安全施工措施所需费用。

4）不得明示或暗示施工单位使用不符合安全施工要求的物资

《建设工程安全生产管理条例》第九条规定，建设单位不得明示或者暗示施工单位购买、租赁、使用不符合安全施工要求的安全防护用具、机械设备（施工机具及配件、消防设施和器材）。

5）办理施工许可证或开工报告时应当报送安全施工措施

《建设工程安全生产管理条例》第十条规定，建设单位在申请领取施工许可证时，应当提供建设工程有关安全施工措施的资料。依法批准开工报告的建设工程，建设单位应当自开工报告批准之日起十五日内，将保证安全施工的措施报送建设工程所在地的县级以上人民政府建设行政主管部门或者其他有关部门备案。

6）应当将拆除工程发包给具有相应资质的施工单位

《建设工程安全生产管理条例》第十一条规定，建设单位应当将拆除工程发包给具有相应资质等级的施工单位。

建设单位应当在拆除工程施工十五日前，将下列资料报送建设工程所在地的县级以上地方人民政府主管部门或者其他有关部门备案。

（1）施工单位资质等级证明。

（2）拟拆除建筑物、构筑物及可能危及毗邻建筑的说明。

（3）拆除施工组织方案。

（4）堆放、清除废弃物的措施。

实施爆破作业的，还应当遵守国家有关民用爆炸物品管理的规定。根据《民用爆炸物品管理条例》第二十七条的规定，使用爆破器材的建设单位，必须经上级主管部门审查同意，并持说明使用爆破器材的地点、品名、数量、用途、四邻距离的文件和安全操作规程，向所在地县、市公安局申请领取《爆炸物品使用许可证》，方准使用。根据《民用爆炸物品管理条例》第三十条的规定，进行大型爆破作业，或在城镇与其他居民聚居的地方、风景名胜区和重要工程设施附近进行控制爆破作业，施工单位必须事先将爆破作业方案，报县、市以上主管部门批准，并征得所在地县、市公安局同意，方准爆破作业。

3. 勘察设计单位安全生产管理的主要责任和义务

根据《建设工程安全生产管理条例》第十二条的规定，勘察单位的安全责任包括以下两点：

（1）勘察单位应当按照法律、法规和工程建设强制性标准进行勘察，提供的勘察文件应当真实、准确，满足建设工程安全生产的需要；

（2）勘察单位在勘察作业时，应当严格按照操作规程，采取措施保证各类管线、设施和周边建筑物、构筑物的安全。

《建设工程安全生产管理条例》第十三条规定，设计单位的安全责任如下：

（1）设计单位应当按照法律、法规和工程建设强制性标准进行设计，防止因设计不合理导致安全生产事故的发生；

（2）设计单位应当考虑施工安全操作和防护的需要，对涉及施工安全的重点部位和环节在设计文件中注明，并对防范安全生产事故提出指导意见；

（3）采用新结构、新材料、新工艺的建设工程和特殊结构的建设工程，设计单位应当在设计中提出保障施工作业人员安全和预防安全生产事故的措施建议；

（4）设计单位和注册建筑师等注册执业人员应当对其设计负责。

### 4. 建设工程监理企业安全生产管理的主要责任和义务

1）安全技术措施及专项施工方案审查义务

《建设工程安全生产管理条例》第十四条第 1 款规定，工程监理单位应当审查施工组织设计中的安全技术措施或者专项施工方案是否符合工程建设强制性标准。

2）安全生产事故隐患报告义务

《建设工程安全生产管理条例》第十四条第 2 款规定，工程监理单位在实施监理过程中，发现存在安全事故隐患的，应当要求施工单位整改；情况严重的，应当要求施工单位暂时停止施工，并及时报告建设单位。施工单位拒不整改或者不停止施工的，工程监理单位应当及时向有关主管部门报告。

3）应当承担监理责任

工程监理单位和监理工程师应当按照法律、法规和工程建设强制性标准实施监理，并对建设工程安全生产承担监理责任。

### 5. 施工企业安全生产管理的主要责任和义务

1）施工单位应当具备的安全生产资质条件

《建设工程安全生产管理条例》第二十条规定，施工单位从事建设工程的新建、扩建和拆除等活动，应当具备国家规定的注册资本、专业技术人员、技术装备和安全生产等条件，依法取得相应等级的资质证书，并在其资质等级许可的范围内承揽工程。

2）施工总承包单位与分包单位安全责任的划分

《建设工程安全生产管理条例》第二十四条规定，建设工程实行施工总承包的，由总承包单位对施工现场的安全生产负总责。总承包单位应当自行完成建设工程主体结构的施工。

总承包单位依法将建设工程分包给其他单位的，分包合同中应当明确各自的安全生产方面的权利、义务。总承包单位和分包单位对分包工程的安全生产承担连带责任。分包单位应当接受总承包单位的安全生产管理，分包单位不服从管理导致安全生产事故的，由分包单位承担主要责任。

3）施工单位安全生产责任制度

《建设工程安全生产管理条例》第二十一条规定，施工单位主要负责人依法对本单位的安全生产工作全面负责。施工单位应当建立健全安全生产责任制度和安全生产教育培训制度，制定安全生产规章制度和操作规程，保证本单位安全生产条件所需资金的投入，对所承担建设工程进行定期和专项安全检查，并做好安全检查记录。

施工单位的项目负责人应当由取得相应执业资格的人员担任，对建设工程项目的安全施工负责，落实安全生产责任制度、安全生产规章制度和操作规程，确保安全生产费用的有效使用，并根据工程的特点组织制定安全施工措施，消除安全事故隐患，及时、如实报告安全生产事故。

4）施工单位安全生产基本保障措施

（1）安全生产费用应当专款专用

《建设工程安全生产管理条例》第二十二条规定，施工单位对列入建设工程概算的安全作业环境及安全施工措施所需费用，应当用于施工安全防护用具及设施的采购和更新、安全施工措施的落实、安全生产条件的改善，不得挪作他用。

（2）安全生产管理机构及人员的设置

《建设工程安全生产管理条例》第二十三条规定，施工单位应当设立安全生产管理机构，配备专职安全生产管理人员。

专职安全生产管理人员负责对安全生产进行现场监督检查。发现安全事故隐患，应当及时向项目负责人和安全生产管理机构报告；对违章指挥、违章操作的，应当立即制止。

（3）编制安全技术措施及专项施工方案的规定

《建设工程安全生产管理条例》第二十六条规定，施工单位应当在施工组织设计中编制安全技术措施和施工现场临时用电方案，对下列达到一定规模的危险性较大的部分项目工程编制专项施工方案，并附具体安全验算结果，经施工单位技术负责人、总监理工程师签字后实施，由专职安全生产管理人员进行现场监督。

① 基坑支护与降水工程。

② 土方开挖工程。

③ 模板工程。

④ 起重吊装工程。

⑤ 脚手架工程。

⑥ 拆除、爆破工程。

⑦ 国务院建设行政主管部门或者其他有关部门规定的其他危险性较大的工程。

对上述工程中涉及深基坑、地下暗挖工程、高大模板工程的专项施工方案，施工单位还应当组织专家进行论证、审查。

施工单位还应当根据施工阶段和周围环境及季节、气候的变化，在施工现场采取相应的安全施工措施。施工现场暂时停止施工的，施工单位应当做好现场防护，所需费用由责任方承担，或按照合同约定执行。

（4）对安全施工技术要求的交底

《建设工程安全生产管理条例》第二十七条规定，建设工程施工前，施工单位负责项目管理的技术人员应当对有关安全施工的技术要求向施工作业班组、作业人员做出详细说明，并由双方签字确认。

（5）危险部位安全警示标志的设置

《建设工程安全生产管理条例》第二十八条第 1 款规定，施工单位应当在施工现场入口

处、施工起重机械、临时用电设施、脚手架、出入通道口、楼梯口、电梯井口、孔洞口、桥梁口、隧道口、基坑边沿、爆破物及有害危险气体和液体存放处等危险部位，设置明显的安全警示标志。安全警示标志必须符合国家标准。

（6）对施工现场生活区、作业环境的要求

《建设工程安全生产管理条例》第二十九条规定，施工单位应当将施工现场的办公、生活区与作业区分开设置，并保持安全距离；办公、生活区的选址应当符合安全性要求。职工的膳食、饮水、休息场所等应当符合卫生标准。施工单位不得在尚未竣工的建筑物内设置员工集体宿舍。

（7）环境污染防护措施

《建设工程安全生产管理条例》第三十条规定，施工单位因建设工程施工可能造成损害的毗邻建筑物、构筑物和地下管线等，应当采取专项保护措施。

施工单位应当遵守有关环境保护法律、法规的规定，在施工现场采取措施，防止或减少粉尘、废气、废水、固体废物、噪声、振动和施工照明对人和环境的危害及污染。

（8）消防安全保障措施

消防安全是建设工程安全生产管理的重要组成部分，是施工单位现场安全生产管理的工作重点之一。《建设工程安全生产管理条例》第三十一条规定，施工单位应当在施工现场建立消防安全责任制度，确定消防安全责任人，制定用火、用电、使用易燃易爆材料等各项消防安全管理制度和操作规程，设置消防通道、消防水源，配备消防设施和灭火器材，并在施工现场入口处设置明显标志。

（9）劳动安全管理规定

《建设工程安全生产管理条例》第三十二条规定，施工单位应当向作业人员提供安全防护用具和安全防护服装，并书面告知危险岗位的操作规程和违章操作的危害。

作业人员有权对施工现场的作业条件、作业程序和作业方式中存在的安全问题提出批评、检举和控告，有权拒绝违章指挥和强令冒险作业。

在施工中发生危及人身安全的紧急情况时，作业人员有权立即停止作业或者在采取必要的应急措施后撤离危险区域。

《建设工程安全生产管理条例》第三十三条规定，作业人员应当遵守安全施工的强制性标准、规章制度和操作规程，正确使用安全防护用具、机械设备等。

《建设工程安全生产管理条例》第三十八条规定，施工单位应当为施工现场从事危险作业的人员办理意外伤害保险。

意外伤害保险费由施工单位支付。实行施工总承包的，由总承包单位支付意外伤害保险费。意外伤害保险期限自建设工程开工之日起至竣工验收合格之日止。

（10）安全防护用具及机械设备、施工机具的安全管理

《建设工程安全生产管理条例》第三十四条规定，施工单位采购、租赁的安全防护用具、机械设备、施工机具及配件，应当具有生产（制造）许可证、产品合格证，并在进入施工现场前进行查验。

施工现场的安全防护用具、机械设备、施工机具及配件必须由专人管理，定期进行检查、维修和保养，建立相应的资料档案，并按照国家有关规定及时报废。

《建设工程安全生产管理条例》第三十五条规定，施工单位在使用施工起重机械和整体

提升脚手架、模板等自升式架设设施前，应当组织有关单位进行验收，也可以委托具有相应资质的检验、检测机构进行验收；使用承租的机械设备和施工机具及配件的，由施工总承包单位、分包单位、出租单位和安装单位共同进行验收。验收合格后方可使用。

5）安全教育培训制度

（1）特种作业人员培训和持证上岗

《建设工程安全生产管理条例》第二十五条规定，垂直运输机械作业人员、安装拆卸工、爆破作业人员、起重信号工、登高架设作业人员等特种作业人员，必须按照国家有关规定经过专门的安全作业培训，并取得特种作业操作资格证书后，方可上岗作业。

（2）安全管理人员和作业人员的安全教育培训和考核

《建设工程安全生产管理条例》第三十六条规定，施工单位的主要负责人、项目负责人、专职安全生产管理人员应当经建设行政主管部门或者其他有关部门考核合格后方可任职。

施工单位应当对管理人员和作业人员每年至少进行一次安全生产教育培训，其教育培训情况记入个人工作档案。安全生产教育培训考核不合格的人员，不得上岗。

（3）作业人员进入新岗位、新工地或采用新技术时的上岗教育培训

《建设工程安全生产管理条例》第三十七条规定，作业人员进入新的岗位或者新的施工现场前，应当接受安全生产教育培训。未经教育培训或者教育培训考核不合格的人员，不得上岗作业。

施工单位在采用新技术、新工艺、新设备、新材料时，应当对作业人员进行相应的安全生产教育培训。

【案例1-26】建筑施工现场安全措施不当致人伤残赔偿案

原告：陈桂英

被告：吉林省珲春市市政管理处

一、一审诉辩主张和事实认定

2000年，被告承担珲春市龙源街东段排水施工工程，至同年10月21日止，已挖好东西走向长20米、宽1米、深3米的排水沟。10月21日下午，被告在排水沟的西端设置了红色标志灯和栏杆路障，在排水沟的东端设置了南北排列的各长2米、直径0.7米的水泥管四根为路障，但南侧水泥管与排水沟施工土堆之间有约1.5米的空隙。当晚17时许（此时当地已经天黑），原告骑自行车回家，由东向西经过龙源街东段排水施工工程处，骑行进入了工程东端路障南侧水泥管与施工土堆之间的空隙处，连人带车掉入排水沟内，后被行人救出送往医院。经珲春市医院诊断，原告骨盆双侧耻骨下肢骨折；经法医鉴定为七级伤残，原告治伤达10个月。原告受伤后，被告派人前往医院看望了原告，并先后为原告支付了医疗费用等11 000元。

2001年7月，原告以受伤后不能从事体力劳动和要求被告赔偿损失为理由，诉至珲春市人民法院，要求被告赔偿医疗费、误工工资、补助费、鉴定费、护理费、交通费等，合计55 717.01元。被告辩称：原告虽然掉进我单位施工的排水沟内，但我方在施工中，已设置了明显的标志灯和路障，故不应承担民事责任。

二、一审判决理由和判决结果

珲春市人民法院经审理认为：被告应当预见自己排水工程的路障留有空隙，可能会造成损害后果，但由于自信而未对此采取适当管理措施，致使原告掉入沟内而伤残，被告的这种

过失行为与原告的伤残有因果关系，因此被告应负全部赔偿责任，根据《民法通则》第一百二十五条之规定，于2001年12月4日判决：1. 在本判决生效后五日内，被告赔偿原告医疗费等经济损失42 036.40元（被告已经支付的11 000元不计算在内）；2. 原告的其他诉讼请求不予保护。

评析：本案是建筑施工现场安全措施不当导致的损害赔偿纠纷。

《建筑法》第三十九条规定："建筑施工企业应当在施工现场采取维护安全、防范危险、预防火灾等措施；有条件的，应当对施工现场实行封闭管理。施工现场对毗邻的建筑物、构筑物和特殊作业环境可能造成损害的，建筑施工企业应当采取安全防护措施。"第四十五条规定："施工现场安全由建筑施工企业负责。实行施工总承包的，由总承包单位负责。分包单位向总承包单位负责，服从总承包单位对施工现场的安全生产管理。"《建设工程安全生产管理条例》第二十八条第1款规定，施工单位应当在施工现场入口处、施工起重机械、临时用电设施、脚手架、出入通道口、楼梯口、电梯井口、孔洞口、桥梁口、隧道口、基坑边沿、爆破物及有害危险气体和液体存放处等危险部位，设置明显的安全警示标志。安全警示标志必须符合国家标准。

根据这些规定，在通常情况下由承包商，而不是业主对施工现场的安全承担责任。这样规定是有道理的，因为在一般情况下由承包商进行施工，占据施工现场，业主在开工令下达以后就对施工现场没有控制权了，由业主负责施工现场的安全是不合理的。但是，在有些情况下，业主即使在承包商已经进入现场，开始组织施工，业主对整个施工的组织和管理，以及对施工现场都还有控制权和管理权。在这种情况下，让承包商负责施工现场的安全，承担因安全措施不当造成的损害赔偿就是不公平的。因此，在运用《建筑法》上述条款时，应当注意审查是谁对施工现场有控制权和管理权，以免在审判时造成不公平。

本案主要是根据《民法通则》第一百二十五条的规定判决的。该条规定："在公共场所、道旁或者通道上挖坑、修缮安装地下设施等，没有设置明显标志和采取安全措施造成他人损害的，施工人应当承担民事责任。"在民法理论上，该条款规定属于特殊侵权行为，归责原则采取的是过错推定原则，即只要施工人不能证明在施工现场设置了符合要求的明显标志和采取了符合要求的安全措施，在造成他人损害时，就推定其有过错，并应承担民事责任。在适用该条款审理案件时首先需要审查是否"没有设置明显标志和采取安全措施"；还要进一步审查，即使设置了标志，采取了措施，是否足够"明显"，是否足以保证"安全"。这里很重要的是掌握"足够明显"和"足以保证安全"的标准，即施工人设置的标志和安全措施应达到什么标准才算足够明显和足以保证安全。在审判实践上，如果一个标志和安全措施对正常的人在正常情况下足够明显，足以保证安全，就可以认定施工人履行了设置标志和采取安全措施的义务。被告人在根据这个标准进行抗辩时是很有困难的。如果施工人能证明损害是由于受害人的过错或意外事件，例如某人因走路看报，未注意到施工人设置的明显标志而跌入沟中；或者汽车行驶至施工路障处因意外刹车故障而坠入坑中等，施工人就能够免除自己的责任。从本案的具体情况来看，被告在施工现场西端设置了红色标志灯和栏杆路障，这可以说是符合法律要求的。但在施工现场东端所采取的防护措施，是明显不符合法律要求的，一是没有设置红色标志灯，以在各种情况下提醒路人注意；二是虽采取了一定的安全防护措施，但该措施有明显的漏洞，不足以在正常情况下起到防护作用。因此，本案被告存在过错，应当承担致原告损害的全部赔偿责任。

6. 建设工程相关单位安全生产管理的主要责任和义务

1）机械设备和配件供应单位的安全责任

《建设工程安全生产管理条例》第十五条规定，为建设工程提供机械设备和配件的单位，应当按照安全施工的要求配备齐全有效的保险、限位等安全设施和装置。

2）机械设备、施工机具和配件出租单位的安全责任

《建设工程安全生产管理条例》第十六条规定，出租的机械设备和施工工具及配件，应当具有生产（制造）许可证、产品合格证。

出租单位应当对出租的机械设备和施工工具及配件的安全性能进行检测，在签订租赁协议时，应当出具检测合格证明。

禁止出租检测不合格的机械设备和施工工具及配件。

3）起重机械和自升式架设设施的安全管理

（1）在施工现场安装、拆卸施工起重机械和整体提升脚手架、模板等自升式架设设施，须由具有相应资质的单位承担。

（2）安装、拆卸施工起重机械和整体提升脚手架、模板等自升式架设设施，应当编制拆装方案、制定安全施工措施，并由专业技术人员现场监督。

（3）施工起重机械和整体提升脚手架、模板等自升式架设设施安装完毕后，安装单位应当自检，出具自检合格证明，并向施工单位进行安全使用说明，办理验收手续并签字。

（4）施工起重机械和整体提升脚手架、模板等自升式架设设施的使用达到国家规定的检验、检测期限的，必须经具有专业资质的检验、检测机构检测。经检测不合格的，不得继续使用。

（5）检验、检测机构对检测合格的施工起重机械和整体提升脚手架、模板等自升式架设设施，应当出具安全合格证明文件，并对检测结果负责。

### 1.5.3 《建设工程质量管理条例》的主要规定

1. 建设工程质量的概念及影响因素

建设工程质量有广义和狭义之分。从狭义上说，建设工程质量仅指工程实体质量，它是指在国家现行的有关法律、法规、技术标准、设计文件和合同中，对工程的安全、适用、经济、美观等特性的综合要求。广义上的建设工程质量还包括工程建设参与者的服务质量和工作质量，它反映在他们的服务是否及时、主动，态度是否诚恳、守信，管理水平是否先进，工作效率是否很高等方面。它又可分为政治思想工作质量、管理工作质量、技术工作质量和后勤工作质量等。应该说，工程实体质量的好坏是决策、计划、勘察、设计、施工等单位各方面、各环节工作质量的综合反映。现在，国内外都趋向于从广义上来理解建设工程质量，但本书中的建设工程质量主要还是指工程本身的质量，即狭义上的建设工程质量。

影响建设工程质量的因素很多，如决策、设计、材料、机械、地形、地质、水文、气象、施工工艺、操作方法、技术措施、人员素质、管理制度等，但归纳起来，可分为五大方面，即通常所说的4M1E：人（Man）、材料（Material）、机械（Machine）、方法（Method）和环境（Environment）。在工程建设全过程中严格控制好这五大因素，是保证建设工程质量的关键。

## 2. 建设工程质量的管理体系

建设工程质量的优劣直接关系国民经济的发展和人民生命财产的安全,因此,加强建设工程质量的管理是一个十分重要的问题。根据有关法规规定,我国建立起了对建设工程质量进行管理的体系,它包括纵向管理和横向管理两个方面。

纵向管理是国家对建设工程质量所进行的监督管理,它具体由建设行政主管部门及其授权机构实施,这种管理贯穿在工程建设的全过程和各个环节之中,它既对工程建设从计划、规划、土地管理、环保、消防等方面进行监督管理,又对工程建设的主体从资质认定和审查,成果质量检测、验证和奖惩等方面进行监督管理,还对工程建设中各种活动如工程建设招投标、工程施工、验收、维修等进行监督管理。

横向管理又包括两个方面。一是工程承包单位,如勘察单位、设计单位、施工单位自己对所承担工作的质量管理。它们要按要求建立专门质检机构;配备相应的质检人员,建立相应的质量保证制度,如审核校对制、培训上岗制、质量抽检制、各级质量责任制和部门领导质量责任制等。二是建设单位对所建工程质量的管理,它可成立相应的机构和人员,对所建工程的质量进行监督管理,也可委托社会监理单位对工程建设的质量进行监理。现在,世界上大多数国家都推行监理制,我国也正在推行和完善这一制度。

## 3. 建设工程质量管理的基本制度

1) 工程质量监督管理制度

建设工程质量必须实行政府监督管理。政府对工程质量的监督管理主要以保证工程使用安全和环境质量为主要目的,以法律、法规和强制性标准为依据,以地基基础、主体结构、环境质量和与此有关的工程建设各方主体的质量行为为主要内容,以施工许可制度和竣工验收备案制度为主要手段。

2) 工程竣工验收备案制度

《建设工程质量管理条例》确立了建设工程竣工验收备案制度。该项制度是加强政府监督管理,防止不合格工程流向社会的一个重要手段。结合《建设工程质量管理条例》和《房屋建筑和市政基础设施工程竣工验收备案管理办法》(2000年4月4日建设部令第78号发布,2009年10月19日修改)的有关规定,建设单位应当在工程竣工验收合格后的15天内到县级以上人民政府建设行政主管部门或其他有关部门备案。建设单位办理工程竣工验收备案应提交以下材料。

(1) 工程竣工验收备案表。

(2) 工程竣工验收报告:竣工验收报告应当包括工程报建日期,施工许可证号,施工图设计文件审查意见,勘察、设计、施工、工程监理等单位分别签署的质量合格文件及验收人员签署的竣工验收原始文件,市政基础设施的有关质量检测和功能性试验资料,以及备案机关认为需要提供的有关资料。

(3) 法律、行政法规规定应当由规划、公安消防、环保等部门出具的认可文件或者准许使用文件。

(4) 施工单位签署的工程质量保修书。

(5) 法规、规章规定必须提供的其他文件。

（6）商品住宅还应当提交《住宅质量保证书》和《住宅使用说明书》。

建设行政主管部门或其他有关部门收到建设单位的竣工验收备案文件后，依据质量监督机构的监督报告，发现建设单位在竣工验收过程中有违反国家有关建设工程质量管理规定行为的，责令停止使用，重新组织竣工验收后，再办理竣工验收备案。建设单位有下列违法行为的，要按照有关规定予以行政处罚。

（1）在工程竣工验收合格之日起 15 天内未办理工程竣工验收备案。

（2）在重新组织竣工验收前擅自使用工程。

（3）采用虚假证明文件办理竣工验收备案。

3）工程质量事故报告制度

工程质量事故报告制度是《建设工程质量管理条例》确立的一项重要制度。建设工程发生质量事故后，有关单位应当在 24 小时内向当地建设行政主管部门和其他有关部门报告。对重大质量事故，事故发生地的建设行政主管部门和其他有关部门应当按照事故类别和等级向当地人民政府和上级建设行政主管部门和其他有关部门报告。隐瞒不报的应该依法追究相应的法律责任。

4）工程质量检举、控告、投诉制度

《建筑法》与《建设工程质量管理条例》均明确规定，任何单位和个人对建设工程的质量事故、质量缺陷都有权检举、控告、投诉。工程质量检举、控告、投诉制度是为了更好地发挥群众监督和社会舆论监督的作用，是保证建设工程质量的一项有效措施。

其中，建设部 1997 年 4 月 2 日发布的《建设工程质量投诉处理暂行规定》对该制度的实施做出了具体的规定。

### 4．建设单位的质量责任和义务

建设单位作为建设工程的投资人，在整个建设活动中居于主导地位，因此建设单位的行为是否规范直接影响到建筑工程的质量。《建设工程质量管理条例》第二章明确了建设单位的质量责任和义务。

（1）建设单位应当将工程发包给具有相应资质等级的单位，不得将工程肢解发包。

（2）建设单位应当依法对工程建设项目的勘察、设计、施工、监理，以及与工程建设有关的重要设备、材料等的采购进行招标。

（3）建设单位不得对承包单位的建设活动进行不合理干预。

（4）施工图设计文件未经审查批准的，建设单位不得使用。

（5）对必须实行监理的工程，建设单位应当委托具有相应资质等级的工程监理单位进行监理。

（6）建设单位在领取施工许可证或者开工报告之前，应当按照国家有关规定办理工程质量监督手续。

（7）涉及建筑主体和承重结构变动的装修工程，建设单位要有设计方案。

（8）建设单位应按照国家有关规定组织竣工验收，建设工程验收合格的，方可交付使用。

### 5．勘察设计单位的质量责任和义务

《建设工程质量管理条例》第三章明确了勘察、设计单位的质量责任和义务。

（1）勘察、设计单位应当依法取得相应资质等级的证书，并在其资质等级许可的范围内承揽工程，不得转包或违法分包所承揽的工程。

（2）勘察、设计单位必须按照工程建设强制性标准进行勘察、设计，注册执业人员应当在设计文件上签字，对设计文件负责。

（3）设计单位应当根据勘察成果文件进行建设工程设计。

（4）除有特殊要求的建筑材料、专用设备、工艺生产线等外，设计单位不得指定生产厂、供应商。

### 6．施工单位的质量责任和义务

**【案例1-27】** 某施工单位首次进入某省施工，为了树立良好的企业形象，获得较好的口碑及声誉，施工单位的项目经理决定合理化修改工程的设计方案，并且私自采用更好的建筑材料，施工单位也愿意承担所增加的费用。你认为这个决定可取吗？

**评析：** 不可取。根据《建筑工程质量管理条例》规定，施工单位不得擅自修改工程设计，这样做的结果属于违约行为，要承担违约责任。

施工阶段是建设工程实体质量的形成阶段，勘察、设计的质量均要在该阶段实现。施工单位乃重要责任主体，其能力和行为对建设工程的施工质量起到了关键作用。所以，施工阶段的质量责任制度显得尤其重要。《建设工程质量管理条例》第四章明确了施工单位的质量责任和义务。

（1）施工单位应当依法取得相应资质等级的证书，并在其资质等级许可的范围内承揽工程。

（2）施工单位不得转包或违法分包工程。

（3）总承包单位与分包单位对分包工程的质量承担连带责任。

（4）施工单位必须按照工程设计图纸和施工技术标准施工，不得擅自修改工程设计，不得偷工减料。

（5）施工单位必须按照工程设计要求、施工技术标准和合同约定，对建筑材料、建筑构配件、设备和商品混凝土进行检验，未经检验或检验不合格的，不得使用。

（6）施工人员对涉及结构安全的试块、试件及有关材料，应在建设单位或工程监理单位监督下现场取样，并送具有相应资质等级的质量检测单位进行检测。

（7）建设工程实行质量保修制度，承包单位应履行保修义务。

**【案例1-28】** 某宿舍楼工程质量问题仲裁案

申请人：某职业技术学院

被申请人：某市建筑公司

**一、诉辩主张和事实认定**

某职业技术学院（以下简称发包方）为建设教师宿舍楼，于2000年2月10日与市建筑公司（以下简称承包方）签订一份建设工程承包合同。合同规定：建筑面积5 000平方米，高六层，总造价430万元；由发包方提供建筑材料指标，负责施工技术监督及协商解决施工中的有关事项；承包方包工包料，主体工程和内外承重墙一律使用国家标准红机砖，每层有水泥经圈梁加固；2001年2月27日竣工交付验收；交付使用后，如果在6个月内发生较大质量问题，由承包方负责修复；工程费的结算，开工前付工程材料款50%，主体工程完工后付35%，余额于验收合格后全部结清；如延期竣工按建设银行的规定，承包方赔偿延期交付的违约金。

承包方按合同规定的日期竣工，验收时，发包方发现工程的2～5层所有内承重墙体裂缝较多，要求承包方修复后再验收，承包方拒绝修复，认为不影响使用。两个月之后，发包方发现这些裂缝越来越大，每一面墙都有4～5条纵横不等的裂缝，缝隙最大的1cm，最小的能透空气，从这面能看到对面的墙壁。为此，发包方提出工程不合格，质量低劣，系危险房屋，不能使用，要求承包方对内承重墙拆掉重新建筑。承包方提出，裂缝属于砖的质量问题，与施工技术无关。双方协商不成，发包方于2001年6月15日以建筑工程质量不合格为由向仲裁委员会申请仲裁。

### 二、处理理由和处理结果

仲裁委员会查明：本案的建设工程实行大包干的形式，发包方将建筑材料计划指标都交给承包方。承包方为节省费用，在购买机砖时，只购买了外墙和主体结构的红机砖，而对内承重墙则使用烟灰砖（系炉渣、白灰制作的砖）。烟灰砖因为干燥、吸水、伸缩性大，当内装修完毕待干后，导致裂缝出现。对此，承包方应付主要责任，发包方派出的施工技术监督人员明知道承包方使用烟灰砖叠砌内承重墙，而未加制止，也未向领导报告，任其施工，亦应负有一定责任。经委托建筑工程研究所现场勘验、鉴定，认为：烟灰砖不能用于高层建筑和内承重墙，烟灰砖伸缩性大，压强不够红机砖标准，建议所有内承重墙用钢筋网加水泥砂浆修复加固后方可使用。仲裁委员会根据质量鉴定结果，经调解，双方当事人达成协议如下：承包方将第二层至第五层所有内承重墙均用钢筋网加水泥砂浆加固后，再进行内装修，于2001年9月30日竣工验收。所需费用165 000元，由承包方承担125 500元，发包方承担36 500元。竣工验收合格后，发包方将工程款10日内一次结清付给承包方。

评析：《建设工程质量管理条例》第四章明确了施工单位的质量责任和义务，而在本案中承包方违反合同约定，偷工减料，造成承重墙断裂，工程质量不合格，应由承包方负责修复。发包方派驻工地代表，对建筑材料的使用和工程质量监督不力，是有责任的、承担一定的损失也是应当的。本案的处理采纳建筑研究所的建议，用钢筋网水泥砂浆加固既减少了拆除承重墙的损失又保证了质量，维护了双方的利益。

### 7. 工程监理单位的质量责任和义务

《建设工程质量管理条例》第五章明确了工程监理单位的质量责任和义务。

（1）工程监理企业应当依法取得相应资质等级的证书，并在其资质等级许可的范围内承担工程监理业务，不得转让工程监理业务。

（2）工程监理企业不得与被监理工程的施工承包单位及建筑材料、建筑构配件和设备供应单位有隶属关系或者其他利害关系。

（3）工程监理企业应当依照法律、法规及有关技术标准、设计文件和建设工程承包合同，代表建设单位对施工质量实施监理，并对施工质量承担监理责任。

（4）工程监理企业应当选派具有相应资格的总监理工程师和监理工程师进驻现场。监理

工程师应当按照工程监理规范的要求对建设工程实施监理。

### 8. 建设工程质量保修的有关规定

建设工程质量保修制度是指建设工程在办理竣工验收手续后，在规定的保修期限内，因勘察、设计、施工、材料等原因造成的质量缺陷，应当由施工承包单位负责维修、返工或更换，由责任单位负责赔偿损失。建设工程实行质量保修制度是落实建设工程质量责任的重要措施。《建筑法》、《建设工程质量管理条例》、《房屋建筑工程质量保修办法》（2000年6月30日建设部令第80号发布）对该项制度的规定主要有以下几方面内容。

（1）建设工程承包单位在向建设单位提交竣工验收报告时，应当向建设单位出具质量保修书。质量保修书中应当明确建设工程的保修范围、保修期限和保修责任等。保修范围和正常使用条件下的最低保修期限如下。

① 基础设施工程、房屋建筑的地基基础工程和主体结构工程，为设计文件规定的该工程的合理使用年限；

② 屋面防水工程、有防水要求的卫生间、房间和外墙面的防渗漏，为 5 年；

③ 供热与供冷系统，为两个采暖期、供冷期；

④ 电气管线、给排水管道、设备安装和装修工程，为 2 年。

其他项目的保修期限由发包方与承包方约定。建设工程的保修期，自竣工验收合格之日起计算。因使用不当或者第三方造成的质量缺陷，以及不可抗力造成的质量缺陷，不属于法律规定的保修范围。

（2）建设工程在保修范围和保修期限内发生质量问题的，施工单位应当履行保修义务，并对造成的损失承担赔偿责任。

对在保修期限内和保修范围内发生的质量问题，一般应先由建设单位组织勘察、设计、施工等单位分析质量问题的原因，确定维修方案，由施工单位负责维修。但当问题较严重复杂时，不管是什么原因造成的，只要是在保修范围内，均先由施工单位履行保修义务，不得推诿扯皮。对于保修费用，则由质量缺陷的责任方承担。

**【案例 1-29】某宿舍楼工程保修纠纷案**

原告：江西某大学

被告：南昌某建筑公司

**一、基本案情**

2004 年 4 月，某大学为建设学生宿舍，与某建筑公司签订了一份建设工程合同。合同约定：工程采用固定总价合同形式，主体工程和内外承重砖一律使用国家标准砌砖，每层加水泥圈梁；某大学预付工程款为合同价款的 10%；工程全部费用在验收合格后一次付清；交付使用后，如果在 6 个月内发生严重质量问题，由承包人负责修理等。

1 年后学生宿舍如期完工，在双方共同进行竣工验收时，某大学发现工程的三到五层的内承重墙体裂缝较多，于是要求建筑公司修复后再验收，某建筑公司认为不影响使用而拒绝修复。因为开学初期很多新生急需入住，某大学就接收了宿舍楼。在使用了 8 个月以后，位于第五层的内承重墙倒塌，致使 1 人死亡，3 人受伤，其中 1 人致残。受害者和某大学要求建筑公司赔偿损失，并修复倒塌工程。建筑公司以使用不当并且已过保修期为理由拒绝赔偿。

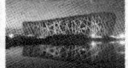

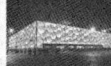

无奈之下某大学和受害者起诉到法院，要求判决赔偿并修复工程。

### 二、案件审理

法院在审理期间对工程事故原因进行了鉴定，结论为建筑公司偷工减料致使宿舍楼内承重墙倒塌。因此法院对建筑公司以使用不当并且已过保修期为理由拒绝赔偿的主张不予支持，判决建筑公司赔偿受害者损失并且负责维修倒塌的工程。

评析：本案涉及建筑工程的保修期限问题。

根据《建设工程质量管理条例》、《房屋建筑工程质量保修办法》的规定，基础设施工程、房屋建筑的地基基础工程和主体结构工程在正常使用条件下的最低保修期限为设计文件规定的该工程的合理使用年限。

根据上述法律规定，建设工程的保修期限不能低于国家规定的最低保修期限，其中对于地基基础工程、主体结构工程规定为终身保修。

而在本案中，双方虽然在合同中约定保修期限为6个月，但该期限低于法律规定的最低期限，双方约定违反了国家法律的强制性规定，故应该属于无效约定。所以法院的判决是正确的。

### 9. 建设工程质量的监督管理

1）工程质量监督管理部门

（1）建设行政主管部门及有关专业部门。我国实行国务院建设行政主管部门统一监督管理，各专业部门按照国务院确定的职责分别对其管理范围内的专业工程进行监督管理。县级以上人民政府建设行政主管部门在本行政区域内实行建设工程质量监督管理，专业部门按其职责对本专业建设工程质量实行监督管理。

（2）国家发展和改革委员会。

（3）工程质量监督机构。

2）工程质量监督管理职责

（1）国务院建设行政主管部门的基本职责。国务院建设行政主管部门和国务院铁路、交通、水利等有关部门应当加强对有关建设工程质量的法律、法规和强制性标准执行情况的监督检查。

（2）县级以上地方人民政府建设行政主管部门的基本职责。县级以上地方人民政府建设行政主管部门和其他有关部门应当加强对有关建设工程质量的法律、法规和强制性标准执行情况的监督检查。

（3）工程质量监督机构的基本职责。

① 办理建设单位工程建设项目报监手续，收取监督费。

② 依照国家有关法律、法规和工程建设强制性标准，对建设工程的地基基础、主体结构及相关的建筑材料、构配件、商品混凝土的质量进行检查。

③ 对与被检查实体质量有关的工程建设参与各方主体的质量行为及工程质量文件进行检查，发现工程质量问题时，有权采取局部暂停施工等强制性措施，直到问题得到改正。

④ 对建设单位组织的竣工验收程序实施监督，查看其验收程序是否合法，资料是否齐全，实体质量是否存有严重缺陷。

⑤ 工程竣工验收后 5 日内，应向委托的政府有关部门报送工程质量监督报告。
⑥ 对需要实施行政处罚的，报告委托的政府部门，进行行政处罚。

## 1.6 与工程建设相关的法律制度

### 1.6.1 《保险法》与工程建设相关的主要规定

根据《中华人民共和国保险法》（下称《保险法》）的规定，保险是指投保人根据合同的约定，向保险人支付保险费，保险人对于合同约定的可能发生的事故，因其发生所造成的财产损失承担赔偿保险金的责任，或者当被保险人死亡、伤残、疾病或者达到合同约定的年龄、期限时承担给付保险金的责任的商业保险行为。

工程建设保险属于商业保险的一种，是指业主或承包商为了工程建设项目顺利完成而对工程建设中可能发生的人身伤害或者财产损失，向保险公司投保以化解风险的行为。业主或承包商与保险公司订立的保险合同，就是工程建设保险合同。

由于建设工程一般都具有规模大、周期长、技术复杂、涉及面广的特点，导致建筑业成为高风险行业，业主或承包商如果遇到风险经常会受到巨大损失甚至面临破产。为了能够保证工程建设项目的顺利进行，预防风险，分解风险损失，工程建设保险不失为一良策。于是保险制度在工程建设领域中得到了越来越广泛的应用。

**1. 建筑工程一切险**

建筑工程一切险是以建筑工程中的各种财产和第三者的经济赔偿责任为保险标的的保险。在建筑工程一切险中，对工程承担一定风险的有关各方，均可以作为被保险人之一。

建筑工程一切险承保各类民用、工业和公用事业建筑工程项目，包括道路、水坝、桥梁、港埠等，在建造过程中因自然灾害或意外事故而引起的一切损失。建筑工程一切险往往还加保第三者责任险。

1) 建筑工程一切险的投保人与被保险人

（1）建筑工程一切险的投保人，是指与保险人订立保险合同，并按照保险合同负有支付保险费义务的人。建筑工程一切险多数由承包商负责投保，如果承包商因故未办理或拒绝办理投保，业主可以代为投保，费用由承包商负担。如果总承包商没有为分包工程购买保险，则分包商应该办理其承担的分包任务的保险。

（2）建筑工程一切险的被保险人，是指其财产或者人身受保险合同保障，享有保险金请求权的人，投保人可以为被保险人。在工程保险中，除投保人外，保险公司可以在一张保险单上对所有参加该项工程的有关各方给予所需的保险。

建筑工程一切险的被保险人可以是如下几种。
① 业主。
② 总承包商。
③ 分包商。

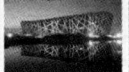

④ 业主聘用的监理工程师。

⑤ 与工程有密切关系的单位或个人，如贷款银行或投资人等。

2）建筑工程一切险的承保范围

（1）建筑工程一切险的适用范围：建筑工程一切险适用于所有房屋工程和公共工程，尤其是以下几种。

① 住宅、商业用房、医院、学校、剧院。

② 工业厂房、电站。

③ 公路、铁路、飞机场。

④ 桥梁、船闸、大坝、隧道、排灌工程、水渠及港埠等。

（2）建筑工程一切险承保如下内容。

① 工程本身。工程本身是指由总承包商和分包商为履行合同而实施的全部工程，包括：预备工程，如土方、水准测量；临时工程，如引水、保护堤；全部存放于工地，为施工所必需的材料。

② 施工用设施和设备。施工用设施和设备包括活动房、存料库、配料棚、搅拌站、脚手架、水电供应及其他类似设施。

③ 施工机具。施工机具包括大型陆上运输和施工机械、吊车及不能在公路上行驶的工地用车辆，不管这些机具属承包商所有还是其租赁物资。

④ 场地清理费。这是指在发生灾害事故后场地上产生了大量的残砾，为清理工地现场而必须支付的一笔费用。

⑤ 第三者责任。第三者责任系指在保险期内，对因工程意外事故造成的、依法应由被保险人负责的工地上及邻近地区的第三者人身伤亡、疾病或财产损失，以及被保险人因此而支付的诉讼费用和事先经保险公司书面同意支付的其他费用等赔偿责任。但是，被保险人的职工的人身伤亡和财产损失应予除外（属于意外伤害保险）。

⑥ 工地内现有的建筑物。这是指不在承保的工程范围内的、所有人或承包人所有的、工地内已有的建筑物或财产。

⑦ 由被保险人看管或监护的停放于工地的财产。

（3）建筑工程一切险承保的危险与损害，其涉及面很广，凡保险单中列举的除外情况之外的一切事故损失全在保险范围内，尤其是下述原因造成的损失。

① 火灾、爆炸、雷击、飞机坠毁及灭火或其他救助所造成的损失。

② 海啸、洪水、潮水、水灾、地震、暴雨、风暴、雪崩、地崩、山崩、冻灾、冰雹及其他自然灾害。

③ 一般性盗窃和抢劫。

④ 由于工人或技术人员缺乏经验、疏忽、过失、恶意行为或无能力等导致的施工拙劣而造成的损失。

⑤ 其他意外事件。

建筑材料在工地范围内的运输过程中遭受的损失和破坏，以及施工设备和机具在装卸时发生的损失等也可纳入建筑工程一切险的承保范围。

3）建筑工程一切险的除外责任

按照国际惯例，属于除外的情况通常有以下几种。

（1）由于军事行动、战争或其他类似事件，以及罢工、骚动、民众运动或当局命令停工等情况造成的损失（有些国家规定投保罢工骚乱险）。

（2）因被保险人的严重失职或蓄意破坏而造成的损失。

（3）因原子核裂变而造成的损失。

（4）由于合同罚款及其他非实质性损失。

（5）因施工机具本身原因即无外界原因情况下造成的损失（但因这些损失而导致的建筑事故则不属除外情况）。

（6）因设计错误（结构缺陷）而造成的损失。

（7）因纠正或修复工程差错（例如，因使用有缺陷或非标准材料而导致的差错）而增加的支出。

4）建筑工程一切险的保险期和保险金额

（1）建筑工程一切险的保险期，是指保险生效日到保险终止日期间的时间。建筑工程一切险自工程开工之日或在开工之前工程用料卸放于工地之日开始生效，两者以先发生者为准。开工日包括打地基在内（如果地基也在保险范围内）。施工机具保险自其卸放于工地之日起生效。

保险终止日应为工程竣工验收之日或者保险单上列出的终止日。同样两者也以先发生者为准。

（2）建筑工程一切险的保险金额，是指保险人承担赔偿或者给付保险金责任的最高限额。保险金额不得超过保险标的的保险价值，超过保险价值的，超过的部分无效。

建筑工程一切险的保险金额按照不同的保险标的确定。

5）建筑工程一切险的免赔额

保险公司要求投保人根据其不同的损失，自负一定的责任，即由被保险人承担的损失额称为免赔额。工程本身的免赔额为保险金额的 0.5%～2%；施工机具设备等的免赔额为保险金额的 5%；第三者责任险中财产损失的免赔额为每次事故赔偿限额的 1%～2%，但人身伤害没有免赔额。

保险人向被保险人支付为修复保险标的遭受损失所需的费用时，必须扣除免赔额。支付的赔偿额极限相当于保险总额，但不超过保险合同中规定的每次事故的保险极限之和或整个保险期内发生的全部事故的总保险极限。

### 2. 安装工程一切险

1）安装工程一切险的概念和特点

安装工程一切险属于技术险种，其目的在于为各种机器的安装及钢结构工程的实施提供尽可能全面的专门保险。

安装工程一切险承保安装各种机器、设备、储油罐、钢结构、起重机、吊车，以及包含机械工程因素的各种工程建设的一切损失。目前，安装工程一切险起到越来越重要的作用，在许多国家和地区已经把其纳入强制保险行列。

安装工程一切险与建筑工程一切险有着以下重要的区别。

（1）建筑工程保险的标的从开工以后逐步增加，保险额也逐步提高，而安装工程一切险的保险标的一开始就存放于工地，保险公司一开始就承担着全部货价的风险，风险比较集中。在机器安装好之后，试车、考核所带来的危险及在试车过程中发生机器损坏的危险是相当大的，这些危险在建筑工程险部分是没有的。

（2）在一般情况下，自然灾害造成建筑工程一切险的保险标的损失的可能性较大，而安装工程一切险的保险标的多数是建筑物内安装设备（石化、桥梁、钢结构建筑物等除外），受自然灾害（洪水、台风、暴雨等）损失的可能性较小，受人为事故损失的可能性较大，这就要督促被保险人加强现场安全操作管理，严格执行安全操作规程。

（3）安装工程在交接前必须经过试车考核，而在试车期内，任何潜在的因素都可能造成损失，损失率要占安装工期内的总损失的一半以上。由于风险集中，试车期的安装工程一切险的保险费率通常占整个工期的保费的三分之一左右，而且对旧机器设备不承担赔付责任。

总的来讲，安装工程一切险的风险较大，保险费率也要高于建筑工程一切险。

2）安装工程一切险的投保人与被保险人

投保人即与保险人订立保险合同并支付保费的人。和建筑工程一切险一样，安装工程一切险应该由承包商投保，业主只是在承包商未投保的情况下代替其投保，费用由承包商承担。承包商办理了投保手续并交纳了保费后就成为被保险人。安装工程一切险的被保险人除承包商外还包括以下几种。

（1）业主。

（2）制造商或供应商。

（3）技术咨询顾问。

（4）安装工程的信贷机构。

（5）待安装构件的买受人等。

3）安装工程一切险的责任范围及除外责任

（1）安装工程一切险的保险标的有以下几种。

① 安装的机器及安装费，包括安装工程合同内要安装的机器、设备、装置、物料、基础工程（如地基、座基等），以及为安装工程所需的各种临时设施（如水电、照明、通信设备等）等。

② 安装工程使用的承包人的机器、设备。

③ 附带投保的土木建筑工程项目，指厂房、仓库、办公楼、宿舍、码头、桥梁等。这些项目一般不在安装合同以内，但可在安装险内附带投保：如果土木建筑工程项目不超过安装工程总价的 20%，整个项目按安装工程一切险投保；介于 20%和 50%之间，该部分项目按建筑工程一切险投保；若超过 50%，整个项目按建筑工程一切险投保。

安装工程一切险也可以根据投保人的要求附加第三者责任险，这与建筑工程一切险是相同的。

（2）安装工程一切险承保的危险和损失，除包括建筑工程一切险中规定的内容外，还包括以下内容。

① 短路、过电压、电弧所造成的损失。
② 超压、压力不足和离心力引起的断裂所造成的损失。
③ 其他意外事故，如因进入异物或因安装地点的运输而引起的意外事件等。
（3）安装工程一切险的除外责任主要有以下几种。
① 由结构、材料或在车间制作方面的错误导致的损失。
② 因被保险人或其派遣人员蓄意破坏或欺诈行为而造成的损失。
③ 因功力或效益不足而遭致合同罚款或其他非实质性损失。
④ 由战争或其他类似事件、民众运动或因当局命令而造成的损失。
⑤ 因罢工和骚乱而造成的损失（但有些国家却不视为除外情况）。
⑥ 由原子核裂化或核辐射造成的损失等。

4）安装工程一切险的保险期限

（1）安装工程一切险的保险责任的开始和终止。安装工程一切险的保险责任，自投保工程的动工日（如果包括土建任务的话）或第一批被保险项目卸至施工地点时（以先发生者为准），即行开始。其保险责任的终止日可以是安装完毕验收通过之日或保险物所列明的终止日，这两个日期同样以先发生者为准。安装工程一切险的保险责任也可以延展至为期一年的维修期满日。

在征得保险人同意后，安装工程一切险的保险期限可以延长，但应在保险单上加批并增收保费。

（2）试车考核期。安装工程一切险的保险期内，一般应包括一个试车考核期。考核期的长短应根据工程合同上的规定来决定。对考核期的保险责任一般不超过3个月，若超过3个月，应另行加收费用。安装工程一切险对于旧机器设备不负考核期的保险责任，也不承担其维修期的保险责任。如果同一张保险单同时还承保其他新的项目，则保险单仅对新设备的保险责任有效。

（3）关于安装工程一切险的保险期限应注意的问题如下。
① 部分工程验收移交或实际投入使用。这种情况下，保险责任自验收移交或投入使用之日即行终止，但保单上需有相应的附加条款或批文。
② 试车考核期的保险责任期（一般定为3个月），系指连续时间，而不是断续累计时间。
③ 维修期应从实际完工验收或投入使用之日起算,不能机械地按合同规定的竣工日起算。

5）安装工程一切险的保险金额的组成

安装工程一切险的保险金额包括物质损失和第三者责任两大部分。

## 1.6.2 《劳动法》与工程建设相关的主要规定

《中华人民共和国劳动法》（下称《劳动法》）是调整劳动关系与劳动关系密切联系的其他社会关系的法律规范的总称。《劳动法》调整的对象是劳动关系，即是劳动者与用人单位之间在实现劳动过程中发生的社会关系。

劳动关系是基于劳动合同，在实现劳动过程中发生的具有人身关系、经济关系，又具有平等性和从属性的社会关系。

根据《劳动法》的规定，在中华人民共和国境内的企业、个体经济组织（以下简称用人单位）和与之形成劳动关系的劳动者，适用本法。国家机关、事业组织、社会团体和与之建立劳动合同关系的劳动者，依照本法执行。

下面将从劳动合同和劳动保护两个方面来介绍《劳动法》与工程建设相关的主要规定。

**1．劳动合同的主要内容**

1）劳动合同的概念

劳动合同又称劳动契约，是指劳动者与用人单位确立劳动关系，明确双方权利和义务的书面协议。《劳动法》规定：建立劳动关系应当订立劳动合同。《中华人民共和国劳动合同法》（下称《劳动合同法》）对劳动合同的订立、变更等做出了更加具体的规定。订立和变更劳动合同应当遵循平等自愿、协商一致的原则，不得违反法律、行政法规的规定。

2）劳动合同的订立要求

（1）劳动合同的主体合法。即当事人具有合法的资格，劳动者应该是年满 16 周岁，身体健康，具有劳动权利能力和劳动行为能力的公民，可以是中国人、外国人、无国籍人。

（2）劳动合同内容合法。劳动合同应当以书面形式订立，并具备以下条款。

① 劳动合同期限。
② 工作内容。
③ 劳动保护和劳动条件。
④ 劳动报酬。
⑤ 劳动纪律。
⑥ 劳动合同终止的条件。
⑦ 违反劳动合同的责任。

违反法律、行政法规的劳动合同，采用欺诈、威胁等手段订立的劳动合同均无效。无效的劳动合同，从订立的时候起，就没有法律约束力。

3）劳动合同的试用期

劳动合同可以约定试用期。试用期是劳动者和用人单位相互了解的过程，但是法律规定，试用期最长不得超过 6 个月。

4）劳动合同终止

劳动合同期满或者当事人约定的劳动合同终止条件出现，劳动合同即行终止。

5）劳动合同的解除

劳动合同的解除是指合同当事人在劳动合同期限届满之前依法提前终止劳动合同的法律行为。劳动合同的解除有下列几种情形。

（1）双方协议解除。经劳动合同当事人协商一致，劳动合同可以解除。

（2）用人单位可以随时解除劳动合同的情形如下。

劳动者有下列情形之一的，用人单位可以解除劳动合同，而不需要以任何形式通知劳动者。

① 在试用期间被证明不符合录用条件的。
② 严重违反劳动纪律或者用人单位规章制度的。
③ 严重失职，营私舞弊，对用人单位利益造成重大损害的。
④ 被依法追究刑事责任的。
⑤ 被劳动教养的。

（3）用人单位可以解除劳动合同，但应提前30日以书面形式通知劳动者的情形如下。
① 劳动者患病或者非因工负伤，医疗期满后，不能从事原工作也不能从事由用人单位另行安排工作的。
② 劳动者不能胜任工作，经过培训或者调整工作岗位，仍不能胜任工作的。
③ 劳动合同订立时所依据的客观情况发生重大变化，致使原劳动合同无法履行，经当事人协商不能就变更劳动合同达成协议的。

（4）经济性裁员情形：用人单位濒临破产，进行法定整顿期间或者生产经营状况发生严重困难，确需裁减人员的，应当提前30日向工会或者全体职工说明情况，听取工会或者职工的意见，经向劳动行政部门报告后，可以裁减人员。用人单位依据本条规定裁减人员，在6个月内录用人员的，应当优先录用被裁减的人员。

（5）用人单位不得解除劳动合同的情形如下。
① 患职业病或者因工负伤并被确认丧失或者部分丧失劳动能力的。
② 患病或者负伤，在规定的医疗期内的。
③ 女职工在孕期、产假、哺乳期内的。
④ 法律、行政法规规定的其他情形。

（6）劳动者解除劳动合同，应当提前30日以书面形式通知用人单位。有下列情形之一的，劳动者可以随时通知用人单位解除劳动合同。
① 在试用期内的。
② 用人单位以暴力、威胁或者非法限制人身自由的手段强迫劳动的。
③ 用人单位未按照劳动合同约定支付劳动报酬或者提供劳动条件的。

**2．劳动保护的主要内容**

劳动保护，是指国家为了劳动者在生产过程中的安全与健康而采取的各项保护措施，是保证职工肌体不受伤害，保持和提高劳动者持久的劳动能力的组织和技术措施的总称。

根据《劳动法》的规定，劳动保护的主要内容如下。

1）安全及劳动卫生规程
（1）用人单位必须建立、健全劳动安全卫生制度，严格执行国家劳动安全卫生规程和标准，对劳动者进行劳动安全卫生教育，防止劳动过程中的事故，减少职业危害。
（2）劳动安全卫生设施必须符合国家规定的标准。新建、改建、扩建工程的劳动安全卫生设施必须与主体工程同时设计、同时施工、同时投入生产和使用。
（3）用人单位必须为劳动者提供符合国家规定的劳动安全卫生条件和必要的劳动防护用品，对从事有职业危害作业的劳动者应当定期进行健康检查。
（4）从事特种作业的劳动者必须经过专门培训并取得特种作业资格。

（5）劳动者在劳动过程中必须严格遵守安全操作规程。劳动者对用人单位管理人员违章指挥、强令冒险作业，有权拒绝执行；对危害生命安全和身体健康的行为，有权提出批评、检举和控告。

（6）国家建立伤亡事故和职业病统计报告和处理制度。县级以上各级人民政府劳动行政部门、有关部门和用人单位应当依法对劳动者在劳动过程中发生的伤亡事故和劳动者的职业病状况，进行统计、报告和处理。

2）女工和未成年工特殊保护

（1）根据妇女生理特点组织劳动就业，实行男女同工同酬。

（2）禁止安排女职工从事矿山井下、国家规定的第四级体力劳动强度的劳动和其他禁忌从事的劳动。

（3）不得安排女职工在经期从事高处、低温、冷水作业和国家规定的第三级体力劳动强度的劳动。

（4）不得安排女职工在怀孕期间从事国家规定的第三级体力劳动强度的劳动和孕期禁忌从事的劳动。对怀孕 7 个月以上的女职工，不得安排其延长工作时间和夜班劳动。

（5）女职工生育享受不少于 90 天的产假。

（6）不得安排女职工在哺乳未满一周岁的婴儿期间从事国家规定的第三级体力劳动强度的劳动和哺乳期禁忌从事的其他劳动，不得安排其延长工作时间和夜班劳动。

（7）不得安排未成年工从事矿山井下、有毒有害、国家规定的第四级体力劳动强度的劳动和其他禁忌从事的劳动。

（8）用人单位应当对未成年工定期进行健康检查。

（9）提供适合未成年人身体发育的生产工具。

（10）对未成年工进行岗前培训。

在此需要注意的是，未成年工是指年满 16 周岁、未满 18 周岁的劳动者。

【案例1-30】李某是上海一家外商投资建筑企业的工程技术人员，2005年国庆节期间，由于值班职工请假，于是公司经理与李某协商后安排其10月1日到3日加班。

事后，单位发给李某的加班工资是平时工资的200%。于是李某找到公司领导反映问题，提出按照《劳动法》的规定应该按照平时工资的300%支付，单位领导的解释是：《劳动法》的确规定，休息日安排劳动者工作又不能安排补休的，支付不低于工资200%的工资报酬；法定节假日安排劳动者工作的，支付不低于工资300%的工资报酬。但是，国家规定法定节假日期间，用人单位应该向劳动者支付工资，也就是说单位在按月发放的工资中已经包括了法定节假日的工资，所以，单位在支付法定节假日的加班工资时，只需要另外支付日工资标准的 200%，加上包含按月发放的正常工资中的法定节假日工资，就是符合《劳动法》规定应该按照平时工资的300%支付。

请分析该领导的解释是否合法。

评析：该领导的解释是违反《劳动法》的，该建筑企业应该另外按照日标准工资的300%支付法定节假日加班工资给李某。

根据我国《劳动法》的规定，用人单位法定节假日安排劳动者工作的，支付不低于工资300%的工资报酬，并且不能将正常工资抵消加班工资。

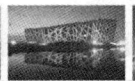

【案例1-31】厂房拆除工程致雇佣人员伤亡赔偿案

原告：张连起，男，56岁，天津港第二港埠公司工人

原告：张国莉（张连起之女）

被告：张学珍

## 一、诉辩主张和事实认定

原告张连起、张国莉诉被告张学珍损害赔偿纠纷案，经天津市塘沽区人民法院审理，查明：

天津市塘沽区生产服务管理局建筑工程公司第七施工队承包的天津碱厂除钙塔厂房拆除工程，于2005年10月转包给本案被告、个体工商户业主张学珍组织领导的工人新村青年合作服务站，并签订了承包合同。2005年11月17日，由服务站经营活动全权代理人、被告张学珍之夫徐广秋组织、指挥施工，并亲自带领雇佣的临时工张国胜（张连起之子）等人，拆除混凝土大梁。在拆除第1~4根大梁时，起吊后梁身出现裂缝；起吊第5根时，梁身中间折裂（塌腰）。此事件并未引起徐广秋的重视。当拆除第6根时，梁身从中间折断，站在大梁上的徐广秋和原告张连起之子张国胜（均未系安全带）滑落坠地，张国胜受伤，急送天津碱厂医院检查，左下踝关节内侧血肿压痛，活动障碍，湿片未见骨折。经医院治疗后，开具证明：左踝关节挫伤，休息两天。2005年11月21日，张国胜住进港口医院，治疗无效，于2005年12月7日死亡。经天津市法医鉴定，结论是：张国胜系左内踝外伤后，引起局部组织感染、坏死，致脓毒败血症死亡。后又经塘沽区医疗事故鉴定委员会鉴定认为：张国胜系外伤所致脓毒败血症，感染性休克，多脏器衰竭死亡，医院治疗无误。张国胜的死亡与其他因素无关。

张国胜工伤后，服务站及时送往医院检查、治疗；死后出资给予殡葬。除此，原告为给张国胜治病借支医疗费用、误工工资等费用共损失67 600.40元。

张国胜死亡后，由谁承担因此而造成的经济损失，双方共同要求塘沽区劳动局予以裁决。劳动局经过调查，提出如下处理意见：张国胜住院期间的医疗费用，由服务站负担；服务站一次性付给张国胜家属抚慰金80 000元，不再承担其他义务或责任。张连起、张国莉接受上述意见，张学珍拒绝。随后，张连起、张国莉向塘沽区人民法院提起诉讼，请求被告赔偿全部经济损失，并解决原告张国莉的住房问题。

被告辩称：原告张连起之子张国胜入站签写登记表时，同意"工伤概不负责"的说明；张国胜死因不明。据此，无法满足原告的要求，只能根据实际情况，给予张国胜家属一定的生活补助；解决张国莉住房问题，服务站无此义务。

## 二、判决理由和判决结果

塘沽区人民法院审理认为，被告张学珍的经营活动全权代理人徐广秋在组织、指挥施工中，不仅不按操作规程办事，带领工人违章作业，而且在发现事故隐患后，不采取预防措施，具有知道或者应当知道可能发生事故而忽视或者轻信能够避免发生事故的心理特征。因此，这起事故是过失责任事故。经鉴定，张国胜死亡是工伤后引起的死亡，与其他因素无关。《中华人民共和国宪法》（下称《宪法》）明文规定，对劳动者实行劳动保护。这是劳动者所享有的权利，受国家法律保护，任何个人和组织都不得任意侵犯。被告张学珍身为雇主，对雇员理应依法给予劳动保护。但她却在招工登记表中注明："工伤概不负责"。这是违反《宪法》和有关劳动法规的，也严重违反了社会主义公德，属无效民事行为。依照《民法通则》第一百零六条第2款的规定,被告由于过错侵害了张国胜的人身安全,应当承担民事责任。依照《民法通则》第一百一十九条的规定,被告应承担赔偿张国胜死亡前的医疗费、家属误工减少的收入和死者生前抚养的人的生活费等费用。

在查明事实,分清是非责任的基础上,塘沽区人民法院于2007年12月24日主持双方当事人进行调解,达成如下协议:

(1)被告张学珍赔偿原告张连起、张国莉120 000元,从2008年1月至2008年12月10日,分6次付清,每次付给20 000元。

(2)鉴定费6 000元,由被告承担。本案受理费11 300元,由被告负担。

评析:本案是房屋拆除施工过程中造成人员伤亡而引起的损害赔偿诉讼。

房屋拆除也是一个技术性较强的工作,组织得不好就可能造成重大伤亡事故,本案就是一个典型的例子。《建筑法》第五十条规定:"房屋拆除应当由具备保证安全条件的建筑施工单位承担,由建筑施工单位负责人对安全负责。"该条款明确了房屋拆除施工安全的负责单位和具体负责人。应当注意的是建筑工程施工的情况比较复杂,有时业主直接对施工方案和施工现场进行管理和控制。在这种情况下应当考虑由业主承担相应的安全责任,而不能完全由承包商负责拆除施工的安全责任。

本案争议的主要问题,也是被告抗辩的重要理由,即张国胜曾经同意了"工伤概不负责"的说明,雇主是否还要承担责任?实际上,在许多不规范的雇佣合同中也有类似规定。那么,在雇佣合同中的"工伤概不负责"条款的效力如何呢?本案的判决合理合法地解决了这一问题,即由于该条款违反了《宪法》和有关劳动法律,应认定这类条款无效。这是因为在签订劳动合同时,雇主和雇工处于不同的地位,雇主同雇工相比处于强者和优越的地位,雇主能够运用这一优越地位将对雇工不利的条款强加给雇工。在签订合同时,雇主往往已经制定好了雇佣合同,雇工所面临的是"要么签订合同,要么就不签合同"而不允许雇工对合同条款进行公平的讨价还价。在审理有关的案件时,法院对于这类不公平的条款应当依法宣布无效,以便加强对社会弱者的保护。本案是最高人民法院公报发布的典型案例,该案例对于正确处理劳动合同中的这类不公平的条款有很好的指导作用。

本案天津市塘沽区生产服务管理局建筑工程公司第七施工队承包的天津碱厂除钙塔厂房拆除工程,于2005年10月转包给本案被告、个体工商户业主张学珍组织领导的工人新村青年合作服务站。转包工程是有关法律法规所严格禁止的,转包合同应当认定无效。对于被告死亡造成的损失,转包单位天津市塘沽区生产服务管理局建筑工程公司第七施工队应当承担一定责任。

### 1.6.3 《消防法》与工程建设相关的主要规定

《中华人民共和国消防法》(下称《消防法》)规定,消防立法的目的是为了预防火灾和减少火灾危害,保护公民人身、公共财产和公民财产的安全,保护社会主义现代化建设的顺利进行。同时规定,消防工作应该贯彻预防为主,防消结合的方针。

建设工程由于工期长、业务复杂的原因,消防隐患随时存在。所以,在建设期间严格遵守和贯彻消防法的相关规定显得尤为重要。

下面将从《消防法》和工程建设相关的方面做一简单介绍。

### 1. 建设工程消防设计的审核

（1）按照国家工程建筑消防技术标准需要进行消防设计的建筑工程，设计单位应当按照国家工程建筑消防技术标准进行设计，建设单位应当将建筑工程的消防设计图纸及有关资料报送公安消防机构审核；未经审核或者经审核不合格的，建设行政主管部门不得发给施工许可证，建设单位不得施工。

（2）经公安消防机构审核的建筑工程消防设计需要变更的，应当报经原审核的公安消防机构核准；未经核准的，任何单位和个人不得变更。

### 2. 建设工程消防工程的验收

（1）按照国家工程建筑消防技术标准进行消防设计的建筑工程竣工时，必须经公安消防机构进行消防验收；未经验收或者经验收不合格的，不得投入使用。

（2）建筑构件和建筑材料的防火性能必须符合国家标准或者行业标准。公共场所室内装修、装饰根据国家工程建设消防技术标准的规定，应当使用不燃、难燃材料的，必须选用依照《中华人民共和国产品质量法》（下称《产品质量法》）等法律、法规确定的检验机构检验合格的材料。

### 3. 工程建设中应采取的消防安全措施

（1）机关、团体、企业、事业单位应当履行下列消防安全职责。

制定消防安全制度、消防安全操作规程；实行防火安全责任制，确定本单位和所属各部门、岗位的消防安全责任人；针对本单位的特点对职工进行消防宣传教育；组织防火检查，及时消除火灾隐患；按照国家有关规定配置消防设施和器材，设置消防安全标志，并定期组织检验、维修，确保消防设施和器材完好、有效；保障疏散通道、安全出口畅通，并设置符合国家规定的消防安全疏散标志。

居民住宅区的管理单位，应当依照前款有关规定，履行消防安全职责，做好住宅区的消防安全工作。

（2）在设有车间或者仓库的建筑物内，不得设置员工集体宿舍。在设有车间或者仓库的建筑物内，已经设置员工集体宿舍的，应当限期加以解决。对于暂时确有困难的，应当采取必要的消防安全措施，经公安消防机构批准后，可以继续使用。

（3）生产、储存、运输、销售或者使用、销毁易燃易爆危险物品的单位、个人，必须执行国家有关消防安全的规定。

生产易燃易爆危险物品的单位，对产品应当附有燃点、闪点、爆炸极限等数据的说明书，并且注明防火防爆注意事项。对独立包装的易燃易爆危险物品应当贴附危险品标签。

进入生产、储存易燃易爆危险物品的场所，必须执行国家有关消防安全的规定。禁止携带火种进入生产、储存易燃易爆危险物品的场所。禁止非法携带易燃易爆危险物品进入公共场所或者乘坐公共交通工具。

储存可燃物资仓库的管理，必须执行国家有关消防安全的规定。

（4）禁止在具有火灾、爆炸危险的场所使用明火；因特殊情况需要使用明火作业的，应

当按照规定事先办理审批手续。作业人员应当遵守消防安全规定,并采取相应的消防安全措施。

进行电焊、气焊等具有火灾危险的作业人员和自动消防系统的操作人员,必须持证上岗,并严格遵守消防安全操作规程。

### 1.6.4　环境保护法与工程建设相关的主要规定

环境保护法是指国家制定或认可的,国家强制力保障实施的,调整因保护和改善环境而产生的社会关系的各种法律规范的总称。

我国已经于 1989 年 12 月颁布了《中华人民共和国环境保护法》(以下简称《环境保护法》)。同时,国家针对特定的污染防治领域和特定的资源保护对象,也制定了一些单行法律。目前我国已经颁布了《大气污染防治法》、《水污染防治法》、《固体废物污染环境防治法》、《海洋环境保护法》、《环境噪声污染防治法》、《环境影响评价法》等。

下面我们将从和建设工程有关的方面,对环境保护法的相关内容做一简单介绍。

**1. 《环境保护法》关于环境保护的基本原则**

《环境保护法》的基本原则,是环境保护方针、政策在法律上的体现,是调整环境保护方面社会关系的指导规范,也是环境保护立法、司法执法、守法必须遵循的准则。它反映了环境保护法的本质,并贯穿环境保护法制建设的全过程,具有十分重要的意义。

(1) 经济建设与环境保护协调发展的原则。根据经济规律和生态规律的要求,环境保护法必须认真贯彻"经济建设、城市建设、环境建设同步规划、同步实施、同步发展的三同步方针"和"经济效益、环境效益、社会效益的三统一方针"。

(2) 预防为主,防治结合的原则。预防为主的原则,就是"防患于未然"的原则。环境保护中预防污染不仅可以尽可能地提高原材料、能源的利用率,而且可以大大地减少污染物的产生量和排放量,减小二次污染的风险,减小末端治理负荷,节省环保投资和运行费用。"预防"是环境保护第一位的工作。然而,根据目前的技术、经济条件,工业企业做到"零排放"也是很困难的,所以还必须与治理结合。

(3) 污染者付费的原则。污染者付费的原则,通常也称为"谁污染,谁治理"、"谁开发,谁保护"的原则,其基本思想是明确治理污染、保护环境的经济责任。

(4) 政府对环境质量负责的原则。环境保护是一项涉及政治、经济、技术、社会各个方面的复杂而又艰巨的任务,是我国的基本国策,关系到国家和人民的长远利益,解决这种关乎全局、综合性很强的问题,是政府的重要职责之一。

(5) 依靠群众保护环境的原则。环境质量的好坏关系到广大群众的切身利益,因此保护环境,不仅是公民的义务,也是公民的权利。

**2. 《水污染防治法》关于防止地表水和地下水污染的规定**

1) 防止地表水污染

《中华人民共和国水污染防治法》(下称《水污染防治法》)第四章对防止地表水污染做

出规定如下：

（1）禁止向水体排放油类、酸液、碱液或者剧毒废液。

（2）禁止用水体清洗装储过油类或有毒污染物的车辆和容器。

（3）禁止将含有汞、锡、砷、铬、氢化物、黄磷等可渗性剧毒废渣向水体排放、倾倒或直接埋入地下。存放上述废渣的场所，必须采取防水、防渗、防流失措施。

（4）禁止向水体排放和倾倒工业废渣、城市垃圾和其他废弃物。

（5）禁止在江河、湖泊、运河、渠道、水库最高水位线以下滩地和岸坡堆放、存储固体废物和其他污染物。

（6）禁止向水体排放、倾倒放射性固体废物或含有高、中放射性物质的废水，排放低放射性废水必须达标。

（7）向水体排放热水，要保证水体水温符合水环境质量标准；排放含病原菌体废水应消毒达标后排放。

2）防止地下水污染

《水污染防治法》第五章第四十一条至第四十五条对防止地下水污染做出规定如下：

（1）禁止企业利用渗坑、渗井、裂隙和溶洞，倾倒含有毒物质的废水、含病原菌废水和其他废弃物。

（2）禁止企业在无良好隔渗地层、使用无防渗措施的沟渠或坑塘，输送或存储含有毒废水、含病原体废水。

（3）对已受污染的潜水和承压水不得混合开采地下水。

（4）地下工程应采取防护性措施，防止地下水污染。

（5）人工回灌补给地下水，不得恶化地下水质。

3. 《固体废物污染环境防治法》关于固体废物排放的规定

1）固体废物污染环境的防治

《中华人民共和国固体废物污染环境防治法》（下称《固体废物污染环境防治法》）第三章第十五条至第四十一条做出规定如下：

（1）产生固体废物的单位和个人，应当采取措施防止或减少对环境的污染。

（2）收集、储存、运输、利用、处置固体废物的单位和个人，要采取措施防止扬撒、渗漏、流失、丢弃。

（3）产品应采用易回收的包装物，有关部门应加强对包装物的回收利用工作。

（4）转移固体废弃物，应向移出地的省环保部门报告，并应经接受地省环保部门的许可。

（5）禁止境外废物进境倾倒、堆放、处置。

（6）禁止进口不能用做原料的固体废物，限制进口可以用做原料的废物，确需进口的需经国家环境保护主管部门批准。

（7）推广防治固体废物污染的先进工艺设备，淘汰落后工艺设备，有关部门应公布限期淘汰目录，有关单位和个人必须在限期内停止生产、销售、进口或使用目录中规定的设备和停止采用目录中的工艺。被淘汰的工艺设备不得转给他人使用。

（8）企业事业单位应合理选择和利用原材料、能源，采用先进的工艺设备，减少工业固体废物的产生量。

（9）露天堆放冶炼渣、化工渣、燃煤灰渣、废物矿石、尾矿和其他固体废物，应设置专用场所并需符合环保标准。

（10）城市生活垃圾收集、储存、运输，应符合环境保护和环境卫生规定。

2）危险废物污染防治

《固体废物污染环境防治法》第四章第四十二至第五十八条对危险废物污染防治做出规定如下。

（1）危险废物的包装物、处置场所必须设有识别标志。

（2）产生危险废物的单位，必须按国家规定处置；不处置的，环保部门应限期改正；逾期不处置或处置不符合规定的，由环保部门指定单位代为处置，费用由生产单位承担。

（3）处置危险废物不符合国家规定的，应缴纳排污费。排污费用于危险废物污染防治，不得挪作他用。

（4）从事收集、储存、运输危险废物经营活动的单位必须申请领取经营许可证，无经营许可证不得从事上述活动。

（5）收集、储存危险废物必须分类进行，禁止混合收集、储存、运输、处置性质不相容且未经安全性处置的危险废物。禁止危险废物和非危险废物混存。

（6）转移危险废物必须填写"转移单"，并向移出地和接受地环保部门报告。

（7）禁止将危险废物与旅客用同一运输工具载运。

（8）收集、储存、运输、处置危险废物的场所、设施设备和容器、包装物及其他物品转作他用时，必须经过消除污染的处理方可使用。

（9）禁止经中华人民共和国过境转移危险废物。

4. 《环境噪声污染防治法》关于工业与建筑施工噪声污染防治的规定

《中华人民共和国环境噪声污染防治法》（下称《环境噪声污染防治法》）第二十二条至第三十条对防治工业建筑施工噪声污染做出规定如下。

（1）在城市范围内向周围生活环境排放工业与建筑施工噪声的，应当符合国家规定的工业企业厂界和建筑施工场界环境噪声排放标准。

（2）产生环境噪声污染的工业企业，应当采取有效措施，减轻噪声对周围生活的影响。

（3）国务院有关部门要对产生噪声污染的工业设备，根据噪声环境保护要求和技术经济条件，逐步在产品的国家标准和行业标准中规定噪声限值。

（4）在城市市区范围内，建筑施工过程可能产生噪声污染，施工单位需在开工 15 天以前向所在地县以上环境行政主管部门申报该工程采取的环境噪声污染防治情况。

（5）在城市市区噪声敏感区域内，禁止夜间进行产生噪声污染的施工作业，但个别情况除外者，必须公告附近居民。

**5．建设项目环境影响评价制度**

环境影响评价，是指对规划和建设项目实施后可能造成的环境影响进行分析、预测和评估，提出预防或者减轻不良环境影响的对策和措施，并进行跟踪监测的方法与制度。2002年12月28日全国人民代表大会常务委员会发布了《环境影响评价法》，以法律的形式确立了规划和建设项目的环境影响评价制度。关于建设项目的环境影响评价制度，该法主要规定了如下内容。

1）对建设项目的环境影响评价实行分类管理

建设单位应当按照下列规定组织编制环境影响报告书、环境影响报告表或者填报环境影响登记表（以下统称环境影响评价文件）。

（1）可能造成重大环境影响的，应当编制环境影响报告书，对产生的环境影响进行全面评价。

（2）可能造成轻度环境影响的，应当编制环境影响报告表，对产生的环境影响进行分析或者专项评价。

（3）对环境影响很小、不需要进行环境影响评价的，应当填报环境影响登记表。

2）环境影响报告书的基本内容

建设项目的环境影响报告书应当包括下列内容。

建设项目概况；建设项目周围环境现状；建设项目对环境可能造成影响的分析、预测和评估；建设项目环境保护措施及其技术、经济论证；建设项目对环境影响的经济损益分析；对建设项目实施环境监测的建议；环境影响评价的结论。

涉及水土保持的建设项目，还必须有经水行政主管部门审查同意的水土保持方案。

3）建设项目环境影响评价机构

接受委托为建设项目环境影响评价提供技术服务的机构，应当经国务院环境保护行政主管部门考核审查合格后，颁发资质证书，按照资质证书规定的等级和评价范围，从事环境影响评价服务，并对评价结论负责。为建设项目环境影响评价提供技术服务的机构的资质条件和管理办法，由国务院环境保护行政主管部门制定。

国务院环境保护行政主管部门对已取得资质证书的为建设项目环境影响评价提供技术服务的机构的名单，应当予以公布。

为建设项目环境影响评价提供技术服务的机构，不得与负责审批建设项目环境影响评价文件的环境保护行政主管部门或者其他有关审批部门存在任何利益关系。

环境影响评价文件中的环境影响报告书或者环境影响报告表，应当由具有相应环境影响评价资质的机构编制。任何单位和个人不得为建设单位指定对其建设项目进行环境影响评价的机构。

4）建设项目环境影响评价文件的审批管理

建设项目的环境影响评价文件，由建设单位按照国务院的规定报有审批权的环境保护行政主管部门审批；建设项目有行业主管部门的，其环境影响报告书或者环境影响报告表应当经行业主管部门预审后，报有审批权的环境保护行政主管部门审批。

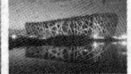

审批部门应当自收到环境影响报告书之日起 60 日内，收到环境影响报告表之日起 30 日内，收到环境影响登记表之日起 15 日内，分别做出审批决定并书面通知建设单位。

建设项目的环境影响评价文件经批准后，建设项目的性质、规模、地点、采用的生产工艺或者防治污染、防止生态破坏的措施发生重大变动的，建设单位应当重新报批建设项目的环境影响评价文件。

建设项目的环境影响评价文件自批准之日起超过 5 年，方决定该项目开工建设的，其环境影响评价文件应当报原审批部门重新审核；原审批部门应当自收到建设项目环境影响评价文件之日起 10 日内，将审核意见书面通知建设单位。

建设项目的环境影响评价文件未经法律规定的审批部门审查或者审查后未予批准的，该项目审批部门不得批准其建设，建设单位不得开工建设。建设项目建设过程中，建设单位应当同时实施环境影响报告书、环境影响报告表及环境影响评价文件审批部门审批意见中提出的环境保护对策措施。

5）环境影响的后评价和跟踪管理

在项目建设、运行过程中产生不符合经审批的环境影响评价文件的情形的，建设单位应当组织环境影响的后评价，采取改进措施，并报原环境影响评价文件审批部门和建设项目审批部门备案；原环境影响评价文件审批部门也可以责成建设单位进行环境影响的后评价，采取改进措施。

环境保护行政主管部门应当对建设项目投入生产或者使用后所产生的环境影响进行跟踪检查，对造成严重环境污染或者生态破坏的，应当查清原因、查明责任。对属于为建设项目环境影响评价提供技术服务的机构编制不实的环境影响评价文件的，或者属于审批部门工作人员失职、渎职，对依法不应批准的建设项目环境影响评价文件予以批准的，依法追究其法律责任。

### 6．环境保护"三同时"的有关规定

所谓"三同时"制度，是指建设项目需要配套建设的环境保护设施，必须与主体工程同时设计、同时施工、同时投产使用。《建设项目环境保护管理条例》在第三章环境保护设施建设中，对"三同时"制度进行了规定。

（1）建设项目的初步设计，应当按照环境保护设计规范的要求，编制环境保护篇章，并依据经批准的建设项目环境影响报告书或者环境影响报告表，在环境保护篇章中落实防治环境污染和生态破坏的措施及环境保护设施投资概算。

（2）建设项目的主体工程完工后，需要进行试生产的，其配套建设的环境保护设施必须与主体工程同时投入试运行。

（3）建设项目试生产期间，建设单位应当对环境保护设施运行情况和建设项目对环境的影响进行监测。

（4）建设项目竣工后，建设单位应当向审批该建设项目环境影响报告书、环境影响报告表或者环境影响登记表的环境保护行政主管部门，申请该建设项目需要配套建设的环境保护设施竣工验收。

（5）环境保护设施竣工验收，应当与主体工程竣工验收同时进行。需要进行试生产的建设项目，建设单位应当自建设项目投入试生产之日起 3 个月内，向审批该建设项目环境影响

报告书、环境影响报告表或者环境影响登记表的环境保护行政主管部门，申请该建设项目需要配套建设的环境保护设施竣工验收。

（6）分期建设、分期投入生产或者使用的建设项目，其相应的环境保护设施应当分期验收。

（7）环境保护行政主管部门应当自收到环境保护设施竣工验收申请之日起 30 日内，完成验收。

（8）建设项目需要配套建设的环境保护设施经验收合格后，该建设项目方可正式投入生产或者使用。

【案例 1-32】2006 年 1 月 2 日某省环保局接到举报，反映位于该省某县的水泥公司违法生产，造成了严重污染，对周围居民造成了不良影响。同日省环境监理总队了解情况后派人会同该县环保局工作人员共同前往现场检查。

在检查过程中查明：该公司是当地的招商企业，由经理许某等人投资 250 万元兴建的，2005 年 5 月 3 日动工，10 月 23 日投产，截止到 2006 年 1 月 2 日未办理任何环保审批手续，也没有领取工商营业执照。县环保局曾经于 2005 年 5 月 18 日对该公司下达了停建通知书。

该公司从事水泥半成品加工，污染防治措施只有一套简易的布袋除尘装置。省环境监理总队建议责令该公司停止生产，按照规定限期补充办理环保手续。

省环保局认为水泥公司的行为违反了《中华人民共和国大气污染防治法》（下称《大气污染防治法》）第十一条的规定。根据《大气污染防治法》第四十七条规定，对水泥公司做出如下处罚：

（1）责令立即停止生产；

（2）罚款 20 000 元。

评析：该公司违反了"三同时"制度。《建设项目环境保护管理条例》在第三章环境保护设施建设中，对"三同时"制度进行了规定。所谓"三同时"制度，是指建设项目需要配套建设的环境保护设施，必须与主体工程同时设计、同时施工、同时投产使用。而本案中该公司没有贯彻"三同时"制度，所以应该承担相应的法律责任。

## 1.6.5 税法与工程建设相关的主要规定

税收是国家为了实现其职能的需要，凭借政治权利，依照法律规定的程序对满足法定课税要件的人所征收的货币或者实物。税法就是调整税收关系的法律规范的总称。

税法由税收征纳实体法和税收征纳程序法等法律法规构成。下面我们将从与工程建设相关的税收征纳程序法和违反税法的法律责任角度做一简单介绍。

### 1. 纳税程序

1）税款征收

税务机关依照法律、行政法规的规定征收税款，不得违反法律、行政法规的规定开征、停征、多征或者少征税款。

（1）代扣、代收税款。扣缴义务人应依照法律、行政法规的规定履行代扣、代收税款的义务。税务机关按照规定付给扣缴义务人代扣、代收手续费。

(2) 税款征收的期限。纳税人、扣缴义务人按照法律、行政法规规定或者税务机关依照法律、行政法规的规定确定的期限，缴纳或者解缴税款。纳税人因有特殊困难，不能按期缴纳税款的，经省、自治区、直辖市国家税务局或地方税务局批准，可以延期缴纳税款，但最长不得超过3个月。

纳税人未按照前款规定期限缴纳税款的，扣缴义务人未按照前款规定期限解缴税款的，税务机关除责令限期缴纳外，从滞纳税款之日起，按日加收滞纳税款万分之五的滞纳金。

(3) 税款征收的减免。纳税人可以依照法律、行政法规的规定向税务机关书面申请减税、免税。

(4) 税款征收的凭证。税务机关征收税款和扣缴义务人代扣、代收税款时，必须给纳税人开具完税凭证。

2) 税收保全

税务机关有根据认为从事生产、经营的纳税人有逃避纳税义务行为的，可以在规定的纳税期之前，责令限期缴纳应纳税款；在限期内发现纳税人有明显的转移、隐匿其应纳税的商品、货物，以及其他财产或者应纳税的收入的迹象的，税务机关可以责成纳税人提供纳税担保。如果纳税人不能提供纳税担保，经县以上税务局（分局）局长批准，税务机关可以采取下列税收保全措施。

(1) 书面通知纳税人开户银行或者其他金融机构暂停支付纳税人的金额相当于应纳税款的存款。

(2) 扣押、查封纳税人的价值相当于应纳税款的商品、货物或者其他财产。纳税人在前款规定的限期内缴纳税款的，税务机关必须立即解除税收保全措施；限期期满仍未缴纳税款的，经县以上税务局（分局）局长批准，税务机关可以书面通知纳税人开户银行或者其他金融机构从其暂停支付的存款中扣缴税款，或者拍卖所扣押、查封的商品、货物或者其他财产，以拍卖所得抵缴税款。采取税收保全措施不当，或者纳税人在限期内已缴纳税款，税务机关未立即解除税收保全措施，使纳税人的合法利益遭受损失的，税务机关应当承担赔偿责任。

3) 纳税的强制执行

从事生产、经营的纳税人、扣缴义务人未按照规定的期限缴纳或者解缴税款，纳税担保人未按照规定的期限缴纳所担保的税款，由税务机关责令限期缴纳，逾期仍未缴纳的，经县以上税务局（分局）局长批准，税务机关可以采取下列强制执行措施。

(1) 书面通知其开户银行或者其他金融机构从其存款中扣缴税款。

(2) 扣押、查封、拍卖其价值相当于应纳税款的商品、货物或者其他财产，以拍卖所得抵缴税款。税务机关采取强制执行措施时，对前款所列纳税人、扣缴义务人、纳税担保人未缴纳的滞纳金同时强制执行。

## 2. 违反税法的责任

1) 法律责任的形式

(1) 经济责任主要包括加收滞纳金和赔偿损失。

（2）行政责任主要包括行政处罚和行政处分。行政处罚主要是针对纳税人和扣缴义务人的，主要包括责令限期改正，责令缴纳税款；采取税收保全措施和税收强制执行措施；罚款；吊销税务登记证，收回税务机关发给的票证，吊销营业执照等。行政处分是针对税务机关的工作人员的，主要包括警告、记过、记大过、降级、撤职和开除。

（3）刑事责任主要包括罚金、拘役、有期徒刑、无期徒刑。

2）主要违法行为的法律责任

（1）纳税人未按照规定期限缴纳税款的，扣缴义务人未按照规定期限解缴税款的，税务机关除责令限期缴纳外，从滞纳税款之日起，按日加收滞纳税款万分之五的滞纳金。

（2）纳税人有下列行为之一的，由税务机关责令限期改正，可以处2 000元以下的罚款；情节严重的，处2 000元以上1万元以下的罚款：未按照规定的期限申报办理税务登记、变更或者注销登记的；未按照规定设置、保管账簿或者保管记账凭证和有关资料的；未按照规定将财务、会计制度或者财务、会计处理办法和会计核算软件报送税务机关备查的；未按照规定将其全部银行账号向税务机关报告的；未按照规定安装、使用税控装置，或者损毁或擅自改动税控装置的。

（3）对纳税人偷税的，由税务机关追缴其不缴或者少缴的税款、滞纳金，并处不缴或者少缴的税款50%以上5倍以下的罚款；偷税数额占应纳税额的10%以上不满30%，并且偷税数额在1万元以上不满10万元的，或者因偷税被税务机关给予二次行政处罚又偷税的，处3年以下有期徒刑或者拘役，并处偷税数额1倍以上5倍以下罚金；偷税数额占应纳税额的30%以上，并且偷税数额在10万元以上的，处3年以上7年以下有期徒刑，并处偷税数额1倍以上5倍以下罚金。

（4）纳税人欠缴应纳税款，采取转移或者隐匿财产的手段，妨碍税务机关追缴欠缴的税款的，由税务机关追缴欠缴的税款、滞纳金，并处欠缴税款50%以上5倍以下的罚款；欠缴税款数额在1万元以上不满10万元的，处3年以下有期徒刑或者拘役，并处或者单处欠缴税款1倍以上5倍以下罚金；数额在10万元以上的，处3年以上7年以下有期徒刑，并处欠缴税款1倍以上5倍以下罚金。以暴力、威胁方法拒不缴纳税款的，除由税务机关追缴其拒缴的税款、滞纳金外，处3年以下有期徒刑或者拘役，并处拒缴税款1倍以上5倍以下罚金；情节严重的，处3年以上7年以下有期徒刑，并处拒缴税款1倍以上5倍以下罚金。情节轻微，未构成犯罪的，由税务机关追缴其拒缴的税款、滞纳金，并处拒缴税款1倍以上5倍以下罚款。

（5）纳税人、扣缴义务人的开户银行或者其他金融机构拒绝接受税务机关依法检查纳税人、扣缴义务人存款账户，或者拒绝执行税务机关做出的冻结存款或者扣缴税款的决定，或者在接到税务机关的书面通知后帮助纳税人、扣缴义务人转移存款，造成税款流失的，由税务机关处10万元以上50万元以下的罚款，对直接负责的主管人员和其他直接责任人员处1 000元以上1万元以下的罚款。

（6）税务机关违反规定擅自改变税收征收管理范围和税款入库预算级次的，责令限期改正，对直接负责的主管人员和其他直接责任人员依法给予降级或者撤职的行政处分。

（7）未经税务机关依法委托征收税款的，责令退还收取的财物，依法给予行政处分或行政处罚；致使他人合法权益受到损失的，依法承担赔偿责任；构成犯罪的，依法追究刑事责任。

（8）税务人员利用职务的便利，收受或索取纳税人、扣缴义务人财物或者谋取其他不正当利益，构成犯罪的，依法追究刑事责任；不构成犯罪的，依法给予行政处分。

（9）税务人员徇私舞弊或者玩忽职守，不征或者少征应征税款，致使国家税收遭受重大损失，构成犯罪的，依法追究刑事责任；尚不构成犯罪的，依法给予行政处分。

（10）违反法律、行政法规的规定，擅自做出的开征、停征或者减税、免税、退税、补税，以及其他同税收法律、行政法规相抵触的决定的，除依照本法规定撤销其擅自做出的决定外，补征应征未征税款，退还不应征收而征收的税款，并由上级机关追究直接负责的主管人员和其他直接责任人员的行政责任。构成犯罪的，依法追究刑事责任。

3）追究法律责任的主体和期限

追究法律责任的主体主要包括征税机关和人民法院。行政处罚，罚款额在 2 000 元以下的，可以由税务所决定。违反税收法律、行政法规应当给予行政处罚，在 5 年内未被发现的，不再给予行政处罚。

### 1.6.6 建设工程勘察设计管理

《中华人民共和国建设工程勘察设计管理条例》（下称《建设工程勘察设计管理条例》）颁布的目的在于加强对建设工程勘察、设计活动的管理，保证建设工程勘察、设计质量，保护人民生命和财产安全。

建设工程勘察设计发包与承包因其自身的特殊性，发包与承包的规定与《建筑法》、《招投标法》存在一定的不同，但总体上依然要受《建筑法》、《招标投标法》及《建设工程勘察设计管理条例》的约束。

**1. 建筑工程勘察设计的发包**

（1）《工程建设项目勘察设计招标投标办法》第十条规定：全部使用国有资金投资或者国有资金投资占控股或者主导地位的工程建设项目，以及国务院发展和改革部门确定的国家重点项目和省、自治区、直辖市人民政府确定的地方重点项目，除符合邀请招标的条件并依法获得批准可以邀请招标外，应当公开招标。

（2）《工程建设项目勘察设计招标投标办法》第九条规定：依照法律法规必须进行勘察设计招标的工程建设项目，在招标时应当具备下列条件。

① 按照国家有关规定需要履行项目审批手续的，已履行审批手续，取得批准。
② 勘察设计所需要资金已经落实。
③ 所必需的勘察设计基础资料已经收集完成。
④ 法律法规所规定的其他条件。

（3）《建设工程勘察设计管理条例》第十六条规定：下列建设工程的勘察、设计，经有关主管部门批准，可以直接发包。

① 采用特定的专利或者专有技术的。
② 建筑艺术造型有特殊要求的。
③ 国务院规定的其他建设工程的勘察、设计。

（4）《工程建设项目勘察设计招标投标办法》第十一条规定：依法必须进行勘察设计招

标的工程建设项目，在下列情况下可以进行邀请招标。

① 项目的技术性、专业性较强，或者环境资源条件特殊，符合条件的潜在投标人数量有限的。

② 如采用公开招标，所需费用占工程建设项目总投资的比例过大的。

③ 建设条件受自然因素限制，如采用公开招标，将影响项目实施时机的。

（5）《工程建设项目勘察设计招标投标办法》第四条规定，按照国家规定需要政府审批的项目，有下列情况之一的，经批准，项目的勘察设计可以不进行招标。

① 涉及国家安全、国家秘密的。

② 抢险救灾的。

③ 主要工艺、技术采用特定专利或者专有技术的。

④ 技术复杂或是专业性强，能够满足条件的勘察设计单位少于两家，不能形成有效竞争的。

⑤ 已建成项目需要修改、扩建或者技术改造，由其他单位进行设计影响项目功能配套性的。

### 2．建筑工程勘察设计任务的承包

依照相关法律规定，承包方必须持有由建设主管部门颁发的工程勘察资质证书或工程设计资质证书，在证书规定的业务范围内承接勘察设计业务，并对其提供的勘察设计文件的质量负责。严禁无证或超越本单位资质等级的单位和个人承接勘察设计业务。在经过招投标程序取得中标方之后，在发包方书面同意下，承包单位可以将附属部分的勘察、设计分包给其他具有相应资质等级的建设工程勘察、设计单位。禁止将所承揽的工程勘察、设计转包。不得接受无证组织和个人的挂靠。合同中所约定的费用，不得违反国家有关最低收费标准的规定，并在履约过程中及时拨付勘察费用。

### 3．建设工程勘察设计文件的编制

编制建设工程勘察、设计文件，应当以下列规定为依据：

（1）项目批准文件。

（2）城市规划。

（3）工程建设强制性标准。

（4）国家规定的建设工程勘察、设计深度要求。

县级以上人民政府建设行政主管部门或者交通、水利等有关部门应当对施工图设计文件中涉及公共利益、公众安全、工程建设强制性标准的内容进行审查。施工图设计文件未经审查批准的，不得使用。

在建设工程施工前建设工程勘察、设计单位应当向施工单位和监理单位说明建设工程勘察、设计意图，解释建设工程勘察、设计文件。建设工程勘察、设计单位应当及时解决施工中出现的勘察、设计问题。实施过程中，建设单位、施工单位、监理单位不得修改建设工程勘察、设计文件；确需要修改建设工程勘察、设计文件的，应当由原建设工程勘察、设计单位修改。经原建设工程勘察、设计单位书面同意，建设单位也可以委托其他具有相应资质的建设工程勘察、设计单位修改。修改单位对修改的勘察、设计文件承担相应责任。

## 1.6.7 《国有土地上房屋征收与补偿条例》的主要规定

《国有土地上房屋征收与补偿条例》于 2011 年 1 月 21 日开始实施,其实施目的就是规范国有土地上房屋的征收与补偿活动,维护公共利益,保障被征收房屋所有权人的合法权益。

《国有土地上房屋征收与补偿条例》第三条规定:"房屋征收与补偿应当遵循决策民主、程序正当、结果公开的原则。"为保障被征收房屋所有权人的合法权益,补偿决定应当公平,应当先补偿、后搬迁。还规定:"任何单位和个人不得采取暴力、威胁或者违反规定中断供水、供热、供气、供电和道路通行等非法方式迫使被征收人搬迁;禁止建设单位参与搬迁活动等。"这部条例是在以人为本、建立和谐社会的基础上制定的,与我们国家的发展和每个人的利益都息息相关。

### 1. 明确只有为了公共利益的需要才能征收

本条例第二条规定:"为了公共利益的需要,征收国有土地上单位、个人的房屋,应当对被征收房屋所有权人(被征收人)给予公平补偿。"只有公共利益的需要,才能征收国有土地上单位、个人的房屋,如为其他的利益就不能征收,明确界定了政府能够征收房屋的界限。

本条例第八条规定,为了保障国家安全、促进国民经济和社会发展等公共利益的需要,有下列情形之一,确需征收房屋的,由市、县级人民政府作出房屋征收决定:

(1) 国防和外交的需要;

(2) 由政府组织实施的能源、交通、水利等基础设施建设的需要;

(3) 由政府组织实施的科技、教育、文化、卫生、体育、环境和资源保护、防灾减灾、文物保护、社会福利、市政公用等公共事业的需要;

(4) 由政府组织实施的保障性安居工程建设的需要;

(5) 由政府依照城乡规划法有关规定组织实施的对危房集中、基础设施落后等地段进行旧城区改建的需要;

(6) 法律、行政法规规定的其他公共利益的需要。

本条例第九条规定,依照本条例第八条规定确需征收房屋的各项建设活动,应当符合国民经济和社会发展规划、土地利用总体规划、城乡规划和专项规划。保障性安居工程建设、旧城区改建,应当纳入市、县级国民经济和社会发展年度计划。制定国民经济和社会发展规划、土地利用总体规划、城乡规划和专项规划,应当广泛征求社会公众意见,经过科学论证。也就是说"公共利益的需要"将来要纳入到国民经济和社会发展的规划里,不能临时想起来我要做什么就做什么,没有公众同意就不能做这个事,这就是程序保障。

### 2. 取消行政强拆,明确征收主体必须是政府

本条例第四条规定,市、县级人民政府负责本行政区域的房屋征收与补偿工作;市、县级人民政府确定的房屋征收部门组织实施本行政区域的房屋征收与补偿工作;市、县级人民政府有关部门应当依照本条例的规定和本级人民政府规定的职责分工,互相配合,保障房屋征收与补偿工作的顺利进行。

本条例第三十五条明确规定，政府不得责成有关部门强制拆迁。第二十七条规定，禁止建设单位参与搬迁活动，这样就可以斩断以利润为动机与拆迁工作之间的联系，使被拆迁人能够找到有效的救助途径。第二十八条规定，被征收人在法定期限内不申请行政复议或者不提起行政诉讼，在补偿决定规定的期限内又不搬迁的，由作出房屋征收决定的市、县级人民政府依法申请人民法院强制执行。向法院申请强制执行，那么法院必须要对行政机关的申请进行审查。如果存在违法问题，法院要裁定不予执行；如果它不存在违法问题，法院就要裁定予以执行，建立了司法对行政一定程度上的审查和制约权利。

3. 以市场价格作为补偿标准，先补偿后搬迁

根据调查，在以往各地频现的拆迁纠纷中，最基本的矛盾就是对补偿标准不认可。特别是一些地方对被拆迁人的补偿明显低于市场价，所以被拆迁人的权益得不到保障，引发了很多强制拆迁的问题。本条例用一个章节共 13 个条款的篇幅对补偿做出了细致规定。不仅列举了补偿的内容，同时规定补偿"不得低于房屋征收决定公告之日被征收房屋类似房地产的市场价格"，并将市场价的确定交由中立的、由被征收人选定的第三方评估机构，保证了补偿标准的客观性与被征收人的合法权益。

4. 征收过程程序化，强调尊重被征收人意愿

本条例第十一条规定，市、县级人民政府应当将征求意见情况和根据公众意见修改的情况及时公布。因旧城区改建需要征收房屋，多数被征收人认为征收补偿方案不符合本条例规定的，市、县级人民政府应当组织由被征收人和公众代表参加的听证会，并根据听证会情况修改方案。本条例提高了对征收补偿方案的公众参与程度，强调民众的参与，为被征收人的正当权益提供了有效保障。

### 1.6.8 《节约能源法》的主要规定

2008 年 4 月 1 日实施的《中华人民共和国节约能源法》（下称《节约能源法》）的立法目的在于推动全社会节约能源，提高能源利用效率，保护和改善环境，促进经济社会全面协调可持续发展。

《节约能源法》第十二条规定，国家实行固定资产投资项目节能评估和审查制度。不符合强制性节能标准的项目，依法负责项目审批或者核准的机关不得批准或者核准建设；建设单位不得开工建设；已经建成的，不得投入生产、使用。所以工程建设施工中，必须要遵守属于工程建设强制性标准的节能标准。

《节约能源法》第三章第三节为建筑节能，其规定如下：

（1）国务院建设主管部门负责全国建筑节能的监督管理工作；县级以上地方各级人民政府建设主管部门负责本行政区域内建筑节能的监督管理工作；县级以上地方各级人民政府建设主管部门会同同级管理节能工作的部门编制本行政区域内的建筑节能规划。建筑节能规划应当包括既有建筑节能改造计划。

（2）建筑工程的建设、设计、施工和监理单位应当遵守建筑节能标准。不符合建筑节能标准的建筑工程，建设主管部门不得批准开工建设；已经开工建设的，应当责令停止施工、限期改正；已经建成的，不得销售或者使用。

（3）房地产开发企业在销售房屋时，应当向购买人明示所售房屋的节能措施、保温工程保修期等信息，并在房屋买卖合同、质量保证书和使用说明书中载明，应对其真实性、准确性负责。

（4）使用空调采暖、制冷的公共建筑应当实行室内温度控制制度。

（5）国家采取措施，对实行集中供热的建筑分步骤实行供热分户计量、按照用热量收费的制度。新建建筑或者对既有建筑进行节能改造，应当按照规定安装用热计量装置、室内温度调控装置和供热系统调控装置。

（6）县级以上地方各级人民政府有关部门应当加强城市节约用电管理，严格控制公用设施和大型建筑物装饰性景观照明的能耗。

（7）国家鼓励在新建建筑和既有建筑节能改造中使用新型墙体材料等节能建筑材料和节能设备，安装和使用太阳能等可再生能源利用系统。

## 综合案例1　土地新建住宅限期拆除诉讼案

原告（上诉人）：王甲、王乙

被告（被上诉人）：宜昌县黄花乡人民政府

### 一、一审诉辩主张

1. 被告具体行政行为：被告黄花乡人民政府认定二原告未经批准，非法占用土地建住宅，于2001年11月30日做出行政处罚决定，限期拆除新建住宅，返基还田。二原告对该处罚决定不服，向宜昌县人民法院提起诉讼。

2. 原告诉称：拆迁新建住宅是为支持乡属砖厂生产，并由原告书面申请，经组、村签字同意，经被告分管土地和城建工作的副乡长批准后才动工兴建的。原告本人委托他人多次找乡土地管理所办理建房用地许可证，土地管理员一直表示办证没有问题，只因不是规定的办证时间和带去的办证费用不够未能办成。房屋建成以后，被告认定原告未经批准，非法占用土地建住宅，限期拆除新建的楼房并返基还田，其处罚决定不是以事实为依据，侵犯了原告的合法权益。为此，请求法院撤销被告做出的处罚决定，其理由是：

（1）原告房屋因砖厂生产需要，确需拆迁新建。2000年9月，砖厂在原告旧房东南方向放炮取土，影响居住安全，砖厂经与组、村和原告协商，为了不影响生产，均同意易地新建，并立有协议可查。

（2）原告建房用地经申报取得了部分手续。一有原告的4份书面申请；二有组、村和乡人民政府有关领导在申请书上的签字；三是取得了规划许可证和施工许可证；四有被告文件规定的村兼职规划员到现场的定界放线。有书证、证人证言可查。

（3）原告建房用地是经被告批准了的，未取得建房用地手续，是乡土地管理所官僚主义作风造成的。原告建房用地申请经组、村签字同意后，被告分管领导签署了"同意建房"的意见；乡城建部门给原告办理了规划施工手续；乡土地管理员也多次答复办证没有问题，直到房屋建成仍通知补办手续，因带去的办证费用不够才未能办成。补办前，原告及其委托人多次找土地管理所土地管理人员，均以不是规定的办证时间或下班后不办为由未予办理。因此，未取得建房用地许可证是土地管理所办事作风拖拉造成的。

（4）原告建房占用土地不存在返基还田问题。一是有规划部门发给的规划许可证，说明

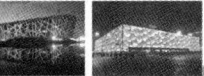

原告建房人用的土地是符合村镇建设规划的;二是原告建房的地方原属荒坡,经砖厂取土后属于荒地,建房前及建房时均不属于耕地。

3. 被告辩称:原告建房占用土地未取得用地许可证,属于未经批准非法占用土地,其建房占用的土地是砖厂取土后需要还田的中间地段,因此,应依法拆除新建的楼房并返基还田,其理由是:

(1) 被告分管领导在原告建房用地申请上签署同意建房的意见,不等于可不办用地手续建房。用地许可证是建房用地的法律凭证,原告未取得该证就占地建房,其行为是未经批准非法占地,依法应该拆除新建的楼房。

(2) 原告建房的地方位于砖厂取土后需要还田的中间地段,影响了成片还田计划,因此,房屋拆除后应返基还田。

(3) 乡规划部门颁发的规划许可证,不符合村镇建设规划;村兼职规划员到现场定界放线,违反了被告关于规划员要凭建房户办理的规划、土地两证才能放线的规定。因此,颁发规划许可证和现场放线的行为均属无效。据此,请求法院维持被告做出的处罚决定。

**二、一审事实认定**

法院经审理查明 2000 年八九月间,黄花乡吴家岗砖厂因制砖取土需要,经与杨家畈村及该村七组协商,在该村七组村民王甲、王乙住房东南方向的坡地取土。由于取土影响王家旧房安全,砖厂与二原告协商,达成了房屋搬迁补偿协议。同年 10 月 30 日,二原告各书写了占荒坡 140 平方米,合建两层楼房一栋,并注明了占地的四至界限的申请。11 月 5 日、6 日,组、村先后在申请上签署了同意建房的意见。11 月 12 日,原告王甲将组、村已签署意见的申请及办证费用交给当时黄花乡人民政府驻杨家畈办事处主任舒在林,委托其在乡里代办有关手续。11 月 17 日,舒请乡人民政府分管土地和城建工作的副乡长王泽文在申请上分别签署了"同意建房,请土管实地勘察办理"和"同意建房,请城建按规定办理"的意见。11 月 20 日,舒在乡城建办事处办理了《宜昌县村民建房规划许可证》和《施工许可证》。同日,舒又向乡土地管理所土地管理人员韩成志递交了二原告经组、村、乡签署了意见的建房用地申请,韩称办证没有问题,让舒过几天来办手续。同日,舒将取得的"二证"交给王甲,并说用地手续没有问题。11 月 23 日,舒再次去土地管理所办证时,韩说要先交旧房土地使用证。当舒交来旧房土地使用证时,韩又说每月 15 号办证。之后,舒被乡人民政府解聘外出。12 月 4 日,二原告将取得的"二证"交给组、村干部,并称用地手续在办理之中,办证没有问题。经组、村干部到现场放线后开始动工建房。2001 年 5 月,房屋主体竣工,建成一楼二层,预制结构楼房,建筑占地面积 161.925 平方米。2001 年 6 月 25 日,黄花乡人民政府将二原告建房占地作为土地行政案件立案,11 月 30 日做出行政处罚决定,认定二原告建房占地违反了《中华人民共和国土地管理法》(下称《土地管理法》)第三十八条规定,未经乡人民政府批准、非法占用土地建住宅。根据《土地管理法》第四十五条规定做出处罚决定:限期自行拆除新建的楼房,并返基还田。上述事实有书证、证人证言和法院核实证据的笔录证实。

**三、一审判案理由和判决结果**

法院认为:原告王甲、王乙建房占地,明知需经组、村同意,乡人民政府批准,并在取得规划许可证和用地许可证后才能动工,但原告在未取得用地许可证的情况下就放线动工,直到房屋主体竣工仍未取得用地手续,其建房占地属于未经批准,非法占地。被告黄花乡人民政府根据《土地管理法》第三十八条、第四十五条规定做出的处罚决定,事实清楚,证据

确凿，适用法律正确，程序合法。

宜昌县人民法院根据《土地管理法》第三十八条关于农村居民建住宅，使用村内空闲地的，由乡级人民政府批准；第四十五条关于农村居民未经批准，非法占用土地建住宅的，责令退还非法占用的土地，限期拆除在非法占用的土地上新建的房屋和《中华人民共和国行政诉讼法》（下称《行政诉讼法》）第五十四条第一项关于"具体行政行为证据确凿，适用法律、法规正确，符合法定程序的，判决维持"的规定，于2002年3月13日作出判决：

（1）维持被告黄花乡人民政府黄政土（监）字（2001）第××号土地行政处罚决定。

（2）案件受理费2 700元，由原告王甲、王乙各负担1 350元。

### 四、二审诉辩主张

一审法院判决后，原告王甲、王乙不服，以与一审相同的理由提起上诉，诉称：一审法院认定的事实与客观实际不符，其理由是：当地农村居民建住宅占用非耕地的，经被上诉人分管的副乡长签署同意建房的意见后，即可在乡城建、土地管理部门办理有关手续，被上诉人分管副乡长签署同意建房的意见，实际上是代表被上诉人行使土地管理职权的批准行为，上诉人未取得用地许可证，属于建房手续不齐全，不属于违反土地管理法规的未经批准、非法占地建住宅的行为。为此，请求二审法院撤销一审法院判决，并撤销被上诉人做出的处罚决定。

被上诉人黄花乡人民政府答辩理由除与一审答辩理由相同外，还辩称：乡土地管理所是被上诉人的职能部门，具体负责土地管理工作，对农村居民占用非耕地建住宅的，经被上诉人分管领导签字后，土地管理所代表被上诉人办理用地有关手续，上诉人提出的用地申请虽经被上诉人分管领导签署了意见，但未在土地管理所取得用地许可证就占地建房，仍属未经批准，非法占地。因此，请求二审法院判决维持原判。

### 五、二审事实认定

宜昌市中级人民法院受理该案后，查明的事实除和一审法院查明的相同部分外，还查明：

（1）上诉人王甲、王乙原住旧房因砖厂放炮取土影响居住，确需拆迁新建，其申请建房的地方和已建成房屋的地方属于非耕地。

（2）2000年黄花乡农村居民使用非耕地建住宅，经组、村签署意见，由乡人民政府分管领导签字同意后，即可在乡城建、土地管理部门办理有关手续。

（3）乡城建、土地管理部门分别给建房户办理规划许可证、施工许可证、用地许可证时，均未到现场查看，其署名、盖章均属本部门。

（4）乡人民政府文件规定，农村居民建房占用非耕地的，凭规划许可证和用地许可证由村干部兼职规划员到现场定界放线，房屋竣工后由发证机关验收。

（5）2001年5月28日，上诉人所在的杨家畈村民委员会接到乡土地管理所书面通知，要求该村5个建房户去补办用地手续，6月12日该村书面通知王甲、王乙在6月15日去乡土地管理所补办用地手续，6月15日王甲同舒在林及舒的妻子到乡土地管理所补办手续时，因带去的办证费用不足未能办成。韩成志让其于6月20日来办。6月20日王甲因未找到舒在林而未去办理。7月1日王乙找到舒在林并同去补办手续时，韩成志说不能办了，乡人民政府要调查处理。

（6）由土地管理所通知补办建房用地手续的5个建房户，除王甲、王乙以外，其他三户

均已补办。

### 六、二审判案理由和判决结果

二审法院经审理认为：被上诉人黄花乡人民政府分管土地和城建工作的副乡长，在上诉人王甲、王乙建房用地申请上签署"同意建房，请土管实地勘察办理"和"同意建房，请城建按规定办理"的意见，实际上代表乡人民政府行使土地管理职权对上诉人建房用地的批准行为；上诉人建房用地经本人书面申请，组、村、乡人民政府签字同意，在城建部门取得了规划许可证，并由村兼职规划员到现场放线，不属未经批准，非法占地建住宅。但上诉人在未取得建房用地手续，仅凭土地管理员口头同意办证就动工新建房屋的行为是错误的。被上诉人认定上诉人建房用地未经批准，非法占地建住宅，其主要证据不足，宜昌县人民法院判决维持被上诉人做出的处罚决定认定事实不清、证据不足，适用法律错误。

宜昌市中级人民法院做出如下判决：

（1）撤销宜昌县人民法院（2002）宜昌县法行字第××号行政判决。

（2）撤销黄花乡人民政府黄政土（监）字（2001）第××号土地行政处罚决定。

一、二审案件受理费3 000元，由被上诉人黄花乡人民政府负担2 000元，上诉人王甲、王乙各负担1 000元。

**评析：** 本案涉及建筑工程许可制度的相关法律规定。

《建筑法》第七条规定："建筑工程开工前，建设单位应当按照国家有关规定向工程所在地县级以上人民政府建设行政主管部门申请领取施工许可证；但是，国务院建设行政主管部门确定的限额以下的小型工程除外。按照国务院规定的权限和程序批准开工报告的建筑工程，不再领取施工许可证。"第八条规定："申请领取施工许可证，应当具备下列条件：（一）已经办理该建筑工程用地批准手续；（二）在城市规划区的建筑工程，已经取得规划许可证；（三）需要拆迁的，其拆迁进度符合施工要求；（四）已经确定建筑施工企业；（五）有满足施工需要的施工图纸及技术资料；（六）有保证工程质量和安全的具体措施；（七）建设资金已经落实；（八）法律、行政法规规定的其他条件。建设行政主管部门应当自收到申请之日起十五日内，对符合条件的申请颁发施工许可证。"在上述规定中，我们可以看到其中最关键的是（一）（二）两项，即在办理施工许可证以前必须先办理土地使用证和规划许可证。土地使用证、规划许可证和施工许可证"三证"齐全是建筑工程能够合法进行的必备条件。"三证"是否齐全也是法院审理有关建筑工程合同是否有效的主要依据。

从本案情况看，首先，原告申请建房用地是符合法定条件，有正当理由的；其次，本案建房用地确属农村集体所有非耕地，按照法律有关规定，乡人民政府有权审批；再次，原告申请建房用地符合法定程序；第四，建房用地申请经主管副乡长签字同意即视为经乡人民政府批准，是当地一贯的做法，法律未对乡人民政府如何行使审批权及批准的具体形式做出限定，且乡土地管理所未及时办理有关手续，并非申请人之过错，认定原告未经批准非法占地，与事实不符，于法无据。即使说乡人民政府的批准行为不够规范，而将由此造成的法律后果归由原告承担，显然是不公正的。此外，这里还涉及行政法的一个重要原则——合理性原则：既然有同等情况的其他人都允许补办用地手续，不允许原告补办用地手续就是不合理的。本案二审判决是适当的。

## 综合案例 2　工程发包经济纠纷诉讼案

原告：于某

被告：烟台市某工程公司

### 一、一审诉辩主张

原告诉称：2005 年 4 月 12 日他与被告签订承包施工队合同。履行中，因被告发包的施工队未经工商行政管理部门审批登记，在整顿建筑市场过程中，双方协商解除了合同。合同解除后，被告拒不返还支付给他的承包抵押金、工程款和固定资产折款，拒绝赔偿由此而产生的经济损失和承担违约责任。原告认为：被告未经工商行政管理部门审批登记，将施工队发包给他，这是被告的过错，由此造成的损失，被告应负责。故请求法院依法判令被告返还、支付、赔偿上述款项计 243 530.31 元。

被告辩称：他与原告解除承包合同的主要原因是原告组建的施工队力量薄弱，承揽的工程质量低劣，工期延误。故反诉原告赔偿其经济损失 122 002.28 元。

### 二、一审事实认定

烟台市某区人民法院经调查和审理查明：2005 年年初，被告未经工商行政管理部门审查批准即成立了烟台市某工程公司第七施工队（以下简称第七施工队），并于同年 4 月 2 日出具公函，申请刻制了第七施工队的印鉴。同月 12 日，与原告签订了承包该施工队的合同，合同载明：原告承包被告的第七施工队；被告向原告提供该队的营业执照副本、施工许可证、企业资质证复印本和印鉴；由原告自置设备、自备厂房、自找活源、自主经营、独立核算；原告自 2005 年 4 月 12 日至 2007 年 12 月 31 日间，共向被告交纳利润 28 000 元。合同签订后，原告于当日将 2 000 元风险抵押金交给被告，被告在为第七施工队办理工商登记未果的情况下，将为该队刻制的上述印鉴交给原告，并具函申请为原告刻制第七施工队的财务专用章和业务专用章。原告组建了施工人员，加工订做和购置了卷扬机、螺纹钢、脚手架、小推车、写字台、塔吊八角盘、吊斗、钢丝绳等配套的零部件及其他物品，计款 55 110.72 元。同时，与烟台市福山区兜余镇卫家暄村签订了租赁 18 间房屋及院落共 1 041.44 平方米，每天每平方米 0.03 元的协议，作为存放、加工建筑材料的场地。

2005 年 7 月 6 日，被告与烟台某医院签订"关于建综合楼协议书"。协议载明：被告承建医院综合楼一座，共 2 013 平方米，并垫付工程材料费用；开工前由被告在医院账户内存入 20 万元，作为购买三大材（木材、水泥、钢材）和其他材料的专用款；医院付给被告垫付工程款的 1 万元补偿费；开工日期为同年 8 月 1 日。协议订立后，被告便指派原告承建该综合楼，并安排其分管业务的副经理和生产技术科科长负责原告的施工管理及质量监督工作。同年 7 月 11 日，原告持被告与医院的协议书以第七施工队的名义在烟台市城市信用社贷款 25 万元，并由被告和医院作为借款合同的共同担保人。原告贷款后，遂将其中的 20 万元存入医院在建行的账户内，自留 5 万元购买零星材料和支付其他费用。

2005 年 7 月中旬，原告带施工队进入工地，进行施工前的准备工作。期间，原告拆除了医院综合楼工地地面以上的原有建筑物，并按医院要求异地重建了自行车棚等附加工程，同时进行了场地平整。同年 7 月 29 日，被告对综合楼基础的地质状况进行了钻探。后因综合楼的开工许可证未及时办出，工程延期 27 天。8 月 28 日，原告开工挖掘基础，发现综合楼污水管道设计有误,并挖出软土层,要求被告处理。被告决定对基础部分进行设计变更。同年 10 月 19 日,被告将设计变更图纸交给原告,延误工期 46 天。恢复施工后,原告在图纸会审会上,提出综合楼楼板可由原设计的"翻板"改为"预应力板"的建议,在被告表示同意并答复由其拟制"楼板变更书"提交设计单位的情况下,于 10 月下旬与烟台某预制构件厂签订了"加工预应力空心板合同"。然而,被告在其预算员拟制"楼板变更书"后,既未呈送设计单位,又未通知原告。同年 10 月 7 日,医院陆续将三大材(木材、水泥、钢材)交付给原告。同年 10 月 29 日,被告指派其第二施工队采取打竖桩的办法补救综合楼基础挖出软土层的问题,后中途又改打碎石振冲桩,至 11 月 21 日,期间造成原告不能正常施工 24 天。年底,建筑市场整顿,被告提出:根据上级有关规定,要求解除与原告的承包合同。双方于 2006 年 1 月 9 日达成了书面协议。言明:第七施工队承担的综合楼工程交给公司;医院拨给该队的建筑材料折款转给公司;第七施工队完成的工程量,按预算定额结算;第七施工队的工程损失如实报公司,待双方确认后即开支费用,约定双方必须在同月 20 日付清。该协议订立后,原告遂向被告提交了"解除合同后的固定资产处理报告"和"医院部分工程决算书",被告未作答复。另外,原告先期偿付贷款利息 9 832.50 元后,2006 年 1 月 11 日,第七施工队为综合楼贷款 25 万元期满。城市信用社遂于 2006 年 2 月 15 日向烟台市某区人民法院起诉。该案(下称借款案)在审理中,本案被告及医院共同偿还了城市信用社的贷款。同时从本案原告处扣押了 84 477.24 元的建筑材料和 3 649.58 元的工地存料及塔吊、井架、搅拌机、汽车等建筑设备。扣押后,根据被告先行恢复生产的申请,裁定将上述扣押物先行给付被告使用。第七施工队委托预制构件厂加工的综合楼楼板,于 2006 年 4 月 17 日裁定先行给付被告,并办理了交接手续。借款案于 2006 年 10 月 30 日判决结案。另外,原告承包第七施工队期间,在综合楼施工中接收各种材料(按协议价)折款支取的部分工程款等,合计 201 071.23 元。原告为综合楼自备和从甲方领取的议价木材、钢材、水泥、红砖的材料差价(工程决算中未包括部分)款 20 206.79 元(其中已扣除原告应退给被告水泥差价款 232.96 元)。被告在借款案中接收原告移交的木材、钢材、模板等半成品材料的加工费及运费计款 8 832.54 元。审理中,烟台市建设银行受法院委托,对原告已完成的综合楼工程决算进行鉴定,造价为 107 723.41 元;附加工程为 5 314.69 元。经有关部门鉴定,被告使用原告搅拌机期间的机损修理费为 2 095 元;使用原告汽车期间的机损修理费为 7 334.10 元。

审理中,根据原告的申请及本案的实际情况,裁定先行给付原告 40 000.00 元。

### 三、一审判决理由和判决结果

烟台市某区人民法院鉴于上述事实认为:被告开办第七施工队,未经工商行政管理机关登记核准,擅自具函刻制印鉴,发包给原告承包经营的行为,有悖于《中华人民共和国企业法人登记管理条例》的有关规定,其承包合同是无效的。被告应依法返还原告风险抵押金和先期支付的贷款利息,赔偿原告上述款项的利息损失;在返还原告汽车一辆和搅拌机一台的同时,对使用期间的机损予以折款修复;原告应将其领取的工程折款及支取的部分工程款返还给被告。对履行该无效合同期间原告实际租用场地的租赁费和因被告的工作失误而使原告在承建综合楼工作中不能按期开工和不能正常施工的误工损失及原告在此期间的汽车、搅拌机的经济损失,被告也应负责赔偿;被告对原告为履行该无效合同所购置和订做的物资与机械设备应在接收的同时,按实际价格折款偿付给原告;被告对已接收的

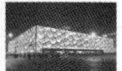

原告为综合楼订做的预应力楼板，应负责与加工方结算，将原告偿付的综合楼楼板加工材料折款同预付款返还给原告。被告对原告实际完成的综合楼工程量和附加工程量的工程款，原告为综合楼工程实际开支的木材、模板、钢材加工费及运费应具实偿付。至于被告的反诉，与法相背，不予支持。

烟台市某区人民法院做出判决：

（1）原告返还被告工程材料折款及支取的工程款共 201 071.23 元。

（2）被告返还给原告：风险抵押金 2 000.00 元，赔偿经济损失 576 元；先行支付的贷款利息 9 832.50 元，赔偿经济损失 2 832.20 元；返还解放牌汽车（4 吨）1 辆，修理费 7 334.10 元，赔偿经济损失 42 437.20 元；搅拌机（400 立升）2 台，修理费 2 095 元，赔偿经济损失 20 584.12 元。以上合计 87 691.12 元。

（3）被告赔偿原告：误工损失 18 409.63 元；场地租赁费 9 559.07 元。

（4）被告折款偿付给原告购置、订做的物资和机械设备 55 110.72 元；材料 88 126.82 元。合计 143 237.54 元。

（5）被告偿付给原告已完工程及附加工程款 113 038.10 元；木材加工费 5 655.75 元；钢材加工费 14.57 元；运费 120 元；模板制作费 3 042.22 元，材料差价款 20 206.79 元；偿付预应力楼板款 575.62 元。合计 142 653.05 元。

以上第（1）项与第（2）、（3）、（4）、（5）项相抵，再减去先予执行被告给付原告的 40 000.00 元，被告应返还和赔偿原告 140 272.76 元。限被告于本判决生效后 10 日内执行。

案件受理费 5 115.46 元，反诉费 3 950.05 元均由被告负担。

**评析**：本案涉及建筑工程承包商主体资格问题。

《建筑法》第十二条规定："从事建筑活动的建筑施工企业、勘察单位、设计单位和工程监理单位，应当具备下列条件：（一）有符合国家规定的注册资本；（二）有与其从事的建筑活动相适应的具有法定执业资格的专业技术人员；（三）有从事相关建筑活动所应有的技术装备；（四）法律、行政法规规定的其他条件。"第十三条规定："从事建筑活动的建筑施工企业、勘察单位、设计单位和工程监理单位，按照其拥有的注册资本、专业技术人员、技术装备和已完成的建筑工程业绩等资质条件，划分为不同的资质等级，经资质审查合格，取得相应等级的资质证书后，方可在其资质等级许可的范围内从事建筑活动。"关于从事建筑活动的单位的资质管理办法，建设部先后发布了《工程勘察和工程设计单位资格管理办法》、《关于工程勘察设计单位资格管理的补充规定》、《工程建设监理单位资质管理试行办法》、《建筑业企业资质管理规定》等资质管理规定，这些规定的制定和执行，对从事建筑活动的单位的资质管理起了重要作用。这就是说，建筑施工企业除了具备工商行政管理部门要求的条件以外，还应满足资金和技术各方面更严格的要求。本案被告没有经过工商部门登记，就组建了第七施工队，并将第七施工队承包给个人，其行为违反了国家的有关法律，应认定承包合同无效。

## 综合案例 3　工程联营承包原材料欠款案

原告（被上诉人）：某镇砖厂
被告（上诉人）：某县第二建筑工程公司（下称建筑公司）
被告（被上诉人）：某建筑工程队（下称建筑队）

## 一、一审诉辩主张

1. 原告诉称：2005年12月23日建筑公司与县邮电局签订了建筑县邮电局综合楼工程（下称邮电楼工程）承包合同。2006年施工期间，建筑公司委托工地负责人建筑队队长杨开弟出面联系，同我厂签订了购砖合同。我厂按合同供给该工地机砖222 500块，价值22 200元，除已付3 275.50元外，尚欠我厂砖款18 924.50元。我厂多次找杨开弟付款，杨以应找建筑公司给付，或者待邮电楼工程承包建筑合同纠纷解决后再付为由拒付砖款。原告认为：邮电楼工程承包合同是建筑公司与县邮电局签订的，建筑队队长只是工地负责人，建筑队不是该工程承包方。原告请求依法判决由建筑公司承担所欠砖款及逾期利息，并承担原告追款收款的差旅费损失300元和本案诉讼费用。

2. 被告建筑公司辩称：邮电楼工程虽是我公司与县邮电局签订的承建合同，实际是我公司与建筑队协作型联营修建，根据所签《建筑安装工程联营协议书》和《邮电楼工程联营施工实施细则》（下称联营协议和实施细则）规定，由建筑队对工程具体实施。在具体实施中是建筑队同原告产生购销关系所形成的债务纠纷。从购销关系形成至今原告都在找建筑队，现在原告起诉我公司承担该债务是完全没有道理的，此债务应由建筑队承担。

3. 被告建筑队辩称：所欠原告货款18 924.50元属实。邮电楼工程是建筑公司承包修建，经费也是建筑公司管理，我队是建筑公司委托的工地负责人和施工单位，是帮建筑公司履行承包合同，所购材料已全部用于该工程，我队向建筑公司上交了管理费，"联营协议和施工细则"是我队同建筑公司的问题，与原告无关，本案债务应由建筑公司承担。

## 二、一审事实认定

县人民法院经公开审理查明：2005年建筑队与县邮电局联系承建邮电楼工程，因该队是四级建筑队，无资格建设。2005年12月23日，建筑公司同县邮电局签订了承建该邮电楼工程合同，合同约定"不得转让搞第二次承包"，签约后建筑公司在建设银行开设了账户收拨管理承包费用。2006年1月15日、22日，建筑公司同建筑队先后签订了"联营协议"和"实施细则"，细则中规定："由建筑公司对邮电局总承包，将该工程交给建筑队全面组织实施"；"建筑公司与建设单位进行有关事项的洽谈，对建设单位办理工程款的拨收手续，并按工程进度和建筑队购买材料情况分拨给建筑队"；"建筑队负责材料的采购、提运、保管使用"等职责。该工程动工后，建筑公司向建设单位出具了"委托杨开弟同志为我公司派驻邮电楼工程工地负责人"的委托书。杨在组织施工期间，建筑队于2006年1月4日派在该工地的管理人员雷军代表工地同原告签订了购机砖《合同书》，盖了建筑队的公章，原告从2006年3月起先后供给工地机砖222 500块，计22 200元，尚欠18 924.50元。邮电楼工程完工交付使用后，所欠货款仍未付，原告多次找杨开弟付款，杨以应找建筑公司给付或者待邮电楼工程承包合同纠纷解决后再付，原告未找建筑公司给付。2007年3月原告起诉建筑公司。法院审理中追加建筑队为被告参加诉讼。

## 三、一审判决理由和判决结果

县人民法院基于上述事实认为：原告供给邮电楼工程工地的砖系承包方建筑公司委派的工地负责人建筑队联系购买，且已用于该工地，所欠贷款属实，故原告要求建筑公司承担给付的主张合法，予以支持；由于原告对该欠款未及时找建筑公司清结，所以要求建筑公司承担逾期付款利息的主张不予支持；建筑公司是邮电楼工程的承包修建方，同建筑队所签订的"联营协议"和"实施细则"是承包方的内部民事行为，是建筑公司为履行承包合同采取的方法，建筑队是建筑公司为履行承包合同所委托的实施者，不是建筑公司承包权利义务的转移或免除。因此"联营协议"和"实施细则"对外不产生法律效力，建筑公司提出不是本案的被告和不承担给付责任的主张不符合法律规定，不予支持。建筑队是购买原告货物的行为人，负有实际责任，且是受建筑公司委托承建工程的实施者，因此所提出不承担责任的主张不符合实际，不予支持。

根据《民法通则》第八十四条第2款、第一百零六条第1款、第六十三条第1款、第六十五条第3款之规定，县人民法院于2007年5月7日做出判决：

（1）由建筑公司承担给付所欠原告的砖款18 924.50元，建筑队承担连带责任。

（2）案件受理费750元，其他诉讼费300元，由建筑公司承担，建筑队承担连带责任。

### 四、二审诉辩主张

一审判决后，被告建筑公司不服，以该公司"不是本案责任人"为由，提出上诉。

1. 上诉人诉称：一审判决认定的事实不清，责任不明，是非不分，适用法律针对对象错误，导致错判，请求撤销原判。理由是：我公司是在建筑队负责经济为主，我公司以技术为主，各自独立经营，各自承担债务的前提下，针对邮电楼工程与建筑队签订的"联营协议"和"实施细则"。施工期间，我公司已按约定如数将工程款拨给了建筑队，并未出具过委托书委托建筑队购机砖，且工程竣工后杨开弟已与县邮电局结算，建筑队已取得价款，双方联营已结束。与原告签订机砖购销合同是建筑队的行为，理应由建筑队承担民事责任，这与我公司无关。

2. 被上诉人建筑队辩称：建筑队是工地负责人，没有享受承包人的权利，不该承担连带责任，应由上诉人清偿债务。被上诉人砖厂未作答辩。

### 五、二审事实认定

中级人民法院经审理查明：

2005年建筑队联系到县邮电局需建设邮电楼工程，因该工程须三级资质以上建筑部门方能承建，建筑队系四级建筑企业不能承建，遂与建筑公司协商，由建筑公司出面与县邮电局于2005年12月23日签订了邮电楼工程承建合同。2006年1月4日，建筑队与砖厂签订购销机砖合同书，约定由砖厂保质保量供应机砖，其中基础部分在2月底前付给砖款等条款。同年1月15日和20日，建筑队与建筑公司签订"联营协议"和"实施细则"，约定双方的名称、企业性质、债权债务不变，各自独立经营，自负盈亏；建筑队以经济责任为主，负责组织人力、物力、机具和全面施工；建筑公司以技术责任为主；所承包邮电楼工程原总承包价款拨给建筑队；建筑公司派人负责技术，收取一定的技术服务费；由杨开弟作为建筑公司派驻工地负责人等条款。2006年1月起，砖厂按照购销机砖合同开始供砖，总计供砖222 500块，价款22 200元，5月24日，建筑公司根据与建筑队所签"实施细则"出具"委托杨开弟为建筑公司派驻邮电楼工程工地负责人"的委托书给县邮电局。施工期间，按"联营协议和实施细则"建筑公司将县邮电局所拨工程材料款244 288.47元已转付给了建筑队。但建筑队只付给了砖厂3 275.50元，尚欠18 924.50元砖款未付，建筑队杨开弟对此出具了欠据。砖厂多次找建筑队催偿欠款未果，引起诉讼。

上述事实有各方当事人所签合同书、货物收付凭证、资金收付凭证、结算书、欠据和庭审陈述记录证明。

## 六、二审判决理由和判决结果

中级人民法院认为,原审人民法院对本案事实的认定和债务人主体的确认错误,应予改判。其理由是:

建筑队与建筑公司均是独立的企业法人,所签联营协议属协作型联营,各自的民事行为应各自负责。本案系购销关系,它与建筑公司的工程建设承包合同是两个不同的法律关系;所购机砖的行为是建筑队所为,因购砖合同书是砖厂与建筑队签订,合同上的购方虽标明"邮电工地",但盖的印章则是建筑队的公章和法定代表人杨开弟的私章,而"工地"应是标的物送达地,不能作为诉讼主体,更不能作为债务主体;同时建筑队已付了部分砖款,该队出具了所欠砖款欠据;卷内出现的委托书是在诉讼中由杨开弟从邮电局复制而来的,该委托书只适用于建筑公司、邮电局和杨开弟之间因邮电工程所产生的民事行为,对砖厂不发生法律效力。砖厂在与建筑队签订购砖合同时未见有建筑公司给建筑队的购砖委托书,杨开弟也未以建筑公司授权人名义签订合同。故本案的债务主体应是建筑队,纠纷的责任应由建筑队负责,所欠机砖款应由建筑队偿付,与建筑公司无关。

中级人民法院根据上述事实和理由,依照《民事诉讼法》第一百五十三条第(三)项的规定判决如下:

(1)撤销县人民法院民事判决。

(2)由建筑队给付砖厂所欠砖款 18 924.50 元,此款在接到本判决书次日起 30 日内交付。逾期不付,按银行流动资金贷款月利率 9.15‰,从逾期支付之日起计算利息,并加 20%罚息予以偿付。

(3)一审和二审诉讼费各 1 050 元,由建筑队负担。

**评析:** 本案的实质在于确认购方主体,以确定债务承担人。

由于在签订和履行购销机砖合同期间,建筑队与建筑公司签有承建邮电楼工程(使用机砖工程)联营协议,杨开弟既是建筑队法定代表人又是建筑公司委托上述工程工地的负责人,致使普通购砖合同中购方主体复杂化。为确认正确的购方主体必须解决下述问题:

(1)建筑队与建筑公司是否是独立的企业法人,它们的联营是什么性质。从本案看,建筑队显属集体所有制的乡镇企业法人;建筑公司属全民所有制的企业法人,它们没有隶属关系,其联营实际是建筑公司出技术,建筑队出资金的单项工程协作性质,根据联营协议应各自承担自己的债务。

(2)应分清杨开弟在签订购砖合同中所代表的企业法人是建筑队还是受建筑公司委托所为。根据案件事实,杨开弟在购砖行为中是以建筑队法人代表身份出现的。因为购砖合同是在建筑队与建筑公司签订联营协议前所为,而且是以建筑队名义(盖有公章)和杨开弟私章,谈不上委托问题。

(3)关于委托书在本案中的适用范围。本案中的委托是建筑公司对杨开弟个人的授权,不能扩大适用于建筑队;其只能适用于杨开弟、建筑公司和建设单位三者间就邮电楼工程本身范围之内。

上述三个方面足以说明购砖方的主体为建筑队是正确的。一审法院误将建筑公司作为购砖方主体,就在于未弄清杨开弟在购砖行为中所代表的法人身份,扩大了委托书的适用范围,把协作型联营作为紧密型联营,导致错判。

此外，本案涉及从事建筑活动企业的资格问题。我国对从事建筑活动的单位实行资质审查制度。资质审查制度是建设行政主管部门为适应社会主义市场经济的要求，维护建筑市场的正常秩序，保障从事建筑活动的单位依法进行工程建设施工承包与经营活动，对从事建筑活动的单位的有关业绩、人员素质、管理水平、资金数量、技术装备等资质进行事先审查的制度。关于从事建设活动的单位的资质管理办法，建设部先后发布了《工程勘察和工程设计单位资格管理办法》、《关于工程勘察设计单位资格管理的补充规定》、《工程建设监理单位资质管理试行办法》、《建筑业企业资质管理规定》等资质管理规定，这些规定的制定和执行，对从事建筑活动的单位的资质管理起了重要作用。

本案判决认为购砖合同属于买卖合同，与建筑工程承包合同是两个法律关系，对于买卖合同，建筑队应当独立承担法律责任，而不是连带责任。根据《建筑法》有关资质条件的规定，对于建筑承包合同，由于建筑队没有主体资格，不能独立承担责任；如果建设单位，即业主与建筑队有纠纷，则应当起诉建筑公司。

## 综合案例4　建筑施工企业内部承包经营合同纠纷案

上诉人（原审被告）：大屯煤电公司建筑安装工程公司

被上诉人（原审原告）：祝某

### 一、一审诉辩主张和事实认定

上诉人大屯煤电建筑安装工程公司（以下简称建安公司）为与被上诉人祝某建筑工程项目管理经营合同纠纷一案，不服江苏省高级人民法院（2000）苏民初字第××号民事判决，向最高人民法院提起上诉。最高人民法院依法组成合议庭审理了本案，现已审理终结。

经审理查明：2000年9月，大屯煤电公司为解决职工住房，决定建设十一村住宅小区，该小区建筑面积158 000平方米，包括住宅、商业网点、配套小学及幼教等设施。大屯煤电公司将全部工程以承包责任书形式交给其下属法人单位建安公司负责全过程建设，要求小区总工期26个月，从2000年11月开始到2002年底全部竣工，同时在责任书中希望建安公司全力以赴，充分利用现代管理手段和施工方法，保质保量完成任务。建安公司接受任务后，为了增强企业活力，建立内部竞争机制，决定于2000年10月15日在公司内部进行招标投标。祝某组织了7人承包小组，参与了投标。经建安公司对内部5个投标小组进行审查评议，祝某小组中标。中标后，从2000年10月20日开始，祝某即着手进行十一村工程的前期三通一平工作。2001年1月2日，十一村工程举行开工典礼。2001年1月23日，建安公司作为甲方与祝某作为乙方签订了《十一村工程模拟租赁、项目管理、经营承包合同书》。合同约定：甲方将十一村工程实行项目管理，模拟租赁给祝某（乙方）承包组经营承包，以项目经理为主要负责者，实行集体承包，个人负责模拟租赁经营承包。项目经理对内对企业负责，对外代表企业对建设单位负责。同时实行包死基数、确保增值、自主经营、超收归己的"国有民营"自我经营机制。合同期限从合同签订之日起，到十一村工程交工时止。从合同生效之日起，乙方为十一村工程项目经理，具有建安公司法定代表人代理人资格，公司法定代表人对项目经理颁发代理人证书。合同还约定，乙方对合同履行交纳保证金10万元，现金由甲方专款存入银行，双方无正当理由均不得随意变更或解除合同。

合同签订后，建安公司法定代表人未给祝某颁发代理人证书，祝某也未向公司交纳10

万元风险押金。2001年1月27日，祝某在工地内打完两眼水井后，因工程设计图纸送外地修改，十一村工程即暂时停工。2001年3月20日，建安公司下文正式聘用王某为腾飞新村（即原十一村）项目部经理。2001年5月，祝某以建安公司撕毁合同等为由，向法院起诉，要求继续履行合同并赔偿经济损失20万元。否则，赔偿经济损失1 000万元，并承担案件诉讼费。

### 二、一审判决理由和判决结果

一审法院认为，建安公司与祝某于2001年1月23日签订的合同系双方真实意思表示，合同内容体现了双方平等的经济利益，合同合法有效。建安公司在认为祝某无力继续履行合同时，以行政任命方式任命他人为项目部经理，致使祝某无法履行合同，其行为违反了合同的约定，依法应承担民事责任。鉴于十一村小区工程建设状况及双方当事人履行合同的实际情况，原合同已无法继续履行。据此判决：建安公司赔偿祝某直接经济损失4 349元，间接经济损失20万元，经济补偿2 500元。案件受理费60 010元由建安公司承担5 612.74元，祝某承担54 397.26元。

### 三、二审诉辩主张

建安公司不服一审判决，向最高人民法院上诉称：合同系与祝某七人承包小组签订，祝某无诉讼主体资格，合同书实质是企业内部经营责任书，并非通常法律上所指的合同，双方不具有平等主体关系，祝某也未受损失，一审判决是错误的，要求二审法院依法改判。祝某答辩称：建安公司与他本人作为乙方签订的合同，签订合同时经过招投标程序，合同书中已确认他是项目经理，其有诉讼主体资格，一审判决认定事实清楚，适用法律得当，但是对诉讼费的判决不公，要求继续履行合同并由上诉人承担民事赔偿责任。

### 四、二审判决理由和判决结果

最高人民法院认为，上诉人建安公司与被上诉人祝某于2001年1月23日签订的《十一村工程模拟租赁、项目管理、经营承包合同书》，系双方经过平等协商的真实意思表示，符合有关法律、法规的规定，应当认定有效。上诉人提出合同不是平等主体之间签订的合同，其理由不能成立。上诉人建安公司在合同签订之后，以祝某无力继续履行合同为由，未经双方协商解除原合同，即与他人另行签订内容相同的合同并履行，致使双方所签合同无法继续履行，依法应承担违约的民事责任，被上诉人要求赔偿损失的请求应予支持。一审法院判决由建安公司赔偿祝某经济损失是正确的，依法应予维持。鉴于双方所订合同实际已无法继续履行，被上诉人请求继续履行合同不予支持。判决如下：

驳回上诉，维持原判。

二审案件受理费60 100元，由建安公司负担。

**评析**：本案涉及建筑施工企业（承包商）内部承包经营合同纠纷。

从理论上讲，个人也是民事主体，其所做出的民事行为只要内容真实、合法有效，就应当确认其效力；如果企业内部承包经营合同得不到法律的保护，势必造成目前大量存在的承包经营法律关系的混乱，不利于改革的发展。本案判决保护经营承包者的合法权益是适当的。最高人民法院在《关于企业经营者依企业承包经营合同要求保护其合法权益的起诉人民法院应否受理的批复》中指出："根据《全民所有制工业企业承包经营责任制暂行条例》的规定，

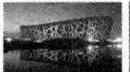

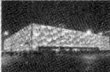

承包经营合同的发包方是人民政府指定的有关部门,承包方是实行承包经营的企业。企业经营者通过公开招标或者国家规定的其他方式确定之后,即成为企业的厂长(经理)、企业的法定代表人,对企业全面负责。企业经营者因政府有关部门免去或变更其厂长(经理)职务而向人民法院起诉,要求继续担任厂长(经理)的,属于人事任免争议,人民法院不予受理;企业经营者为请求兑现承包经营合同规定的收入而向人民法院起诉的,属于合同纠纷,人民法院应予受理。"本案承包人与被承包人的纠纷首先是一个承包工程项目的合同纠纷,担任项目经理只是合同的一部分。因此不能将该纠纷单纯地看成是人事任免争议。无论该司法解释的制定背景如何,对于企业内部当事人之间签订的内容真实、合法有效的合同应当得到尊重。如果任意撕毁合同而不承担任何责任,那对我们建立市场经济体制将是十分不利的。

## 综合案例 5　业主与监理工程师恶意串通致工程延期案

2001 年 2 月,中国某国际工程公司通过国际竞标的方式,获得也门某体育场的工程项目,发包方是也门阿得班公司。双方于 2001 年 5 月签订了一份国际工程承包合同,其主要内容是:

(1)工程师职权。监理工程师由业主指定,为德国人布雷默先生,他是为合同目的做出决定、发出证明和下达指令的人员。业主指定监理工程师的条件是要求工程师在行使任何权力时须取得业主的具体批准。

(2)价格条款和支付条款。合同总价是 1.5 亿美元,包括承包商的工程款和建筑材料及机械设备款在内。工程开工时支付 20%,中期支付 25%,竣工后支付 25%,余下的 30%待工程验收合格后一并支付。

(3)工程期间。2001 年 6 月 1 日到 2003 年 4 月 30 日。

(4)工程所需的建筑材料、机械设备等由承包商筹措和购买。但必须通过监理工程师的审批,承包商先送样品及图样给监理工程师,待通过后再成批购买。

(5)工程延期要收取罚金,从承包商应获取的工程款中扣缴,延期一日,交罚金 20 万美元。

(6)工程由承包商负责设计、施工,竣工后由监理工程师初步验收,合格后给付 25%的款项;待正式验收后,业主与承包商按合同规定,由业主付给承包商余下的全部工程款,承包商则正式把工程移交给业主。

(7)发生争议,交伦敦仲裁院仲裁。

合同经双方签订后生效,承包商按合同规定提交建筑材料的小样和机器设备的图纸,均被监理工程师以质量不高为由否决。如此反复五次,工程已经耽误了 82 天。为了不延误工期,避免双方合作破裂,中方承包商只得放弃自己选购材料、设备的权利,由监理工程师自己联系渠道购买。随后监理工程师从德国购买材料和设备,总费用达 3 000 万美元之巨。后工程快要竣工时,监理工程师又以管道设计不合理为由,要求承包商重新设计和施工。承包商对此据理力争,指出当时对工程的设计监理工程师和业主并未提出异议,此设计并无实质不当,且如果改变设计和重新施工,会延误工期。对此,业主置若罔闻,仍要求承包方按监理工程师的指示办。结果,承包商无奈,只得重新设计管道安装并重新施工。最后的竣工日期是 2003 年 8 月 23 日,延误工期 115 天。据此,业主要求按合同收取罚金,共计 2 300 万美元。对此，双方发生争执，遂提交伦敦仲裁院仲裁。

经调查，德国监理工程师与业主订立了一个君子协定，监理工程师出面百般刁难承包商，使其工期拖延，业主可以少付工程款，监理工程师收取10%的回扣；监理工程师从德国购买的材料设备，实际价值1 200万美元，却采取欺骗的手法乱报发票，目的也是少支付承包商工程款，1 800万美元的差价监理工程师也可收取10%的好处费。故工期的拖延纯粹是由于业主和监理工程师的恶意串通刁难而致。仲裁裁决最后裁定承包商不对工期延误负责，并可以获得其应得的全部款项，即1.38亿美元。

**评析**：建筑工程监理，也称建筑监理，是指对工程建设的参与者的行为所进行的监督、控制、督促、评价和管理，以保证建筑行为符合国家法律、法规和有关政策，制止建筑行为的随意性和盲目性，促使建设进度、投资、质量按计划（合同）实现，确保建筑行为的合法性、科学性、合理性和经济性。

工程建设监理制度是商品经济发展的必然产物，是在工程建设走向专业化、社会化，建设方式由自建演进为承发包的条件下产生并发展起来的建设监督管理制度，有着悠久的发展历史。它的起源可以追溯到产业革命发生以前的16世纪，迄今已成为工程建设领域必须遵循的重大制度之一，在国际上已成惯例。西方发达国家发展到今天，无论在建设监理的组织机构、监理方法和实施手段方面，还是在法规制度方面，都已形成了一个较为完整的监督体系和运行机制。我国的监理制度起步比较晚。国家建设部已把建立专业化、社会化的工程建设监理作为"建设监理制"提了出来，并颁发了《关于开展建设监理工作的通知》，后来又组织了试点工作，并取得良好成绩，随即进一步推广到全国各地，经过多年的稳步发展，国家已经确定向全国普遍推行建设监理制。

实行工程建设监理制是我国工程建设领域中管理体制的重大改革举措之一，是与国际惯例接轨、学习国际先进管理经验的具体表现。与发展社会主义市场经济的要求相适应，它是与我国的投资体制、承包经济责任制、开放建筑市场、招标投标制、项目业主责任制等改革制度相匹配的改革制度，其目的在于提高工程建设项目的管理水平，改善和提高工程建设项目的投资效益，促进承包企业提高技术与管理水平。因此，建设监理作为工程建设管理制度确定下来，不是权宜之计，而是结合我国国情实行的建设领域的一种科学管理制度。

实践证明，实行工程建设监理有利于提高工程质量，确保工期，控制投资，增加效益。同时，它是建设领域中实现速度与效益，数量与质量有机结合的重要途径。它还可以促使我国的工程建设与国际惯例接轨，促使我国的建设队伍更好地适应国外的建设体制和市场机制，增强参与国际建筑市场的竞争能力，也有助于我国投资环境的改善，吸引更多的外资用于国内建设。

工程监理单位在执业过程中，应当遵守下列纪律：

（1）按照建筑工程监理的资质等级和工程监理范围，独立承招工程监理业务。所谓监理单位的资质，是指从事监理业务应当具备的人员素质、资金数量、专业技能、管理水平及监理业绩等。根据建设部第16号文发布的《工程建设监理单位资质管理试行办法》的规定，监理单位的资质实行分级管理，监理单位的资质分为甲级、乙级和丙级。资质等级不同，其工程监理范围也不同。甲级监理单位可以跨地区、跨部门监理一、二、三等的工程；乙级监理单位只能监理本地区、本部门二、三等的工程；丙级监理单位只能监理本地区、本部门三等的工程。监理单位必须在核定的监理范围从事监理活动,不得擅自越级承接建筑监理业务。

(2) 依照有关法律、法规及技术标准、设计文件、监理合同实施监理。根据建筑监理的有关规定,建筑监理的依据有下列几类:① 国家或部门制定颁布的法律、法规、办法;② 国家现行的技术规范、技术标准、规程和工程质量验评标准;③ 国家批准的建设文件、设计文件和设计图纸;④ 依法签订的各类工程合同文件等。工程建筑监理单位实施监理时应遵照实施。

(3) 不得与所监理工程的承包单位或者建筑材料、建筑构配件和设备供应单位有隶属关系或者发生经营性业务关系。建筑监理的实施,必须遵循科学、公正的原则,即建筑监理应以健全的组织机构,完善而科学的技术、经济方法和严格规范的工作秩序,丰富的专业技能和实践经验履行其监理职责,而且具有公正的第三方身份。如果与承包单位或者建筑材料、建筑构配件和设备供应单位存在隶属关系或者发生经营性业务关系,将使建筑监理不可能公正实行,因此必须予以禁止。

(4) 不得转让工程监理业务。接受建设单位委托的建筑工程监理单位,不得以任何理由将自己承接的工程监理业务转让给其他监理单位实行。转让工程监理业务的结果必然是监理主体的更换,在这一过程中,建设单位的利益很难得到充分保障。同时,这种行为也破坏了正常的合同管理秩序和建筑监理秩序。

在国际工程施工中,监理工程师有很大的权利,但其权利可以采取某些方式加以限制。在本案中,如果承包人对在工程承包合同中,对监理工程师对材料的验收方面的职权、对工程验收方面的职权等做出一些限制性的规定,也不会在监理工程师的故意刁难面前毫无办法。另外,应对工程延期款规定一个最高限额。

## 综合案例6 建造高楼致周边房屋损坏赔偿案

原告(被上诉人):唐甲、唐乙、唐丙、唐丁、唐戊、蒋某,以上第二至六共五原告均委托唐甲为诉讼代理人。

被告(上诉人):上海市静安区赵家桥基地建设指挥部

### 一、一审诉辩主张

1. 原告诉称:本市赵家桥路77弄4号房屋系6原告共有之私房。该房因受被告建造24层高楼施工的影响,造成地面下沉、地基松动、房屋倾斜、主梁脱位、外墙多处大面积开裂、楼梯楼板榫头移位。要求被告赔偿房屋修复费50 757.70元,误工费1 450元,并由被告承担房屋鉴定费、勘察费和诉讼费。

2. 被告辩称:原告所有之房屋损坏,是由多种原因造成的,除建造高层对其影响外,损坏主要原因还有:

(1) 房屋本身已超龄所造成的自然损坏;

(2) 在该房屋旁边上海外文书店建造6层工房对其也造成损坏,而且在诉讼之前被告经原告认可对该屋已进行了修理,故不同意再做赔偿。

### 二、一审事实认定

上海市静安区人民法院经审理查明:本市赵家桥路77弄4号房屋一幢(建筑面积为440平方米)系原告共有私房。该屋建造于20世纪30年代。1997年8月,被告在本市赵家桥路常

德路口建造三幢高层楼房，其中一号楼（24层楼）距原告所有的上述房屋约20米。在高层建造打桩过程中，原告发现房屋倾斜、主梁脱位、外墙开裂、楼梯楼板榫头移位、地坪起拱、门窗歪斜等房屋损坏情况，遂前后多次向被告提出书面和口头异议，要求被告修复和赔偿房屋所受之损失。2000年3月被告委托工程队对原告房屋进行了部分修理，花去修缮费人民币16 585.54元。但修理后不久，原告发现情况仍未好转，损坏继续发展，而且原先的修理也是治标不治本，危险仍然存在，故在与被告交涉协商不成后，遂向一审法院起诉。

审理中，为确定原告房屋损坏之直接原因，法院委托了上海市房屋科学研究所对该房屋的损坏原因和损坏程序做出鉴定并提出修理意见。经该所鉴定："造成目前赵家桥77弄4号房屋损坏的原因主要是：赵家桥高层楼房打桩时，土地的挤压力及震动波使该房屋的地面起拱；井点抽水时地下水位的下降造成地基土的自重应力增加，引起该房屋产生了不均匀沉降，房屋结构变形走动，墙体多处开裂，木搁栅移位，纵横墙脱离，墙体向东北方向倾斜，造成目前赵家桥77弄4号房屋损坏主要是高层楼房打桩及开挖基础时抽水引起的。""外文书店所造多层房屋在宏观上不会对77弄4号房屋造成影响。"

被告对此鉴定不服，会同高层设计单位华东建筑设计院及造房单位上海第四建筑工程公司联合提出书面异议。慎重起见，本案审判人员又带着该鉴定书走访了上海市房产管理局总工程师室，听取他们的意见。该室几位高级工程师认真研究后都同意鉴定报告，认为原告私房损坏是由于高层楼房打桩及抽水等原因造成是可信的。以后办案人员走访地区居委会了解其他房屋损坏情况，发现原告房屋的周围住房也有类似损坏，而且居民均反映：房屋损坏是造高层楼房所引起，在外文书店建造多层楼房时，他们的房屋已经损坏。

为查清修理该房所需费用，一审法院又委托上海市房屋修建公司按鉴定报告之修理意见做修理费用预算，经查勘：该房修复费用需人民币50 757.70元，修复时间需2个月。又查，该房实际居住人唐丙每月基本工资为人民币1872.50元。

### 三、一审判决理由和判决结果

一审法院在查清事实的前提下，经合议庭评议，认为公民的私有房屋受法律保护，被告由于建造高层楼房造成对原告私房损坏理应做出赔偿。被告在诉讼前虽然对原告私房做过修理，但损坏之处依旧存在，故不能免除被告赔偿之责任。至于被告对上海市房屋科学研究所所做鉴定报告之异议，因缺乏证据，不足以推翻该鉴定，故不予认定。原告提出赔偿修复房屋期间一人误工工资损失与法无悖，可予准许。

根据《民法通则》第一百一十七条第2款关于"损坏国家的、集体的财产或者他人财产的，应当恢复原状或者折价赔偿"的规定，以及第3款关于"受害人因此遭受其他重大损失的，侵害人并应当赔偿损失"之规定，静安区人民法院做出判决：

（1）被告上海市静安区赵家桥基地建设指挥部应赔偿原告唐甲、唐乙、唐丙、唐丁、唐戊和蒋某房屋修复费人民币50 757.70元；误工工资人民币3 745元。

（2）房屋鉴定费人民币4 000元和房屋查勘费人民币2 500元由被告上海市静安区赵家桥基地指挥部负担。

诉讼费人民币3454.11元由被告上海市静安区赵家桥基地建设指挥部负担。

### 四、二审诉辩主张

一审法院判决后，被告不服，提出上诉称：赵家桥基地房屋打桩，曾考虑到可能影响周围建筑物，故与华东建筑设计院仔细研究了施工方案，以便对周围群众损失减小到最低限度。后鉴于被上诉人房屋有若干部位受到不同程度的损伤，已为被上诉人修理竣工，并有协议写明"一次性解决"，当时被上诉人对此并无异议，造成目前被上诉人的房屋损坏是由多种原因产生的，现施工资料俱在，可对鉴定结论由有关部门再行鉴定，上诉人可以服从。另据了解，被上诉人的房屋已在规划拆迁范围内，再做修理是浪费社会财富。被上诉人则称：一审判决赔偿的数额远不足补偿其房屋受损的程度，自己的房屋也未列入拆迁范围，即使需要拆迁，赔偿也是必要的。

二审法院受案后，承办人详细审阅案卷，又赴实地勘验并调查核实相应证据，认为一审法院所查事实清楚，所做查勘、预算及鉴定均有效。据此，二审人民法院认为，上诉人缺乏足够理由推翻上海市房屋科学研究所关于对原告房屋损坏原因所做出的鉴定报告，原审法院依据鉴定结论确认上诉人应承担民事责任是正确的，对上诉人的请求，不予支持。依照《民事诉讼法》第一百五十三条第 1 款第（一）项的规定，做出如下判决：

驳回上诉，维持原判。

上诉案件受理费人民币 3454.11 元由上诉人承担。

**评析**：本案是建筑工程施工造成毗邻建筑物损坏的损害赔偿诉讼。

《建筑法》第三十九条规定："……施工现场对毗邻的建筑物、构筑物和特殊作业环境可能造成损害的，建筑施工企业应当采取安全防护措施。"该规定明确了建筑施工企业应当对施工现场对毗邻建筑物的安全负责。

本案主要是根据《民法通则》第一百一十七条第 2 款关于"损坏国家的、集体的财产或者他人财产的，应当恢复原状或者折价赔偿"的规定审理判决的。但该条款过于笼统，在具体审理中涉及许多具体问题。

（1）关于房屋损坏的鉴定问题

随着高层建筑的大力兴建，因建筑施工造成毗邻建筑物损坏而导致的纠纷也逐渐增多。由于建筑物的损坏原因和损坏程度的判定是一个技术性很强的工作，往往超出了审判人员的知识范围，因此在审理这类案件时往往需要聘请有关技术部门进行鉴定。法院如何聘请鉴定人员和认定技术鉴定的结果对案件审理结果关系十分重大。编者认为，在如何聘请鉴定人员和认定鉴定结果上，法院应当坚持主导的地位。通常在审判实践中，由于审判人员对于相关行业的情况不清楚，对于聘请谁作为鉴定人心中无数，往往根据一方当事人的建议进行决定。这时，法院应当注意征询其他当事人的建议，并应注意审查鉴定人与当事人之间有没有密切的工作关系或其他关系，足以影响鉴定结论的公正性。如果有关系，应尽量选择同双方没有任何关系的鉴定人；否则，因鉴定结论不公正将导致法院处于非常被动的局面。因为无论是谁推荐的鉴定人，最后做出决定的都是法院。另外，对于鉴定结论的认定，法院应尽可能依据自己的常识做出一定的判断，审查其是否合理，具体可以结合其他证据对鉴定结论的合理性给予判断。对鉴定结论应当由诉讼当事人在法庭上出示和宣读，并由当事人互相质证。

本案对鉴定结论的处理是比较适当的。法院委托的上海市房屋科学研究所在上海是较有权威的房屋专业单位，也是该市鉴定危房的一个法定的权威性机构；而被告委托的高层建筑设计单位华东建筑设计院也是上海较有权威之房屋专业设计单位，而且也有权做危房

鉴定。但在本案中，其仅仅是协助被告对鉴定提出异议，并非重新做出鉴定；而且该鉴定机构与被告有比较密切的工作关系，又是被告自己聘请。因此，法院对该鉴定结论没有采用是适当的。

（2）赔偿的范围问题

本案审理中，原告曾提出其他诉讼请求，比如"修复部分中修复后因房屋牢度和抗震能力降低，使用年限缩短及外观破坏所造成的房屋价值损失，应予赔偿人民币 50 000 元"、"房屋损坏中不能修复的部分所导致的财产价值降低，被告应以货币形式赔偿 100 000 元"、"今后因高层地基与原告房屋不均匀下沉所必然引起的继续损坏应予赔偿人民币 25 000 元"，等等，原告提出的都是间接损失或预期中的或然损失，而《民法通则》目前规定的赔偿一般是指已经发生的直接损失，所以对原告提出的其他赔偿请求不予支持。经一审法院讲清后，原告撤回其他诉讼请求。

（3）关于超龄房屋的赔偿责任问题

本案审理中被告还提出原告所有私房已经是超龄房屋，本身已有自然损坏，故不同意赔偿。这里的问题是造成原告私房损坏的原因是什么？被告施工是否是造成私房损坏的唯一原因？由于被告无法提供证据证明原告私房已经有自然损坏情况，只是提出受损私房是超龄房屋，被告的抗辩理由是不充分的。因为所谓超龄房屋概念仅仅是从设计制造角度来讲的。超龄房屋不一定是危险房屋或者肯定损坏的房屋。超龄房屋并不能免除侵权人对房屋造成损害的赔偿责任。但超龄房屋的价值已经大大降低了，这应当在确定具体赔偿金额上给予考虑。如果对一个已经超龄的房屋，因为受到损坏得到过多的赔偿，其结果相当于重新翻建了旧房，这对被告显然也是不公平的。从理论上讲，经过修复或补偿而使旧房增加了价值，其增加值应当从被告的赔偿中予以扣除。

## 综合案例 7　工程施工造成承包人雇员死亡赔偿案

原告：刘某

被告：易某

第三人：徐某

### 一、一审诉辩主张和事实认定

1999 年 3 月 17 日，徐某将其承包的上犹县龙潭电站公路支线筑路工程的一段转包给易某，双方在合同中规定：徐某在工程总造价中抽回 20%作管理费，工程工伤事故由易某自理，徐某不负任何责任。事后，双方又私下口头商定，徐某所抽管理费分 7%给易某。易某包下工程后，雇用施工人员进行施工，以每天 89 元的报酬雇用了刘某之子刘经铭担任筑路工程爆破手。在同年 8 月 13 日的爆破作业中，刘经铭操作时疏忽大意，被炸成重伤，当即被送至上犹县营前中心卫生院抢救治疗。易某为其支付了医疗费 8 584.55 元，并支付了刘某前往护理的各种费用。9 月 14 日，刘经铭因伤势严重，转到上犹县人民医院治疗。易某和徐某提出再付给 6 000 元，以后一切费用由刘某自理，刘某签名同意。转院后，刘经铭终因伤情严重，抢救无效，于 9 月 19 日晚死亡。转院后，刘某付出了医疗费 4 287.39 元。

事后，易某和徐某对死者的后事不闻不问，刘某即于 2000 年 5 月 30 日向上犹县人民法院提起民事诉讼，要求易某和徐某承担转院后的医疗费、护理工资、丧葬费 12 000 元，按国家职工因工伤亡补助抚恤金 34 000 余元。易某辩称：我已为刘经铭付出医疗费等 10 000 余元，因工程亏本超支，已无力再支付费用。徐某认为，我与易某的合同中已写明工伤事故由其自理，且刘某在刘经铭转院时写下字据，同意我和易某再出 6 000 元后的一切费用由他自负，故不负任何责任。

### 二、一审判决理由和判决结果

上犹县人民法院在审理中查明：刘经铭以前虽搞过爆破，但未按公安部门的规定办理《爆破员作业证》，易某明知其为无证人员而雇其从事爆破作业。龙潭电站工程指挥部对此次事故定性为意外事故。

上犹县人民法院经审理认为：死者刘经铭无证从事爆破作业，在操作时疏忽大意，酿成事故，应负主要责任。被告明知其无爆破员作业证而雇其从事爆破作业，对事故应负一定责任。由于这种雇佣关系，被告应对雇佣人的人身安全负责。被告虽已承担了部分费用，但不足以弥补原告所受到的经济损失，被告应再做适当赔偿。第三人与被告签订的合同中有关"工伤事故概不负责"的条款，违背法律规定，为无效条款，死者转院时，原告接受被告和第三人的条件，签名同意以后费用自理，非其真实意思表示，应确认无效。第三人为工程受益人，在工程中享有权利，即应承担义务，应给予原告适当的经济补偿。据此，根据《民法通则》第六条，第五十八条第 1 款第（三）、（五）项及第 2 款，第一百三十一条之规定，于 2001 年 6 月 18 日判决：被告及第三人赔偿原告为死者在县人民医院付出的医药费 10 807.39 元，补助丧葬费 3 600 元，补助原告安家费 10 000 元。以上费用共计 24 407.39 元，由被告承担 18 000 元，由第三人承担 6 407.39 元，限判决生效后一个月内付清。

被告易某不服判决，以原判认定事实不清和原告曾表示过转院后的费用自理为理由，上诉于赣州地区中级人民法院。二审法院审理认为：易某违背有关规定，雇用无证人员担任爆破员，造成刘经铭重伤死亡的后果，使刘某蒙受损失，上诉人应承担主要经济损失，其已付费用应予认可，原审第三人徐某为工程受益人，亦应承担本案的经济赔偿责任。原审法院在查清事实，区分责任的基础上做出的判决正确，上诉人的上诉理由不能成立，本院不予采纳。据此，依照《民事诉讼法》第一百五十三条第 1 款第（一）项之规定，于 2001 年 10 月 24 日判决如下：驳回上诉，维持原判。

**评析**：本案是工程施工造成承包人雇员死亡引起的诉讼。

保证建筑施工从业人员的安全是建筑安全管理的重要内容，有关法律对此做出了一系列规定。《建筑法》第四十六条规定："建筑施工企业应当建立健全劳动安全生产教育培训制度，加强对职工安全生产的教育培训；未经安全生产教育培训的人员，不得上岗作业。"第四十七条规定："建筑施工企业和作业人员在施工过程中，应当遵守有关安全生产的法律、法规和建筑行业安全规章、规程，不得违章指挥或者违章作业。作业人员有权对影响人身健康的作业程序和作业条件提出改进意见，有权获得安全生产所需的防护用品。作业人员对危及生命安全和人身健康的行为有权提出批评、检举和控告。"第四十八条规定："建筑施工企业必须为从事危险作业的职工办理意外伤害保险，支付保险费。"

上述条款对建筑施工从业人员的安全做出了原则性的规定。值得一提的是《建筑法》第四十八条。该条款强制要求建筑施工企业为从事危险作业的职工办理意外伤害保险。这意味着我国将大幅度地提高从事危险作业人员意外伤残的保障水平。《建筑法》以法律手段强制推行对从事危险作业人员的意外伤害保险，对于从业人员的保障有很重要的意义。可能遇到的一个问题是，从业人员发生了意外事故，但建筑企业没有按法律要求给从业人员办理保险，如果因此发生诉讼，法院应如何处理？《建筑法》没有对此做出具体规定。我们认为，《建筑法》的立法宗旨就是为了加强对从业人员的保护力度。施工企业（承包商）没有办理保险本身就违反了《建筑法》的规定。在这种情况下，应当按照通常的保险金额（或根据有关法律法规确定的保险金额）确定具体的赔偿金额。一个最基本的原则是：不能因为没有给从业人员办理保险而使该施工企业得到不公正的优惠。

本案涉及雇员在雇用期间从事雇用工作时发生工伤事故，应由谁承担民事责任的问题。对此，我国《民法通则》没有明文规定，但是，基于雇主与雇员之间的劳动法律关系，雇主对雇员有依法给予劳动保护的义务。这种义务，既包括提供安全的工作条件和工作完全保护措施，也包括对雇员在工作中发生工伤事故后承担医疗费用和善后处理的义务。因此，只要能证明当事人之间雇用合同关系的存在，雇主就应对雇员在从事雇用工作时所发生的工伤事故承担经济赔偿和补偿责任。据此，本案被告对原告之子因工伤事故致死应承担的经济赔偿和补偿责任，是由雇主责任原则所决定的，而不是因为雇主明知雇员不符合有关职业要求的条件而予以雇用的责任。"明知无证而雇用"的事实只是加重雇主的责任，而不是确定雇主对雇员的工伤承担民事责任的根本原因。

本案一审中确定的第三人，与原告之子之间没有劳动法律关系存在，与被告之间只存在工程承包合同关系。因此，有关雇主责任和劳动保护的规定，都不能适用于第三人。据此，第三人在与被告签订的工程承包合同中规定，第三人对工伤事故概不负责而由被告自理，这是承包权利义务上的约定，不是劳动法律关系上权利义务的约定，不属于雇用合同中"工伤概不负责"条款无效的情况。应当说，此约定和本案无关。本案最后以第三人是工程的受益人为理由，根据公平原则来确定第三人对原告有经济补偿责任，而没有根据该约定作为审判理由。

本案第三人（相当于总承包商）在本案中应承担什么民事责任，也是一个颇值得研究的问题。首先，第三人和原告之子之间不存在劳动法律关系，也不存在合同关系。因此，第三人对原告之子就没有劳动法律关系方面的义务。其次，第三人和原告之子之间也不存在《民法通则》第一百零九条规定的那种受害人与受益人的关系，第三人也就没有那种受益人应予适当的补偿的责任。因此，在这种情况下，第三人要承担一定的经济补偿责任，必须用公平原则去理论，以间接受益（间接受益人必须有所限制）为理由来使其承担经济补偿责任。

## 综合案例 8　某露天煤矿建设项目施工不当赔偿案

原告：庞某
被告：乌鲁木齐矿务局铁厂沟露天煤矿建设指挥部

### 一、一审诉辩主张和事实认定

1993 年，新疆维吾尔自治区决定开发铁厂沟地下煤炭资源，并将铁厂沟露天煤矿的建设确定为新疆"七五"期间的重点工程项目。1995年6月，新疆煤矿设计院编制出《铁厂沟露天矿可行性研究报告》，肯定该露天煤矿爆破引起的噪声和震动会对周围自然环境产生影响，但对如何采取预防措施未加论述。1998年，乌鲁木齐矿务局成立露天建设管理委员会，2000年更名为乌鲁木齐矿务局铁厂沟露天煤矿建设指挥部（下称指挥部），2001年该矿开始建设。在指挥部计划建设露天煤矿期间，米泉县煤矿劳动服务公司在该露天煤矿东南界线的边缘建立养鸡场。2001年4月，劳动服务公司将该养鸡场发包给本案原告庞某，承包期为4年。2002年2至6月，庞某分4次购进雏鸡6970只，饲养在鸡场。同年8至10月，这些鸡先后进入产蛋期。与此同期，指挥部在露天煤矿进行土层剥离爆破施工，其震动和噪声惊扰养鸡场的鸡群，鸡的产蛋率突然大幅度下降，并有部分鸡死亡。同年12月底和2003年初，庞某将成鸡全部淘汰。经计算，庞某因其蛋鸡产蛋率下降而提前淘汰减少利润收益120 411.78元。新疆维吾尔自治区畜牧科学院兽医研究所对庞某承包的养鸡场的活、死鸡进行抽样诊断、检验，结论为：因长期放炮施工的震动和噪声造成鸡群"应激产蛋下降综合症"。

另外，指挥部在露天煤矿爆破施工的震动、噪声，致使附近居民的房屋墙壁出现裂损，且正常的生活秩序受到影响，引起一些居民的不满，政府有关部门曾拨专款给予补偿。

2003年2月，指挥部委托地震局、环保局，对露天煤矿爆破施工的震动和噪声进行监测，结论是震动速度和噪声均没超出国家规定的标准。

原告庞某向新疆维吾尔自治区乌鲁木齐市中级人民法院起诉称：指挥部开矿爆破造成蛋鸡产蛋率由原来的90%以上下降到10%左右，并出现部分鸡死亡的现象，要求被告赔偿损失402 418.42元。

被告指挥部辩称：我部开矿爆破经国家有关部门批准，没有违法，不构成侵权，不应承担赔偿责任。

### 二、一审判决理由和判决结果

乌鲁木齐市中级人民法院经审理认为：露天煤矿开始施工建设时，养鸡场已经建成并投入生产，养鸡场的建立没有违反有关规定。指挥部长期开矿爆破施工，其震动和噪声惊扰庞某养鸡场的鸡群，造成该鸡群"应激产蛋下降综合症"，应该承担赔偿责任。该院根据《民法通则》第一百二十四条之规定，于2003年4月28日判决如下：

指挥部赔偿庞某的经济损失120 411.78元。

### 三、二审诉辩主张

指挥部对判决不服，以原诉答辩理由向新疆维吾尔自治区高级人民法院提起上诉。新疆维吾尔自治区高级人民法院在审理中，对地震、环保部门的监测结论进行了核实，认为：这种事后委托有关部门做出的监测结论，因用做监测的对象与当时的客观情况不相一致，放炮点也发生了变化，加之养鸡场的鸡不复存在，故该监测结论不能作为推翻兽医研究所诊断结论的证据。二审法院还就鸡群"应激产蛋下降综合症"的问题听取了有关专家的咨询意见。专家认为：根据兽医学的理论研究，包括鸡在内的各种动物都对外界环境的变化有一定本能的反应，当这种反应超过其本身的适应能力时，就会给其生理和心理造成不良的影响，这种"反应"就是"应激"。庞某养鸡场的鸡群，属于对周围环境要求较高、适应环境能力较低的鸡种，这种鸡好静，长期爆破产生的震动和噪声完全改变了它生长的环境，给鸡群的生理和心理造成了不良的影响,以致产蛋率下降。据此,排除了庞某养鸡场的鸡群产蛋率下降是由于患病所致的因素。

二审法院经重新核算,庞某所受到的经济损失为 131 000 元。

**四、二审处理理由和处理结果**

二审法院在进一步查明事实和分清是非、责任的基础上进行调解。经调解,双方于 2004 年 2 月 2 日自愿达成如下协议:

(1) 指挥部赔偿庞某的经济损失 131 000 元;

(2) 指挥部于 2004 年 2 月 20 日付给庞某 65 500 元,剩余部分于 2 月底全部付清,否则加倍支付迟延履行期间的利息。

**评析:** 本案是工程施工的噪声污染导致损害而引起的诉讼。

(1)《建筑法》第四十一条规定:"建筑施工企业应当遵守有关环境保护和安全生产的法律、法规的规定,采取控制和处理施工现场的各种粉尘、废气、废水、固体废物及噪声、震动对环境的污染和危害的措施。"《建设工程安全生产管理条例》第三十条规定,施工单位应当遵守有关环境保护法律、法规的规定,在施工现场采取措施,防止或减少粉尘、废气、废水、固体废物、噪声、震动和施工照明对人和环境的危害和污染。在建筑工程施工过程中,由于使用的设备大型化、复杂化,往往会给环境造成一定的影响和破坏,特别是在大中城市,由于施工对环境造成影响而产生的矛盾尤其突出。为了保护环境,防止环境污染,按照有关法规规定,建设单位与施工单位在施工过程中都要保护施工现场周围的环境,防止对自然环境造成不应有的破坏;防止和减轻粉尘、噪声、震动对周围居住区的污染和危害。建筑企业应当遵守有关环境保护和安全生产方面的法律、法规的规定,采取控制施工现场的各种粉尘、废气、废水、固体废弃物及噪声、震动对环境的污染和危害的措施。这里要求采取的措施,根据建设部 1991 年发布的《建筑工程施工现场管理规定》,包括如下六个方面:① 妥善处理泥浆水,未经处理不得直接排入城市排水设施和河流;② 除设有符合规定的装置外,不得在施工现场熔融沥青或者焚烧油毡、油漆及其他会产生有毒有害烟尘和恶臭气体的物质;③ 使用密封式的圈筒或者采取其他措施处理高空废弃物;④ 采取有效措施控制施工过程中的扬尘;⑤ 禁止将有毒有害废弃物用做土方回填;⑥ 对产生噪声、震动的施工机械,应采取有效控制措施,减轻噪声扰民。

(2) 建筑施工各方当事人在环境污染损害赔偿案件中的诉讼地位:根据《建筑法》第四十一条的规定,因建筑施工造成环境污染,首先应由建筑施工企业承担责任,也就是说因建筑施工污染,受到损害的人首先应起诉建筑施工单位,即承包商。如果法院在审理中发现应追究建设单位(业主)、监理单位及其他单位的责任,可以将这些单位追加为共同被告或第三人。

(3)《民法通则》第一百二十四条规定:"违反国家环境防止污染的规定,污染环境造成他人损害的,应当依法承担民事责任。"《环境保护法》第四十一条规定:"造成环境污染危害的,有责任排除危害,并对直接受到损害的单位或个人赔偿损失。"根据民法理论,环境污染致人损害的民事责任属于一种特殊侵权民事责任。根据这些规定,污染环境致损民事责任的构成需具备三个条件:① 需有污染环境造成的损害事实;② 需有污染环境的违法行为;③ 污染环境行为与损害事实之间有因果关系。具体到本案,被告指挥部的行为符合环境污染致损民事责任构成的要件。首先，被告在其露天煤矿爆破产生的震动和噪声污染了附近的环境，致使原告养鸡场鸡群的产蛋率大幅度下降，证明被告污染环境行为造成了损害事实。其次，被告在居民区附近建设露天煤矿，在可行性研究报告中已经明确肯定该煤矿爆破施工会对周围自然环境产生不良的影响，但在该可行性报告中没有关于采取防范措施的论述，在开发时又没有采取实际防范措施，这又证明被告有违法污染环境的行为。至于被告在本案纠纷发生以后，为了举证的需要，委托有关部门对该煤矿爆破产生的震动和噪声进行监测得出的结论，因为这是在时过境迁情况下所做出的监测结论，缺乏足够客观性和科学性，未被法院判案采用为证据，当然也就不能以此证明被告污染环境行为不具有违法性。再次，被告在露天煤矿长时间进行爆破施工，其震动和噪声改变了原告养鸡场鸡群的生活环境，使该鸡场鸡群产生"应激产蛋下降综合症"，这证明被告污染环境行为与原告的损害事实之间存在因果关系。综上分析，被告指挥部的行为符合环境污染致损民事责任构成的条件，应当对原告受到的损害承担赔偿责任。

## 综合案例9 工程施工因建材质量不合格致人伤亡赔偿案

原告：吴福全等五人
被告：浦江县建筑工程公司郑家坞分公司

### 一、一审诉辩主张

五原告诉称如下：

（1）被告将自产的劣质水泥空心板销售给原告建房，在施工中发生空心板断裂脱落，致使雇工付春海坠落造成死亡的严重后果。

（2）作为房主、雇主的五原告已由浦江县人民法院判决承担赔偿款 42 811.03 元。

（3）按照建筑材料水泥制品的有关规定，空心板保养期应为 28 天，但被告生产的空心板保养期仅 12 天即销售给原告。

（4）事发后，原告委托东阳市建材工业协会对空心板予以结构性能试验，证明被告生产、销售给原告的空心板质量不合格。

（5）原被告曾达成口头协议，被告愿承担一切赔偿责任。

（6）原告依法享有向被告追偿的权利，要求受诉法院判令被告承担上述赔偿款，原告送付春海到医院抢救的误工费及因事故造成延误工期的经济损失 16 500 元。

被告辩称如下：

（1）空心板是原告施工负责人吴小全自行到预制场提货的。施工前又经原告吴志强挑选，是在认定质量没有问题的情况下组织施工的。

（2）造成付春海伤亡的原因是施工人员操作不当，与空心板质量无关。四位施工人员未均衡抬动空心板，以致空心板脱离铁钩，砸断已搁好的第二块空心板，付春海随之坠落。

（3）就赔偿问题被告未与原告达成任何协议。

（4）被告支付给付春海的医疗费用 19 000 元是出于人道，不能说明被告愿意或有赔偿责任。

### 二、一审事实认定

浦江县人民法院于 2003 年 2 月 16 日受理本案后，经公开开庭审理查明：

2002 年 7 月 21 日，原告吴福全、吴子明、陈华钟、朱希林为在浦江县郑家坞大陈江边建造一幢房屋，而与没有建筑许可证的泥工即原告吴志强签订了建筑承包合同。合同规定由房主提供建筑材料，由承包者组织施工。合同成立后，房主雇佣吴小全负责采购、管理建筑材料，监督施工。同年10月，吴小全和原告吴志强一起向被告预订了空心板。同年11月17日，吴小全、吴志强向被告要求提货，被告表示可以。次日，原告即派拖拉机到被告处提走了部分空心板。在装卸时发现空心板有破碎情况，遂向被告提出质量异议。同月19日，被告法定代表人朱祖培到原告建房工地察看后，要吴小全、吴志强将空心板暂时再放几天后使用。同月21日上午8点30分许，原告吴志强安排雇工付春海、沈帮阳等四人抬空心板并搁第一层房屋。当抬到第三块空心板时，由于铁钩钩着空心板的部位破碎，铁钩滑脱，致抬着的空心板砸在已搁好的空心板上，随之该空心板断裂，和付春海一起坠落于地，付春海头部受伤。原告吴志强当即安排4个雇工（付给工资40元）护送付春海到白马医院包扎后转送浦江县人民医院，12月4日又转送金华市中心医院治疗。付春海终因脑外伤伴颅骨缺损，颅内化脓性感染，治疗无效于2003年1月2日下午死亡。此间共花医疗费用、安葬费用计人民币18 721.23元。付春海家属要求原被告承担赔偿责任，被告的法定代表人朱祖培表示愿意承担责任，并支付人民币19 000元；五原告支付人民币9 244.22元。嗣后，原被告因对承担付春海死亡的赔偿责任发生争议，付春海的妻子、女儿和父亲以本案五原告为被告诉到本院要求赔偿。本院于2003年4月17日以浦法（2003）东民初字第××号民事判决判令吴福全、吴子明、陈华钟、朱希林赔偿人民币25 686元；判令吴志强赔偿人民币17 125.03元。为此，五原告向被告提出追偿，要求被告赔偿因其制造、销售不合格的空心板致原告雇工受到损害，致原告承担的赔偿责任及工期延误造成的经济损失。诉讼过程中，原告委托东阳市建材工业协会，被告委托金华市建筑材料检验所对被告销售给原告的空心板做了结构性能检验，结论均为该空心板的桡度、抗裂度不符合质量标准。五原告在审理中提出放弃追索工期延误经济损失的诉讼请求。

以上事实，有下列证据证明：

（1）吴小全、吴志强的证言（证明原告对所提空心板提出质量异议，被告法定代表人朱祖培到实地察看后，要原告再放几天使用）。

（2）原告提供的东阳市建材工业协会，被告提供的金华市建筑材料检验所关于空心板结构性能的检验报告（一致证实被告借给原告的空心板桡度、抗裂度不符合质量标准）。

（3）现场目击者沈帮阳、吴光前的证言（证实付春海所抬的空心板，因铁钩钩着的部位破碎，致抬着的空心板砸在已搁好的空心板上，随之该空心板与付春海一起坠落于地）。

（4）现场照片（反映坠落的空心板破碎程度，并证明空心板生产日期为2002年11月6日）。

（5）抬空心板的工具。

（6）浦江县人民法院（2003）浦东民初字第××号民事判决书（证实五原告应支付给付春海的赔偿款额）。

（7）原被告基本相符的陈述和受诉法院的调查笔录，开庭记录。

### 三、一审判决理由和判决结果

1. 被告生产、销售的水泥空心板质量不合格造成原告的经济损失，应当承担民事责任。

（1）被告将自产的空心板销售给原告，负有保证其生产、销售的产品合格的社会保障义务。

（2）根据2001年3月1日施行的《预制混凝土构件质量检验评定标准》GBJ 321—1990国家标准规定：空心板结构性能是构件质量的最主要内容，其中强度、刚度（挠度）、抗裂度三个分项都拥有否决权，任一分项不满足标准要求时即为结构性能不合格。经被告委托的金华市建筑材料检验所对空心板进行技术鉴定，证明刚度和抗裂度两项指标不合格（刚度10.83＞9.75；抗裂度1.10＜1.15）。对此鉴定，原被告无异议，被告生产、销售的空心板质量不合格应予认定。

（3）根据上述国家标准规定：水泥空心板的保养期一般应为28天。而被告生产的空心板未过保养期即销售给原告（2002年11月6日生产，同月18日销售），事后对此限期使用的产品又未向原告予以正确、详尽的警示说明，仅笼统地对原告交代"再放几天使用"。据此，也应认定被告生产、销售的空心板质量不合格。

（4）《民法通则》第一百二十二条规定："因产品质量不合格造成他人财产、人身损害的，产品制造者、销售者应当依法承担民事责任。"据此，原告因空心板断裂造成付春海伤亡而支付的赔偿款等经济损失，有向被告追偿的权利。

2. 五原告对空心板使用不当应负一定的民事责任。

（1）原告吴福全等委托的材料采购，施工监督员吴小全及原告吴志强明知空心板未过保养期，在装卸过程中已发现破碎，强度不够等质量问题，而未引起足够重视、不加以拒绝使用。

（2）被告的法定代表人已告知原告"将空心板再放几天后使用"的情况下，原告仅过两天即组织雇工使用空心板，以致在施工中发生空心板断裂、雇工人身受损的事故。故根据《民法通则》第一百三十一条的规定"受害人对于损害的发生也有过错的，可以减轻侵害人的民事责任"。据此，原告应承担一定的民事责任。

浙江省浦江县人民法院依照《民法通则》第一百二十二条、第一百三十一条之规定，做出如下判决：

（1）由被告浦江县建筑工程公司郑家坞分公司偿付五原告人民币38 567.73元（包括已付付春海家属19 000元），限本判决生效后一个月内付清。

（2）由原告吴志强自负人民币2 571.18元。

（3）由原告吴福全、吴子明、陈华钟、朱希林共自负人民币1 672.12元。

本案诉讼费1 724元，由被告承担1 550元，原告吴志强承担102元，原告吴福全、陈华钟、吴子明、朱希林承担72元。

宣判后，原被告双方均服判。被告在规定时间内全部履行了给付义务。

**评析**：本案是建筑工程施工过程中因建筑材料构配件不合格致人死亡而引起的损害赔偿诉讼。

《建筑法》虽然没有专门规定建筑工程材料构配件生产单位和销售单位的责任，但有几个条款涉及建筑材料和构配件的质量问题。例如，第五十六条规定："建筑工程的勘察、设计单位必须对其勘察、设计的质量负责。……设计文件选用的建筑材料、建筑构配件和设备，应当注明其规格、型号、性能等技术指标，其质量要求必须符合国家规定的标准。"第五十

九条规定:"建筑施工企业必须按照工程设计要求、施工技术标准和合同的约定,对建筑材料、建筑构配件和设备进行检验,不合格的不得使用。"结合《建筑法》第四十五条"施工现场安全由建筑施工企业负责"和第六十条"建筑物在合理使用寿命内,必须确保地基基础工程和主体结构的质量。建筑工程竣工时,屋顶、墙面不得留有渗漏、开裂等质量缺陷;对已发现的质量缺陷,建筑施工企业应当修复"的规定,因建筑工程质量和施工安全而导致的纠纷,受害人寻求的索赔对象首先是建筑工程的承包商,如果承包商发现施工质量问题或安全事故是由于建筑材料和构配件不合格造成的,可以要求法院追加建筑材料的生产单位或销售单位为第三人,并要求法院判决第三人承担责任。

本案的提起是因为受害人起诉了本案的五名原告,并判决五名原告赔偿责任以后,五名原告才起诉被告(即空心板生产单位)的。如果在前一诉讼中五名原告根据《民事诉讼法》追加本案被告作为第三人,法院在审理中可以追加空心板生产单位为第三人而要求其承担赔偿责任。在前一诉讼中,受害人没有区分地将业主和承包商一起起诉,是可以理解的。由于本案所涉及的建筑工程规模比较小,在实际施工中业主积极地参与了施工的组织和管理,业主应当对施工的安全承担相应责任。但由于在建筑工程施工中,通常业主与承包商的地位和权利义务是不同的,我们认为在案件的审理和判决中应当对业主和承包商在事故中的作用给予区分。

本案是适用《民法通则》第一百二十二条的规定处理的,案件定性和运用法律是正确的。《民法通则》第一百二十二条规定:"因产品质量不合格造成他人财产、人身损害的,产品制造者、销售者应当依法承担民事责任。运输者、仓储者对此负有责任的,产品制造者、销售者有权要求赔偿损失"。从这一规定可以看出,产品质量不合格致人损害就其性质而言,是一种特殊侵权行为,而不是合同中的违约行为。即责任人是对因产品质量不合格致人损害的后果承担侵权的赔偿责任,而不是对产品质量不合格本身承担修理、退换的违约责任。只有把握这一法律特征,才能正确适用《民法通则》第一百二十二条的规定。

本案中被告委托金华市建筑材料检验所对空心板结构性能检验做出鉴定结论。根据《民事诉讼法》第七十二条的规定,对专门性问题,应当交由法定鉴定部门鉴定;没有法定鉴定部门的,由人民法院指定的鉴定部门鉴定。但本案中,受诉法院确认了被告委托的检验机构所作的鉴定结论具有证据效力。理由是:

(1)产品质量责任实行的是一种严格责任原则,产品制造者、销售者负有证明自己的产品是合格产品的法定义务。

(2)被告委托的检验机构的检验员持有国家水泥混凝土制品质量监督检验测试中心核心板检验证件,具有对空心板进行质量检验的能力。

(3)被抽检的空心板系被告生产、销售给原告,且与事发时所用空心板系同一型号,同日生产的,具有可比性。

(4)检验的根据和方法也是依照《预制混凝土构件质量检验评定标准》GMJ 321—1990国家标准,有详细的检验记载。

(5)被告对此鉴定结论无异议。

对本案被告(即空心板生产单位)来说教训是多方面的,尤其在产品质量方面。还有被告法定代表人朱祖培到原告建房工地察看后,要吴小全、吴志强将空心板暂时再放几天后使用。这种情况在实践中是非常常见的,而一旦发生诉讼,这样的证据就很难收集和认定,因

为对方当事人很难提供对自己不利的证据。所幸本案判决认定了这个证据。在建筑工程施工过程中，有关各方当事人一定要注意书面证据的积累，逐步形成经济往来采用书面形式的制度。这样，一旦发生诉讼可以比较方便地获得证据。这一点对于建筑工程施工尤其重要，因为建筑施工的工期很长，发生诉讼可能在具体事件发生的几年以后，如果没有书面记录，即使当事人自己也可能把有关情况都忘记了。

# 思考与练习题 1

一、单项选择题

1. 建设单位必须在建设工程立项批准后，工程发包前，向建设行政主管部门或者其授权的部门办理（　　）。
　　A. 领取施工许可证手续　　　　B. 工程报建登记手续
　　C. 取得规划许可证手续　　　　D. 质量监督手续

2. 建筑、扩建、改建的建筑工程，（　　）必须在开工前向建设行政主管部门申请领取建设工程施工许可证。
　　A. 监理单位　　B. 建设单位　　C. 施工单位　　D. 设计单位

3. 批准开工报告的建筑工程，因故不能按期开工超过（　　）的，应该重新办理开工报告的审批手续。
　　A. 3 个月　　B. 6 个月　　C. 1 年　　D. 2 年

4. 由两个以上承包单位联合共同承包大型建筑工程的，共同承包的各方对所签订的承包合同的履行（　　）。
　　A. 共同承担责任　　　　B. 按照承揽工程的比例分别承担责任
　　C. 承担连带责任　　　　D. 各自承担责任

5. 两个以上不同资质等级的单位实行联合承包的，应当按照（　　）的业务许可范围承揽工程。
　　A. 资质等级高的单位　　　　B. 联合各方的平均资质等级
　　C. 中等资质等级的单位　　　　D. 资质等级低的单位

6. 申请领取施工许可证要求建设资金已经落实，是指（　　）。
　　A. 到位资金原则上不得少于工程合同价的 50%
　　B. 到位资金原则上不得少于工程合同价的 30%
　　C. 建设工程不足 1 年和超过 1 年的，到位资金原则上不少于工程合同价的 20%～30%
　　D. 建设工程不足 1 年和超过 1 年的，到位资金原则上不少于工程合同价的 30%～50%

7. 建筑工程总承包单位可以将承包工程（　　）。
　　A. 全部分包，但是必须进行总承包管理
　　B. 全部分包，但是必须经过建设单位和监理单位认可
　　C. 进行分包，但是自己也需要完成部分工程
　　D. 进行分包，但是建筑工程主体结构的施工必须由总承包单位自行完成

8. 工程建设监理人员发现工程设计有不符合建筑工程质量标准或者合同约定的质量要

求的，（　　）。

  A．应当立即做出改正　  B．应当在通知设计单位后做出改正

  C．有权要求设计单位改正　  D．应当报告建设单位要求设计单位改正

9．开标时，由（　　）检查投标文件的密封情况，也可以由招标人委托的公证机构检查并且公证。

  A．招标人　  B．招标投标行政监察部门

  C．评标委员会代表　  D．投标人或者其推选的代表

10．《建设工程安全生产管理条例》规定：（　　）时，应当提供与建设工程有关的安全施工措施资料。

  A．建设单位在报建登记手续　  B．建设单位在申请领取施工许可证

  C．施工单位在施工准备　  D．施工单位在编制投标文件

11．在正常使用条件下，屋面防水工程、有防水要求的卫生间、房间和外墙面的防渗漏最低保修期为（　　）。

  A．3年　  B．5年　  C．10年　  D．设计文件规定的该工程的合理使用期限

12．以下用人单位不得解除劳动合同的情形是（　　）。

  A．劳动者患病，医疗期满后不能从事原工作，也不能从事用人单位另行安排的工作的

  B．劳动者不能胜任工作，经过培训或者调整工作岗位仍不能胜任工作的

  C．劳动合同订立时候所依据的情况发生重大变化致使原劳动合同无法履行，经当事人协商不能就变更劳动合同达成协议的

  D．患有职业病或者因工伤并且被确认丧失或者部分丧失劳动能力的

13．大型基础设施项目，施工单位合同估算价在（　　）必须进行招标。

  A．200万元　  B．100万元

  C．50万元　  D．3000万元

14．联合体中标的，（　　）与招标人签订合同。

  A．联合体　  B．联合体各方共同

  C．联合体各方的代表　  D．资质较高的联合方

15．安全生产中，从业人员的知情权是指（　　）。

  A．掌握本职工作所需要的安全生产知识，增强事故预防和应急处理能力

  B．获得符合国家标准的或者行业标准的劳动防护用品的权利

  C．了解其作业场所和工作岗位存在的危险因素、防范措施和事故应急措施

  D．熟悉有关安全生产规章制度和安全操作规程，掌握本岗位安全操作技能

16．建设工程的保修期自（　　）之日起算。

  A．施工期满　  B．竣工验收合格

  C．完成全部施工任务　  D．工程移交

17．施工单位安全生产基本保障措施中，要求施工单位（　　）。

  A．在建设工程施工前，组织设计单位和施工班组进行技术交底

  B．不得在尚未竣工建筑物内设置员工集体宿舍

  C．实施爆破作业前向公安部门申请领取《爆破物品使用许可证》

D. 制定安全生产规章制度和操作规程

18. 施工图设计文件未经审查批准，（　　）不得使用。
    A. 设计单位　　　　　　　　　　　B. 建设单位
    C. 监理单位　　　　　　　　　　　D. 施工单位

19. 施工单位依法承揽工程后，（　　）。
    A. 不得分包工程
    B. 经建设单位同意后可依法转包工程
    C. 必须按照施工设计图纸施工，不得擅自修改工程设计
    D. 不得更换项目经理

20. 员工集体宿舍不得设置在（　　）。
    A. 临近易燃物仓库　　　　　　　　B. 厂区内
    C. 设有车间的建筑物内　　　　　　D. 建筑物的地下室

21. 从事建筑工程活动的人员，要通过国家任职资格考试、考核，由建设行政主管部门（　　）。
    A. 颁发资格证书　　　　　　　　　B. 予以注册
    C. 注册并颁发资格证书　　　　　　D. 颁发资质证书

二、多项选择题

1. 根据《招标投标法》的规定，必须招标的建设项目范围是（　　）。
   A. 大型基础设施、公用事业等关系社会公共利益、公众安全的项目
   B. 全部使用国有资金投资或者国家融资的项目
   C. 部分使用国有资金投资的项目
   D. 使用国际组织援助资金的项目
   E. 与外商合资或者合作建设的项目

2. 关于评标委员会的组成，以下论述正确的是（　　）。
   A. 由有关技术、经济等方面的专家组成，招标人不得参加
   B. 成员人数为 5 人以上单数
   C. 招投标行政监督部门可以选派代表参加评标委员会
   D. 评标委员会中的技术、经济等方面的专家不得少于成员总数的三分之二
   E. 评标委员会成员的名单在开标时应该向所有投标人公开

3. 建设单位应当在拆除工程施工 15 日前，将（　　）资料报送建设工程所在地的县级以上地方人民政府主管部门或者其他有关部门备案。
   A. 拆除工程施工期间　　　　　　　B. 施工单位资质等级证明
   C. 拆除施工组织方案　　　　　　　D. 堆放、清除废弃物的措施
   E. 拟拆除建筑物、构筑物及可能危及毗邻建筑的说明

4. 设计单位的安全责任包括（　　）。
   A. 按照法律、法规和工程建设强制性标准进行设计
   B. 对涉及施工安全的重点部位和环节在设计文件中注明，并对防范安全生产事故提出指导意见

C. 对涉及施工安全的重点部位和环节在设计文件中注明,并制定详细的安全技术措施

D. 采用新结构、新材料、新工艺的建设工程和特殊结构的建设工程,应当在设计中提出保障施工作业人员安全和预防安全生产事故的措施建议

E. 设计单位和注册建筑师等注册执业人员应当对其设计负责

5. 《建筑法》规定,申请领取建筑施工许可证应该具备的条件有(    )。

   A. 拆迁工作已经全部完成
   B. 有满足施工需要的施工图纸及技术资料
   C. 建筑施工企业已经进驻现场
   D. 建设资金已经落实
   E. 有保证工程质量和安全的具体措施

6. 《建筑法》有关承揽工程的禁止性规定有(    )。

   A. 禁止将建筑工程肢解发包
   B. 禁止建筑施工企业超越资质等级承揽工程
   C. 禁止施工企业冒用其他施工企业的名义承揽工程
   D. 禁止与低资质等级的企业联合承包
   E. 禁止施工企业允许其他单位使用本企业的资质证书以本企业的名义承揽工程

7. 建筑工程监理企业不得与(    )有隶属关系或者其他利害关系。

   A. 被监理工程的承包单位          B. 建筑材料供应单位
   C. 建设单位                      D. 设备制造单位
   E. 建设行政主管部门

8. 大型基础设施、公用事业等关系到社会公共利益、公众安全的项目,项目的(    )等的采购达到法定标准的,必须进行招标。

   A. 委托项目可行性研究            B. 工程施工
   C. 委托招标代理                  D. 监理
   E. 重要物资、材料

9. 安全生产中从业人员依法享有(    )等权利。

   A. 知情权                        B. 危险报告权
   C. 紧急避险权                    D. 拒绝权
   E. 民主监督权

10. 设计单位进行建设工程设计时,应当履行(    )等法定义务。

    A. 不得转包和分包所承揽的工程
    B. 根据勘察成果文件进行建设工程设计
    C. 对有特殊要求的专用设备不得指定生产厂
    D. 按照工程建设强制性标准进行设计,注册执业人员应当在设计文件上签字,对设计文件负责
    E. 对于因设计质量引起的质量缺陷负责保修

# 第 2 章 合同法律制度

## 教学导航

| 知识重点 | 1. 合同订立形式； 2. 合同变更、转让与终止； 3. 违约责任的免除 |
|---|---|
| 知识难点 | 1. 合同的效力； 2. 要约与要约邀请的区别 |
| 学习要求 | 掌握要约与承诺的有效条件和合同的一般条款，有效合同的成立要件及无效合同的认定和处理，合同的履行及履行中的抗辩权、代位权和撤销权的规定，违约责任的构成要件、违约责任的形式及免责的规定，合同的形式，可撤销合同、效力待定合同和附条件、附期限合同的效力的法律规定，合同的变更、转让和终止的规定；<br>熟悉合同担保的形式；<br>了解合同的概念、合同法的基本原则和合同的种类 |
| 推荐教学方式 | 从整个行业的合同订立与效力入手，重点讲解建筑工程合同签订的特殊之处 |
| 建议学时 | 12 学时 |

**【案例 2-1】** 在通过公开招投标后,海宏建筑企业中标,中标价 2586 万元。随后与业主签订了施工合同,合同价款为 2600 万元。签订合同不久,业主要求海宏建筑企业必须再次签订一个施工合同用于备案,合同价款为 1800 万元,并承诺实际履行时以合同价款为 2600 万元的合同为准。海宏建筑企业迫于业主方的压力签订了第二个合同。一年后,工程合格竣工,海宏建筑企业共拿到工程款 1500 万元,公司负责人多次催要剩余 1100 万元工程款未果,遂起诉。法庭上,业主方称:备案的合同价款为 1800 万元,根据我国相关法律规定,若签订阴阳合同的,以备案合同为准。所以只愿意支付剩余的 300 万元工程款。你认为业主方的说法正确吗?请说明理由。

**评析:** 业主方的说法是错误的。根据《招标投标法》第四十六条规定:"招标人和中标人应当自中标通知书发出之日起三十日内,按照招标文件和中标人的投标文件订立书面合同。招标人和中标人不得再行订立背离合同实质性内容的其他协议。"案例中,虽然第二个合同为备案合同,但是合同的内容极大地背离了中标人的投标文件,可认为是无效合同,因此简单地以备案合同作为结算依据是不妥的。

## 2.1 合同的订立与效力

### 2.1.1 合同的订立

**1. 合同的概念、特征和分类**

1)合同的概念

合同亦称契约,是指平等主体的自然人、法人、其他组织之间设立、变更、终止民事权利义务关系的协议。

2)合同的特征

(1)合同是一种民事法律行为。合同不是一种事实行为,而是一种法律行为。合同是当事人在自愿的基础上达成的协议,是以发生一定民事法律后果为目的的法律行为,不具有发生民事法律后果目的的行为不是合同。

(2)合同是双方的或多方的民事法律行为。合同的主体必须有两个或者两个以上,合同的成立是双方或多方当事人意思表示一致的产物,所以合同是双方或多方的民事法律行为,不是单方的法律行为。

(3)合同当事人的法律地位平等。在合同关系中,当事人的法律地位平等,应通过协商的方法签订合同,任何一方不得凭借行政权力、经济实力将自己的意思强加给另一方。

(4)合同是当事人合法的行为。合同的订立和内容必须合法,合同中确定的权利和义务必须是双方当事人依法可以行使的权利和承担的义务。

3)合同的分类

根据不同的标准,可将合同分为不同的种类。对合同进行分类的意义在于可以帮助当事人更好地订立和履行合同,正确地运用法律和处理合同纠纷。一般来说,对合同可以做如下分类。

(1)有名合同与无名合同:以法律是否对合同规定有确定的名称及调整规则为标准,可

将合同分为有名合同与无名合同。

有名合同是指法律上已经确定了一定的名称及规则的合同，又称典型合同。《中华人民共和国合同法》（下称《合同法》）所规定的买卖合同、赠与合同、借款合同、租赁合同、承揽合同、保管合同、运输合同等 15 类合同，以及在一些单行法律中所规定的合同，如《保险法》中所规定的保险合同，这些合同都属有名合同。

无名合同是指法律上尚未确定一定的名称及规则的合同，又称非典型合同。合同法不但不禁止当事人订立无名合同，而且还鼓励当事人订立无名合同。

有名合同与无名合同的主要区别在于两者的法律适用不同。有名合同可直接适用《合同法》和其他相关的单行法律的具体规定。而无名合同则只能在适用《合同法》总则中规定的一般规则的同时，参照适用《合同法》分则或者其他法律中最相类似的规定。

（2）双务合同与单务合同：以合同当事人是否要互负相应义务为标准，可将合同分为单务合同与双务合同。

双务合同是指当事人双方互负给付义务的合同。也就是说双务合同中的一方当事人享有的权利，即为另一方当事人所负有的义务，而另一方当事人享有的权利，则是一方当事人所负有的义务。买卖合同、租赁合同等均为双务合同。绝大多数的合同为双务合同。

单务合同是指只有一方当事人负有给付义务的合同。也就是说单务合同中的一方当事人只享有权利，不负有给付义务，而另一方当事人只负有给付义务，不享有权利。一般性的赠与合同、借用合同就属于单务合同。

（3）有偿合同与无偿合同：以合同当事人权利的获得是否以支付相应代价为标准，可将合同分为有偿合同与无偿合同。

有偿合同是指当事人从合同中得到利益要支付相应代价的合同。买卖合同、租赁合同都属有偿合同。

无偿合同是指当事人从合同中得到利益而不需要付出相应代价的合同。赠与合同、借用合同都属无偿合同。

（4）诺成合同与实践合同：根据合同是在当事人意思表示一致时成立，还是在当事人意思表示一致后，仍须有实际交付标的物的行为才能成立，可将合同分为诺成合同与实践合同。

诺成合同是指在当事人意思表示一致时即告成立的合同。大多数的合同都属诺成合同。

实践合同是指在当事人意思表示一致后，仍须有实际交付标的物的行为才能成立的合同。如质押合同就属实践合同，这种合同要求当事人就质物的质押的意思表示达成一致后，还要求质押人必须将质物移交给质权人占有，合同才能成立并生效。通常要确定某种合同是否是实践合同，应根据法律的规定及交易惯例而定。

（5）要式合同与不要式合同：以法律、法规是否特别要求合同必须符合一定的形式才能成立为标准，可将合同分为要式合同与不要式合同。

要式合同是指合同成立必须采用特定形式的合同。不要式合同是法律对合同的成立未规定特定形式的合同。

（6）主合同与从合同：以合同是否具有从属性为标准可将合同分为主合同与从合同。

主合同是无须以其他合同存在为前提即可独立存在的合同。

从合同是必须以其他合同的存在为前提才可存在的合同。如保证合同相对于主债务合同而言即为从合同。由于从合同要依赖主合同的存在而存在，所以从合同又被称为"附属合同"。

## 2. 合同法的概念和适用范围

1) 合同法的概念

合同法是调整平等主体之间合同关系的法律规范的总称。

我国现行的《合同法》经九届人大二次会议（1999年召开）通过，并于同年10月1日施行，其立法的目的是保护当事人的合法权益，维护社会经济秩序，促进社会主义现代化建设。

2) 合同法的适用范围

我国《合同法》第二条明确规定："本法所称合同是平等主体的自然人、法人、其他组织之间设立、变更、终止民事权利义务关系的协议。婚姻、收养、监护等有关身份关系的协议，适用其他法律的规定。"该条明确规定了我国合同法的适用范围，合同法调整的是平等主体之间的民事关系。在此需注意的是，政府的经济管理活动，属于行政管理关系，不是民事关系，不适用《合同法》；企业、单位内部的管理关系，不是平等主体间的关系，也不适用《合同法》；有关婚姻、收养、监护等有关身份关系的协议，虽然是平等主体间的关系，但也不适用《合同法》的规定，由其他法律调整。

## 3. 合同订立的形式

1) 合同订立的概念

合同的订立是指两个或者两个以上的当事人，依法就合同的主要条款通过协商一致，达成协议的法律行为。

订立合同的形式，是合同双方当事人之间明确相互权利和义务的方式，是双方当事人意思表示一致的外在表现。

合同的当事人可以是自然人，也可以是法人或者其他组织。订立合同当事人必须具备与所订立合同相适应的民事权利能力和民事行为能力。当事人也可以依法委托代理人订立合同。因此，在订立合同时，应当注意了解对方是否具有相应的民事权利能力和民事行为能力，是否受委托及委托代理的事项、权限等。

2) 订立合同的形式

合同的形式是指合同当事人达成的协议的表现形式。《合同法》规定，当事人订立合同可以有三种形式：书面形式、口头形式和其他形式。

(1) 书面形式是指合同书、信件和数据电文（包括电报、电传、传真和电子邮件）等可以有形地表现所载内容的形式。

法律、行政法规规定采用书面形式的，应当采用书面形式，如我国法律规定，建设工程合同应当采用书面形式，应以招标的方式订立。当事人约定采用书面形式的，应当采用书面形式。书面形式虽然没有口头形式迅速、简便，但由于有据可查，有利于保障交易安全、减少纠纷，发生纠纷时也易于分清责任，因此在实践中，书面形式是当事人最普遍采用的一种合同约定形式。

(2) 口头形式的合同，是指当事人之间就合同内容达成一致的口头协议。例如，居民在菜市场买菜的行为就是口头形式。口头形式合同迅速、简便，缺点是发生纠纷的时候难以取证，不易分清责任。所以，对于不即时清结的和较为重要的合同不宜采用口头形式。

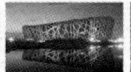

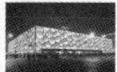

(3) 其他形式。除了书面形式和口头形式以外，合同还可以以其他形式订立。法律没有列举具体的其他形式。一般认为，不属于上述两种形式，但根据当事人的行为或者特定情形能够推定合同成立的其他形式（推定形式），或者根据交易习惯所采用的其他形式（如默示形式），都属于法律上认可的合同的其他形式。

如《合同法》第三十六条明确规定，法律、行政法规规定或者当事人约定采用书面形式订立合同，当事人未采用书面形式但一方已经履行主要义务，对方接受的，该合同成立。《合同法》第三十七条明确规定，采用合同书形式订立合同，在签字或者盖章之前，当事人一方已经履行主要义务，对方接受的，该合同成立。在上述两种情况下，合同均不具备应具备的书面形式，但可以通过当事人的行为推定合同成立。

【案例2-2】监理工程师王某为了工作方便，于2004年5月租了李某位于开发区的一套住房，约定租期为一年。到2005年5月一年期满后，王某没有搬出而是继续居住，并且以同样标准继续支付了2005年6月的房租，房东李某也没有表示任何异议。

请分析，监理工程师王某与房东李某之间是否仍然存在合同关系？

评析：监理工程师王某与房东李某之间仍然存在合同关系。

因为虽然监理工程师王某与房东李某之间合同已经到期，但是，王某仍然继续居住并且支付了租金，房东李某也没有表示异议，故根据合同形式的相关法律规定可以推定双方都默认了租房合同的继续存在。

4. 合同的内容

合同的内容，是指合同当事人约定享有的债权和承担的债务。合同的内容通过合同的条款来体现，由当事人约定，依合同种类的不同而有所不同。

1）合同的主要条款

合同的条款可以分为主要条款和一般条款。主要条款又称必要条款，是指合同必须具备的条款，它决定着合同的类型和当事人的基本权利和义务，因此具有重要意义。不同种类的合同，其主要条款也是有区别的。

根据我国《合同法》第十二条第1款的规定，合同一般包括以下条款。

(1) 当事人的名称或者姓名和住所。当事人的名称和姓名用以确定合同的当事人，因当事人是合同权利和合同义务的主体，订立合同须有当事人。法人和其他组织订立合同的，合同中应写明名称；自然人签订合同的，合同中应写明姓名。当事人的住所关系到文书的送达、合同的履行地、诉讼管辖等重要问题，因此在合同中还要写明当事人的住所。

(2) 标的。标的是合同当事人权利和义务共同指向的对象。若合同不规定标的，就会失去目的和意义。标的是一切合同的主要条款，不可或缺。合同的标的可以是物（包括实物和货币），也可以是行为，还可以是智力成果。如买卖合同的标的是货物，借款合同的标的是货币，运输合同的标的是劳务行为。

(3) 数量。数量是以数字和计量单位来表示标的的尺度，以此确定当事人权利和义务的大小。当事人应当约定具体的计量单位、计量方法，尽量使用法定的计量单位。对因物理属性可能发生自然增减的标的，当事人可在合同中对数量做机动性的规定，如可在合同中规定合理的磅差、正负尾差等。

（4）质量。质量是指标的的具体特征，是标的内在素质和外观形态的综合，包括标的品种、规格、型号、等级、标准、技术要求等。质量条款必须符合我国《产品质量法》等法律、法规的规定。标的的质量条款是合同中非常重要的内容，应尽量明确、详细、具体，以免发生合同纠纷。标的质量有国家标准或行业标准的，按国家标准或行业标准，没有国家标准或行业标准的，由双方当事人协商确定。

（5）价款或者报酬。价款或报酬是有偿合同的必备条款。价款是指取得标的物所应支付的代价；报酬是指当事人接受对方提供的劳务、服务而应支付的代价。价款或报酬除法律规定必须执行国家定价的以外，由当事人议定，在合同中应当明确规定其数额、计算标准、结算方式和程序。

（6）履行期限、地点和方式。履行期限是指当事人在合同中约定的交货、付款和完成一定工作任务的时间界限。它是衡量合同能否如期履行的标准，必须在合同中明确、具体地规定。履行地点是指当事人享受权利、履行义务的地点、场所，它关系着验收地点的确定、运费的负担、风险的承担，而且还是确定诉讼管辖的依据之一。所以，履行地点必须在合同中明确规定。履行方式是指合同当事人以何种方法履行义务，包括交货方式、付款方式、结算方式等，这也必须在合同中明确规定。

（7）违约责任。违约责任，是指当事人不履行合同义务或者履行合同义务不符合约定时，按照法律或者合同的规定所应承担的法律责任。违约责任是合同具有法律约束力的重要体现，约定违约责任的目的是促使当事人履行合同，使守约方免受或少受损失。法律、法规对违约责任有规定的，按规定执行；法律、法规没有规定的，由当事人双方协商确定。

（8）解决争议的方法。解决争议的方法是指合同当事人在合同纠纷发生后，以何种方法解决。解决争议的方法主要有：当事人协商和解；第三人调解；仲裁；诉讼。当事人可以选择解决合同争议的方法。如果意图通过诉讼解决争议，可以不进行约定；但要通过其他途径解决则要经过事先或者事后的约定。如果选择通过仲裁解决，还应当明确选择的是哪个仲裁机构，否则将无法确定仲裁条款的效力。另外，在涉外合同中，除法律有特别规定的以外，当事人还可以选择处理合同争议所适用的法律。

《合同法》第十二条规定的上述合同条款，对于买卖合同而言，都属主要条款，而对其他类型的合同而言，并非都是主要条款。比如：根据《合同法》第二百七十四条规定，勘察、设计合同的主要条款包括提交有关基础资料和文件（包括预算）的期限、质量要求、费用及其他协作等条款；根据《合同法》第二百七十五条规定，施工合同的主要条款包括工程范围、建设工期、中间交工工程的开工和竣工时间、工程质量、工程造价、技术资料交付时间、材料和设备供应责任、拨款和结算、竣工验收、质量保修范围和质量保证期、双方相互协作等条款。

一般条款是指合同主要条款以外的条款，并非合同必须具备的条款。

合同主要条款的确定标准主要有以下几种：法律直接规定为主要条款的，如《合同法》规定借款合同中应有借款币种的条款，该条款即为主要条款；由合同的类型和性质决定的，如价款条款在买卖合同中应属主要条款，不能缺少，而对赠与合同而言就不是主要条款；当事人特别约定的，如买卖合同中一方当事人提出必须就交货地点达成协议，否则合同不成立，那么交货地点条款在该买卖合同中就是主要条款。

2）合同的格式条款

在合同条款中还要引起重视的是格式条款的相关问题。我国《合同法》第三十九条规定，格式条款是当事人为了重复使用而预先拟定，并在订立合同时未与对方协商的条款。格式条款的适用可以简化签约程序，加快交易速度，减少交易成本。但是，由于格式条款是由一方当事人拟订，相对人不参与订约的协商过程，只能对一方提出的格式条款表示接受或者不接受，双方地位实际上并不平等，其条款内容难免有不够公平之处。为防止提供格式条款的一方利用格式条款损害相对人的合法权益，我国《合同法》通过加重提供格式条款人的责任，以求得格式条款双方当事人利益的实际平衡。具体表现为三点：

（1）提供格式条款的一方应当遵循公平原则确定当事人之间的权利和义务，并采取合理的方式提请对方注意免除或者限制其责任的条款，按照对方的要求，对该条款予以说明。

（2）格式条款具有《合同法》规定的合同无效和免责条款无效的情形，或者提供格式条款一方免除其责任、加重对方责任、排除对方主要权利的，该条款无效。

（3）对格式条款的理解发生争议的，应当按照通常理解予以解释。对格式条款有两种以上解释的，应当做出不利于提供格式条款一方的解释。格式条款与非格式条款不一致的，应当采用非格式条款。

### 5. 合同的订立过程

《合同法》规定："当事人订立合同，采取要约和承诺方式。"即合同的订立包括要约和承诺两个阶段。

1）要约

（1）要约的概念。要约又称发价、发盘、出价、出盘或报价等，是指希望和他人订立合同的意思表示，是一方当事人向对方提出签订合同的建议和要求。发出要约的当事人称为要约人，要约所指向的相对方称为受要约人。

要约应具备下列条件。

首先，内容要具体确定。内容具体确定包括：第一，要约必须是特定人的意思表示；第二，受要约人一般也是特定的，但在一些特殊情况下，要约人也可以向不特定的人发出要约；第三，要约的内容必须具有足以决定合同内容的主要条款。如勘察、设计合同必须包括提交有关基础资料和文件（包括预算）的期限、质量要求、费用及其他协作等主要条款；并且要约的内容必须明确，不能含糊不清，令人费解。

其次，要约经受要约人承诺，要约人即受该意思表示约束。要约是一种法律行为，要约人受到要约的约束：当要约已送达给受要约人后，在要约的有效期限内，要约人不得擅自撤回要约或者变更要约内容。也就是说，如对方接受要约，合同即告成立。

（2）要约邀请。要约邀请又称要约引诱，是希望他人向自己发出要约的意思表示。与要约不同，要约邀请不属于订立合同的行为，只是合同准备阶段，没有法律约束力的行为，如寄送的价目表、拍卖公告、招标公告、招股说明书等为要约邀请。在此需要注意的是，商业广告视其内容确定是要约还是要约邀请，若内容符合要约规定条件的，则视为要约，否则是要约邀请。

【案例2-3】甲公司向包括乙公司在内的十余家公司发出关于某建设项目的招标书。乙公司在接到招标书后向甲公司发出了投标书。甲公司经过决标，确定乙公司中标，并向其发出中标通知书。请分析甲公司发出招标书和乙公司发出投标书行为的性质。

评析：甲公司发出招标书的行为在性质上属于要约邀请；乙公司发出投标书的行为在性质上属于要约。

因为甲公司发出招标书的行为是希望收到招标书的公司能够向自己发出要约的意思表示，故属于要约邀请；而乙公司发出投标书的行为是希望能够和甲公司订立合同的意思表示，故属于要约。

（3）要约生效时间。我国《合同法》规定："要约到达受要约人时生效。"因要约的方式多样，所以确定到达的时间标准也就不同。要约采取对话形式的，受要约人听到时，即为到达；采取邮寄方式的，送达受要约人所能支配的场所时，即为到达；采用数据电文形式的，如收件人指定特定系统接收数据电文的，该数据进入该特定系统的时间，视为到达时间，如未指定特定系统的，该数据电文进入收件人的任何系统的首次时间，视为到达时间。

需要注意的是，要约到达受要约人，并不是指要约一定要实际送达受要约人或者其代理人手中，要约只要送达到受要约人通常的地址、住所或者能够控制的地方（如信箱等）即为送达。

（4）要约的撤回、撤销与失效。

要约的撤回，是指要约人在要约发出以后，生效之前，使要约不发生法律效力的意思表示。我国《合同法》规定：要约可以撤回，撤回要约的通知应当在要约到达受要约人之前或者与要约同时到达受要约人。法律规定要约可以撤回，原因在于这时要约尚未发生法律效力，撤回要约不会对受要约人产生任何影响，也不会对交易秩序产生不良影响。

要约的撤销，是指要约人在要约生效后，使要约丧失法律效力的意思表示。也就是说，要约已经到达受要约人，在受要约人承诺前，要约人可以撤销要约。我国《合同法》规定，要约可以撤销。撤销要约的通知应当在受要约人发出承诺之前到达受要约人。由于撤销要约可能会给受要约人带来不利影响，损害受要约人的利益，所以法律规定有下列情形之一的，要约不得撤销。

① 要约中规定了承诺期限或者以其他形式表明要约是不可撤销的。

② 受要约人有理由信赖要约是不可撤销的，并已经为履行合同做了准备工作，则不可撤销要约。

除了上述两种情况，要约均是可以撤销的。

要约的失效，是指要约丧失了法律拘束力。要约失去效力后，要约人不再受要约的约束，受要约人也终止了承诺的权利。要约失效的原因很多，根据我国《合同法》的规定，要约失效主要有以下几种情况。

① 拒绝要约的通知到达要约人。

② 要约人依法撤销要约。

③ 承诺期限届满，受要约人未作出承诺。

④ 受要约人对要约的内容作出实质性变更。

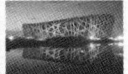

【案例2-4】洪达安装公司2005年5月6日向万宁公司发出购买安装设备的要约,称对方如果同意该要约条件,请在10日内予以答复,否则将另找其他公司签约。第3天,正当万宁公司准备回函同意要约时,洪达安装公司又发一函,称前述要约作废,已与别家公司签订合同,万宁公司认为10日尚未届满,要约仍然有效,自己同意要约条件,要求对方遵守要约。双方发生争议,起诉至法院。要求分析洪达安装公司的要约是否生效,要约能否撤回或撤销。

评析:洪达安装公司的要约已经生效。因为,根据《合同法》的规定,要约到达受要约人时生效,洪达安装公司发出的要约已经到达受要约人,所以该要约已经生效。

洪达安装公司的要约不能撤回也不能撤销。

根据《合同法》的规定,在要约生效前,要约可以撤回,洪达安装公司发出的要约已经生效,因此不能撤回。要约人在要约生效后,受要约人承诺前,可以撤销要约,但是《合同法》规定,要约中规定了承诺期限或者以其他形式表明要约是不可撤销的,则要约不能撤销,本案中,洪达安装公司的要约称对方如果同意该要约条件,请在10日内予以答复,属于要约中明确规定了承诺期限,所以不得撤销。

2)承诺

(1)承诺的概念。承诺也称接受,是指受要约人同意要约的意思表示,承诺生效时合同成立。承诺应当具备下列条件。

① 承诺必须是由受要约人向要约人作出。受要约人包括其本人及其合法代理人。

② 承诺必须是向要约人作出。

③ 承诺的内容应当与要约的内容一致。如果承诺的内容与要约的内容不相一致,则构成一项新的要约,或称为反要约。但如果承诺中只是对要约的非实质性内容做了变更,一般不会影响承诺的效力。我国《合同法》规定:"承诺对要约的内容做出非实质性变更的,除要约人及时表示反对或者要约人已表明承诺不得对要约的内容做出任何变更的以外,该承诺有效,合同的内容以承诺的内容为准。"

在此需要注意的是,有关合同标的、数量、质量、价款或者报酬、履行期限、履行地点和方式、违约责任和解决争议方法等的变更,是对要约内容的实质变更。

④ 承诺必须在规定的期限内作出。如果要约规定了有效期限,则应该在该期限内承诺,如果没有规定有效期限,则应当在合理期限内作出承诺。受要约人超过了规定的有效期限或合理期限作出承诺,则视为承诺迟延或称为逾期承诺。一般而言,逾期的承诺被视为一项新的要约,只有要约人及时通知受要约人该承诺有效,才会使该承诺成为有效的承诺。

⑤ 承诺必须表明受要约人决定与要约人订立合同。这就要求受要约人的承诺必须清楚明确,不能含糊。

不符合上述条件的承诺,不能认为是承诺。

(2)承诺的方式,是指受要约人将其承诺的意思传达给要约人所采用的方式。承诺应当以通知的方式作出,但根据交易习惯或者要约表明可以通过行为作出承诺的除外。

(3)承诺的期限。承诺应当在要约确定的期限内到达要约人。

要约没有确定承诺期限的,承诺应当依照下列规定到达:如果要约是以对话方式作出的,应当即时作出承诺,但当事人另有约定的除外;如果要约是以非对话方式作出的,承诺应当

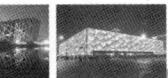

在合理期限内到达。

承诺期限的计算:要约是以信件或者电报作出的,承诺期限自信件载明的日期或者电报交发之日开始计算。信件未载明日期的,自投寄该信件的邮戳日期开始计算。要约是以电话、传真等快速通信方式作出的,承诺期限自要约到达受要约人时开始计算。

(4)承诺的生效。我国《合同法》规定:"承诺通知到达要约人时生效。承诺不需要通知的,根据交易习惯或者要约的要求作出承诺的行为时生效。"由此可知,确定承诺生效的时间应区分两种情况。

① 承诺于表示同意的通知到达要约人时生效。如果表示同意的通知在要约人所规定的时间内未到达要约人,或未规定时间,在一段合理的时间内未到达要约人,承诺无效。但受要约人在承诺期限内发出承诺,按照通常情形能够及时到达要约人,因其他原因承诺到达要约人时超过期限的,除要约人及时通知受要约人因承诺超过期限不接受该承诺的以外,该承诺有效。关于承诺到达生效时间的确定与要约到达受要约人时生效时间的确定方法相同,应区分对话方式、邮寄方式和数据电文方式,采取不同的确定标准。

② 承诺不需要通知的,根据交易习惯或者要约的要求作出承诺的行为时生效。如以发送货物或者支付货款等行为来表示同意,则无须向要约人发出通知,承诺于该项行为作出时生效。这种情况,实际上是到达生效原则的一种例外。

(5)承诺的撤回,是指受约人在发出承诺通知以后,在承诺正式生效之前撤回其承诺。

我国《合同法》规定:"承诺可以撤回。撤回承诺的通知应当在承诺通知到达要约人之前或者与承诺通知同时到达要约人。"

【案例2-5】2008年5月2日,某建筑公司向A建材公司发出要约,主要内容为需要购买一批砂子,并约定采用电子邮件方式作出承诺,承诺日期为2008年5月5日上午9点。建材公司收到要约后,经过研究决定同意要约,并于2008年5月5日上午8点30分以电子邮件的形式作出了承诺。但是,由于建筑公司所在地区的网络出现故障,直到5月6日上午12点30分才收到电子邮件。而在此期间,建筑公司误以为A建材公司并不打算出售砂子,故已向B建材公司发出要约,并已获得承诺,且已开始进行砂子的运输事宜。此后,建筑公司已及时向A建材公司进行解释,要求撤销。A建材公司认为本公司为进行销售已作了准备工作,要求建筑公司进行相关赔偿。你认为此建筑公司与A建材公司之间的承诺是否有效?

评析:该承诺是否有效由建筑公司决定。根据《合同法》,采用数据电文形式订立合同的,收件人指定特定系统接收数据电文的,该数据电文进入该特定系统的时间,视为到达时间。同时,《合同法》第二十九条规定"受要约人在承诺期间内发出承诺,按照通常情形能够及时到达要约人,但因其他原因承诺到达要约人时超过承诺期限的,除要约人及时通知受要约人因承诺超过期限不接收该承诺的以外,该承诺有效"。

6. 合同成立的时间与地点

(1)合同成立的时间。我国《合同法》规定:"承诺生效时合同成立。"这是关于合同成立时间法律上的一般性规定,对于特殊情况,《合同法》又规定了确认合同成立的不同时间标准:当事人约定采用合同书形式订立合同的,自双方当事人签字或者盖章时合同成立;当事人采用信件、数据电文等形式订立合同的,可以在合同成立之前要求签订确认书,签订确认书时合同成立。

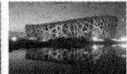

（2）合同成立的地点。合同成立的地点可能关系到案件的管辖地。在涉外合同中，合同的成立地点还可能涉及选择法律适用的问题。因此明确合同成立的地点十分重要。我国《合同法》规定：承诺生效的地点为合同成立的地点；采用数据电文形式订立的合同，收件人主营业地为合同成立的地点，没有主营业地的，其经常居住地为合同成立的地点，当事人另有约定的，按其约定；采用合同书形式订立合同的，双方当事人签字或者盖章的地点为合同成立的地点，若双方当事人未在同一地点签字或者盖章的，则以最后一方签字或者盖章的地点为合同成立的地点。

【案例2-6】甲建筑公司向乙水泥厂发出购买水泥的要约，称如果对方同意其条件，将答复意见发至其电子邮箱中，乙水泥厂应约将承诺发至其邮箱中，即开始准备履行合同。但是甲建筑公司经办人却因为在外开会，一直未打开邮箱查看，致使甲建筑公司以为乙水泥厂未做承诺。1个月后，当乙水泥厂要求甲建筑公司履行合同义务时，甲建筑公司称双方并未签订合同，故没有履行义务。

请分析，甲建筑公司与乙水泥厂之间是否存在合同关系？

**评析**：甲建筑公司与乙水泥厂之间存在合同关系。

根据《合同法》的规定，承诺生效时合同成立。承诺通知到达受要约人时生效。采用数据电文形式订立合同的，数据电文进入收件人指定系统的时间视为到达时间。故乙水泥厂应约将承诺发至甲建筑公司指定的邮箱中，承诺即生效，合同也即成立，甲建筑公司与乙水泥厂之间存在合同关系。

### 7. 缔约过失责任

1）缔约过失责任的概念和特点

缔约过失责任，是指在合同订立过程中，一方因违背其依据诚实信用原则所产生的义务，而致使另一方的信赖利益损失时所应承担的损害赔偿责任。

缔约过失责任发生于合同不成立或者合同无效的缔约过程。构成缔约过失责任要有三个条件。

（1）当事人有过错，主要是指一方违背其依诚实信用原则应负的义务。

（2）有损害后果发生，主要是指造成他人信赖利益的损失。

（3）当事人的过错行为和造成的损失有因果关系。

一般情况下，当事人根据自愿和诚实信用原则进行协商，决定是否订立合同。协商不成也无须承担责任。但是如果当事人违背其依诚实信用原则，给对方造成了损失，就应当承担损害赔偿责任。

2）缔约过失责任的表现情形

根据《合同法》的规定，缔约过失责任的表现主要有如下几种。

（1）假借订立合同，恶意进行磋商。

（2）故意隐瞒与订立合同有关的重要事实或者提供虚假情况。

（3）泄露或不正当地使用在订立过程中知悉的对方的商业秘密。

（4）其他违背诚实信用原则的行为。主要包括：要约人违反有效的要约；违反初步协议；违反附随义务；合同无效和被撤销；无权代理等。

3）缔约过失责任的赔偿范围

缔约过失造成的是信赖利益损失。因此缔约过失责任应当以信赖利益作为赔偿的基本范围。信赖利益的损失限于直接损失，即因为信赖合同的成立和生效所支出的各种费用，如电话费、交通费等。

### 2.1.2 合同的效力

合同的效力是指合同是否有效。有效的合同对当事人具有法律约束力，国家法律予以保护；无效合同不具有法律约束力。我国《合同法》对合同的效力规定了四种情况：依法成立的有效合同；无效合同；可撤销合同；效力待定合同。

#### 1. 合同的生效

【案例2-7】某钢铁公司需要进行高炉改造工程，由于改造工程工程量不大并且其中采用了一些特殊工艺，经有关部门批准，钢铁公司将改造任务直接发包给了甲施工公司。但是双方并没有签订书面合同。次年，施工单位按约定合格完成了工程，但钢铁公司一直拖欠工程款没有支付。钢铁公司声称："建设工程应当采用书面形式订立合同，但本工程并没有采用书面形式，因此是无效的。"你认为，钢铁公司的说法正确吗？

**评析**：钢铁公司的说法是不正确的。

《合同法》第三十六条规定，法律、行政法规规定或者当事人约定采用书面形式订立合同，当事人未采用书面形式但一方已经履行主要义务，对方接受的，该合同成立。

根据《合同法》的规定，合同生效主要有以下几种情况。

（1）依法成立的合同，自成立时生效。未依法成立的合同，虽已成立，但不一定产生法律约束力，这需要按欠缺合同生效条件的程度，分别按无效合同、可撤销合同、效力待定合同处理。

（2）依法成立的合同，若法律、行政法规规定应当办理批准、登记等手续的，合同办理了批准、登记等手续后生效。依照法律、行政法规规定：合同应办理批准手续，或者办理批准、登记等手续才生效的，在一审法庭辩论终结前当事人仍未办理批准手续的，或者仍未办理批准、登记等手续的，该合同应被认定未生效；法律、行政法规规定合同应当办理登记手续，但未规定登记后生效的，当事人未办理登记手续不影响合同的效力，但合同标的物所有权及其他物权不能转移。

（3）附条件合同的生效。附条件合同是指当事人在合同中特别规定一定的条件，以条件的是否成立来决定合同效力的发生或消灭的合同。合同中所附的条件必须具备以下条件。

① 是将来发生的事实，已发生的事实不能作为条件。

② 是不确定的事实，即条件是否成立，当事人不能肯定。

③ 是当事人任意选择的事实，而非法定的事实。

④ 是合法的事实，不得以违反法律或违反社会公共利益的事实作为所附条件。

⑤ 所限制的是合同效力的发生或消灭，而不涉及合同的内容，所以所附条件不能与合同的内容相矛盾。

根据条件对合同本身所起的作用，可将条件分为两类：一是生效条件，又称延缓条件，

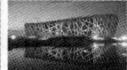

是指限制合同效力发生的条件,延续条件一旦成立,合同的效力就产生;二是解除条件,又称消灭条件,是限制合同效力消灭的条件,解除条件一旦成立,合同效力就消灭。

当事人对合同的效力可以约定附条件。当事人为自己的利益不正当地阻止条件成立的,视为条件已成立;不正当地促成条件成立的,视为条件未成立。

(4)附期限合同的生效。附期限的合同是指当事人在合同中约定一定的期限,并把期限的到来作为合同效力的发生或消灭根据的合同。

当事人在合同中既可附生效期限,又称始期;也可附终止期限,又称终期。附生效期限的合同,在期限到来以前,合同虽已成立,但尚未生效,待所附生效期限到来时,合同的效力才发生。附终止期限的合同,在所附期限到来之前,合同继续有效,而在期限到来时,合同效力消灭。

【案例2-8】2005年1月,工程师张某与如意居房地产公司签订房屋买卖合同,购买了位于如意居小区二期的住房一套,但没有向房地产管理部门办理登记。2005年6月的时候,该房地产公司又将该套住房卖给了刘某,也没有向房地产管理部门办理登记。为此,三方发生纠纷。

请分析如意居房地产公司分别和张某、刘某签订的合同是否有效,此案应该如何办理?

评析:如意居房地产公司分别和张某、刘某签订的合同都是没有法律效力的。

根据《合同法》的规定,依法成立的合同,若法律、行政法规规定应当办理批准、登记等手续的,合同办理了批准、登记等手续后生效,而房地产买卖合同应当到房地产管理部门办理登记后方可生效。所以上述两个合同都是无效的。

从公平原则出发,张某与房地产公司签订的合同,虽没有发生法律效力,但是双方意思表示一致的结果,该合同已经成立(但未生效),只要履行登记手续即可生效。而刘某与房地产公司的合同,因房地产公司有过错而不成立;如果刘某在签订合同的时候没有与房地产公司恶意串通,则有权要求房地产公司承担缔约过失责任。

2. 无效合同

【案例2-9】某装饰公司承揽了某栋楼的装修工程。合同中约定整栋大楼的卫生间保修期为2年。竣工后3年,该工程出现了质量问题,装修公司以已过保修期限为由拒绝承担保修责任,你认为装饰公司的理由成立吗?

评析:不成立。国家强制性规定,有防水要求的卫生间保修期为5年。2年的保修期违反了国家强制性规定,该条款属于违法条款,是无效的条款,装修公司必须继续承担保修责任。

1)无效合同的概念

无效合同,是指合同因违反了法律、行政法规或社会公共利益,国家不予承认和保护的不发生法律效力的合同。

无效合同具有如下特征。

(1)无效合同具有明显的违法性。无效合同的违法性,表现在违反了法律和行政法规的强制性规定或违反了社会公共利益。对无效合同实行国家干预。

这种干预主要表现在:法院和仲裁机构不待当事人请求确认合同无效,便可依职权主动审查合同是否具有无效因素,如发现合同存在无效因素,便应主动地确认合同无效。另外,

有关国家行政机关也可以对一些无效合同予以查处，追究有关无效合同当事人的行政责任。

（2）无效合同具有不可履行性。当事人在订立无效合同后，不得依据合同实际履行，也不存在对不履行合同违约责任的承担。

（3）无效合同自始无效。合同一旦确认无效，就将产生溯及力，使合同自订立之时起就不具有法律效力。没有履行的，不再履行；对已经履行的，应当通过返还财产、赔偿损失等方式使当事人的财产恢复到合同订立之前的状态。

【案例2-10】2005年6月，江西省某机械公司（甲方）与某建筑安装公司（乙方）签订了建设工程施工合同，对机械公司内部厂房进行改造。并在合同中约定，从乙方施工到完成工程量的50%后，甲方按月计划报表的50%支付工程款。合同签订后，乙方于2005年8月进场施工，并于2006年8月依合同约定合格验收。但甲方未支付全部工程款。2006年12月乙方起诉甲方，要求支付剩余的100万元工程款，并支付相应的滞纳金及利息。甲方声称，合同条款中含有带资承包的条款，所以，合同应属于无效合同。甲方不应承担违约责任。你认为甲方的主张正确吗？

评析：不正确。虽然垫资条款违反了政府行政主管部门的规定，但是不违反法律、行政法规的禁止性、强制性规定，只要符合合同成立生效的其他条件，合同应为有效。

2）无效合同的情形

根据《合同法》的规定，有下列情形之一的，合同无效。

（1）一方以欺诈、胁迫的手段订立合同，损害国家利益。

（2）恶意串通，损害国家、集体或者第三人利益。

（3）以合法形式掩盖非法目的。

（4）损害社会公共利益。

（5）违反法律、行政法规的强制性规定。

无效合同根据其无效的程度和范围分为全部无效合同和部分无效合同两种。上述5种合同属全部无效合同。有些合同只是部分条款无效，其余条款的法律效力不受影响，这些合同就属部分无效合同。《合同法》对合同中免责条款的无效规定就说明了这种情况。免责条款是指当事人在合同中规定的免除或限制一方或双方当事人违约责任的条款。对当事人自愿订立的免责条款，法律是不加干涉的。但如果合同中的免责条款违反法律规定、违背诚实信用原则，法律必须加以禁止。《合同法》规定合同中的下列免责条款无效：造成对方人身伤害的；因故意或者重大过失造成对方财产损失的。

【案例2-11】2005年6月，经过招投标，甲建设单位与乙施工单位根据法律规定签订了工程承发包合同，合同中约定工程款为700万元，竣工验收后全部付清。几天后，建设单位经理向施工单位提出重新签订合同的要求，并要求将合同价改为500万元，否则就不将工程发包给乙施工单位。经过研究，施工单位签订了第二个合同。2006年7月，工程按时竣工并验收合格。施工单位要求建筑公司按第一个合同中的工程款支付。你认为施工单位能得到第一个合同中所规定的工程款吗？

评析：可以。这两个合同属于阴阳合同，违反《招标投标法》，是无效的合同。

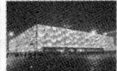

**【案例2-12】** 张某准备将自己闲置的一套住房以50万元的价格出售给孙某，双方在签订合同的时候，张某提出：为了规避过户时需要缴纳税费，应该签订一份30万元的合同，对外声称价格为30万元，实际价格为50万元，这样双方均可以节约一笔可观费用。孙某同意。

请分析双方签订的房屋买卖合同的效力。

评析：该合同属于无效合同。根据《合同法》的规定，当事人恶意串通，损害国家、集体或者第三人利益的合同无效。所以该合同无效。

### 3. 可撤销合同

1）可撤销合同的概念

可撤销合同，是指当事人在订立合同时，因意思表示不真实，通过有撤销权的当事人行使撤销权，可使已经生效的合同变更或归于无效的合同。

可撤销合同具有下列特征。

（1）可撤销合同主要是意思表示不真实的合同。无论是有重大误解的合同，还是显失公平的合同，它们有一个共同的特征，即当事人的意思表示不真实。

（2）可撤销合同需由撤销权人主动行使撤销权。可撤销合同中依法享有撤销权的人通常是指利益受到损害的当事人。

（3）可撤销合同中的撤销权人可以撤销合同，也可以不撤销而只是变更合同。

**【案例2-13】** 2006年6月，某建筑施工企业从机械厂购得3台搅拌机，在现场使用后，认为性能与施工企业原先购买的2台同厂家同型号的搅拌机不同，有较大差异。施工企业质问购买搅拌机的采购员小方。小方称其购买时是根据原先施工企业购买的搅拌机铭牌上标明的型号，而且后购买的3台搅拌机上的铭牌内容与原先购买的一致。施工单位与机械厂进行协商。机械厂认定其所有产品均为合格产品，无质量问题。于是施工企业于2006年9月向法院起诉。经法院调查，施工企业购买的搅拌机均为合格产品。原先购买的2台系铭牌上标明的型号弄错，属于机械厂的重大失误，而后购买的3台无任何问题。

请问法院很可能如何宣判此事件？

评析：由于机械厂的原因，使得施工企业购买搅拌机型号的意向出现重大误解，因此，施工企业对第二次采购合同享有撤销权或者变更权，其主张变更标的物的主张很可能获得支持。

2）可撤销合同的情形

根据《合同法》的规定，有下列几种可撤销合同。

（1）在重大误解的情况下订立的合同。

（2）显失公平的合同。

（3）一方以欺诈、胁迫的手段或者乘人之危，使对方在违背真实意思的情况下订立的合同。

3）撤销权的行使

对于重大误解合同或显失公平合同，当事人任何一方均有权申请变更或撤销合同；对于以欺诈、协迫的手段或乘人之危使对方在违背真实意思的情况下订立的合同，只有受损害方当事人才可以行使撤销权。撤销权的行使不一定必须通过诉讼的方式。如果撤销权人主动向对方做出撤销的意思表示，而对方未表示异议，则可以直接撤销合同；如果对撤销问题，双

方发生争议，则必须提起诉讼或仲裁，要求人民法院或仲裁机构予以裁决。

在此需要注意的是，有撤销权的当事人可以选择请求变更合同或者撤销合同，如果当事人主张变更合同的，人民法院或者仲裁机构不得撤销。

撤销权人必须在法律规定的期限内行使撤销权。《合同法》规定："具有撤销权的当事人自知道或者应当知道撤销事由之日起 1 年内没有行使撤销权，或是有撤销权的当事人知道撤销事由后明确表示或者以自己的行为放弃撤销权，则撤销权消灭。"

被撤销的合同与无效合同一样，自始没有法律约束力。对因该合同取得的财产，当事人应承担下列民事责任：一是返还财产；二是折价补偿；三是赔偿损失。

**4．效力待定合同**

1）效力待定合同的概念

效力待定合同是指已经成立的合同欠缺有效条件，尚未确定能否发生当事人预期的法律效力，只有经过权利人的追认，才能发生法律效力的合同。

此类合同与无效合同及可撤销合同的不同之处在于，行为人并未违反法律的禁止性规定及社会公共利益，也不是因意思表示不真实而导致合同可撤销，主要是因为有关当事人缺乏缔约能力、代订合同的资格及相关的处分能力所造成的。

2）效力待定合同的种类

（1）限制民事行为能力人订立的依法不能独立订立的合同。根据我国法律规定，10 周岁以上不满 18 周岁的未成年人和不能完全辨认自己行为的精神病患者，可以实施某些与其年龄、智力和精神健康状况相适应的民事行为，其他民事活动由其法定代理人代理，或在征得其法定代理人同意后实施。如果限制民事行为能力人订立了与其年龄、智力和精神健康状况不相适应的合同，这类合同就属效力待定合同。《合同法》规定，限制民事行为能力人订立的这类合同，经法定代理人追认后，该合同有效。法定代理人未做表示的，视为拒绝追认。合同被追认之前，善意相对人有撤销的权利，撤销应当以通知的方式做出。但纯获利益的合同或者与其年龄、智力、精神健康状况相适应而订立的合同，不必经法定代理人追认，合同当然有效。

（2）因无权代理而订立的合同。无权代理合同是指行为人在没有代理权、超越代理权或者代理权终止后仍以被代理人名义订立的合同。这种合同也是效力待定的合同。

无权代理的合同，经被代理人追认后，使合同成为有效代理合同。未经被代理人追认，对被代理人不发生法律效力，由行为人自己承担责任。相对人可以催告被代理人在 1 个月内予以追认，被代理人未做表示的视为拒绝追认。合同被追认之前，善意相对人有撤销的权利，撤销应当以通知的方式做出。相对人有理由相信行为人有代理权的，该代理行为有效，即属所谓的表见代理。

（3）无处分权人处分他人财产的合同。无处分权人处分他人财产的合同，也是效力待定合同的一种，合同经权利人追认或者无处分权人订立合同后取得处分权的，该合同有效。

**5．合同被确认无效或者被撤销的法律后果**

合同被确认无效或者被撤销后，确认或撤销的效力将溯及既往，合同自成立之日起无效，而不是从确认之日起或撤销之日起无效。

合同被确认无效或被撤销以后，虽不能产生当事人预期的法律效果，但并不是不产生相应的法律后果。其相应的法律后果主要包括以下三种。

（1）返还财产。返还财产是使当事人的财产关系恢复到合同签订以前的状态，不论接受财产的一方是否具有过错，都负有返还财产的义务，如果不能返还或者没有必要返还的，应当折价补偿。

（2）赔偿损失。有过错的一方应当赔偿对方所受的损失；双方都有过错的，应当各自承担相应的责任。

（3）追缴财产。在当事人一方或双方故意违法的情况下，应当将故意违法当事人的财产收缴国库，这是法律对不法行为人实施的制裁措施。如《合同法》规定："当事人恶意串通，损害国家、集体或第三人利益的，因此取得的财产收归国家所有或者返还集体、第三人。"

【案例2-14】丙、丁两公司于2004年9月1日签订一份合同，约定由丙公司向丁公司提供建筑工地所用水泥10吨，交货后丁公司支付货款。在订立合同的过程中，丙公司对水泥的质量提供了虚假证明。9月15日，丙公司交付了5吨水泥，丁公司收货以后发现质量有问题而拒绝付款，并拒绝接受剩余的水泥。因没有能及时买进水泥，丁公司由于停止施工造成损失1万元，该合同没有造成影响国家和社会利益的后果。9月30日，丁公司向法院起诉，要求废止该合同，法院于11月5日经审理废止了该合同。请回答：

（1）该合同效力如何？
（2）如果该合同不具有法律效力，从何时开始不具有法律效力？
（3）该合同所引起的财产后果应该如何处理？

评析：（1）该合同属于可撤销合同。

根据《合同法》规定，一方以欺诈、胁迫的手段或者乘人之危，使对方在违背真实意思的情况下订立的合同，属于可撤销合同，所以，该合同属于可撤销合同。

（2）从9月1日起不具有法律效力。

根据《合同法》规定，合同被确认无效或者被撤销后，确认或撤销的效力将溯及既往，合同自成立之日起无效，而不是从确认之日起或撤销之日起无效。

（3）返还财产，赔偿损失。

丁公司将已经收到的5吨水泥返还，不能返还的可以折价补偿；丙公司应该赔偿丁公司的损失1万元。

## 2.2 合同的履行与担保

### 2.2.1 合同的履行

**1. 合同履行的概念和原则**

1）合同履行的概念

合同履行，是指合同生效后，双方当事人按照合同的规定，全面适当地完成了各自的合同义务，享受了各自的合同权利，使双方当事人的合同目的得以实现的行为。

合同的履行是《合同法》法律约束力的首要表现。当事人应当按照约定全面履行自己的义务。合同生效后，当事人不得因姓名、名称的变更或者法定代表人、负责人、承办人的变动而不履行合同义务。

2）履行合同应遵循的原则

（1）适当履行原则。适当履行原则，又称正确履行原则或全面履行原则，是指当事人按照合同规定的标的、数量、质量，由适当的主体在适当的履行期限、地点以适当的履行方式，全面完成合同义务的履行原则。

（2）实际履行原则。实际履行原则是指当事人应按照合同规定的标的去履行，不能用其他标的代替的履行原则。当违约时，违约方不能以偿付违约金、赔偿金代替履行，只要对方当事人要求继续履行合同就应当实际履行。

（3）协作履行原则。协作履行原则，是指当事人不仅要适当履行自己的合同义务，而且应基于诚实信用原则协助对方当事人履行合同义务的履行原则。

（4）经济履行原则。经济履行原则是指要求当事人在履行合同时，讲求经济利益，以付出最小的履行成本，获取最佳的合同利益的履行原则。

**2．合同履行的规则**

1）当事人就有关合同内容约定不明确时的确定规则

合同生效后，当事人就质量、价格或者报酬、履行地点等内容没有约定或者约定不明确的，可以签署补充协议；不能达成补充协议的，按照合同有关条款或者交易习惯确定。当事人就有关合同内容约定不明确，依照上述规定仍不能确定的，适用下列规定。

（1）质量要求不明确的，按照国家标准、行业标准履行；没有国家标准、行业标准的，按照通常标准或者符合合同目的的特定标准履行。

（2）价款或者报酬不明确的，按照订立合同时履行地的市场价格履行；依法应当执行政府定价或政府指导价的，按照规定履行。

（3）履行地点不明确，给付货币的，在接受货币一方所在地履行；交付不动产的，在不动产所在地履行；其他标的，在履行义务一方所在地履行。

（4）履行期限不明确的，债务人可以随时履行，债权人也可以随时要求履行，但应当给对方必要的准备时间。

（5）履行方式不明确的，按照有利于实现合同目的的方式履行。

（6）履行费用的负担不明确的，由履行义务的一方负担。

2）执行政府定价的履行规则

《合同法》规定：执行政府定价或者政府指导价的，在合同约定的交付期限内政府价格调整的，按照交付时的价格计价。逾期交付标的物的，遇价格上涨时，按照原价格执行；价格下降时，按照新价格执行。逾期提取标的物或者逾期付款的，遇价格上涨时，按照新价格执行；价格下降时，按照原价格执行。

**3．合同履行中的抗辩权**

抗辩权是指在双务合同中，一方当事人享有的依法对抗对方要求或否认对方权利主张的

权利。履行抗辩权的设置，使当事人可以在法定情况下对抗对方的请求权，而当事人的拒绝履行行为不但不构成违约，而且还可以更好地维护当事人的合法权益。履行抗辩权主要包括同时履行抗辩权、先履行抗辩权和不安抗辩权。

（1）同时履行抗辩权，同时履行抗辩权是指双务合同的当事人，履行义务没有先后顺序，一方在对方未履行前，有拒绝对方请求自己履行合同义务的权利。一方在对方履行义务不符合约定时，有权拒绝其相应的履行要求。

（2）先履行抗辩权，先履行抗辩权是指双务合同中的当事人履行义务有先后顺序，先履行义务的一方当事人未履行时，后履行一方当事人有拒绝对方请求履行合同义务的权利。

（3）不安抗辩权，不安抗辩权是指双务合同中的当事人履行义务有先后顺序，先履行义务的一方当事人，有证据证明后履行一方当事人财产状况明显恶化，不能或可能不能履行合同义务时，在对方当事人未恢复履行能力或提供适当担保之前，有暂时中止履行合同义务的权利。

《合同法》规定，应当先履行债务的当事人，有确切证据证明对方有下列情形之一的，可以中止履行。

（1）经营状况严重恶化。

（2）转移财产、抽逃资金以逃避债务。

（3）丧失商业信誉。

（4）有丧失或者可能丧失履行债务能力的其他情形。

但当事人没有确切证据而中止履行合同义务的，应当承担违约责任。当事人中止履行合同义务的，应当及时通知对方。对方提供适当担保后，应当恢复履行。中止履行后，对方在合理期限内未恢复履行能力并且未提供适当担保的，中止履行的一方即可以解除合同。

**4．合同的保全**

合同的保全，是指法律为防止因债务人的财产不当减少或不增加而给债权人的债权带来损害，允许债权人行使撤销权或代位权，以保护其债权的一种制度。

合同的保全主要包括代位权与撤销权两种形式。

1）代位权

代位权是指当债务人怠于行使其到期债权，危害到债权人的债权时，债权人可以向人民法院请求以自己的名义代位行使债务人债权的权利。

债权人依法行使代位权应当符合下列条件。

（1）债权人对债务人的债权合法。债权人与债务人之间必须有合法的债权债务关系存在，否则，代位权就失去了存在的基础。如果债权债务关系并不成立，或者具有无效或可撤销的因素而应当被宣告无效或者可能被撤销，或者债权债务关系已经被解除，或者债务人的债权是一种自然债权，则债权人并不应该享有代位权。

（2）债务人怠于行使其到期债权，对债权人造成损害。债务人怠于行使到期债权，意味着债务人不仅对次债务人享有债权，而且此种权利必须到期。如果没有到期，就谈不上怠于行使。"债务人怠于行使到期债权，对债权人造成损害"是指债务人不履行其对债权人的到

期债务，又不以诉讼或仲裁方式向其债务人主张其享有的具有金钱给付内容的到期债权，致使债权人的到期债权未能实现。

（3）债权人对债务人的债权已到期。债权人对债务人享有的债权必须已届清偿期，债权人才能行使代位权，这一点是代位权与撤销权在构成要件上的区别所在。

（4）债务人的债权不是专属于债务人自身的债权。专属于债务人自身的债权，是指基于扶养关系、抚养关系、赡养关系、继承关系产生的给付请求权和劳动报酬、退休金、养老金、抚恤金、安置费、人寿保险、人身伤害赔偿请求权等权利。

债权人行使代位权应当以自己的名义行使，而不是以债务人的名义行使。债权人依法提起代位权诉讼的，由被告（次债务人）住所地人民法院管辖。代位权的行使范围以债权人的债权为限。债权人行使代位权的必要费用，由债务人承担。在代位权诉讼中，债权人胜诉的，诉讼费用由次债务人负担，从实现的债权中优先支付。然后由次债务人向债务人求偿。

债权人向次债务人提起的代位权诉讼经人民法院审理后认定代位权成立的，由次债务人向债权人履行清偿义务，债权人与债务人、债务人与次债务人之间相应的债权债务关系即予消灭。

2）撤销权

撤销权是指债权人对债务人实施的危及债权人利益的减少财产行为，可以请求人民法院予以撤销的权利。撤销权行使的结果是恢复债务人的财产与权利。

因债务人放弃其到期债权或者无偿转让财产，对债权人造成损害的，债权人可以请求人民法院撤销债务人的行为。债务人以明显不合理低价转让财产，对债权人造成损害，并且受让人知道该情形的，债权人也可以请求人民法院撤销债务人的行为。撤销权的行使范围以债权人的债权为限。债权人行使撤销权的必要费用由债务人负担，第三人有过错的，应当适当分担。

债权人撤销权的行使期限为：自债权人知道或者应当知道撤销事由之日起1年内行使。自债务人的行为发生之日起5年内没有行使撤销权的，该撤销权消灭。

【案例2-15】李某欠王某50万元，其用以还债的主要财产是一辆宝马轿车，但李某却将轿车无偿赠与了其亲戚。请分析，王某应该如何保护自己的权益？

评析：王某可以向法院提起撤销权诉讼。

本案中，李某将轿车无偿赠与了其亲戚的行为，损害了王某的利益，王某可以向法院提起撤销权诉讼，请求法院撤销李某的赠与行为。

5. 合同的变更、转让和终止

【案例2-16】甲建设单位与乙施工单位签订了某一住宅小区的承发包合同。2007年10月施工单位进场施工，2008年5月，施工单位已完成整个项目的60%。但不久后，有群众举报该建设项目存在严重的质量问题，经权威部门鉴定确认，该工程已完成部分的三分之二存在严重的偷工减料情况。建设单位获悉后立即发出书面通知与施工单位解除合同关系。你认为建设单位能否这样单方面解除合同关系？

评析：可以。根据《合同法》第九十四条，当事人一方迟延履行债务或者有其他违约行

> 为致使不能实现合同目的的，当事人可以解除合同。该解除属于法定解除，无须与对方协商。建筑公司的偷工减料行为是违法行为，也是违约行为，开发公司可以与建筑公司解除合同而不需要征得建筑公司的同意。

1）合同的变更

依法成立的合同具有法律约束力，受法律保护，当事人必须全面履行。但是，在合同的履行过程中，由于主、客观情况的变化，使原合同的履行不可能或不必要时，为了减少不必要的损失，当事人可以依法变更合同。

合同的变更，是指合同没有履行或没有完全履行时，当事人双方根据客观情况的变化，依照法律规定的条件和程序，对原合同进行修改或补充。合同的变更是在合同的主体不改变的前提下对合同内容的变更，合同性质和标的性质并不改变，实质上仍是一个合同。

我国《合同法》第七十七条规定，当事人协商一致，可以变更合同，法律、行政法规规定变更合同应当办理批准、登记手续的，依照其规定。合同依法变更后，当事人依照变更后的合同享有权利和履行义务。当事人对变更的内容约定不明确的，推定为未变更。

2）合同的转让

合同的转让，是指合同的当事人将其合同的权利和义务全部或部分转让给第三人。合同的转让是指合同主体的变更，分为债权转让、债务转让及权利义务的概括转让。

（1）债权转让。合同的债权转让，也称为债权让与，是指不改变合同的内容，由债权人将合同的债权全部或部分转让给第三人。但有下列三种情形，合同债权不得转让：根据合同的性质不得转让（主要指合同在基于当事人的身份关系而订立的情况下，合同债权不得转让）；当事人约定不得转让；依照法律规定不得转让。

债权人转让债权，不需要经债务人同意，但应当通知债务人。未经通知，该转让对债务人不发生效力。债务人接到债权转让通知后，债权转让行为就生效，债务人对让与人的抗辩可以向受让人主张。债权人转让权利的通知不得撤销，但经受让人同意的除外。

（2）债务转让。合同的债务转让也称债务承担，是指债务人将合同的债务全部或部分转让给第三人。

债务人转让合同债务，应当经债权人同意，只有在取得债权人的同意后，才对债权人产生法律效力。债务人转让债务后，新债务人可以主张原债务人对债权人的抗辩。新债务人应当承担与主债务有关的从债务，但该从债务专属于原债务人自身的除外。

（3）合同权利义务的概括转让。合同权利义务的概括转让，一般由合同的一方当事人与合同之外的第三人通过签订转让协议转让，约定由第三人取代合同转让人的地位，享有合同中转让人的一切权利并承担转让人在合同中的一切义务。合同权利义务的概括转让与债权或债务转让不同，后者仅是债权债务的单一转让，而合同权利义务的概括转让则是债权与债务一并转让。

根据《合同法》的规定，当事人一方经对方同意，可以将自己在合同中的权利义务一并转让给第三人。权利和义务一并转让的，适用债权转让与债务转让的有关规定。法律、行政法规规定转让权利或者转让义务应当办理批准、登记手续的，应依照其规定办理相应手续。当事人订立合同后合并的，由合并后的法人或者其他组织行使合同权利、履行合同义务。当

事人订立合同后分立的,除债权人和债务人另有约定的以外,由分立后的法人或者其他组织对合同的权利和义务享有连带债权,承担连带债务。

【案例 2-17】张某为装修新房,到乙公司订做一套木制家具,后由于乙公司另外承揽了一大宗业务,无法安排制作张某的家具,便擅自转让给丙公司加工制作。交货时,张某发现家具是丙公司加工制作的,质量不符合要求。

请分析乙公司将家具交由丙公司加工制作属于什么行为?是否有效?

评析:乙公司将家具交由丙公司加工制作属于转移合同义务的行为,无效。

根据《合同法》的规定,债务人转让合同债务,应当经债权人同意,只有在取得债权人的同意后,才对债权人产生法律效力。本案中乙公司未经张某同意,所以无效。

3)合同的终止

合同终止即合同权利义务的终止,是指由于某种法律事实的发生使当事人之间的权利义务关系消灭。合同终止的原因,一般是因为合同的目的已经达到,或者是因为某种情况不需要继续存在合同关系了。

根据《合同法》的规定,有下列情形之一的,合同的权利义务终止。

(1)债务已经按照约定履行;
(2)合同解除;
(3)债务相互抵消。

债务相互抵消有法定抵消和合意抵消两种。法定抵消是指当事人互负到期债务,且债务的标的物种类、品质相同的,任何一方可以将自己的债务与对方的债务在相同数额范围内抵消,但依照法律规定或者按照合同性质不得抵消的除外。当事人主张抵消的,应当通知对方。抵消不得附条件或者附期限。合意抵消是指当事人互负债务,无论标的物种类、品质相同与否,经双方协商一致抵消债务。

(4)债务人依法将标的物提存。

提存是指由于债权人的原因致使债务人无法向债权人清偿债务时,债务人将合同的标的物交付给特定的提存机关,从而产生与债务清偿完全相同效果的合同消灭制度。

《合同法》规定,有下列情形之一,难以履行债务的,债务人可以将标的物提存。

① 债权人无正当理由拒绝受领;
② 债权人下落不明;
③ 债权人死亡未确定继承人或者丧失民事行为能力未确定监护人;
④ 法律规定的其他情形。

标的物不适于提存或者提存费用过高的,债务人依法可以拍卖或者变更标的物,提存所得的价款。

标的物提存后,除债权人下落不明的以外,债务人应当及时通知债权人或者债权人的继承人、监护人。标的物提存后,毁损、灭失的风险由债权人承担。提存期间,标的物的孳息归债权人所有。提存费用由债权人负担。债权人可以随时领取提存物,但债权人对债务人负有到期债务的,在债权人未履行债务或者提供担保之前,提存部门根据债务人的要求应当拒绝其领取提存物。债权人领取提存物的权利,自提存之日起 5 年内不行使便消灭,提存物扣除提存费用后归国家所有。

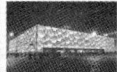

（5）债权人免除债务。
（6）债权债务同归于一人。
（7）法律规定或者当事人约定终止的其他情形。

合同的权利义务终止后，当事人应当遵循诚实信用原则，根据交易习惯履行通知、协助、保密等义务。

4）合同的解除

合同的解除，是指合同生效后但合同义务没有履行或者没有完全履行，因发生了法定、约定情况或者当事人协商一致，而使合同关系消灭。

合同的解除分为约定解除和法定解除两种情况。

约定解除是指当事人双方在合同成立后，没有履行或者没有完全履行前，通过协商一致解除合同或者在订立合同时就约定了解除合同的条件，当条件成立时合同自然被解除。

法定解除是指在合同成立后，没有履行或者没有完全履行前，由于出现了法定解除情形，当事人一方行使法定解除权而使合同终止。

《合同法》规定，有下列情形之一的，当事人可以解除合同。
（1）因不可抗力致使不能实现合同目的；
（2）在履行期限届满之前，当事人一方明确表示或者以自己的行为表明不履行主要债务；
（3）当事人一方迟延履行债务，经催告后在合理期限内仍未履行；
（4）当事人一方迟延履行债务或者有其他违约行为致使不能实现合同目的；
（5）法律规定的其他情形。

当事人依法主张解除合同的，应当通知对方。合同自通知到达对方时解除。对方有异议的，可以请求人民法院或者仲裁机构确认解除合同的效力。法律、行政法规规定解除合同应当办理批准、登记手续的，依照其规定。

合同解除后，尚未履行的，终止履行；已经履行的，根据履行情况和合同性质，当事人可以要求恢复原状或采取其他补救措施，并有权要求赔偿损失。合同的权利义务终止，不影响合同中结算和清理条款的效力。

关于解除权的期限，若法律规定或者当事人约定解除权行使期限，期限届满当事人不行使的，该权利消灭；若法律没有规定或当事人没有约定解除权行使期限，经对方催告后在合理期限内不行使的，该权利消灭。

【案例2-18】李小姐于2004年3月和"学府雅苑"的开发商签订了购房合同，购买位于该小区二期的商品房一套，并先期付款20万元，合同约定交房时间为2005年5月1日。后来开发商经营不善，工程由于无后续资金投入而停止。到了2005年5月10日的时候，开发商经李小姐等购房者催促仍不能交房，并无继续开工的意思（无后续开发资金）。于是李小姐认为开发商违约，不能交房实现合同目的。请分析本案应该如何解决？

评析：李小姐可以依法通知开发商解除合同，并要求开发商返还先期付款20万元，并且可以同时要求赔偿损失。

因为，我国《合同法》规定，当事人一方迟延履行债务或者有其他违约行为致使不能实现合同目的的，对方可以通知解除合同；合同解除后，尚未履行的，终止履行；已经履行的，根据履行情况和合同性质，当事人可以要求恢复原状或采取其他补救措施，并有权要求赔偿损失。

## 2.2.2 合同的担保

合同担保，是指为保障合同债权的实现，由当事人双方依照法律的规定，经过协商一致而设定的法律措施。设定担保的根本目的，是保证合同的切实履行，既保障合同债权人实现其债权，也促使合同债务人履行其债务。

根据第八届全国人大常委会第 14 次会议通过的《中华人民共和国担保法》（以下简称《担保法》）的规定，我国合同担保制度由保证、抵押、质押、留置和定金等几种担保方式组成。

合同的担保，一般在订立合同的同时成立，既可以是单独成立的书面合同，包括当事人之间具有担保性质的信函、传真等，也可以是主合同中的担保条款。担保合同是主合同的从合同，主合同无效，担保合同无效。担保合同另有约定的，按照约定。担保合同被确认无效后，债务人、担保人、债权人有过错的，应当根据其过错各自承担相应的民事责任。

### 1. 保证

保证是指由债务人以外的第三人为债务人的债务履行作担保，当债务人不履行债务时，由第三人按照约定履行债务或者承担责任的行为。其中，为债务人的债务履行作担保的第三人称为保证人；被担保的债务人称为被保证人。

1）保证人的资格

我国《合同法》规定：具有代为清偿债务能力的法人，其他组织或者公民可以作为保证人。除经国务院批准，为使用外国政府或国际经济组织贷款进行转贷担保外，国家机关不得作为保证人；学校、幼儿园、医院等以公益为目的的事业单位、社会团体不得作为保证人；企业法人的分支机构、职能部门不得作为保证人，但企业法人的分支机构有法人书面授权的，可以在授权范围内提供保证。

2）保证的内容和方式

（1）保证的内容应由保证人与债权人以书面形式在保证合同中订立，保证合同应当包括以下内容。

① 被保证的主债权种类、数额。
② 债务人履行债务的期限。
③ 保证的方式。
④ 保证担保的范围。
⑤ 保证的期间。
⑥ 双方认为需要约定的其他事项。

（2）保证的基本方式有两种，即一般保证和连带责任保证。

① 一般保证。当事人在保证合同中约定，债务人不能履行债务时，由保证人承担一般保证责任的，为一般保证。一般保证的成立以债权人和保证人有明确约定为要件。一般保证的保证人在合同纠纷未经审判或仲裁，并在债务人财产依法强制执行仍不能清偿债务前，对债权人可拒绝承担保证责任。但是，债务人住所变更，致使债权人要求其履行债务发生重大困难；或者法院受理债务人破产案件，中止执行程序的；或者保证人以书面形式放弃先诉抗

辩权的，保证人应承担保证责任。

② 连带责任保证。当事人在保证合同中约定保证人与债务人对债务承担连带责任的，为连带责任保证。如果连带责任保证的债务人在主合同规定的债务履行期限届满时没有履行债务，债权人可以直接要求保证人在其保证范围内承担责任。

当事人如果在保证合同中，对保证方式没有约定或者约定不明确的，则按连带责任保证承担保证责任。

3）保证期间

保证期间指保证人承担保证责任的时间范围。超过保证期限的，保证人不承担保证责任。保证人与债权人约定保证期间的，按照约定执行。保证人与债权人未约定保证期间的，法定保证期间为主债务履行期限届满之日起 6 个月；如果保证合同约定的保证期间早于或等于主债务履行期限，视为没有约定。保证合同约定保证期间不明确的，如约定保证人承担保证责任直至主债务本息还清时为止等，法定保证期间为主债务履行期届满之日起 2 年。

4）保证责任

保证责任即保证人在担保事项出现时应承担的法律责任，保证责任的范围包括主债权及利息、违约金、损害赔偿金和实现债权的费用。

（1）保证责任的免除。根据我国《合同法》规定，有下列情形之一的，保证人不承担民事责任：第一，主合同当事人双方串通、骗取保证人提供保证的；第二，合同债权人采取欺诈、胁迫等手段，使保证人在违背真实意思的情况下提供保证的。

（2）保证人的数量与保证责任的关系。同一债务有两个以上保证人的，保证人应当按照保证合同约定的保证份额承担保证责任。未约定保证份额的，保证人承担连带保证责任，即债权人可以要求任何一个保证人承担全部保证责任。保证人都负有担保实现全部债权的义务。

（3）主合同变更对保证责任的影响。除保证合同另有约定外，债权人与债务人协议变更主合同的，应当取得保证人的书面同意；未经保证人书面同意的，保证人不再对变更后的主合同承担保证责任。

（4）债权债务转让对保证责任的影响。债权人依法将主债权转让给第三人，除保证合同另有约定外，保证人在原保证担保的范围内继续承担保证责任。在保证期间内，债权人许可债务人转让债务的，应当取得保证人的书面同意，保证人对未经其同意转让的债务部分，不再承担保证责任。

（5）保证与物的担保并存时的规定。同一债权既有保证又有物的担保，应优先执行物的担保，保证人仅对物的担保以外的债权承担保证责任。如果债权人放弃物的担保，保证人在债权人放弃权利的范围内免除保证责任。

（6）保证人的追偿权。保证人承担保证责任后，享有追偿权，即有权向债务人追偿其代为清偿的部分。保证人自行履行保证责任时，其实际清偿额大于主债权范围的，保证人只能在主债权范围内对债务人行使追偿权。

【案例 2-19】某市在招商引资过程中，由市政府出面，甲企业与某境外企业达成一笔 1 000 万美元的合同。在该境外企业的要求下，该市政府为合同做了保证担保。

请分析市政府为合同做了保证担保的行为是否符合法律规定，该担保合同是否有效？

评析：市政府为合同做了保证担保的行为不符合法律规定，该担保合同无效。

因为，我国相关法律规定，除经国务院批准，为使用外国政府或国际经济组织贷款进行转贷担保外，国家机关不得作为保证人，所以，市政府为合同做了保证担保的行为不符合法律规定，该担保合同无效。

#### 2．抵押

1）抵押和抵押物

抵押是指债务人或第三人的特定财产在不转移占有的前提下，将该财产作为债权的担保，当债务人不履行债务时，债权人有权依法以该财产折价或者以拍卖、变卖该财产的价款优先受偿。在抵押法律关系中，提供财产的债务人或者第三人称为抵押人；债权人享有的当债务人不履行债务时以变卖抵押物优先受偿的权利称为抵押权；享有抵押权的债权人称为抵押权人。

用于抵押的财产称为抵押物，抵押人只能以法律规定可以抵押的财产提供担保；法律规定不可以抵押的财产，抵押人不得用于提供担保。根据《担保法》规定，下列财产可以抵押。

（1）抵押人所有的房屋和其他地上定着物。

（2）抵押人所有的机器、交通运输工具和其他财产。

（3）抵押人依法有权处分的国有土地使用权、房屋和其他地上定着物。

（4）抵押人依法有权处分的国有机器、交通运输工具和其他财产。

（5）抵押人依法承包并经发包方同意抵押的荒山、荒沟、荒丘、荒滩等荒地的土地使用权。

（6）依法可以抵押的其他财产。

根据《担保法》规定，下列财产不得抵押。

（1）土地所有权。

（2）耕地、宅基地、自留地、自留山等集体所有的土地使用权（但法律另有规定的除外）。

（3）学校、幼儿园、医院等以公益为目的的事业单位、社会团体的教育设施，医疗卫生设施和其他社会公益设施。

（4）所有权、使用权不明或者有争议的财产。

（5）依法被查封、扣押、监管的财产。

（6）依法不能抵押的其他财产。

此外，我国法律对房地产的抵押做了专门规定，实行房与地同时抵押的原则。以依法取得的国有土地上的房屋抵押的，该房屋占有范围内的国有土地使用权同时抵押。以出让方式取得的国有土地使用权抵押的，应当将抵押时该国有土地上的房屋同时抵押。乡（镇）、村企业的土地使用权不得单独抵押，以乡（镇）、村企业的厂房等建筑物抵押的，其占用范围内的土地使用权同时抵押。

2）抵押合同和抵押物登记

抵押合同是指通过当事人协商确定以某项特定财产抵押用来担保债务履行而订立的协议。根据我国法律规定，抵押人和抵押权人应当以书面形式订立抵押合同。抵押合同应当包括以下内容：被担保的主债权种类、数额；债务人履行的期限；抵押物的名称、数量、质量、状况、所在地、所有权权属或使用权权属；抵押担保的范围，包括主债权及利息、违约金、

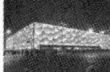

损害赔偿金和实现抵押权的费用；当事人认为需要约定的其他事项。

当事人以法律规定需要办理抵押登记的财产抵押的，应当向有关部门办理抵押物登记，抵押合同自登记之日起生效。

抵押物不同，办理登记的部门也就不同。

（1）以无地上定着物的土地使用权抵押的，为核发土地使用权证书的土地管理部门。

（2）以城市房地产或乡（镇）、村企业的厂房等建筑物抵押的，为县级以上地方人民政府规定的部门。

（3）以林木抵押的，为县级以上林木主管部门。

（4）以航空器、船舶、车辆抵押的，为运输工具的登记部门。

（5）以企业的设备和其他动产抵押的，为财产所在地的工商行政管理部门。

当事人以上述财产以外的财产抵押的，可以自愿办理抵押物登记，登记部门为抵押人所在地的公证部门。是否办理抵押物登记，不影响抵押合同的生效，抵押合同自签订之日起生效。但未办理登记的抵押合同，不得对抗第三人。

3）抵押的效力

根据我国《合同法》规定：抵押权因抵押物灭失而消灭。因抵押物灭失所得的赔偿部分，应作为抵押财产。抵押人对特定财产设定抵押后并不丧失对该财产的所有权，仍有权对已抵押的财产进行处分，但要受到抵押权效力的影响，主要表现如下。

（1）抵押人将已抵押的财产出租的，应当书面告知承租人。抵押权实现后，租赁合同在有效期内对抵押物的受让人继续有效。抵押人将已抵押的财产出租时，如果抵押人未书面告知承租人该财产已抵押的，抵押人对出租抵押物造成承租人的损害承担赔偿责任。

（2）抵押人将已出租的财产抵押的，抵押权实现后，租赁合同对受让人不具有约束力。

（3）在抵押期间，抵押人转让已办理登记的抵押物的，应当通知抵押权人并告知受让人转让物已经被抵押的情况。抵押人未通知抵押权人或者未告知受让人，转让行为无效，抵押权人仍可以行使抵押权。取得抵押物所有权的受让人，可以代替债务人清偿其全部债务，使抵押权消灭，受让人清偿债务后可以向抵押人追偿。抵押人转让未经登记的抵押物，抵押权不得对抗受让人，因此给抵押权人造成损失的，由抵押人承担赔偿责任。转让抵押物的价款明显低于其价值的，抵押权人可以要求抵押人就债务清偿提供相应的担保；抵押人不提供的，不得转让抵押物。

4）抵押担保债权的清偿顺序

债务履行期限届满，抵押权人未受清偿的，可以与抵押人协议以抵押物折价或者以拍卖、变卖该抵押物所得的价款受偿；协议不成的，抵押权人可以向人民法院提起诉讼。抵押物折价或者拍卖、变卖后，其价款超过债权数额的部分归抵押人所有，不足部分由债务人清偿。

同一财产向两个以上债权人抵押的，应遵循以下原则。

（1）抵押合同自登记之日起生效的，拍卖、变卖抵押物所得的价款按照抵押物登记的先后顺序清偿；顺序相同的，按照债权比例清偿。

（2）抵押合同自签订之日起生效，该抵押物已登记的，按照上述原则清偿；未登记的，按照合同生效时间的先后顺序清偿，顺序相同的，按照债权比例清偿。抵押物已登记的先于未登记的受偿。

同一债权有两个以上抵押人的，当事人对其提供的抵押财产所担保的债权份额顺序没有约定或约定不明的，抵押权人可以就其中任一或者各个财产行使抵押权。抵押人承担担保责任后，可以向债务人追偿，也可要求其他抵押人清偿其应当承担的份额。

### 3．质押

质押是指债务人或者第三人将动产或权利交与债权人占有，作为债务履行的担保。在质押法律关系中，提供动产或权利的债务人或第三人称为出质人；提供担保的动产或权利称为质物；债权人享有的当债务人不履行债务时以变卖质物优先受偿的权利称为质权；享有质权的债权人称为质权人。质押分为动产质押与权利质押。

1）动产质押

动产质押是指债务人或第三人将动产移交债权人占有，将该动产作为债权的担保。设立动产质押必须由出质人与质权人订立质押合同。

（1）质押合同

质押合同应当以书面形式订立。质押合同为实践合同，自质物移交于质权人占有时生效。质押合同应当包括以下内容：被担保的主债权种类、数额；债务人履行债务的期限；质物的名称、数量、质量、状况；质押担保的范围；质物移交的时间；当事人认为需要约定的其他事项。

除质押合同另有约定外，质押担保的范围包括主债权及利息、违约金、损害赔偿金、质物保管费用和实现质权的费用。

（2）质权人的权利和义务

质权人享有的权利如下：

① 留置质物的权利。质权人在债务人未清偿债务之前有权留置质物，并有收取留置质物所产生的孳息的权利。

② 请求担保权。如果质物有损坏或者价值有明显减少的可能，足以危害质权人权利的，质权人可以要求出质人提供相应的担保。出质人不提供的，质权人可以拍卖或者变卖质物，并与出质人协商将拍卖或者变卖所得价款用于提前清偿所担保的债权或者向与出质人约定的第三人提存。

③ 优先受偿权。债务履行期限届满时质权人未受清偿的，可以与出质人协议以质物折价，也可以依法拍卖、变卖质物。质物折价或者拍卖、变卖后，其价款优先清偿债务，其价款超过债权数额的部分归出质人所有，不足部分由债务人清偿。

质权人的义务如下：

① 质权人负有妥善保管质物的义务。因保管不善致使质物灭失或者毁损的，质权人应当承担民事赔偿责任。质权人在质权存续期间，未经出质人同意，擅自使用、出租、处分质物的，如果因此给出质人造成损失，由质权人承担赔偿责任。

② 质权人返还质物的义务。债务履行期限届满，债务人履行债务的，或者出质人提前清偿所担保的债权的，质权人应当返还质物。

2）权利质押

权利质押是指以所有权以外的财产为标的物而设置的债权担保。

(1) 可以质押的权利

根据我国《担保法》规定，下列权利可以质押。

① 汇票、支票、本票、债券、存款单、仓单、提单。

② 依法可以转让的股份、股票。

③ 依法可以转让的商标专用权、专利权、著作权中的财产权。

④ 依法可以质押的其他权利，包括公路桥梁、公路隧道或者公路渡口等不动产的收益权。

(2) 权利质押合同的生效时间

权利质押合同因出质标的不同，合同生效的时间也不同：

① 以汇票、支票、本票、债券、存款单、仓单、提单出质的，应当在合同约定的期限内将权利凭证交付质权人。质押合同自权利凭证交付之日起生效。

② 以依法可以转让的股份、股票出质的，出质人和质权人应当订立书面合同，并向证券登记机构办理出质登记，质押合同自办理出质登记之日起生效。

③ 以依法可以转让的商标专用权、专利权、著作权中的财产权出质的，出质人与质权人应当订立书面合同，并向其管理部门办理出质登记。质押合同自登记之日起生效。

权利出质后，出质人不得转让或许可他人使用，但质权人许可的除外。出质人未经质权人同意而转让或者许可他人使用已出质权利的，应认定为转让或许可使用行为无效。如果因此给质权人或者第三人造成损失的，由出质人承担民事责任。出质人所得的转让费、许可费应当向质权人提前清偿所担保的债权或者向与质权人约定的第三人提存。

### 4. 留置

留置是指债权人按照合同约定占有债务人的动产，债务人不按照合同约定的期限履行债务的，债权人有权扣留该动产，以该动产折价或者以拍卖、变卖该动产的价款优先受偿的一种债权担保方式。

因保管合同、运输合同、加工承揽合同及其他法律规定可以留置动产的合同而发生的债权，债务人不履行债务的，债权人有留置权。

债权人与债务人应当在合同中约定，债权人留置动产后，债务人应当在不少于 2 个月的期限内履行债务。债权人与债务人在合同中未约定的，债权人留置债务人动产后，应当确定 2 个月以上的期限，并通知债务人在该期限内履行债务。债务人逾期仍不履行债务，债权人可以与债务人协议折价或依法拍卖、变卖留置物来偿还债务。债权人未通知债务人履行偿债义务，直接变价处分留置物的，应当对此造成的损失承担赔偿责任。

留置担保的范围包括主债权及利息、违约金、损害赔偿金、留置物保管费用和实现留置权的费用。留置物折价或者拍卖、变卖后，其价款超过债权数额的部分归债务人所有，不足部分由债务人清偿。

【案例 2-20】2005 年 4 月，王某将自己的"德劲"牌随身听交李某维修，双方就履行期限没有约定，5 月李某修理结束以后，王某请求交付，但没有支付维修费用的意思表示，此时李某可以主张哪些权利？

**评析**：李某可以主张同时履行抗辩权和留置权。

根据《合同法》规定，同时履行抗辩权是指双务合同的当事人，履行义务没有先后顺序，一方在对方未履行前，有拒绝对方请求自己履行合同义务的权利。一方在对方履行义务不符

合约定时，有权拒绝其相应的履行要求，故王某在没有支付维修费用前，李某可以主张同时履行抗辩权。

根据《担保法》规定，留置是指债权人按照合同约定占有债务人的动产，债务人不按照合同约定的期限履行债务的，债权人有权扣留该动产，以该动产折价或者以拍卖、变卖该动产的价款优先受偿的一种债权担保方式。故王某在没有支付维修费用前，李某可以主张留置权。

5. 定金

定金是指合同当事人一方为保证合同的履行，在合同成立后、履行前预先向对方当事人交付一定数额的货币。定金与预付款不同，预付款是合同当事人一方为履行付款义务而预先向对方当事人支付一定数额的款项，无担保作用，若对方不履行合同也无惩罚作用。

我国《合同法》规定：当事人可以约定一方向对方给付定金作为债权履行的担保。债务人履行债务后，定金应当抵做价款或者收回。给付定金的一方不履行约定的债务的，无权要求返还定金；收受定金的一方不履行约定的债务的，应当双倍返还定金。定金应当以书面形式约定。当事人在定金合同中应当约定交付定金的期限。定金合同从实际交付定金之日起生效，定金的数额由当事人约定，但不能超过主合同标的额的20%。

当事人一方不完全履行合同的，应当按照未履行部分所占合同约定内容的比例，适用定金罚则。

此外，《合同法》还规定：当事人既约定违约金又约定定金的，在对方违约时，可以选择适用违约金或定金条款。但两者不可以并用。

【案例2-21】甲与乙签订一标的额为50万元的合同，双方约定定金为20万元，乙一直没有支付定金。后双方因合同履行发生纠纷，乙要求甲以双倍返还定金的形式承担违约责任，甲拒绝。

请分析定金合同是否成立，是否生效？定金数额的约定是否符合法律规定？

评析：定金合同已经成立但是未生效；定金数额的约定不符合法律规定。

定金合同是甲乙双方意思表示一致的约定，所以该合同已经成立。但是，定金合同自实际交付定金之日起生效，而本案中乙并未交付定金，所以该合同尚未生效。《合同法》还规定：定金的数额由当事人约定，但不能超过主合同标的额的20%，而本案中约定的20万元超过了20%（10万元），故定金数额的约定不符合法律规定。

## 2.3 违约责任

### 2.3.1 违约责任的构成要件

1. 违约责任的概念

违约责任，即违反合同的民事责任，是指当事人不履行合同义务或者履行合同义务不符合约定时，依照法律规定或者合同约定所承担的法律责任。当事人双方有违反合同的，应当各自承担相应的责任。

违约责任具有以下特点。

（1）违约责任的产生是以合同当事人不履行合同义务为条件的。合同债务是违约责任发生的前提，违约责任是债务不履行的后果，债务是因，责任是果，无债务则无责任。

（2）违约责任具有相对性。合同关系的相对性，决定了违约责任的相对性。违约责任只能在特定的当事人之间即合同关系的当事人之间发生，合同关系以外的人，不负违约责任，合同当事人也不对合同关系以外的人承担违约责任。

（3）违约责任主要具有补偿性。违约责任的补偿性是指违约责任的目的在于弥补或补偿违约行为造成的损害后果。当然，强调违约责任的补偿性不能完全否认违约责任，有时也具有惩罚性的特征。

（4）违约责任可以由当事人约定。当事人可以在法律规定的范围内，在合同中对违约责任做出事先的约定。当事人可以约定一定数额的违约金，可以约定损害赔偿的计算方法，也可以通过约定免责条款以限制或免除其在将来可能的责任。对违约责任的事先约定，从根本上说是由合同自由原则决定的。

（5）违约责任是民事责任的一种形式。刑事责任、行政责任中不存在违约责任这种责任形式，违约责任属于民事责任所特有的一种责任形式。

【案例2-22】2005年6月底，甲建筑公司将一台小型挖土机交给乙修理厂修理，修理前经评估，挖土机残值为5万元。甲乙双方的修理合同约定：如果在2005年7月25日前修好，甲公司将支付3万元修理费；如果在2005年9月5日前修好，甲公司将支付2万元修理费；如果在2005年10月15日前还未修好，则修理厂向甲公司支付5.5万元，挖土机归修理厂所有。经修理厂抢修，挖土机于当年7月23日修好。此时，有一施工单位（丙公司）向修理厂提出购买二手挖土机的意愿，愿意出价9万元购买。修理厂经过一番思量，于8月4日将修理好的挖土机出售。甲公司分别于7月27日、8月16日、9月20日询问修理进展状况，乙公司均回答未完成。乙公司于2005年10月2日，向甲公司支付了约定的5.5万元。两个多月后，甲公司从丙公司处了解到实情，与修理厂发生争议。

评析：当事人双方为修理合同设定了合同付款条件；还约定了修理合同解除条件及处理办法。而修理厂违反诚实信用原则，擅自出售挖土机，应当承担违约责任。

**2．违约责任的构成要件**

违约责任的构成要件有以下三个。

（1）违约行为的存在。违约行为是合同当事人不履行或不完全履行合同义务的行为。

（2）有损害后果。损害必须是实际已经发生的，尚未发生的损害不能赔偿。损害又必须是可以计算的，只有可以计算的才能赔偿。

（3）违约行为与损害后果之间有因果关系。损害后果是由违约行为直接造成的，因果关系不仅决定了违约责任的成立，而且决定了承担违约责任的范围。

### 3. 违约责任的归责原则

违约责任的归责原则，是指确定违约当事人的民事责任的原则。违约责任必须遵循一定的归责原则来确认违约的构成要件、举证责任、免责事由及损害赔偿范围。

违约责任的归责原则有两项：过错责任原则和严格责任原则。

（1）过错责任原则。过错责任原则以过错的存在作为追究违约责任的要件。对于过错的存在采取两种方式确认，一是适用"谁主张，谁举证"的原则，由权利人举证证明违约当事人存在过错，否则不能追究违约责任；二是在特定情况下适用"举证责任倒置的原则"，若有违约行为存在，可推定违约当事人主观上有过错，并可追究当事人的违约责任。违约当事人如欲免除违约责任，必须举证证明自己不存在过错。

（2）严格责任原则。严格责任原则又称无过错责任原则，是指违约事实发生后，确认违约责任主要考虑违约的结果是否因违约方的行为造成，而不考虑违约方的违约是因为故意还是过失造成的。从举证方面来看，只要权利方能够证明违约结果是由违约方的违约行为引起的，即可要求违约方承担违约责任。

我国《合同法》规定：当事人一方不履行合同义务或者履行合同义务不符合约定的，应当承担继续履行、采取补救措施或者赔偿损失等违约责任。由此可以看出，我国违约责任实行的是严格责任原则。《合同法》虽规定了严格责任原则，但并不排斥过错责任。因此，违约责任以严格责任原则为主，过错责任原则为辅。

### 4. 违约行为的形态

（1）预期违约。当事人在合同履行期限届满之前，便明确表示或以自己的行为表示将不履行合同的为预期违约。预期违约的，对方可以在履行期限届满之前要求其承担违约责任。

（2）拒绝履行。拒绝履行是指在合同履行期到来后，一方当事人无正当理由拒绝履行合同规定的全部义务。

（3）不适当履行。不适当履行是指当事人虽有履行行为，但不符合合同约定。不适当履行包括：

① 部分履行行为。如未以合同规定的数量交付货物。

② 瑕疵履行行为。指履行的标的不符合合同约定的质量要求。可分为违约瑕疵履行和损害瑕疵履行。由于违约瑕疵履行尚未造成人身损害或财产损失，对违约行为可以采取补救措施；而损害瑕疵履行由于已造成人身损害或财产损失，所以违约方还应承担损害赔偿责任。

③ 履行方式不适当。如未按约定的方式交货。

④ 履行地点不适当。如未在合同规定的地点交付货物。

⑤ 其他行为。如违反告知义务等。

（4）迟延履行。迟延履行是指合同当事人的履行违反了履行期限的规定。广义上包括债务人给付迟延和债权人受领迟延；狭义的仅指债务人的给付迟延。

债务人给付迟延是指债务人在履行期限到来后，能够履行而无正当理由未能按期履行的行为。其构成要件为：① 须有合法债务存在；② 履行须可能；③ 未按期履行；④ 迟延履

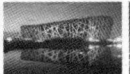

行无正当理由。给付迟延依法应承担如下法律后果：① 支付违约金或赔偿因迟延偿付而给债权人造成的损失，若迟延给付造成债权人丧失履行利益的，债权人可依《合同法》第九十四条规定解除合同，请求赔偿损失；② 对在迟延期间因不可抗力造成标的物毁损丢失的，债务人依法承担履行不能的责任，并不得以不可抗力为由主张负责。但根据诚实信用原则，若债务人能够证明即使其不迟延给付也会发生标的物毁损丢失的，则可免责；③ 符合《合同法》第六十三条规定的情况，承担交易价格风险责任。

债权人受领迟延通常是指债权人在债务人于履行期内履行时无正当理由未能及时接受债务履行的行为。其构成要件为：① 须有合法债权存在；② 债务人已按期做出实际履行，且履行适当；③ 债权人未按期接受履行；④ 债权人迟延受领无正当理由。债权人迟延受领，依法应向债务人支付违约金或赔偿因迟延受领而给债务人造成的损失，如保险费、提存费、运输费等；若为金钱给付义务，债务人可停止支付受领迟延期间的债务利息；符合《合同法》第六十三条规定的情况，债权人还应承担交易价格风险责任。

**【案例 2-23】发包方单方毁约赔偿案**

原告：某建筑公司

被告：某工程建设单位

**一、诉辩主张和事实认定**

2005 年 9 月，双方签订的建设工程承包合同规定：承包方为发包方承担 6 台 400 立方米煤气罐检查返修的任务，工期为 6 个月，同年 10 月开工，合计工程费 42 万元。临近开工时，因煤气罐仍在运行中，不具备施工条件，承包方同意发包方的提议将开工日期变更至 2006 年 7 月。经发包方许可，承包方着手从本公司基地调集施工机械和人员如期进入施工现场，搭设脚手架，装配排残液管线。工程进行约两个月时，发包方以竣工期无保证和工程质量差为由，同承包方先是协商提前竣工期，继而洽谈解除合同问题，承包方未同意。接着，发包方正式发文通知："本公司决定解除合同，望予以谅解和支持。"同时，限期让承包方拆除脚手架，迫使承包方无法施工，导致原合同无法履行。为此，承包方向法院起诉，要求发包方继续赔偿实际损失 25 万余元。

法院审理中，发包方认为：承包方投入施工现场的人员少，素质差，不可能保证工程任务如期完成和保证工程质量，因而不得不将同一工程包给第三方。承包方认为：他们是根据工程的进展有计划地调集和加强施工力量，足以保证工程如期完成；对方在工程完工前即断言工程质量不可靠，缺乏根据。

**二、处理理由和处理结果**

法院收集了有关本案的证据，分析了双方的陈述，研究了与此案有关的法律的规定认为：这份建设工程承包合同是经双方协商同意签订的有效合同，应受到法律保护，发包方未经对方同意擅自解除合同，是单方毁约行为，应负违约责任。

经法院调解，双方自愿达成协议：承包合同尚未履行部分由发包方负终止执行的责任，由发包方赔偿承包方工程款、工程器材费和赔偿金等共 16 万元。

**评析**：人民法院对此案的处理是正确的，理由如下。

（1）这份合同经双方协商订立，内容合法，条款齐全，责任明确，是有效的合同。承包方已按合同履行其义务，发包方在未取得对方同意的情况下，以无根据的所谓理由阻碍施工，并单方解除合同，属于违约行为，应承担违约责任。

（2）《合同法》第二百八十三条规定，发包方未按合同规定的时间和要求提供原材料、设备、场地、资金、技术资料等，除工程日期顺延外，还应偿付承包方因此造成停工、窝工的实际损失。《合同法》第二百八十四条规定，因发包人的原因致使工程中途停建、缓建，应采取措施弥补或减少损失，同时赔偿承包方由此造成的停工、窝工、倒运、机械设备调迁、材料和构件积压的损失和实际费用。法院判定发包方赔偿承包方有关损失和费用 16 万元，符合法律规定。

（3）考虑到此案实际情况，继续履行合同已有困难，同意终止合同的履行。但造成合同终止履行的原因在于发包方，因而应由发包方承担终止合同履行的责任。所以发包方应该承担违约责任。

## 2.3.2 违约责任的形式及免责规定

### 1. 承担违约责任的形式

根据《合同法》的规定，违约的当事人承担违约责任的形式主要有继续履行、采取补救措施、赔偿损失、支付违约金和定金等。具体适用哪种违约责任，由当事人根据自己的要求加以选择。

1）继续履行

继续履行，又称为实际履行、强制实际履行，是指债权人在债务人不履行合同义务时，可请求人民法院或者仲裁机构强制债务人实际履行合同义务。

当事人因违约支付了违约金或者赔偿金，也不能因此而代替合同的履行，对未履行的原合同债务仍应继续履行。

《合同法》规定，当事人一方不履行非金钱债务或者履行非金钱债务不符合约定的，对方可以要求履行，但有下列情形之一的除外。

（1）法律上或者事实上不能履行。

（2）债务的标的不适于强制履行或者履行费用过高。

（3）债权人在合理的期限内未要求履行。

2）采取补救措施

补救措施，是债务人履行合同义务不符合约定，债权人在请求人民法院或者仲裁机构强制债务人实际履行合同义务的同时，可根据合同履行情况要求债务人采取的补救履行措施。如《合同法》第一百一十一条规定，当事人履行合同义务时，质量不符合约定的，应当按照当事人的约定承担违约责任。对违约责任没有约定或者约定不明确的，当事人可以协议补充，不能达成补充协议的，受损害方根据标的性质及损失的大小，可以合理选择要求对方承担修理、更换、重做、退货、降低价格或者报酬等违约责任。

3）赔偿损失

当事人一方不履行合同义务或者履行合同义务不符合约定的，在履行义务或采取补救措施后，对方还有其他损失的，应当赔偿损失。损失赔偿额应相当于因违约所造成的损失，包括合同履行后可以获得的利益，但不得超过违反合同一方订立合同时预见到或者应当预见到的因违反合同可能造成的损失。

《合同法》另外还规定：当事人一方违约后，对方应当采取适当措施防止损失扩大，没有采取适当措施致使损失扩大的，不得就扩大的损失要求赔偿。当事人因防止损失扩大而支出的合理费用，由违约方承担。

4）支付违约金

违约金，是指按照当事人的约定或者法律规定，一方当事人违约时应当根据违约情况向对方支付的一定数额的货币。

违约金责任的成立条件主要有两个：首先，有违约行为的存在，各种违约形态，如拒绝履行、不适当履行、迟延履行等，都可以导致违约金的支付；其次，有违约金的约定。我国对违约金都是实行约定违约金，如果当事人在合同中没有有关违约金的预先约定，在一方违约时，另一方就不能要求违约方支付违约金，而只能采取其他救济方法。

违约金的数额明显高于或者低于实际损害的，当事人可以请求人民法院或者仲裁机构予以减少或增加。根据《最高人民法院关于审理商品房买卖合同纠纷案件适用法律若干问题的解释》规定："当事人以约定的违约金过高为由请求减少的，应当以违约金超过造成损失的30%为标准适当减少；当事人以约定的违约金低于造成的损失为由请求增加的，应当以违约造成的损失确定违约金数额。"违约方支付违约金后，还应当履行合同债务。

5）给付定金或双倍返还定金

根据《合同法》的规定，当事人可以约定一方向对方给付定金作为履行合同的担保。给付定金的一方不履行约定的债务的，无权要求返还定金；收受定金的一方不履行约定的债务的，应当双倍返还定金。

当事人既约定违约金，又约定定金的，一方违约时，对方可以选择适用违约金或者定金条款。

因当事人一方的违约行为，侵害对方人身、财产权益的，受害方有权依照《合同法》要求其承担违约责任或者依照其他法律要求其承担侵权责任。

【案例2-24】甲公司与乙公司签订了一份买卖合同，合同货物价款为40万元。合同约定：乙公司支付定金4万元；任何一方不履行合同，应该支付违约金6万元。现甲公司违约，乙公司向法院起诉，要求甲公司双倍返还定金，并支付违约金。请分析，法院能否支持其诉求？

评析：乙公司只能要求双倍返还定金或者支付违约金。

根据《合同法》的规定，当事人既约定违约金，又约定定金的，一方违约时，对方只能选择适用违约金或者定金条款。所以，乙公司要求甲公司既双倍返还定金又支付违约金，法院是不会予以支持的。

### 2. 违约责任的免除

违约责任的免除，是指没有履行或没有完全履行合同义务的当事人，可以依照法律的规定或者合同的约定不承担违约责任。

《合同法》规定如下三种免责事由。

（1）不可抗力。不可抗力是指不能预见、不能避免并不

152

能克服的客观情况，它包括自然现象和社会现象两种。自然现象包括地震、台风、洪水、海啸等，社会现象包括战争、海盗、罢工等。

《合同法》规定："因不可抗力不能履行合同的，根据不可抗力的影响，部分或者全部免除责任，但法律另有规定的除外。当事人迟延履行后发生不可抗力，不能免除责任。"

当事人一方因不可抗力不能履行合同的，应当及时通知对方，以减轻可能给对方造成的损失，并应当在合理的期限内提供证明。

（2）免责条款。免责条款是合同双方当事人在合同中预先约定的，当出现约定的事由或条件时，可免除违约方违约责任的条款。

（3）法律的特殊规定。在法律有特殊的免责规定时，可以依法免除违约方的违约责任。如《合同法》在分则中规定，承运人对运输过程中货物的毁损、灭失承担赔偿责任，但承运人证明货物的毁损、灭失是因不可抗力、货物本身的自然性质或合理损耗，以及托运人、收货人的过错造成的，不承担损害赔偿责任。

【案例2-25】王小姐于2005年8月和"华丽洋房"的开发商签订了购房合同，购买位于该小区的商品房一套，合同约定交房时间为2006年6月10日。到期后，开发商未能如期交房。于是王小姐起诉开发商违约，要求其承担违约责任。开发商辩称有下列不可抗力情形影响了工程进度，应该免责：首先，工程在建过程中，发现了勘察时没有发现的地质软层；其次，长期阴雨天气；最后，公司采购的原材料在运输过程中遇到火灾。

请分析本案应该如何处理？

评析：开发商应该承担违约责任。

根据《合同法》规定，能够免除违约责任的不可抗力是指不能预见、不能避免并不能克服的客观情况。而本案中开发商的辩称理由是应当预见的风险因素，不属于不能预见、不能避免并不能克服的客观情况，故不能免除违约责任。

## 2.4 建设工程合同法律规范

### 2.4.1 建设工程合同概述

**1. 建设工程合同的含义和特征**

1）建设工程合同的含义

建设工程合同是勘察单位、设计单位、施工单位与建设单位为完成某项工程项目的勘察、设计、施工、安装工作而签订的合同。其中，勘察、设计、施工单位一方称为承包方，建设单位一方称为发包方或委托方。

2）建设工程合同的特征

建设工程合同，也称为建设工程承发包合同，它具备完成工作合同的一般特征，即它的标的是完成工作成果，并且具备诺成、双务、有偿的特征。它的特点有以下几点。

（1）建设工程合同的标的是建设工程项目，并非一般的加工订做物。建设工程项目，是指各类房屋建筑和非房屋建筑（包括桥梁、铁路、矿井、码头等），以及其附属设施的建造和与其配套的线路、管道、设备的安装活动。这些工程项目投资大、周期长、不可移动，对

规模和质量都有特定的要求。

(2) 建设工程合同的承包方要受到严格的主体条件限制。建设工程合同的承包方要受到严格的主体条件限制是由合同标的的特殊性决定的。根据我国《建筑法》第十二条、第十三条的规定，承包方应该具备下列条件。

① 有符合国家规定的注册资本。
② 有与其所从事的建筑活动相适应的具有法定执业资格的专业技术人员。
③ 有从事相关建设工程项目所应有的技术设备。
④ 具有法律、法规规定的其他条件。
⑤ 在符合上述条件的情况下，经资质审查合格，已取得相应的资质证书并取得合法的营业执照。

具备上述条件的建设单位，在签订建设工程合同时不得超越其资质等级许可从事的建设工程项目范围，否则签订的合同无效。

(3) 国家对建设工程承包合同实行严格的管理和监督。例如投资银行的投资管理，政府监督与责任制度的规范，推行建设工程监理制度和实施建筑许可证制度等。

(4) 建设工程合同主体之间具有严密的协作性。建设工程合同涉及面广，不仅需要勘察、设计、施工、安装等单位的密切协作，同时需要业主与承包商通力协作，密切配合，共同完成建设工程合同明确的工程建设任务。

**2. 建设工程合同的种类**

根据不同的标准可以对建设工程合同做不同的分类。

1）按照承发包的内容分类

(1) 建设工程勘察、设计合同。
(2) 建设工程施工合同。

2）按照合同的标的分类

(1) 总承包合同。总承包合同，是指发包人将工程项目的勘察、设计、施工、安装等全部工作交给同一个承包人承包而订立的合同，承包人因此称为总承包人。业主仅面对一个承包商。

(2) 分项工程承包合同。分项工程承包合同，是指发包人将工程项目分成若干不同的部分，分别就其中不同的部分与承包人订立独立的承包合同，各个承包人只对自己承包的部分向发包人负责，这些承包商之间则属于平行的关系。

这是最常见的工程承包合同，但是应该注意分项工程承包合同不同于分包合同和转包合同。

分包合同是指总承包人或分项承包人在与发包人签订了总承包合同或分项工程承包合同后，再将其所承包的工程的一部分交给第三人承包完成而签订的合同。

按照我国《建筑法》第二十九条的规定，建筑工程总承包单位可以将承包工程中的部分工程发包给具有相应资质条件的分包单位；但是除总承包合同约定的分包外，必须经建设单位许可。

签订施工总承包合同的，建设工程的主体结构施工必须由总承包单位自行完成。分包合同的当事人是总承包人与分承包人，分承包人一般不与发包人产生直接的法律关系；建设工程总承包单位按照总承包合同的约定对建设单位负责；分包单位按照分包合同的约定对总承包单位负责；总承包单位和分包单位就分包工程对建设单位承担的是连带责任。

为了保证建筑工程的质量，维护建设单位的合法权益，根据我国《建筑法》第二十四条的规定，禁止分包单位将其承包的工程再分包。

转包合同是指总承包人将建筑工程合同中自己的权利义务转让给第三人享有或者承担，自己退出与建设单位的承包合同关系而与第三人签订的合同。根据我国《建筑法》第二十八条的规定，禁止承包单位将其承包的全部建筑工程转包给他人，禁止承包单位将其承包的全部建筑工程肢解以后以分包的名义分别转包给他人。根据该规定我们可以得知，承包单位经发包人的同意将部分建筑工程转包给第三人，法律是没有禁止的，应该合法有效。

### 3. 建设工程合同的订立

建筑工程的质量关系到人民生命财产的安全，为此，我国对建筑工程的质量实行了全方位的控制，其中较为重要的措施之一就是根据我国《建筑法》第十九条的规定，强制要求建筑工程合同的签订需要以招标发包的方式进行，只有那些不适于招标发包的，才可以采取直接发包的方式（此内容在第1章有详细介绍）。

以招标发包的方式签订建设工程承包合同的，合同的缔结必须经过招标、投标和定标三个过程（此内容在第1章有详细介绍）。

根据我国《建筑法》第二十四条的规定，建设单位不得将建筑工程肢解发包。所谓肢解发包，是指将应当由一个承包单位完成的建筑工程肢解成若干部分发包给几个承包单位，它不包括建筑工程的总发包或分项发包。建筑工程的总发包或分项发包是合法的，并不为法律所禁止。

对于以直接方式缔结建筑工程合同的，适用我国《合同法》规定的要约承诺的一般程序。

## 2.4.2 建设工程勘察、设计合同

建设工程勘察、设计合同，是指委托方与承包方为完成特定的勘察、设计任务，明确相互之间权利义务关系的协议。建设单位或者建设工程承包单位称为委托方，勘察设计单位称为承包方。建设工程勘察、设计合同作为建设工程合同形式的一种，具备建设工程合同的法律特征。

建设工程勘察、设计合同的法律依据是《合同法》和《建设工程勘察、设计合同条例》等法律、法规。

根据我国《建设工程勘察、设计合同条例》的规定，签订建设工程勘察、设计合同必须具备下列条件。

（1）签订建设工程勘察、设计合同的双方必须具有法人地位。

（2）签订建设工程勘察、设计合同必须符合国家规定的基本建设程序。

签订建设工程勘察、设计合同的意义如下。

（1）有利于委托方与承包方明确各自的权利和义务，自觉履行义务，实行相应的权利，保证勘察、设计任务的顺利完成。

（2）为监理工程师在项目设计阶段的监理工作提供了可行的法律依据。

（3）有利于双方增强法律意识，加强对勘察、设计工作的管理。

（4）有利于预防纠纷和解决纠纷。

**1. 建设工程勘察、设计合同的主要条款**

根据《合同法》和《建设工程勘察、设计合同条例》的规定，建设工程勘察、设计合同应该包括以下内容。

（1）工程概况、工程名称、地点、规模。

（2）发包方提供的资料的具体内容、技术要求和期限。

（3）承包方勘察的范围、进度和质量，设计的阶段、进度、质量和设计文件的份数及交付的日期。

（4）勘察设计的收费依据、收费标准及支付方法。

（5）违约责任。

（6）争议的解决方式。

（7）其他的约定内容。

**2. 建设工程勘察、设计合同当事人的权利和义务**

合同的订立，其主要内容是明确双方主体的权利和义务，建设工程勘察、设计合同是双务性合同，合同中双方当事人的权利和义务是对应的，发包方的权利是承包方的义务，承包方权利也是发包方的义务。所以，下面只介绍双方的义务，其权利不再赘述。

根据《建设工程勘察、设计合同条例》第八条的规定，合同双方当事人的义务包括发包方和承包方的义务。

1）建设工程勘察、设计合同发包方的主要义务

（1）发包方应该向工程勘察项目的承包方提供勘察范围图和建筑平面布置图，提供勘察技术要求及附图；向工程设计承包方提供设计任务书、选址报告、满足初步设计要求的勘察资料，以及经过批准的资源、燃料、水电、运输等方面的协议条件。

（2）向勘察设计项目的承包方提供必要的生活和工作条件，以保证勘察设计工作的顺利进行。

（3）负责勘察现场的通水、通电、通路和场地的平整工作。

（4）及时向有关部门申请取得各个设计阶段的批准文件，明确设计的范围和深度。

（5）尊重勘察设计方的勘察设计成果，不得私自修改，不得转借他人。

（6）合同中含有保密条款的，发包方应该承担设计文件的保密责任。

（7）按照规定或者合同的约定给付勘察、设计费用。

2）建设工程勘察、设计合同承包方的主要义务

（1）按照勘察设计合同的要求向委托方按时提交勘察成果和设计文件。

（2）初步设计经过上级主管部门审查以后，在原定任务书范围内的必要的修改由承包方负责，承包方对于勘察工作中的遗漏事项应该及时进行补充勘察，并且自行承担补充勘察的相关费用。

（3）对勘察设计的成果负有瑕疵担保义务。勘察人、设计人对于自己提交的工作成果质

量应该承担担保责任。无论工程建设进入何种阶段,只要发现属于勘察人、设计人的勘察设计成果的质量瑕疵而引起工程返工、窝工、建设费用增加的,都应该由勘察设计人来承担相应的损失。

(4)承包方对自己所承担设计任务的建设项目应该配合施工,进行施工前设计技术交底,解决施工中的有关设计问题,负责设计变更和修改预算,参加试车考核及工程竣工验收。对于大中型工业项目和复杂的民用工程,还应该派现场代表,并参加隐蔽工程验收。

**【案例 2-26】地下室防水工程质量纠纷案**

原告:某市华阳实业有限责任公司(以下简称甲方)

被告:某市建安建筑工程有限责任公司(以下简称乙方)

2003年3月甲乙双方签订施工总承包合同,由乙方负责职工宿舍楼的施工。双方在合同中约定:隐蔽工程由双方共同检查,检查费用由甲方支付。

地下室防水工程完成后,乙方通知甲方验收,甲方则答复:因为公司内部事务较多,由乙方自己检查,出具检查记录即可。20天后,甲方又聘请了专业技术人员对地下室防水工程进行了质量检查,发现没有达到合同所约定的标准,要求乙方承担检查的费用,并且进行工程返工。乙方认为合同约定检查费用由甲方支付,所以拒绝支付费用但同意工程返工。甲方多次要求乙方付款未果,起诉到法院。

法院受理案件以后,对地下室防水工程重新进行了鉴定,结论为地下室防水工程质量不符合合同约定的标准。法院判决乙方承担检查的费用。

**评析:**根据我国《合同法》第二百七十八条的规定,隐蔽工程隐蔽以前,承包人应当通知发包人检查,发包人没有及时检查的,承包人可以顺延工程工期,并有权要求赔偿停工、窝工等损失。所以隐蔽工程在隐蔽以前,发包人的义务是对工程及时检查,承包人的义务是及时通知发包人进行检查。

在本案中,乙方履行了通知义务,对于甲方不履行检查义务的行为,有权停工待查,由此造成的损失由甲方承担。但是乙方没有这样做反而自己进行检查,继续进行施工,所以双方均有过错。对于事后的复检费用,则应该根据检查结果而定,如果检查结果不符合合同标准,则因为该后果乃乙方所致,检查费用应该由乙方承担;反之则应该由甲方承担。

所以法院的判决是正确的。

### 3. 建设工程勘察、设计合同当事人的违约责任

1)发包方的违约责任

发包方因为所提供的勘察设计的资料不准,或者没有按照合同的约定支付勘察设计费用,应承担相应的违约责任。主要表现在以下几个方面。

(1)发包方如果没有按照约定履行合同,则无权要求返还定金。

(2)由于变更计划,提供的资料不准确,未按期提供勘察、设计工作必需的资料或工作条件,因而造成勘察、设计工作的返工、窝工、停工或者修改设计时,发包方应该按照承包方实际消耗的工作量增付费用。因为发包人责任造成重大返工或者重做设计时,应该另增加勘察、设计费用。

(3)勘察、设计的成果按期、按质、按量交付后,发包方没有按照合同规定或者约定的日期交付费用的,应该支付逾期的违约金。支付数额与办法,由双方按照法律规定协商解决。

（4）发包方未能按期接收承包方的工作成果的，应该支付逾期的违约金。

2）承包方的违约责任

承包方的责任主要是承包方未能按照合同的约定提交勘察设计文件，以及由于勘察设计错误而应该承担的相关违约责任。主要表现在以下几个方面。

（1）承包方如果没有按照约定履行合同，则应该双倍返还定金。

（2）因为勘察、设计质量低劣引起返工的，勘察、设计单位应该承担返工所支出的各种费用。

（3）未能按期提交勘察、设计文件，拖延工期造成损失的，由承包方继续完成勘察、设计，承担相应部分的勘察、设计费用，并赔偿拖延工期所造成的损失。

（4）由于勘察、设计错误而造成工程重大质量事故的，承包方除了免收损失部分的勘察、设计费用外，还应该承担一定的赔偿责任。

### 2.4.3 建设工程施工合同

建设工程施工合同是发包方（建设单位或总包单位）和承包方（施工单位）为了完成特定的建筑安装工程任务、明确相互之间权利义务关系的协议。建设工程施工合同是建筑、安装合同的总称。建设工程施工合同是建设工程合同的一种形式。因此，建设工程施工合同也具有建设工程合同的法律特征。

根据相关的法律规定，签订建设工程施工合同应该满足下列条件。

（1）工程的初步设计和总概算已经获得批准；

（2）投资已经列入国家和地方工程项目建设计划，建设资金已经落实；

（3）有满足承包要求的设计文件和技术资料；

（4）场地、水源、电源、气源已经具备或者在开工前完成；

（5）材料和设备的供应能够保证工程连续正常施工；

（6）合同的当事人应该具有法人资格；

（7）合同的双方当事人都具有履行合同的能力。

签订建设工程施工合同的意义如下。

（1）有利于发包方与承包方明确各自的权利和义务，自觉履行义务，行使相应的权利，保证工程建设的顺利完成。

（2）为监理工程师在项目的建设施工过程中的监理工作提供了可行的法律依据。

（3）有利于双方增强法律意识，加强对建筑工程施工的管理。

（4）有利于预防纠纷和解决纠纷。

#### 1．建设工程施工合同的主要条款

根据《合同法》和其他相关法律制度的规定，建设工程施工合同应该包括以下内容。

（1）工程名称、地点。

(2）建设工期，中间交工工程的开工时间和竣工时间。

(3）工程质量。

(4）工程造价。

(5）承包工程的预付款、工程进度款及工程决算的支付时间与方式。

(6）材料和设备的供应责任。

(7）当一方提出迟延开工日期或终止工程的全部或者一部分时，有关工期的变更、承包金额的变更或者损失的承担及估算方法。

(8）由于价格变动而变更承包金额或者工程内容的规定和估算方法。

(9）竣工验收。

(10）违约责任。

(11）争议的解决方式。

(12）其他的定内容。

**2．建设工程施工合同当事人的权利和义务**

1）建设工程施工合同发包方的主要义务

(1）办理土地的征用、青苗树木的赔偿、房屋的拆迁，清除地面、架空和地下障碍等前期工作，使施工场地具备施工条件，并在开工后继续负责解决以上事项的遗留问题。

(2）将施工所需要的水、电、电信线路从施工场地外部接至合同所约定的地点，保证施工的正常需要。

(3）开通施工场地和外界公共道路的通道，以及合同所约定的内部交通干道，并应该保证畅通，满足施工过程的运输需求。

(4）向承包方提供施工场地的工程地质及地下的管网线路资料，保证数据的真实准确，以保证施工的需要。

(5）办理施工所需要的各种证件、批件和临时用地、占道，以及铁路专用线的审批手续（证明承包商自身资质的证件除外）。

(6）将水准点与坐标控制点以书面形式交给承包方，并进行现场交验。

(7）组织承包商与设计单位进行图纸会审，与承包商进行设计交底。

(8）协调处理对施工现场周围地下管线和邻近建筑物、构筑物的保护，并应该承担相关的费用。发包方如果不按照约定完成上述的工作而造成工程延误，应该承担由此造成的经济支出，赔偿承包方的经济损失，工期也应该相应顺延。

2）建设工程施工合同承包方的主要义务

(1）在设计证书允许的范围内，按照发包方的要求完成施工组织设计或者与工程配套的设计，经发包方批准后方可使用。

(2）向发包方提供工程进度计划（年、季度、月份计划）及相应进度的统计报表和工程事故报告。

(3）按照工程的需要提供和维修非夜间施工使用的照明、看守、围栏和警卫等，如果承包方没有履行上述义务而造成工程、财产及人身的伤害，由承包方承担相应的经济责任。

(4）遵守地方政府和有关部门对施工场地交通和施工噪声等的相关管理制度，经过发包方同意以后办理有关手续，发包方承担相关的费用，但是由于承包方自身原因导致的罚款应

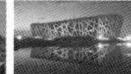

该自行承担。

（5）按照协议条款约定的数量和标准，向发包方提出施工现场所需要的办公和生活用房屋和设施，所需要的费用由发包方承担。

（6）已经竣工的工程在没有验收交付之前，承包方应该按照合同约定负责保护工作。保护期间发生毁损的，承包方自费修复。要求承包方采取特殊措施保护的单位工程部位和相应的经济支出，在合同内约定。发包方提前使用工程的，发生毁损的修复费用由发包方承担。

（7）按照合同的约定做好施工现场的地下管线和邻近建筑物、构筑物的保护工作。

（8）保证施工现场清洁符合有关规定，交工前应该清理现场达到合同的要求，承担因为违反有关规定造成的损失和罚款（合同签订后颁发的规定和由于非承包方原因造成的损失和罚款除外）。如果承包方不履行上述义务，应该对发包方的损失予以经济赔偿。

### 3. 建设工程施工合同当事人的违约责任

1）发包方的违约责任

（1）未能按照合同的约定履行相应的责任，应该赔偿承包方的经济损失，并且导致工程日期顺延。

（2）建筑工程中途的停建、缓建或者由于设计变更、设计错误造成的返工，应该采取措施弥补或者减少损失，同时赔偿承包方因此而产生的损失。

（3）发包方提前使用或者擅自动用没有验收的工程的，产生的质量或者其他问题责任应该由发包方承担。

（4）逾期验收工程的，应该支付违约金。

（5）不按照合同约定拨付款项的，按照银行有关延期付款办法和工程价款结算办法的有关规定处理。

2）承包方的违约责任

（1）所承建工程不符合合同约定的，应该负责无偿的维修或者返工。由于维修或者返工造成逾期交付的，也应该支付违约金。

（2）交付工程的时间不符合合同约定的，也应该支付违约金。

（3）由于承包方的责任，造成发包方提供的材料、设备丢失或者损坏的，应该承担赔偿责任。

【案例2-27】2002年3月，某市市政管理委员会与某建筑安装公司签订了一份工程建设合同。合同规定：由该建筑安装公司承建位于该市西区的供水管线工程，由市政管理委员会提供该工程的设计图样。合同对工期、质量、验收、拨款、结算等都做了详细规定。2002年6月，供水管线工程进行隐蔽之前，承包方建筑安装公司通知该市市政管委会派人来进行检查。然而，市管委会由于种种原因迟迟未派人到施工现场进行检查。由于未经检查，该建筑安装公司只得暂时停工，并顺延工程日期十余天，该公司为此蒙受了近3万元的损失。工程逾期完工后，发包人该市政管理委员会拒绝承担该建筑安装公司因停工所受的损失，反而以承包人逾期完工，应承担责任为由，诉至法院。

评析：本案的纠纷是因隐蔽工程的验收而产生的。

所谓隐蔽工程，是指被其他建筑物遮掩的工程，包括地基工程、钢筋工程、承重结构工程、防水工程、装修与设备工程,供水、供气、供热管线,电气管线等都属于隐蔽工程。隐蔽工程在整体工程竣工后不便于验收,而隐蔽工程的质量又至关重要,因此《合同法》专门规定了隐蔽工程的检查和验收。《合同法》第二百七十八条规定:"隐蔽工程在隐蔽以前,承包人应当通知发包人检查。发包人没有及时检查的,承包人可以顺延工程日期,并有权要求赔偿停工、窝工等损失。"

根据本条的规定,隐蔽工程在隐蔽以前,承包人应当通知发包人检查。一般是在承包人自检合格以后 48 小时内通知发包人检查。发包人接到承包人的通知以后,应当在合同约定的时间或合理时间内,开始对隐蔽工程进行检查,检查合格后双方共同签署"隐蔽工程验收签证"及相应记录。发包人没有按期对隐蔽工程进行检查的,承包人应当催告发包人在合理期限内进行检查,并可以顺延工程日期,同时要求发包人赔偿因此造成的停工、窝工、材料和构件积压的损失。

如果承包人未通知发包人检查而自行封闭隐蔽工程的,发包人事后有权要求对已隐蔽的工程进行检查,承包人应当按照要求破坏已覆盖的工程并于检查后修复,检查的费用由承包人承担。如果承包人已经通知发包人检查而发包人未及时检查,事后发包人又要求检查的,检查费用的承担需分两种情况而定:一是对隐蔽工程检查后发现该项工程符合质量标准的,检查费用由发包人承担;二是对隐蔽工程检查后发现该工程不符合质量要求的,检查费用应当由承包人承担。

本案中承包人建筑安装公司在供水管线工程隐蔽之前通知了发包人市政管理委员会前来检查,而市政管理委员会迟迟不去检查,致使承包人被迫停工十多天,造成 3 万元的经济损失。市政管理委员会没有及时检查与该工程逾期完工有直接关系,应当对此承担责任。所以,法院驳回了该市政管理委员会的诉讼请求,并责令其承担承包人建筑安装公司所受经济损失 3 万元。

**【案例 2-28】框架厂房工程承包纠纷案**

原告:某市帆布厂

被告:某市区修建工程队

**一、诉辩主张和事实认定**

2005 年 10 月 5 日,原、被告订立了建筑工程承包合同,合同规定:被告为原告建造框架厂房,跨度 12 米,总造价为 198.9 万元;承包方式为包工包料;开、竣工日期为 2005 年 11 月 2 日和 2007 年 3 月 10 日。自工程开工至 2006 年底,原告给付被告工程款、材料垫付款共 211.6 万元。到合同规定的竣工期限,被告未能完工,而且已完工程质量部分不合格。为此,原告诉至法院。受诉法院查明:被告在工商行政管理机关登记的经营范围为维修和承建小型非生产性建筑工程,无资格承包此项工程。经有关部门鉴定:该项工程造价应为 198.9 万元;未完工程折价为 111.7 万元;已完工程的厂房屋面质量不合格,返工费为 5.6 万元。

**二、判决理由和判决结果**

受诉法院审理认为:工商企业法人应在工商行政管理机关核准的经营范围内进行经营活动,超范围经营的民事行为无效。本案被告承包建筑厂房,越超了自己的技术等级范围。根据《合同法》之规定,判决如下:原、被告所订立的建筑工程承包合同无效;被告返还原告多付的工程款 14.4 万元;被告偿付原告因工程质量不合格所需的返工费 5.6 万元。

**评析**:建筑企业在进行承建活动时,必须严格遵守核准登记的建筑工程承建技术质量等

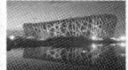

级范围。建筑企业的技术资质等级是指该企业自身能够保质保量完成某类工程而必须具备的能力和条件，如技术人员、技术工人的水平、施工经验、固定资本及流动资金的规模等。这些能力和条件，表明一个建筑企业的履约能力。因此，国家有关建筑业管理法规规定，建筑企业必须经国家有关管理部门按其资质能力及有关规定核准经营范围，严格按照核准的经营范围从事承建活动，禁止超技术等级承建工程。本案被告的经营范围仅能承建小型非生产性建筑工程和维修项目，其技术等级不能承建与原告所订合同规定的生产性厂房。因此被告对合同无效及工程质量问题应负全部责任，承担工程质量的返工费，并偿还给原告多收的工程费。

**【案例 2-29】图纸设计问题致工程停工纠纷案**

原告：东宇实业公司

被告：建筑安装公司

**一、诉辩主张和事实认定**

2006 年 4 月 23 日，某建筑工程总公司第二建筑队（以下简称建筑队）与东宇实业公司（以下简称东宇公司）签订了由建筑队为东宇公司建造怀春楼饭庄的建筑工程承包合同。合同规定：全部工程建筑面积为 1 605 平方米，造价估算为 120 万元；开工日期为 2006 年 5 月 1 日，竣工日期为 2006 年 10 月 10 日。工程造价以 2000 年预算定额为准，按文件执行。该合同签订后，建筑队又将该工程的建筑任务转包给了板桥建筑队，板桥建筑队遂进场施工。东宇公司于 2006 年 5 月 6 日、7 月 8 日、10 月 4 日分三次共拨给建筑队工程款 65 万元，建筑队将工程款中的 33 万元拨给了板桥建筑队。因图纸设计存在问题，以及该工程造价低，工程款不足，板桥建筑队于 2006 年 7 月中旬停止施工，以后原建筑队进入工地继续施工。但因图纸存在设计问题，建筑队与东宇公司在工程款项、建筑工期等问题上产生分歧，双方协商未能取得一致意见，故建筑队于同年 11 月停工。

东宇公司遂向法院起诉，要求建筑队赔偿损失。建筑队则辩称：东宇公司提交的设计图纸存在多处错误，我们不得不停工，对此，我们不应承担责任。

**二、处理理由和处理结果**

受诉人民法院经审理查明：承担怀春楼饭庄设计任务的是温阳设计服务中心，该单位成立时未经有关部门批准，不具备设计资格和设计能力，且其为东宇公司设计的怀春楼饭庄的图纸，存在多处设计错误。该法院认为：因东宇公司交给建筑队的图纸存在着设计上的问题，致使工程难以进行，对造成此纠纷东宇公司应负主要责任。建筑队在未取得东宇公司同意的情况下，擅自将工程转包给板桥建筑队，对造成工期的延误及产生纠纷也应负有责任。在法院的主持下，双方自愿达成如下协议：

（1）双方所订合同终止履行；

（2）建筑队退还东宇公司 195 000 元。

本案诉讼费 3 220 元，双方各自负担一半。

评析：从本案案情来看，本案合同有效。根据《合同法》第二百八十三条的规定，发包人未按合同规定的时间和要求提供原材料、设备、场地、资金、技术资料等，除工程日期顺延外，还应偿付承包方因此造成停工、窝工的实际损失；本案中的东宇公司提交的设计图纸存在着多处错误，影响了建筑队施工，从而造成工程难以进行，东宇公司应当承担违约责任，应当赔偿建筑队实际损失。同时根据《合同法》规定,承包方工程交付时间不符合合同规定,属于违约情形,也应该支付违约金;《建筑安装工程承包合同条例》第十二条第2款之规定,"承包单位可将承包的工程,部分分包给其他分包单位,签订分包合同。承包单位对发包方负责,分包单位对承包单位负责。但承包单位不得通过将所承包的工程转包给其他单位,而从中渔利",以及第十三条第1款第2项之规定,"工程交付时间不符合规定,按合同中违约责任条款的规定偿付逾期违约金"。本案中的建筑队未征得东宇公司同意,擅自将工程转包给板桥建筑队并造成工期延误,对此建筑队也应向东宇公司偿付违约金。根据《合同法》第九十三条之规定,"当事人双方协商一致,可以解除合同";所以,本案中的当事人双方一致协议解除原来的合同,是合法的。

**【案例2-30】** 发包人违约不能支付工程款纠纷案

某市新世界房地产公司与欧典建筑公司签订了一份建筑工程合同。合同约定由欧典建筑公司负责承建一批商品房,建筑面积为4 000平方米,工程价款决算为360万元人民币。合同规定:新世界房地产公司预付工程价款的20%,并提供设计图样及各种技术指标和内部设施计划,欧典公司包工包料,按照合同约定日期交付验收技术资料;任何一方不按照合同约定履行义务的,要支付工程造价5%的违约金。合同正式签订后,双方依约履行,工程施工进展顺利。欧典建筑公司按期完成这批商品房屋建设任务。该工程验收合格后,新世界房地产公司却提出资金不足暂无法支付工程款。经欧典建筑公司再三催促,新世界房地产公司仍未支付。在迫不得已的情况下,欧典建筑公司向法院提起诉讼,要求拍卖这批商品房,以拍卖所得支付工程款。

**评析:** 发包人在工程建设完成后,对竣工验收合格的工程应予以接受,并应当按照约定的方式和期限进行工程决算,向承包人支付工程款,这是发包人的主要义务之一。发包人未按合同约定的期限支付价款的,应当承担逾期付款的违约责任。但是,如果发包人不向承包人支付价款,如何保障承包人工程价款债权的实现呢?

《合同法》第二百八十六条规定:"发包人未按照约定支付价款的,承包人可以催告发包人在合理期限内支付价款。发包人逾期不支付的,除按照建设工程的性质不宜折价、拍卖的以外,承包人可以与发包人协议将该工程折价,也可以申请人民法院将该工程依法拍卖。建设工程的价款就该工程折价或者拍卖的价款优先受偿。"这条规定赋予了承包人优先权。

优先权又称优先受偿权,是指由法律规定的特定债权人就债务人的全部财产或特定财产优先受偿的权利。优先权作为一种担保物权,除了具有担保物权的从属性、物上代位性、不可分性等一般特征外,与其他担保物权相比,具有以下几个方面的不同点。

(1)优先权是法定担保物权,它的设定是基于法律的直接规定,而不允许当事人任意创设。

(2)优先权是无须公示的担保物权。民法上担保物权的设定,均需要以公示为生效要件,如抵押权以登记为公示,质押以交付占有为公示,否则,担保物权不成立或不能产生对抗第三人的效力。而优先权基于其权利的法定性,既无须登记,也无须以占有债务人的财产为公示要件。

(3)优先权的顺位和效力由法律直接规定,当同一物上存在数个优先权或者发生优先权与其他担保物权的竞合时,优先权人之间或者优先权人与其他担保物权人之间的受偿顺序均由法律直接规定,且在效力上不动产特别优先权原则上优先于一般抵押权。不动产特别优先权多为费用性担保物权,理论上应优先于抵押权等融资性担保物权。

按照《合同法》的规定,承包人优先权的行使应当具备以下条件:

(1)承包人必须按照合同规定全部履行了自己的义务,即工程按期完工、质量合格、已经经过竣工验收。如果工程存在质量问题或未按期竣工,即承包人存在违约行为,发包人拒绝付款的,承包人不得行使优先权。

(2)承包人在发包人未按照合同约定支付工程款时,一般应当先行催告,要求发包人在合理期限内支付工程款,发包人在催告期限届满后仍不付款的,承包人可以行使优先权。

(3)优先权的实现方式有两种:一是协议方式,即承包人与发包人协议将工程折价,工程款以折价价款优先受偿;二是拍卖方式,即由承包人向人民法院申请依法将工程拍卖,承包人就该工程拍卖所得价款优先受偿。

(4)优先权的行使是有限制的,即并非所有建设工程合同的承包人都能行使优先权。因建设工程的性质不宜折价、拍卖的特殊工程及保密工程,承包人不得行使优先权,如政府办公楼、高速公路、铁路、桥梁等。

本案例中,建设工程发包人新世界房地产公司在承包人欧典建筑公司如约履行建设工程承包合同,按期保质完成商品房施工并经验收合格后仍然不支付工程款,其行为已构成违约,欧典公司在多次催讨后可依法行使承包人优先权。后在法院的调解下,当事人双方达成协议,将竣工的商品房交付拍卖人进行拍卖,承包人就拍卖价款优先受偿。

**【案例2-31】** 建筑工程劳务费拖欠纠纷案

2000年2月6日,被告与原告包工头杨某签订了一份《施工合同书》,合同约定将其承包的某公司综合楼工程发包给原告,由原告组织民工施工。承包方式为包工不包料,工程款按建筑面积9 000平方米计算,一次包死,单价为每平方米686.90元,工程款总计6 182 100元,工程竣工后预留7%的保修金,其余工程款于2000年年底前一次性支付完毕,保修金在一年保修期满后支付。合同签订后,原告即组织民工200余人进场施工,截至2000年11月6日,原告组织民工完成了合同约定的工程量。2000年12月21日,原、被告双方进行了结算,被告应支付原告工程款共计6 513 000元(含合同外部分工程量)。截至2000年12月30日,被告共支付原告工程款6 210 000余元,尚欠30万余元未付,故原告提起诉讼,要求被告按合同约定立即支付工程款。

被告辩称,双方签订的《施工合同书》实质上是工程分包合同,而原告不具备建筑施工企业应该具备的从业资格,违反了《建筑法》第十二条、第二十九条之规定,因此双方签订的施工合同是无效合同。其二,根据双方签订的补充协议,该工程应在2000年10月1日竣工,而原告却延期1个月零5天,应赔偿其损失60万元(以其向发包人赔偿的损失为据)。其三,按合同约定,工程款应扣除7%的保修金即432 747元,在保修期满后再支付。

法院审理后认为,原、被告双方签订的合同属于劳务合同,而非工程分包合同,因此双方签订的合同为有效合同,被告应按合同约定支付原告人工费。对于被告要求原告赔偿因延期交工而造成的经济损失,法院认为延期交工并非原告的过错,应由被告自行承担。对于被告提出的保修金问题,法院认为原告只负责组织民工为该项工程提供劳务,工程质量依法应由被告负责,被告的主张于法无据,不予支持。

评析:本案原、被告双方争议的焦点可以归纳为两点:其一,双方签订的合同是否有效?其二,原告应否承担工期、质量等工程责任?

## 一、原、被告双方签订的合同为有效合同

尽管本案原、被告双方签订的合同名称为《施工合同书》,但我们不能仅凭合同的名称来判定该合同的性质,从该合同所反映的内容来看,该合同实际上属于劳务合同。我们知道,工程分包合同是指工程承包单位将其承包工程中的部分工程发包给分包单位,分包合同的客体是工程(当然包括劳务),即分包单位要独立完成合同约定的工程,并对其完成的工程向承包单位负责。而本案原、被告双方签订的施工合同,从其包工不包料的承包方式、工程款(实际上为人工费)单价,原告在施工组织、技术、工程质量等方面完全接受被告的领导,以及被告在合同履行过程中下达的一系列指令等因素综合考虑,该合同实质上就是单纯的劳务合同而非工程分包合同,也不是劳务分包合同。我国《建筑法》规定的从业资格仅指从事建筑活动的建筑施工企业、勘察单位、设计单位和工程监理单位,不包括劳务。而事实上,劳务分包始于2001年,即建设部颁布的《建筑业企业资质管理规定》,自该规章才规定从事劳务分包的企业应具备相应的资质等级,在此之前我国法律并无劳务分包的相关规定。根据《合同法》关于合同无效的相关规定,该合同既未违反法律、行政法规的强制性规定,也未损害国家和社会公共利益,因此应认定为有效合同。

## 二、原告不应承担工期、质量等工程责任

对于工期延误、工程质量保修金,被告的反驳(诉)似乎有理,因为双方签订的合同确有明确约定,但仔细分析就会发现被告的理由在法律上是站不住脚的,其目的是为了推卸自己的责任。我们知道,质量、工期、价款是工程施工合同的三要素,也是承、发包双方确定的最主要的合同目标,承包单位必须按合同约定的质量、工期向发包单位负责且自行承担责任,而不能将该责任转嫁给任何第三人。当然承包单位可以将某些单项工程(包括劳务)分包并确定分包工程的工期、质量标准,但显然不能将整体工程的工期、质量责任转嫁给分包单位;分包单位仅对自己分包工程的工期、质量负责,而不对整体工程的工期和质量负责。何况本案的原告并不是工程分包单位(也非劳务分包),即使确实存在因原告的原因而导致工期延误或质量缺陷,那也是被告未尽管理职责所致,因此原告不应对工期延误和工程质量承担责任。

本案是一起简单的劳务纠纷案件,但它反映的问题却是普遍存在的,值得我们深思。首先,关于施工企业与包工头之间的法律关系,我国《建筑法》及其相关行政法规、规章都未做规定。改革开放以来,农村剩余劳动力进城务工,其中大多数人集中在建筑行业,随即在该行业产生了一个特殊的群体,即包工头(他们在合同中一般被称为某包工队或某民工队)。不可否认,包工头在施工企业与民工之间架起了一座沟通的桥梁,而且还承担了施工企业应该承担的部分管理职责,为我国建筑业的发展做出了一定的贡献。但是,我国建筑法律一直没有给包工头一个明确的法律地位。按法律规定,民工直接受雇于施工企业,与施工企业是劳动关系,但实际情况是,施工企业很少与民工直接发生关系,大多数情况下,都是包工头与施工企业签订劳务合同(实践中多数叫施工合同),再由包工头与民工签订劳务合同(实际上大多数情况下为口头协议)。由于施工企业与包工头之间的这种关系法律并没有明确禁止,同时也没有损害国家利益,因此,司法实践中人民法院在审理此类案件时,除确属工程承包、转包等法律禁止的行为外,一律按劳务合同关系即有效合同处理。

其次,由于施工企业与包工头之间是劳务合同关系,而非工程分包合同关系或劳务分包

关系，因此施工企业不能将质量、安全、工期等工程责任转嫁给包工头。尽管包工头负有部分管理职责，但仅限于对民工的日常管理上，对于施工过程中的质量、安全、工期等工程责任，施工企业应承担全部责任，而不能将这些法定责任转嫁给包工头。我国《建筑法》及国务院《建设工程质量管理条例》均将工程质量、安全等工程责任确定为施工企业的法定责任，施工企业不能以合同形式将其法定责任转嫁给第三人。因此，即使施工企业与包工头签订的合同条款中有明确约定，法院也可以违反法律强制性规定而认定该条款无效。

## 2.5 FIDIC 合同

### 2.5.1 FIDIC 合同条件与标准化

FIDIC 是"国际咨询工程师联合会"的缩写。该组织在每个国家或地区只吸收一个独立的咨询工程师协会作为团体会员，至今已有 60 多个发达国家和发展中国家或地区的成员，因此它是国际上最具有权威性的咨询工程师组织。我国已于 1996 年正式加入 FIDIC 组织。

#### 1. FIDIC 合同条件

为了规范国际工程咨询和承包活动，FIDIC 先后发表过很多重要的管理性文件和标准化的合同文件范本。目前作为惯例已成为国际工程界公认的标准化合同格式，有适用于工程咨询的《业主-咨询工程师标准服务协议书》；适用于施工承包的《土木工程施工合同条件》、《电气与机械工程合同条件》、《设计-建造与交钥匙合同条件》和《土木工程分包合同条件》。1999 年 9 月，FIDIC 又出版了新的《施工合同条件》、《工程设备与设计-建造合同条件》、《EPR 交钥匙合同条件》及《合同简短格式》。这些合同文件不仅被 FIDIC 成员国广泛采用，而且世界银行、亚洲开发银行、非洲开发银行等金融机构也要求在其贷款建设的土木工程项目中使用以 FIDIC 合同文件文本为基础编制的合同条件。

这些合同条件的文本不仅适用于国际工程，而且稍加修改后同样适用于国内工程，我国有关部委编制的适用于大型工程施工的标准化范本都以 FIDIC 编制的合同条件为蓝本。

1）土木工程施工合同条件

《土木工程施工合同条件》是 FIDIC 最早编制的合同文本，也是其他几个合同条件的基础。该文本适用于业主（或业主委托第三人）提供设计的工程施工承包，以单价合同为标准化合同格式。土木工程施工合同条件的主要特点表现为：条款中责任的约定以招标选择承包商为前提，合同履行过程中建立以工程师为核心的管理模式。

2）电气与机械工程合同条件

《电气与机械工程合同条件》适用于大型工程的设备提供和施工安装，承包工作范围包括设备的制造、运送、安装和保修几个阶段。这个合同条件是在土木工程施工合同条件基础上编制的，针对相同情况制定的条款完全照抄土木工程施工合同条件的规定。与土木工程施工合同条件的区别主要表现为：一个是该合同涉及的不确定风险的因素较少，但实施阶段管理程序较为复杂，因此条目少，款数多；二是支付管理程序与责任划分基于总价合同。这个合同条件一般适用于大型项目中的安装工程。

3）设计-建造与交钥匙工程合同条件

FIDIC 编制的《设计-建造与交钥匙工程合同条件》是适用于总承包的合同文本，承包工作内容包括设计、设备采购、施工、物资供应、安装、调试、保修。这种承包模式可以减少设计与施工之间的脱节或矛盾，而且有利于节约投资。该合同文本是基于不可调价的总价承包编制的合同条件。土建施工和设备安装部分的责任，基本是套用土木工程施工合同条件和电气与机械工程合同条件的相关约定。交钥匙合同条件既可以用于单一合同施工的项目，也可以用于作为多合同项目中的一个合同，如承包商负责提供各项设备、单项构筑物或整套设施的承包。

4）土木工程施工分包合同条件

FIDIC 编制的《土木工程施工分包合同条件》是与《土木工程施工合同条件》配套使用的分包合同文本。分包合同条件可用于承包商与其选定的分包商，或与业主选定的分包商签订的合同。其既要保持与主合同条件中有关分包工程部分规定的权利义务约定一致，又要区分负责实施分包工作当事人改变后两个合同之间的差异。

**2. 合同文本的标准化**

1）FIDIC 文本格式

FIDIC 出版的所有合同文本结构，都是以通用条件、专用条件和其他标准化文件的格式编制的。

（1）通用条件

所谓"通用"，其含义是工程建设项目不论属于哪个行业，也不管处于何地，只要是土木工程类的施工均可适用。条款涉及内容如下：合同履行过程中业主和承包商各方的权利与义务，工程师（交钥匙合同中为业主代表）的权力和职责，各种可能预见到事件发生后的责任界限，合同正常履行过程中各方应遵循的工作程序，以及因意外事件而使合同被迫解除时各方应遵循的工作准则等。

（2）专用条件

专用条件是相对于"通用"而言，要根据准备实施的项目的工程专业特点，以及工程所在地的政治、经济、法律、自然条件等地域特点，针对通用条件中条款的规定加以具体化。可以对通用条件中的规定进行相应的补充完善、修订，或取代通用条件中条款的规定加以具体化；同样也可以对通用条件中没有规定的条款进行补充，专用条件中条款序号与通用条件中要说明条款的序号对应，通用条件和专用条件内相同序号的条款共同构成对某一问题的约定责任。如果通用条件内的某一条款内容完备、适用，专用条件可不再重复列此条款。

（3）标准化的文件格式

FIDIC 编制的标准化合同文本，除了通用条件和专用条件以外，还包括标准化的投标书（及附录）和协议书的格式文件。

投标书的格式文件只有一页内容，是投标人愿意遵守招标文件规定的承诺表示。投标人只需填好投标报价并签字后，即可与其他材料一起构成有法律效力的投标文件。投标书附件列出了通用条件和专用条件内涉及工期和费用内容的明确数值，与专用条件中的条款序号和具体要求相一致，以使承包商在投标时予以考虑。这些数据经承包商填写并签字确认后，合同履行过程中作为双方遵照执行的依据。

协议书是业主与中标承包商签订施工承包合同的标准化格式文件，双方只要在空格内填入相应内容，并签字盖章后合同即可生效。

2）标准化合同文本的优点

（1）合同体系完整、严密，责任明确

从合同生效之日起到合同解除为止，正常履行过程中可能涉及的种类情况，以及特殊情况下发生的有关问题，在合同的通用条件内都明确划分了参与合同管理有关各方的责任界限，而且还规范了合同履行过程中应遵循的管理程序，条款内容基本覆盖了合同履行过程中可能发生的各种情况。

（2）责任划分较为公正

合同条件适用于通过竞争性招标选择承包商实施的承包合同，各种风险是以作为一个有经验的承包商，在投标阶段能否合理预见来划分责任界限。合同条件属于双务、有偿合同，力求使当事人双方的权利义务达到总体的平衡，风险分担尽可能合理。

这样的文本格式既可以使业主编制招标文件时避免遗漏某些条款，也可以令承包商投标和签订合同时更关注于专用条件中体现的招标工程项目有哪些特殊的或专门的要求或规定。

### 2.5.2 FIDIC 土木工程施工合同条件

《土木工程施工合同条件》是 FIDIC 最早编制的合同文本，也是其他几个合同条件的基础。土木工程施工合同条件的主要特点表现为：条款中责任的约定以招标选择承包商为前提；合同履行过程中建立以工程师为核心的管理模式；以单价合同为基础（也允许部分工作以总价合同承包）。建设部和国家行政管理局联合颁发的《建设工程施工合同示范文本》采用了很多土木工程施工合同条件的条款。

1）合同履行中涉及的几个时间概念

（1）合同工期。合同工期是所签合同内注明的完成全部工程或分部移交工程的时间，加上合同履行过程中因非承包商应负责原因导致变更和索赔事件发生后，经工程师批准顺延工期之和。合同内约定的工期指承包商在投标书附录中承诺的竣工时间。合同工期的日历天数是衡量承包商是否按合同约定期限履行施工义务的标准。

（2）施工期。从工程师按合同约定发布的"开工令"中指明的应开工之日起，至工程移交证书注明的竣工日止的日历天数为承包商的施工期。用施工期与合同工期比较，判定承包商的施工是提前竣工，还是延误竣工。

（3）缺陷责任期。缺陷责任期即国内施工合同文本所指的工程保修期，自工程移交证书中写明的竣工日开始，至工程师颁发解除缺陷责任证书为止的日历天数。尽管工程移交前进行了竣工检验，但工程移交证书只是证明承包商的施工工艺达到了合同规定的标准，设置缺陷责任期的目的是为了考验工程在动态运行条件下是否达到了合同中技术规范的要求。因此，从开工之日起至颁发解除缺陷责任证书日止，承包商要对工程的施工质量负责。合同工程的缺陷责任期及分阶段移交工程的缺陷责任期，应在专用条件内具体约定。次要部位工程通常为半年，主要工程及设备大多为一年，个别重要设备也可以约定为一年半。

（4）合同有效期。自合同签字日至承包商提交给业主的"结清单"生效日止，施工合同对业主和承包商均具有法律约束力。颁发解除缺陷责任证书只是表示承包商的施工义务终止，即证明承包商的工程施工、竣工和保修义务满足合同条件的要求，但合同约定的权利义务并未完全结束，还剩有管理和结算等手续。结算单生效指业主已按工程师签发的最终支付证书中的金额付款，并退还承包商的履约保函。结清单一经生效，承包商在合同内拥有的索赔权利也自行终止。

2）合同价格

合同条件中通用条件第1.1款规定，"合同价格指中标通知书中写明的，按照合同规定，为了工程的实施、完成及其任何缺陷的修补应付给承包商的金额"。但应注意，中标通知书中写明的合同价格仅指业主接受承包商投标书中为完成全部招标范围内工程报价的金额，不能简单地理解为承包商完成施工任务后应得到的结算款额。因为合同条件内很多条款都规定，工程师根据现场情况发布非承包商应负责原因的变更指令后，如果导致承包商施工中发生额外费用所应给予的补偿，以及批准承包商索赔给予补偿的费用，都应增加到合同价格上去，所以签约原定的合同价格在实施过程中会有所变化。大多数情况下，承包商完成合同规定的施工义务后，累计获得的工程款也不等于原定合同价格与批准的变更和索赔补偿款之和，可能比其多，也可能比其少。究其原因，涉及以下几方面因素的影响。

（1）合同类型特点

《土木工程施工合同条件》适用于大型复杂工程，采用单价合同的承包方式。为了缩短建设周期，通常在初步设计完成后就开始施工招标，在不影响施工进度的前提下陆续发放施工图，因此承包商据以报价的工程量清单中各项工作内容项下的工程量一般为概算工程量。合同履行过程中，承包商实际完成的工程量可能多于或少于清单中的估计量。单价合同的支付原则是，按承包商实际完成工程量乘以清单中相应工作内容的单价，结算该部分工作的工程款。

（2）可调价合同

大型复杂工程的施工期较长，通用条件中包括合同工期内因物价变化对施工成本产生影响后计算调价费用的条款，每次支付工程进度款时均要考虑约定可调范围内项目在当地市场的价格涨落变化。而这笔调价没有包含在中标价格内，仅在合同条款中约定了调价原则和调价费用的计算方法。

（3）发生应由业主承担的事件的计算方法

合同履行过程中，可能因业主的行为或其他应承担风险责任的事件发生后，导致承包商增加施工成本的，合同相应条款都规定应对承包商受到的实际损害给予补偿。

（4）承包商的质量责任

合同履行过程中，如果承包商没有完全地或正确地履行合同义务，业主可凭工程师出具的证明，从承包商应得的工程款内扣减该部分给业主带来损失的款额。合同条件明确规定的情况有如下几种。

① 不合格材料和工程的重复检验费用由承包商承担。工程师对承包商采购的材料和施工的工程通过检验后发现质量没达到规定的标准，承包商应自费改正并在相同条件下进行重复检验，重复检验所发生的额外费用由承包商承担。

② 承包商没有改正忽视质量的错误行为。当承包商不能在工程师限定的时间内将不合格的材料或设备移出施工现场，以及在限定时间内没有或无力修复缺陷工程，业主可以雇用其他人来完成，该项费用应从承包商处扣回。

③ 折价接收部分有缺陷工程。某项处于非关键部位的工程施工质量未达到合同规定的标准，如果业主和工程师经过适当考虑后，确信该部分的质量缺陷不会影响总体工程的运行安全，为了保证工程按期发挥效益，可以与承包商协商后折价接收。

(5) 承包商延误工期或提前竣工

① 因承包商责任的延误竣工。签订合同时双方需约定日拖期赔偿和最高赔偿限额。如果因承包商应负责原因竣工时间迟于合同工期，将按日拖期赔偿额乘以延误天数计算拖期违约赔偿金，但以约定的最高赔偿限额为赔偿业主延迟发挥工程效益的最高款额。

如果合同内规定有分阶段移交的工程，在整个合同工程竣工日期以前，工程师已对部分阶段移交的工程颁发了工程移交证书，且证书中注明的该部分工程竣工日期未超过约定的分阶段竣工时间，则全部工程剩余部分的日拖期违约赔偿额应相应折减。折减的原则是，用拖延竣工部分的合同金额除以整个合同工程的总金额所得比例，再乘以拖期赔偿额，但不影响约定的最高赔偿限额。

② 提前竣工。承包商通过自己的努力使工程提前竣工是否应得到奖励，在土木工程施工合同条件中列入可选择条款一类。业主要看提前竣工的工程或区段是否能让其得到提前使用的收益，而决定该条款的取舍。如果招标工作内容仅为整体工程中的部分工程且这部分工程的提前竣工不能单独发挥效益，则没有必要鼓励承包商提前竣工，可以不设奖励条款。若选用奖励条款，则需要在专用条件中具体约定奖金的计算办法。FIDIC 编制的《土木工程施工合同条件应用指南》中说明，当合同内约定有部分区段工程的竣工时间和奖励办法时，为了使业主能够在完成全部工程之前占有并启用工程的某些区段提前发挥效益，约定的区段完工日期应固定不变，也就是说，不因该区段的施工过程中出现非承包商应负责原因，工程师批准顺延合同工期而对计算奖励的应竣工时间予以调整（除非合同中另有规定）。

(6) 包含在合同价格之内的暂定金额

某些项目的工程量清单中包括有"暂定金额"款项，尽管这笔款额计在合同价格内，但其使用却由工程师控制。暂定金额实际上是一笔业主方的备用金，工程师有权依据工程进展的实际需要，用于施工或提供物资、设备及技术服务等内容的开支，也可以作为供意外用途的开支。他有权全部使用、部分使用或完全不用。工程师可以发布指示，要求承包商或其他人完成暂定金额项内开支的工作，因此只有当承包商按工程师的指示完成暂定金额项内开发的工作任务后，才能从其中获得相应资金。由于暂定金额是用于招标文件规定承包商必须完成的承包工作之外的费用，承包商报价时不将承包范围内发生的间接费、利润、税金等摊入其中，所以他未获得暂定金额的支付并不损害其利益。

### 2.5.3　FIDIC 设计-建造与交钥匙合同条件

FIDIC 编制的《设计-建造与交钥匙工程合同条件》是适用于总承包的合同文件，承包工作内容包括设计、设备采购、施工、物资供应、安装、调试、保修。土建施工和设备安装部分的责任，基本上套用土木工程施工合同条件和电气与机械工程合同条件的相关约定。

## 第 2 章 合同法律制度

1. 合同管理的特点

1）参与合同管理的有关各方

（1）合同当事人

交钥匙合同的当事人是业主和承包商，而不指任何一方的受让人。合同中的权利义务表现为当事人之间的关系。

（2）参与合同管理有关方的关系

合同履行过程中，参与合同管理有关各方除了业主、承包商和分包商之外，还包括业主代表和承包商代表。

① 业主代表。业主雇用的工程师作为业主代表，在授权范围内负责合同履行过程中的监督和管理，但无权解除承包商的任何合同责任。

② 承包商代表。承包商雇用并经业主同意而授权任命负责合同履行管理的负责人。职责为与业主代表共同建立合同正常履行中的管理关系，以及对承包商和分包商的设计、施工提供一切必要的监督。承包商代表可以是总承包单位分立出来的管理机构，也可以雇用工程师作为代表。合同条件规定的职责包括：以其全部时间指导施工文件的编制和工程的实施；受理合同范围内的所有通知、指示、同意、批准、证书签证、决定及其他联络事项；对设计和施工提供一切必要的监督；负责协调管理，包括现场与业主签订合同的其他承包商之间的工作。

2）合同文件

构成对业主与承包商有约束力的总承包合同文件是指合同协议书、中标函、业主的要求、投标书、专用条件、通用条件、资料表、支付申请表、承包商的建议书九个方面的内容。当各文件间出现矛盾或歧义时，只有业主代表有权解释。

"业主的要求"是招标文件中发出的工作范围、标准、设计准则、进度计划等要求，作为承包商投标阶段据以报价的基础，还包括合同履行过程中业主对上述内容所作的任何变更或修正的书面通知。"承包商的建议书"和"资料表"是承包商随"投标书"一同递交的两个文件，前者是工程的初步设计方案和实施计划，后者是与承包工程有关的主要资料和数据（其中包括估计工程量清单和价格取费表等）。

2. 工程质量管理

交钥匙合同的承包工作是从工程设计开始到完成保修责任的全部义务，因此工作内容不像单独施工合同那样明确、具体。业主仅提出功能、设计准则等基本要求，承包商完成设计后才能确定工程实施细节，进而编制施工计划并予以完成。

1）质量保证体系

承包商应按合同要求编制质量保证体系。在每一设计和施工阶段开始前，均应将所有工作程序的执行文件提交业主代表，遵照合同约定的细节要求对质量保证措施加以说明。业主代表有权审查和检查其中的任何方面，对不满意之处可令其改正。

2）对设计的质量控制

（1）承包商应保证设计质量

① 承包商应充分理解"业主要求"中提出来的项目建设意图，依据业主提供及自行勘

测考察现场情况的基本资料和数据，遵守设计规范要求完成设计工作。

② 业主代表对设计文件的批准，不解除承包商的合同责任。

③ 承包商应保障业主不因其责任的侵犯专利权行为而受到损害。

（2）业主代表对设计的监督

① 对设计人员的监督。未在合同专用条件中注明的承包商设计人员或设计分包者，承包工程任何部分的设计任务前必须征得业主代表的同意。

② 保证设计贯彻业主的建设意图。尽管设计人员或设计分包者不直接与业主发生合同关系，但承包商应保障他们在所有合理时间内能随时参与与业主代表的讨论。

③ 对设计质量的控制。为了缩短工程的建设周期，交钥匙合同并不严格要求完成整个工程的初步设计或施工图设计后再开始施工。允许某一部分工程的施工文件编制完成，经过业主代表批准后即可开始实施。业主代表对设计的质量控制主要表现在以下几个方面。

- 批准施工文件。承包商应遵守规范的标准，编制足够详细的施工文件，内容除设计文件外还应包括对供货商和施工人员实施工程提供的指导，以及对竣工后工程运行情况的描述。当施工文件的每一部分编制完毕提交审查时，业主代表应在合同约定的"审核期"内（不超过 21 天）完成批准手续。

- 监督施工文件的执行。任何施工文件获得批准前或审核期限届满前（二者较迟者），均不得开始该项工程部分的施工。施工应严格按施工文件进行。如果承包商要求对已批准文件加以修改，应及时通知业主代表，随后按审核程序再次获得批准后才可执行。

- 对竣工资料的审查。竣工检验前，承包商提交竣工图纸、工程至竣工的全部记录资料、操作和维修手册请业主代表审查。

3）对施工的质量控制

施工和竣工阶段的质量控制条款基本上套用电气与机械工程合同条件的规定，但增加了竣工后检验的内容。"竣工后检验"指某些大型工业项目在工程或区段竣工交付运行一段时间后，检验工程或设备的各项技术指标参数是否达到"业主要求"中的规定和"承包商建议书"中承诺的可接受"最低性能标准"。如果合同规定有竣工后的检验，由承包商提供检测设备，业主在承包商指导下进行。

（1）业主原因延误检验

业主在设备运行期间无故拖延竣工后检验致使承包商产生附加费用时，应连同利润加到合同价格内。如果非承包商原因未能在合同期内完成竣工后检验，则不再进行此项工作，视为竣工后检验已通过。

（2）竣工后检验不合格

① 未能通过竣工后检验时，承包商首先向业主提交调整和修复的建议。只有业主同意并在他认为合适的时间，才可以中断工程运行，进行这类调整或修复工作，并在相同条件下重复检验工作。

② 竣工后检验未能达到规定可接受的最低性能标准的，按专用条件内约定的违约金计算办法，由承包商承担该部分工程的损害赔偿费。

### 3. 支付管理

1）合同计价类型

交钥匙合同在通用条件中规定采用不可调价的总价合同，但也允许双方在专用条件内约定物价浮动的调整和税费变化的调整方法，代换通用条件中的规定。

2）工程进度款的条件

（1）支付方式

合同条件规定了两种方式：一是承包商每个月末按业主代表要求的格式提交支付报表和证明材料，经批准签证后报业主付；二是在专用条件内约定按实际进度达到里程碑计划时，依据合同约定的金额或总价百分比分阶段支付。

（2）申请工程进度款支付证书的主要内容

① 按月支付的申请报表。承包商在每个月末提交的进度款支付申请表的主要内容为：首先说明截止当月末已编制的施工文件和已实施工程的估算合同价值，然后进一步说明本月支付时涉及而又未含在上述估算中的有关项目，包括投标基准日后由于法规、政策变化导致增加或扣减的款项；本月应扣留的保留金；动员预付款和材料预付款应支付和扣还的款项；任何经业主代表批准应支付的索赔款等。最后还应写明以前业主已支付过的进度款累计额，以便确定本月实际应支付的款额。

② 按里程碑进度支付表。承包商的按里程碑进度支付申请表内容与按月支付申请表基本相同，但不包括材料预付款。

### 4. 进度控制

承包商在业主代表批准的进度计划基础上实施工程，但每个月需向业主代表报送进度报告。报告内容主要包括：设计、采购、制造、货物到达现场、施工、安装、调试及运行的进展情况说明；设备制造期间的检查、实验报告和运抵现场的实际日期或计划日期；任何可能导致环境或社会公共利益蒙受损害事件的报告；实际进度与计划进度的对比；计划采取的措施等。

### 5. 变更

1）业主代表与承包商协商变更

业主代表将变更意图通知承包商，并提交实施变更的建议书。建议书的内容包括：
（1）拟定的设计和将要实施工作的说明书及实施的进度计划。
（2）对已批准进度计划进行修改的建议书。
（3）调整合同价格、竣工时间和修改合同（若需要）的建议书。
收到承包商的建议书后，业主代表应予以答复，决定是否实施变更。

2）业主代表指令变更

业主代表根据工程的实际进展情况，可以直接发布变更指令，要求承包商执行。如果根据承包商后续提交的实施变更建议书又决定不进行变更，则承包商为此导致的费用（包括设计、服务费）应得到补偿。

3）承包商提出变更要求

承包商应按业主代表批准的施工文件和进度计划实施工程。如果承包商从双方的利益出发，认为某一建议能导致降低工程施工、维护和运行费用，可以提高永久工程投产后的工作效率或价值，可能为业主带来其他利益等情况时，任何时候都可以提出变更建议。只有经过业主代表批准后，才允许实施此类变更。

### 2.5.4 FIDIC 土木工程施工分包合同条件

FIDIC 编制的《土木工程施工分包合同条件》是与《土木工程施工合同条件》配套使用的分包合同文本。分包合同条件可用于承包商与其选定的分包商，或与业主选择的指定分包商签订的合同。分包合同条件的特点是，既要保持与主合同条件中分包工程部分规定的权利义务约定一致，又要区分负责实施分包工作当事人改变后两个合同之间的差异。

#### 1. 分包工程的管理特点

1）分包工程的合同责任

分包工程属于主合同内承包商对业主承担义务承包范围内的工作，双方在合同中约定相互之间的权利义务，但它又是承包商与分包商签订合同的标的物，分包商仅对承包商承担合同责任。由于分包工程同时存在于主从两个合同内的特点，承包商又居于两个合同当事人间的特殊地位，因此承包商会将主合同中对分包工程承担的风险合理地转移给分包商。

（1）分包工程的合同价格。承包商采用邀请招标或议标方式选择分包商时，通常要求对方就分包工程进行报价，然后与其协商而形成合同。分包合同的价格应为承包商发出"中标通知书"中指明的价格。

（2）分包合同的订立。在邀请分包商报价及签订合同时，为了能让分包商合理预计分包工程施工中可能承担的风险，以及分包工程的施工满足主合同要求顺利进行，应使分包商充分了解在分包合同中应承担的义务。承包商除了提供分包工程的合同条件、图纸、技术规范和工程量清单外，还应提供主合同的投标书附录、专用条件的副本及通用条件中任何不同于标准化范本条款规定的细节。承包商应允许分包商查阅主合同，或应分包商要求提供一份主合同副本。但以上允许查阅和提供的文件中，不包括主合同中承包商的工程量报价单及报价细节。因为在主合同中分包工程的价格是承包商合理预计风险后，在自己的施工组织方案基础上对业主进行的报价，而分包商则应根据对分包合同的理解向承包商报价。此外，承包商在分包合同履行过程中负有对分包商的施工进行监督、管理、协调的责任，应收取相应的分包管理费，并非将主合同中该部分工程的价格都转付给分包商，因此分包合同的价格不一定等于主合同中所约定的该部分工程价格。

（3）划分分包合同责任的基本原则。

①保护承包商的合法权益不受损害。分包合同条件中包括以下条款。

◆ 分包商应承担并履行与分包工程有关的主合同规定承包商的所有义务和责任，保障承包商免于承担由于分包商的违约行为，业主根据主合同要求承包商负责的损害赔偿或任何第三方的索赔。如果发生此类情况，承包商可以从应付给分包商的款项中扣除这笔金额，且不排除采用其他方法弥补所受到的损失。

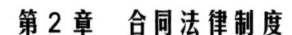

- ◆ 不论是承包商选择的分包商，还是业主选定的指定分包商，均不允许与业主有任何私下约定。
- ◆ 为了约束分包商踏实履行合同义务，承包商可以要求分包商提供相应的履约保函，并在工程师颁发解除缺陷责任证书后的 28 天内将保函退还分包商。
- ◆ 没有征得承包商同意，分包商不得将任何部分转让或分包出去，但分包合同条件也明确规定，属于提供劳务和按合同规定标准采购材料的分包行为，可以不经过承包商批准。

② 保护分包商分不清权益的规定如下。

- ◆ 任何不应由分包商承担责任事件导致的竣工期限延长、施工成本增加和修复缺陷的费用，均应由承包商给予补偿。
- ◆ 承包商应保障分包商免于承担非分包商责任引起的索赔、诉讼或损害赔偿，保障程度应与业主按主合同保障承包商的程度相类似（但不超过此程度）。

2）分包合同的管理关系

分包工程的施工涉及两个合同，因此比主合同的管理复杂。

（1）业主对分包合同的管理

业主不是分包合同的当事人，对分包合同权利义务如何约定也不发表意见，与分包商没有任何合同关系。但作为工程项目的投资方和施工合同的当事人，他对分包合同的管理主要表现为对分包工程的批准。

（2）工程师对分包合同的管理

工程师仅与承包商建立监理与被监理的关系，对分包商在现场的施工不承担协调管理义务，只是依据主合同对分包工作内容及分包商的资质进行审查，行使确认权或否定权，对分包商使用的材料、施工工艺、工程质量进行监督管理。为了准确地区分合同责任，工程师就分包工程施工发布的任何指示均应发给承包商代表。分包合同内明确规定，分包商接到工程师的指示后不能立即执行，需得到承包商代表同意才可实施。

（3）承包商对分包合同的管理

承包商作为两个合同的当事人，不仅对业主承担整个合同工程按预期目标实现的义务，而且对分包工程的实施负有全面管理责任。承包商需委派代表对分包商的施工进行监督、管理和协调，承担如同主合同履行过程中工程师的职责。承包商的管理工作主要通过发布一系列指示来实现。接到工程师就分包工程发布的指示后，应将其要求列入自己的管理工作内容，并及时以书面确认的形式转发给分包商令他遵照执行，也可以根据现场的实际情况自主地发布有关的协调、管理指令。

**2. 分包工程施工管理**

1）进度管理

（1）分包工程的开工令

开工令是计算合同工期和施工期的起始时间。主合同工程的开工令由工程师发布，而分包工程的开工令则由承包商发布。如果现场有几个独立承包商同时施工，且分包商的施工有可能与其他承包商产生交叉干扰时，则还需报工程师批准后才可以向分包商发布开工指示。

（2）批准分包商的施工计划

分包商的施工计划是承包商施工进度计划的组成部分。分包商应按照分包合同的约定，在开始分包工程施工前将施工方案、进度计划及保障措施提交承包商代表批准。经过承包商代表批准的施工进度计划不仅要求分包商遵照执行，承包商代表也需按此计划进行分包工程的协调和管理。当实际进度与计划进度不符时，有权要求分包商修改进度计划，并相应提出保证按时竣工采取的措施。

2）对分包工程的质量监督

确保分包工程的质量是分包商的基本义务，只有分包工程的保修期满，表明质量符合主合同中的各项技术指标要求，才能解除分包商对分包工程的质量责任。承包商的管理主要体现在以下几方面。

（1）监督分包商的施工工艺

分包工程施工过程中，承包商代表要随时监督分包商的施工操作，对任何忽视质量的行为发出有关指示，要求其及时改正。

（2）对工程质量的检验

分包工程的施工达到中间验收条件或具备隐蔽条件时，应及时通知工程师，并与其共同检验。承包商对分包工程的质量只有监督权，而无确认权，只有工程师才有质量认可权。

（3）督促分包商修复有缺陷的工程部位

凡是由分包商责任引起的工程质量缺陷，不论是承包商代表指出的，还是工程师要求改正的缺陷部位，分包商均应在限定的期限内修复。如果分包商不按指示执行，为了履行主合同的义务，承包商有权将该部分工程接收回来，由承包商自己或雇用其他人来修复和完成，所发生的各种费用都应从付给分包商的款额内扣回。

（4）分包工程的移交

尽管承包商与分包商就分包工程的施工签订合同，但分包工程不向承包商单独办理移交手续。当主合同内规定分包工程是可以分阶段移交的单位工程时，承包商代表应与分包商共同按主合同规定的程序向业主移交手续；若主合同内没有此项规定，则待整个合同工程施工完成后，承包商将分包工程作为移交工程的一部分同时办理移交手续。

3）分包工程的支付管理

不论是施工期内的阶段支付，还是竣工后的结算支付，承包商都要进行两个合同的支付管理。

（1）分包合同的支付程序

分包商在合同约定的日期，向承包商报送该阶段施工的支付报表。承包商代表经过审核后，将其列入主合同的支付报表内一并提交工程师批准。承包商应在分包合同约定的时间内支付分包工程款，逾期支付要计算拖期利息。

（2）承包商代表对支付报表的审查

接到分包商的支付报表后，承包商代表首先对照分包合同工程量清单中的工作项目、单价或价格，复核取费的合理性和计算的正确性，并依据分包合同的约定扣除预付款、保留金、对分包施工支援的实际应收款项、分包管理费等，核准该阶段应付给分包商的金额。然后，再将分包工程完成工作的项目内容及工程量，按主合同工程量清单中的取费标准计算，填入

向工程师报送的支付报表内。

（3）承包商不承担逾期付款责任的情况

如果属于工程师不认可分包商报表中的某些款项，业主拖延支付给承包商经过工程师签证后的应付款，分包商与承包商或与业主之间因涉及工程量或报表中某些支付要求发生争议时，承包商代表在应付款日之前及时将扣发或缓发分包工程款的理由通知分包商，则承包商不承担逾期付款责任。

**3. 分包工程变更管理**

承包商代表接到工程师依据主合同发布的涉及分包工程变更指令后，以书面确认方式通知分包商，也有权根据工程的实际进展情况自主发布有关变更指令。

承包商执行了工程师发布的变更指令，进行变更工程量计量及对变更工程进行估价时应请分包商参加，以便合理确定分包商应获得的补偿款额和工期延长时间。承包商依据分包合同单独发布的指令大多与主合同没有关系，通常属于增加或减少分包合同规定的部分工作内容，以及为了整个合同工程的顺利实施，改变分包商原定的施工方法、作业次序或时间等。若变更指令的起因不属于分包商的责任，承包商应给分包商相应的费用补偿和分包合同工期的顺延。如果工期不能顺延，则要考虑赶工措施费用。进行变更工程估价时，应参考分包合同工程量表中相同或类似工作的费率来核定。如果没有可参考项目或表中的价格不适用于变更工程时，应通过协商确定一个公平合理的费用加到分包合同价格内。

**4. 分包合同的索赔管理**

分包合同履行过程中，当分包商认为自己的合法权益受到损害，不论事件起因于业主或工程师的责任，还是承包商应承担的义务，他都只能向承包商提出索赔要求，并保持影响事件发生后的现场同期记录。

*1）应由业主承担责任的索赔事件*

分包商向承包商提出索赔要求后，承包商应首先分析事件的起因和影响，并依据两个合同判明责任。如果认为分包商的索赔要求合理，且原因属于主合同约定应由业主承担风险责任或行为责任的事件，要及时按照主合同规定的索赔程序，以承包商的名义就该事件向工程师递交索赔报告。承包商应定期将该阶段为此项索赔所采取的步骤和进展情况通报分包商。这类事件可能有如下几种。

（1）应由业主承担风险的事件，如施工中遇到了不利的外界障碍、施工图纸有错误等。

（2）业主的违约行为，如拖延支付工程款等。

（3）工程师的失职行为，如发布错误的指令、协调管理不利导致对分包工程施工的干扰等。

（4）执行工程师指令后对补偿不满意，如对变更工程的估价认为过少等。

当事件的影响仅使分包商受到损害时，承包商的行为属于代为索赔。若承包商就同一事件也受到了损害，分包商的索赔就作为承包商索赔要求的一部分。索赔获得批准，顺延的工期加到分包工期上去，得到支付的索赔款按照公平合理的原则转交给分包商。

承包商处理这类分包商索赔事件时还应注意两个基本原则：一是从业主处获准的索赔款为承包商就该索赔对分包商承担责任的先决条件；二是分包商没有按规定的程序及时提出索

赔，导致承包商不能按主合同规定的程序提出索赔不仅不承担责任，而且为了减小事件影响由承包商为分包商采取的任何补救措施费用由分包商承担。

2）应由承包商承担责任的事件

此类索赔产生于承包商与分包商之间，工程师不参与索赔的处理，双方通过协商解决。原因往往是由于承包商的违约行为或分包商执行承包商代表指令。分包商按规定程序提出索赔后，承包商代表要客观地分析事件的起因和产生的实际损害，然后依据分包合同分清责任。

## 综合案例 10　无效工程承包合同赔偿案

原告（二审被上诉人、再审被申诉人）：四川省沪县第二建筑公司第五分公司第六施工队（以下简称施工队）

被告（二审上诉人、再审申诉人）：新疆吐鲁番地区审计处（以下简称审计处）

### 一、一审诉辩主张

施工队诉称：2005 年 8 月 26 日，与审计处签订了一份建筑工程承包合同。建筑面积 170 平方米，每平方米 770 元，总造价 130 900 元，实行包工包料。2006 年 7 月 18 日，经吐鲁番地区有关部门检查，此工程属超面积违纪建房，予以没收。为此，要求审计处支付超面积工程款 14 万余元。

审计处在答辩中称：签订建筑工程承包合同时，施工队是主动联系承包工程的，为在同行中展开竞争，赔钱也要承包。承包完全是贯彻了自愿、平等、互利原则，并非强加于人。另外，按合同规定，我方完全履行了合同。相反，施工队延期工程，应补偿我方违约金 78 245 元。

### 二、一审事实认定

本案经一审查明：2004 年，自治区审计局为解决审计干部住房困难问题，给吐鲁番地区审计处先后拨款 6 万元，吐鲁番地区财政拨款 2 万元。同年吐鲁番地区计委、财政处等部门联合发文，批准审计处建处级住宅楼两套（每套规定 70 平方米）、一般干部三套。审计处找熟人设计了两套超面积的处级住宅楼图纸（两套超面积 94 平方米），并经吐鲁番地区行署设计室审查，审查时发现图纸超面积，但未提出异议，只是在图纸上写了不要超过县团级指标，同意施工，并加盖公章。

2005 年 8 月 26 日，审计处持该图纸与四川省沪县第二建筑公司第五分公司第六施工队签订了施工合同。合同约定：两套处级住宅楼总面积为 170 平方米，总造价 130 900 元；以大包干形式；并约定了开竣工时间，双方违约责任等项目。在此期间，施工队也知道图纸设计面积大于所签合同面积。但是为了在吐鲁番地区有立足之地，审计处又许诺，以后的工程也承包给施工队。就此施工队抱着吃点亏也要承包此项工程的心理，也就未再提异议。合同签订后，送吐鲁番市税务局、工商局、城市建设局等部门进行审查，同意施工、加盖公章。主体工程基本结束时，施工队认为超面积太多，付出的劳务及垫付工程材料款数额大，给其造成一定亏损，便向审计处提出增加工程款。审计处称："你们悄悄干，将来不会亏待你们的。"施工队未提出异议。

2006 年 4 月，工程还未完全结束，吐鲁番地区计委、城市建设局得知审计处建房超面积。将此情况报告地委有关领导同志，同年 7 月，吐鲁番地区纪检委对工程进行检查，经检查做出决定：将两套处级住宅楼没收，交有关部门管理，并对审计处有关人员进行纪律处分。工程全部竣工后，施工队又向审计处提出增加超面积工程款。审计处以建房已没收，工程款应由房管部门支付，双方签订的合同是大包干形式，无须再增支工程款等理由不予支付。施工队遂于 2007 年 9 月向吐鲁番市人民法院起诉，要求审计处支付超面积工程款及垫付的材料款共 14 万余元。

### 三、一审判决理由和判决结果

吐鲁番市人民法院在审理期间，委托吐鲁番市城市建设局建筑技术咨询服务部对两套处级住宅楼工程项目进行实际核算，其总面积为 264 平方米，总造价 203 280 元。吐鲁番市人民法院审理认为：审计处与施工队双方签订的工程合同，没有贯彻平等互利、等价有偿的原则，违反了《合同法》的规定，视合同为无效。审计处应根据实际工程造价支付工程款。鉴于施工队在签订合同时本身也有过错责任，可免去审计处支付延期付款的赔偿金，施工队提出 30 690 元的材料款，因证据不足，不予认定。

一审法院判决：审计处应向施工队增付工程款 72 380 元。

### 四、二审判决理由和判决结果

一审宣判后，审计处不服，持原辩称理由向吐鲁番地区中级人民法院提起上诉。吐鲁番地区中级人民法院在二审期间，又委托中国建设银行吐鲁番地区中心支行对原审鉴定的工程款额进行了核实，其结果与原审鉴定的数额无误。二审法院认为：原审法院认定的事实清楚，证据确凿，适用法律正确，故判决：驳回上诉，维持原判。

### 五、再审判决理由和判决结果

二审宣判后，审计处仍不服，向吐鲁番地区中级人民法院提出申诉。2009 年 9 月 19 日，吐鲁番地区中级人民法院院长认为：此案一、二审判决有误，将此案提交审判委员会。经（2009）第 21 次审委会讨论决定，对此案提起再审，并裁定中止一、二审判决的执行。经再审认为：李正荣（沪县第二建筑公司第五分公司的负责人，原施工队队长）、陈廷斌向他人变卖营业执照，损害国家利益。并认为：原一、二审认定的主体资格有误，经审判委员会（2009）第 28 次会议讨论决定，判决撤销原一、二审判决；视合同无效；超面积工程款 73 150 元（超面积 95 平方米×770 元计算）收缴国库；超面积建房予以没收。宣判后，施工队不服吐鲁番地区中级人民法院做出的再审民事判决，持原诉理由向新疆维吾尔自治区高级人民法院多次申诉。另外，再审判决后，审计处已向吐鲁番地区财政处报告申请拨 16 150 元转吐鲁番地区中级人民法院账户，由中级人民法院将此款转交财政上缴国库。

### 六、提审判决理由和判决结果

新疆维吾尔自治区高级人民法院经对申诉审查，决定提审。

本案经高级法院审查认为：

1. 关于合同效力问题，施工队与审计处签订合同时，施工队明知图纸面积大于合同面积。因各有所图，私下又另有协商条件。为达到各自的目的，违反国家建房政策，双方均有过错责任。合同签订没有真实性。因此，一、二审法院确认合同无效是正确的。

2. 关于超面积工程款处理问题，原一、二审法院确认合同无效后，由审计处支付施工队超面积工程款是正确的，并无不当。吐鲁番地区中级人民法院做出的再审民事判决，也认定合同无效，但处理又未按无效合同处理，将超面积工程款没收上缴国库，于法无据。

3．关于超面积建房的处理问题，审计处没有执行有关部门批准的计划规定建房，私自扩大建房面积，是违反国家政策，扰乱建设市场的行为，应当受到当地行政部门的纪律处分。其超面积建房也应由行政部门处理。吐鲁番地区中级人民法院再审后，将超面积建房判决予以没收是没有法律依据的，应予纠正。

4．关于施工队主体资格问题，陈廷斌带领部分施工人员进驻吐鲁番市后，由四川省沪县第二建筑公司第五分公司吸收为该公司的第六施工队。陈当时任副队长（李任队长），经吐鲁番地区工商管理局审查后，填发了临时营业执照。其经营性质为集体企业，独立核算，注册资金75万元。启用公章为：四川省沪县二建第六施工队驻吐鲁番地区专用章。主营、承包审计处干部住宅楼。从当时所有的证件及有关手续看，它具备了一个集体企业应具备的主体资格，有必要的经费，有自己的名称、组织机构和场所，能够独立承担民事责任。在当时，施工队的法人资格是为法律所允许的，无须再审查法人资格的问题。

新疆维吾尔自治区高级人民法院认为：吐鲁番地区中级人民法院做出的再审民事判决，对该案的认定事实有误，适用法律不当，处理结果欠妥，予以纠正。原一、二审认定事实清楚，处理恰当，适用法律正确。

据此，经新疆维吾尔自治区高级人民法院2010年7月24日第17次审判委员会讨论决定判决：撤销2009年吐鲁番地区中级人民法院做出的再审民事判决，维持吐鲁番市人民法院做出的一审民事判决及吐鲁番地区中级人民法院做出的二审民事判决。

**评析：**本案是建筑工程施工合同纠纷，涉及的法律问题是如何认定和处理无效合同。下面我们从现行《合同法》的角度进行分析。

根据《合同法》的规定，有下列情形之一，合同无效：

（1）一方以欺诈、胁迫的手段订立合同，损害国家利益；

（2）恶意串通，损害国家、集体或者第三人利益；

（3）以合法形式掩盖非法目的；

（4）损害社会公共利益；

（5）违反法律、行政法规的强制性规定。

从本案情况看，合同双方因各有所图，私下又另有协商条件，为达到各自的目的，违反国家建房政策，这样也就违反了国家利益，损害了公共利益。应认定合同无效。对于该合同的无效，双方均有过错责任。

建筑合同有它的特殊性，在处理无效合同时应注意：

建筑合同是《合同法》中规定的类型合同之一，故《合同法》关于无效合同的处理原则一般同样适用处理无效建筑合同。同时，建筑合同又是特殊的经济合同，它的标的是建设项目，是不动产，合同无效时，一般不适用返还原则。因为合同无效，合同中关于价格的规定也无效，因此，在具体处理时就存在着对建筑项目（建筑物）的实物折价问题。实物折价应从以下几个角度去考虑：（1）若合同约定的价格比较合理，双方当事人没有争议的，原则上仍以原合同价格计算建筑物的价格，这并不是承认合同约定的价格条款有效，只是作为折价的依据。（2）双方在价格上有争议的，合同无效责任是发包方造成的，按实际情况折价。按实际折价即按照国家和地方（省）定额标准规定结算。如果合同无效的责任是承包方造成的，

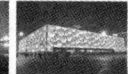

则应按发包方在招标时的密封标的价格折价,这样在实际折价中考虑了双方的责任,符合公平合理原则,避免了按"实际折价"中存在的"输了理,赢了钱"的实际弊端,比较合乎立法精神。

## 综合案例 11  拖欠工程进度款致工程停工纠纷案

原告福建省第一建筑工程公司海南公司(以下简称福建海南工程公司)与被告三亚海圣建设有限公司(以下简称海圣公司)诉称,原告与被告广州大元实业总公司(以下简称大元公司)于 2000 年 6 月 3 日签订海圣苑商住楼《工程承包合同书》,约定被告海圣公司将海圣苑商住楼发包给原告施工,原告依约完成该楼土建工程,被告海圣公司也支付了土建工程款。进入装修阶段,原告垫资施工,并完成 80%的装修工程量,被告海圣公司因建设资金严重紧缺,不能依时支付原告装修工程款,2000 年 12 月,该工程被迫停工。原告与被告海圣公司办理工程交工后,要求结算,但被告海圣公司置之不理。2003 年 3 月份,被告大元公司将被告海圣公司的财产海圣苑商住楼作为抵押物向广州市农村信用合作联合社进行抵押贷款。二被告行为严重侵犯了原告的合法权益,原告遂诉至法院,请求依法判令二被告支付所欠工程款 5 300 000 元。在庭审中,原告增加诉求,请求判令:二被告支付工程款为 5 947 488.70 元;并依法确认垫资修建的海圣苑商住楼 5~14 层楼房进行拍卖所得价款具有优先受偿权。

被告海圣公司辩称,海圣公司对原告要求工程结算一事并非置之不理,而是依据公正、合理的原则,按照程序和标准积极与原告结算。2004 年 5 月 31 日,经双方结算实欠原告垫资于海圣苑商住楼工程款 4 018 578.50 元及其利息 1 928 916.20 元,共计 5 947 488.70 元。海圣公司对上述欠款做出了确认书。

被告大元公司未做书面答辩。经审理查明,2000 年 6 月 3 日,原告福建海南工程公司与被告海圣公司签订一份《工程承包合同书》。约定海圣公司将位于三亚市解放一路海圣苑商住楼未完工程(不包括消防、电梯、排污处理)发包给福建海南工程公司承建。合同对工程取费标准、质量、保修工程期限、工程垫资及违约责任做了约定。合同签订后,福建海南工程公司依约进场施工,并按时完成海圣苑商住楼全部土建工程,海圣公司也支付了土建工程款。进入垫资装修阶段后,海圣公司建设资金严重紧缺,无法支付装修工程进度款。2000 年 12 月,工程被迫停工。福建海南工程公司多次要求海圣公司结算,但海圣公司借故推脱,不予支付工程款。在本案审理期间,双方于 2004 年 5 月 31 日达成决算协议。协议载明已完工程量决算欠款为 4 018 573.50 元;工程款利息自 2000 年 7 月 1 日至 2004 年 6 月 15 日止,四年年利率 12%计得利息 1 928 916.20 元。同日,海圣公司对以上欠款共计 5 947 488.70 元做出书面确认。

另查,海圣公司是大元公司于 1997 年 10 月 15 日,在三亚市注资 1 000 万元兴办的有限责任公司,用于建设海圣苑商住搂,该楼由海圣公司运作。2003 年 6 月 7 日,海圣公司向三亚市土地房产管理局申请办理并取得海圣苑商住楼《土地房屋权证》。2003 年 4 月 30 日,大元公司与广州市白云农村信用合作联合社签订流动资金贷款 2 000 万元合同。海圣公司用海圣苑商住楼为该笔借款做抵押担保,并签订抵押担保借款合同。

以上事实,有《工程承包合同书》、《决算书》、《确认书》、《抵押担保借款合同》及当事人的陈述为证,并经庭审质证,足以认定。

本院认为，原告福建海南工程公司与被告海圣公司签订海圣苑商住楼《工程承包合同书》，意思表示真实，且内容不违法，属有效合同。因双方已办理交工决算，且被告海圣公司已无力支付所欠原告工程款，继续履行合同已成为不必要，该工程合同应予依法解除。原告依约完成该楼土建及大部分装修工程，被告海圣公司未依约支付工程进度款，致使工程被迫停建，给原告带来重大经济损失，被告海圣公司应负全部责任。在本案审理中，原告与被告海圣公司达成工程决算欠款协议，应予确认。被告海圣公司尚欠原告海圣苑商住楼工程款（含利息）5 974 788.70 元应支付给原告。被告大元公司注资兴办被告海圣公司，并投资兴建海圣苑商住楼，但在该楼房尚未竣工，且有原告 590 余万元财产在内的情况下，大元公司指使其下属海圣公司，将该商住楼全部用于抵押借款，其行为侵犯了原告的财产权益。《中华人民共和国民法通则》第一百三十条规定："二人以上共同侵权造成他人损害的，应承担连带责任。"故被告大元公司对被告海圣公司所欠原告的工程款（含利息）应负连带责任。根据《中华人民共和国合同法》第二百八十六条和最高人民法院关于适用《中华人民共和国合同法》若干问题的解释（一）第一条之规定，原告福建海南工程公司对海圣苑商住楼工程折价或者拍卖所得价款具有优先受偿权。工程承包人享有优先权的效力优先于发包人的其他债权人的担保物权。据此，判决如下：

（1）解除原告福建海南工程公司与被告海圣公司签订的《工程承包合同书》。

（2）被告海圣公司应自本判决生效之日起三十日内向原告福建海南工程公司支付工程款（含利息）人民币 5 974 788.70 元。被告大元公司对上述债务承担连带责任。逾期付款则加倍支付延迟履行期间的债务利息。

（3）原告福建海南工程公司对被告海圣公司的财产海圣苑商住楼 5~14 层楼房折价或者拍卖所得价款具有优先受偿权。本案诉讼费 39 748 元，保全费 32 740 元，均由被告海圣公司负担。

## 综合案例 12　锅炉设备拆除工程纠纷案

原告：某建筑队

被告：某工程学院

### 一、诉辩主张和事实认定

某工程学院为新建食堂和学生宿舍用地，急需拆除锅炉房和烟囱（高 40 米）各一座。经私人介绍，且未报请市建设局审批和银行备案，即与某建筑队于 2004 年 8 月 13 日签订施工协议，规定将锅炉房和烟囱拆下的全部设备（包括两台兰开夏锅炉及全部附属设备）和物料，及另两台饮水小锅炉，作为工费归建筑队所有，不另付工资。开工之后，工程学院又要建筑队为其拆除 12 间平房。两项工程于 9 月底完成。根据协议，建筑队将拆下的旧砖、瓦、木料就地变卖，共收入 1 725 元，将三台旧电机、三台水泵和一台饮水小锅炉拉走。在建筑队准备变卖两台兰开夏锅炉时，工程学院以"锅炉是固定资产，不能随意变卖"为理由，要求变更原协议，不给锅炉，改付工资，同时要求建筑队提出工费结算单。建筑队按照实际用工，编制了工费结算单。学院却又改变主意不付工资，仍给锅炉。双方再次协商，学院答应补给 6 吨盘条，后又反悔。当又有一单位准备购买这两台锅炉时，工程学院又从中阻拦。建筑队两次变卖锅炉未成，便要求学院付给工资。学院又以执行原协议为理由，坚持要建筑队拉走锅炉。建筑队又多次找工程学院协商也未得解决，遂向区人民法院起诉。

## 二、判决理由和判决结果

区人民法院受理本案后,进行了细致的调查,走访了市、区建设局、建设银行支行、区财税局等部门,研究了有关承包工程和财务管理等法令、规定,查对了建筑队的账目。经调查鉴定,双方签订施工协议违反了国家规定,是无效的。工程学院无视国家规定,私招外地施工单位,逃避建设银行的监督,违反财经纪律,应负主要责任。建筑队盲目从事,也有一定责任。鉴于建筑队为工程学院拆除了烟囱等,付出了劳动,从实际出发,应由工程学院付给劳动报酬。

经调解未成,开庭判决:
(1) 撤销双方所签订的协议;
(2) 除建筑队变卖旧砖、瓦、木料得款 1 725 元外,工程学院再付工资 8 409.72 元;
(3) 工程学院赔偿建筑队差旅费 654.06 元;
(4) 建筑队退还拉走的三台旧电机、三台水泵、一台小锅炉;
(5) 双方其他之诉驳回。

## 三、二审诉辩主张

工程学院不服,以一审法院"偏袒一方,判决不公"为理由,向中级人民法院提出上诉,要求建筑队撤诉,以原协议为基础,双方再行补偿,建筑队则要求维持原判。

## 四、二审判决理由和判决结果

中级人民法院受理本案后,认真地审阅了原审案卷的全部资料,研究了一审法院认定的事实和判决的依据,询问了双方当事人,并做了补充调查,证明原审法院认定的主要事实清楚,责任明确。认定双方协议违法是正确的。第一,工程学院违反了国家关于固定资产有价调拨和严格审批制度的规定,擅自以固定资产抵偿工资,严重违反财经纪律。第二,在原施工协议中,不编制预算,估堆论块地以物抵工的做法,违反了工程预算制度和财务制度。对签订违法协议和造成纠纷,工程学院应负主要责任,建筑队也有一定责任。因此,工程学院在上诉中要求维持原协议是无理的,原审判决除了在工费计算上不够适当外,其余是正确的,应予维持。原协议违法无效,法律不予保护,双方的经济纠纷仍需合理解决。既然建筑队完成了拆除工程,付出了劳动,而且对违法签订协议责任不大,就应该获得劳动报酬。

在审理中经多次调解,调解未成,开庭审理,做出判决:
(1) 维持原判三项:撤销双方原订协议;建筑队退还电机、水泵、水锅炉;双方其他之诉驳回。
(2) 改判项:除建筑队变卖旧产得款 1 725 元外,工程学院再付工费 7 455 元,工程学院补偿建筑队差旅费 250 元。判决后双方当事人已经执行。

**评析**:该合同是无效的。无效的合同,自始就无效,国家不予保护。但这份工程协议是在拆除工程已经结束,因结算发生争议才起诉到人民法院的,因而对无效法律行为引起的当事人之间实际存在的经济关系,需要区分不同情况,合理解决。凡属违法行为,予以制止,如责令建筑队将已拉走的固定资产退还,工程学院违反了国家关于固定资产有价调拨和严格审批制度的规定,擅自以固定资产抵偿工资,严重违反财经纪律。在原施工协议中,不编制预算,估堆论块地以物抵工的做法,违反了工程预算制度和财务制度。对签订违法协议和造成纠纷，工程学院应负主要责任，建筑队也有一定责任。因此，工程学院在上诉中要求维持原协议是无道理的，原审判决除了在工费计算上不够适当外，是正确的，应予维持。原协议违法无效，法律不予保护，双方的经济纠纷仍需合理解决。既然建筑队完成了拆除工程，付出了劳动，而且对违法签订协议责任不大，就应该获得劳动报酬。

## 综合案例 13　中建二局与裕达公司拖欠工程款纠纷上诉案

上诉人（原审原告）：中国建筑第二工程局，住所地北京市宣武区广安门南街 42 号
法定代表人：邱凡，董事长
委托代理人：赵长东，该局职员
委托代理人：李轩，北京市国联律师事务所律师
被上诉人（原审被告）：河南裕达置业有限公司，住所地河南省郑州市中原西路 220 号
法定代表人：郭浩云，董事长
委托代理人：刘维新，该公司法律顾问
委托代理人：李圣全，河南经典律师事务所律师

上诉人中国建筑第二工程局（以下简称中建二局）为与被上诉人河南裕达置业有限公司（原郑州裕达置业有限公司，1998 年该公司改为现名，以下简称裕达公司）拖欠工程款纠纷一案，不服河南省高级人民法院（2001）豫法民初字第××号民事判决，向最高人民法院提起上诉。本院依法组成合议庭对本案进行了审理，现已审理终结。

经审理查明：1995 年 10 月 12 日，裕达公司与中建二局签订了《郑州裕达国际贸易中心大厦建设工程施工合同》。该合同由《建设工程施工合同协议条款》、《补充条款》、《建设工程施工合同条件》三部分组成，主要内容包括，中建二局为裕达公司建造位于河南省郑州市中原西路 220 号的"郑州裕达国际贸易中心大厦建设工程"，承建工程范围为全部土建和配套工程，具体包括：地基处理、主体结构工程、配套工程、设备安装工程及部分装修工程；工期为 1995 年 9 月 1 日至 1997 年 5 月 30 日，总日历天数为 638 天；工程造价预算为 39 000 万元，实际造价以竣工结算为准；中建二局对裕达公司实行如下优惠：不计取调迁费，按短途取费，按全民二级企业取费，中建二局垫资施工主体结构地下三层、地上两层（钢筋、水泥和木材由裕达公司供应），完成地面工程两层后按月支付进度款，主体工程完工后，裕达公司支付垫资总额的 50%，余下的 50%在工程竣工时，一次性全额支付给中建二局。由于本工程工期要求较紧，为确保中建二局按质按期完成该工程，裕达公司向中建二局支付 860 万元工期奖，由其包干使用，采取分段支付的方法：1995 年 11 月 30 日桩基工程完成后，支付款额 40 万元；1996 年 5 月 25 日工程达到地上两层后，支付款额 130 万元；1996 年 12 月 31 日主体工程完工后，支付款额 260 万元；1997 年 5 月 25 日装饰工程完工后，支付款额 130 万元；1997 年 5 月 30 日工程全部竣工后支付款额 300 万元。本工程被评为优良工程，裕达公司奖励中建二局 300 万元。承包方式和结算办法：承包方式为包工包料，按审定的施工图预算加现场签证执行（单项变更增减不超过 1 000 元，不予计算），执行河南省及郑州市的有关工程造价管理规定，如有争议，请郑州市定额站协调，必要时报河南省定额站裁决。中建二局在工程竣工后 30 日内提出竣工结算，裕达公司在接到中建二局竣工结算 30 日内提出审核意见，逾期不答复，视为认可。工程款结算方式为，按裕达公司核实后的工程量和工作量

第 2 章　合同法律制度

于次月 5 日以支票形式支付，并扣除裕达公司供应的主材定额价，工程款支付按照核定价款的 95%，余款待本工程竣工结算后清算。违约责任：裕达公司代表不能及时给出必要指令、确认、批准，不按合同约定履行自己的各项义务、支付款项及发生其他使合同无法履行的行为，应承担违约责任，相应顺延工期；按协议条款约定支付违约金和赔偿因其违约给中建二局造成的窝工等损失。中建二局不能按合同工期竣工，施工质量达不到设计和规范的要求，或发生其他使合同无法履行的行为，裕达公司代表可通知中建二局，按协议条款约定支付违约金，赔偿因其违约给裕达公司造成的损失。除非双方协议将合同终止，或因一方违约使合同无法履行，违约方承担上述责任后仍应继续履行合同。因一方违约使合同不能履行，另一方欲终止或解除全部合同，应提前 10 天通知违约方后方可终止或解除合同，由违约方承担违约责任。

　　1995 年 7 月 28 日，中建二局入场开始工程桩的施工。1996 年 8 月 25 日，中建二局致函裕达公司及监理公司，申报预算外签证用工及业主借工单价为每工日 50 元，并在函件中注明应在 3 日内予以答复，逾期即视为收文单位予以确认。裕达公司及监理公司当日签收该函，在 3 日内未作答复。1996 年 3 月 8 日，中建二局收到裕达公司转来的 40 万元，在有关转账支票存根上注明为"转款"。1996 年 12 月 4 日，裕达公司转中建二局 100 万元，在有关转账支票存根上注明用途为"工程款"，中建二局在转账支票存根上签了字。在双方于 2000 年 3 月就工程款拨付情况进行核对时，双方已确认该笔款项为工程款，中建二局当时未提出异议。1997 年 6 月 3 日，主体（即土建）工程完工。施工期间，中建二局已向裕达公司交纳各种罚款 277 800 元，另有 90 700 元罚款虽未实际交纳，但驻工地代表已签字同意从应付的工程款中扣除。1997 年 8 月 15 日，发生电梯井火灾事故所造成的经济损失，中建二局驻工地代表同意赔偿 100 000 元。中建二局退还给裕达公司的材料折款为 1 557 676 元。在施工中，中建二局与有关分包单位进行过配合交叉施工，由裕达公司签收的预算外签证土建工程费用为 922 290.36 元及施工交叉配合费 1 728 905.50 元。1999 年 5 月 25 日以后，中建二局对已完工程进行了整修、完善。中建二局另收到的裕达公司所供钢材 342.415 吨，合计款项 1 077 589.75 元。裕达公司代中建二局向有关部门缴纳施工管理费、竣工评估押金及其他费用 394 165 元。裕达公司共垫付应由中建二局支付的水电费 1 359 925.25 元。1998 年 4 月 17 日，中建二局分别向裕达公司和有关监理单位提交了《郑州裕达国贸大厦工程土建部分结算书》，该《结算书》中确定的土建工程总造价为 24 612 万元；同月 27 日，中建二局向裕达公司发出《工程款催付通知》，要求裕达公司全额支付拖欠工程进度款；同月 29 日，监理公司召集中建二局、裕达公司及监理单位——鑫城建设监理公司三方，在裕达工程部会议室召开主体工程经济工作会议，研究中建二局承包主体工程部分的结算问题，经与会人员认真讨论，最后决定，"三方依据施工合同、图纸、定额，并尊重事实的原则，抱着积极的态度，尽力使结算工作提前完成。对于工作中存在的分歧不定期召开协调会议，尽力通过协商达成共识，确不能达成一致意见的，谁有问题，谁向定额站打报告，最后以定额站批复为准。5 月 6 日工程盘点和审核结算同时开始，分头进行。"之后，三方即按照此次会议所确定的原则和方法开始工程结算的核对工作。后由于多种原因，导致工程结算的核对工作没有继续进行。1998 年 8 至 9 月份施工的空调、水及通风安装工程系由中建二局组织洋浦公司施工，由洋浦公司单独报验，裕达公司已将该部分工程价款 1 001 245 元直接单独与洋浦公司结算完

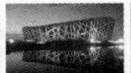

毕。1998年6月，裕达公司取得裕达国贸中心A座《房屋所有权证》，裕达国贸大厦自1999年6月投入使用至今。中建二局未完成合同约定的其他工程项目，裕达公司后来陆续分别委托他人施工完毕。截至1999年6月1日，裕达公司共支付给中建二局工程款为89 760 478.23元，其中土建工程部分已付工程款77 886 109.23元，安装工程部分已付工程款11 874 369.00元。

1999年5月18日，中建二局向河南省高级人民法院提起诉讼时的具体诉讼请求是：

（1）判令裕达公司支付拖欠工程款9 550万元；

（2）偿付垫支工程材料款400万元；

（3）负担本案全部诉讼费用。

同年7月25日追加的具体诉讼请求为：

（1）判令因裕达公司违约解除1995年10月12日双方签订的《建设工程施工合同》；

（2）判令裕达公司支付所欠双方合同项下安装部分工程款2 209.83万元及其利息。

中建二局始终未将要求裕达公司承担违约责任作为一项诉讼请求，只是在起诉书的事实和理由部分提及违约问题，没有提出请求裕达公司承担1 957.339 2万元违约金的具体请求，也未就该部分标的向一审法院预交相应的诉讼费用。一审判决在叙述中建二局诉讼请求时，也没有涉及违约责任问题。一审期间，裕达公司以中建二局工期延误和存在工程质量问题为由，向一审法院提出反诉，该院未将裕达公司提出的中建二局工期违约和质量违约问题纳入审理范围，但告知裕达公司另行起诉。

2001年8月21日，裕达公司就工期违约和质量违约问题向河南省郑州市中级人民法院提起诉讼，请求判令中建二局支付工程延期违约金2 100万元，赔偿直接经济损失费用8 721 455.34元。因该案与本案最终处理结果有一定关联，目前该案尚未开庭。

一审期间，一审法院依法委托河南省建筑工程标准定额站对中建二局施工的裕达国贸主体工程及安装工程造价进行了鉴定。2000年12月15日，该定额站做出鉴定结论：土建工程造价174 096 439.67元，扣除裕达公司所供材料费69 137 017.02元和超供材料费5 331 815.27元，财务结算价为99 627 607.38元；安装工程造价45 350 563.10元，扣除裕达公司所供材料费28 189 129.41元、超供材料费3 595 675.71元及拆除的裕达公司所供未计价材料费787 870.30元，财务结算价为12 777 887.68元。在鉴定结论外有三项单列的费用：

（1）土建中因裕达公司签收的预算外签证而暂估的费用922 290.36元；

（2）土建中因裕达公司分包而发生的暂估施工交叉配合费用1 646 033.85元；

（3）1998年8~9月，洋浦公司施工的空调、水及通风安装造价1 001 245.08元。

2001年9月24日，经对该鉴定结论多次质证，河南省建筑工程标准定额站做出豫建价审字（2001）093号"关于裕达国贸大厦工程由中建二局二公司施工的已完工程决算造价鉴定的审核意见"，确定该工程最终造价为219 866 659.32元，扣除裕达公司所供材料价格，下余工程款为112 825 151.62元，原来鉴定结论外单列的三项费用中土建部分因裕达公司分包而发生的暂估施工交叉配合费用为1 728 905.50元，其他两项费用不变。

1999年9月29日，一审法院根据中建二局申请在裕达国贸大厦施工现场查封了部分建筑工程材料，经估价其总价值为1 515 117.66元。一审法院就裕达公司对本案工程的发包是否存在肢解工程行为问题，向河南省郑州市建设委员会造价办公室进行过咨询，该办公室于2001年4月24日答复称，中建二局不是总包单位，只是承包了裕达公司肢解工程的一部分，根据有关行业规定，裕达公司和中建二局之间不存在肢解工程关系，至于中建二局与其他施工单位发生的施工配合费用，可以根据双方的约定和现场签证等情况，据实计算此项费用。

二审期间，中建二局提交了因裕达公司图纸不到位、设计变更提供不及时、业主设计环境、业主分包和不可抗力等因素造成应顺延工期396天的证据目录和清单，但在庭审质证中始终没有提交证据原件或者复印件。

一审法院经审理认为，中建二局与裕达公司于1995年10月12日签订的《郑州裕达国际贸易中心大厦建设工程施工合同》及其他施工协议是双方当事人的真实意思表示，不违反国家法律、法规，应为有效，双方均应按合同约定行使相应的权利，履行相应的义务。对于主体工程结算的核对工作无法正常进行，双方均有责任。关于本案工程造价是否应以中建二局提供的结算书为准问题，双方合同虽对裕达公司审核结算书的期限作了约定，但在中建二局提供土建部分工程竣工结算后，中建二局、裕达公司及监理公司三方召开了工作会议，并决定共同进行工程价款核对，故不能再以中建二局向裕达公司提交的结算书为准。一审法院依法委托有关鉴定单位所作的鉴定结论已经双方多次质证，鉴定单位也就有关情况做出了说明，并根据质证情况对鉴定结论做出了相应的调整，有关鉴定结论可以作为定案的依据。裕达公司签收的预算外土建签证费用92万余元及施工交叉配合费170万余元，因中建二局实际进行了施工，裕达公司提供不出相应的反证，故应予认定。洋浦公司1998年8~9月份施工的空调、水及通风安装工程造价100余万元系重复收费，鉴于中建二局同意洋浦公司与裕达公司直接结算，故中建二局重复支付给洋浦公司的工程款可另行解决。双方签订的合同中约定涉案工程按二级取费，这一约定不违反国家法律、行政法规的强制性规定，应属有效约定，故本案工程造价应按二级取费。2001年4月24日，河南省郑州市建委造价办答复，中建二局不是总包单位，只是承包了裕达公司肢解工程的一部分，因此裕达公司和中建二局之间不存在肢解工程关系，所以中建二局不应提取肢解工程管理费。关于预算外签证用工是否应按每工日50元计算问题，中建二局虽在有关函件中注明"应在3日内予以答复，逾期即视为收文单位予以确认"，但单方设置的条件不具约束力，此部分款项的计算应以鉴定结论为准。关于裕达公司应否支付400万元工期奖问题，从事实看，中建二局并未完全按照1996年12月6日裕达公司与中建二局签订的《协议书》按进度完成施工，裕达公司也未对此提出异议，应当视为双方在实际履行中已对有关约定做了变更，故中建二局依照原《协议书》主张400万元奖励，不予支持。中建二局垫支的400万元工程材料款，裕达公司没有证据证明其已经还给了中建二局，也无证据证明鉴定中所列明的裕达公司供材料费和裕达公司超供材料费中包括该400万元，故裕达公司应当予以返还，并应支付相应的利息。关于中建二局1996年3月8日收到的40万元是否为裕达花园17、18号楼补偿款问题，因缺乏证据，不能认定此款为支付裕达花园17、18号楼款。关于1996年12月4日中建二局收到的100万元款应否认定为工期奖问题，鉴于裕达公司在支付该款时注明为"工程款"，中建二局签收后并未就此提出异议，其事后出具了注明此款为工期奖的"收据"，但没有证据证明裕达公司收到此据，故中建二局主张缺乏证据，不能认定此笔款项为工期奖。在鉴定结论外中建二局另收到的裕达公司所供钢材342.415吨，合计款项1 077 589.75元，及裕达公司代中建二局向有关部门缴纳的施工管理费、竣工评估押金及其他费用应从应付的工程款中扣除。中建二局对部分罚款已实际交纳，另有部分罚款虽未实际交纳但已签字同意从应付的工程款中扣除，可以认为中建二局对这些罚款予以认可，其已实际交纳的罚款不再返还，已签字同意从应付的工程款中扣除的应从裕达公司应付的工程款中扣除。有关火灾损失中建二局驻工地代表陆林福已签字同意赔偿 10 万元，此 10 万元应从应付工程款中扣除。中建二局已退还裕达公司材料款的具体金额双方虽有争议，但有争议的这部分材料中建二局也是按照裕达公司要求调给有关参建单位的，所以这部分退料也应从裕达公司已付工程款中扣除。关于中建二局垫资施工裕达大厦地下三层、地上两层垫资款利息问题，按照双方所签的施工合同约定，垫资施工属于中建二局的义务，在有关合同中双方也没有就是否应当支付利息问题进行约定，且垫资款的具体数额是在诉讼过程中通过造价鉴定才最终确认的，故中建二局的该项主张不予支持。裕达公司已就裕达国贸大厦施工质量等问题另行提起诉讼，故有关保修金问题本案不再涉及。从现有证据看，双方均未完全按照所签合同内容履行自己的义务，互有违约行为，所以中建二局要求裕达公司支付应付工程款的滞纳金主张不予支持。根据双方的实际情况，一审法院查封的滞留在裕达国贸施工现场价值 1 515 117.65 元工程材料，判归中建二局所有。本案工程，中建二局已履行完毕的应据实结算，未履行部分不再履行，中建二局应向裕达公司移交按照国家有关规定应当移交的有关施工资料，配合裕达公司办理竣工验收手续。裕达公司应将中建二局交纳的 10 万元消防安全工程保证金予以退还。据此判决：

（一）裕达公司于判决生效后 15 日内向中建二局支付工程欠款 21 293 489.25 元，并按规定支付相应的利息（利息起算期间自 1999 年 5 月 27 日始，至判决确定的履行期限届满止，利率按同期银行贷款利率计算）；

（二）裕达公司于判决生效后 15 日内向中建二局返还其垫支的工程材料款 400 万元，并支付相应的利息（其中 300 万元的利息起算期间自 1995 年 12 月 27 日始，至判决确定的履行期限届满止，利率按同期银行贷款利率计算；100 万元的利息起算期间自 1996 年 1 月 10 日始，至判决确定的履行期限届满止，利率按同期银行贷款利率计算）；

（三）裕达公司于判决生效后 15 日内支付给中建二局退料款 1 557 676 元；

（四）一审法院查封的滞留在裕达国贸施工现场价值 1 515 117.66 元工程材料于判决生效后 15 日内，由中建二局按查封清单接收，不足部分裕达公司支付相应款项；

（五）裕达公司于判决生效后 15 日内退还中建二局 10 万元消防安全工程保证金；

（六）中建二局与裕达公司 1995 年 10 月 12 日签订的《郑州裕达国际贸易大厦建设工程施工合同》及其他相关协议未履行部分不再履行，中建二局应于判决生效后 15 日内向裕达公司移交按照国家有关规定应当移交的有关施工资料，配合裕达公司办理竣工验收手续；

（七）驳回中建二局的其他诉讼请求。

案件受理费 623 000 元，中建二局负担 415 333 元，裕达公司负担 207 667 元；鉴定费 750 000 元，中建二局、裕达公司各负担 325 000 元；诉前财产保全费 483 020 元，中建二局负担 322 013 元，裕达公司负担 161 007 元；诉讼财产保全费 8 096 元由裕达公司负担。

中建二局和裕达公司均不服河南省高级人民法院（2001）豫法民初字第××号民事判决，分别向本院提起上诉。裕达公司虽提起上诉，但其未在本院指定的期限内预交二审案件受理费，以被上诉人身份参加本案二审诉讼活动。

中建二局上诉称，一审判决对主要事实认定不清，适用法律不当，请求予以撤销，依法改判，并判令裕达公司负担一审、二审全部诉讼费用。主要事实和理由是：

1. 鉴于裕达公司在合同规定的期间内对中建二局的结算书未予答复，本案工程各项价款应以中建二局向裕达公司提交的结算书为准，一审判决认定中建二局所报结算只是单方报价，未得到裕达公司认可的说法不成立。因工程工期顺延较长，三方于1998年4月达成就主体工程先行结算的一致意见，中建二局于1998年4月17日向裕达公司提交了《郑州裕达国贸大厦工程土建部分结算书》，但裕达公司对结算报告不予实质性答复。根据《协议条款》第二十八条规定，裕达公司提出审核意见的时间为接到中建二局竣工结算30日之内，逾期不答复，视为裕达公司认可。三方于1998年4月29日形成的《主体工程经济工作会议纪要》也明确规定，确不能达成一致意见的，谁有问题，谁向定额站打报告，最后以定额站批复意见为准。裕达公司在接到中建二局结算书之后，未在30日内予以确认，也未在30日内提出修正意见，更未在30日内向定额站打报告，这只能依《协议条款》第二十八条规定认定为逾期不答复，视为认可。本案工程价款的确定应以结算书为准，对工程造价及其具体构成无须鉴定。河南省建筑工程标准定额站所做《鉴定书》存在许多问题，严重影响鉴定结论的准确性和公正性，造成少算、漏计工程款达约4 000万元，一审判决对鉴定结论存在的问题未做认真审查。

2. 在未经中建二局同意的情况下，裕达公司将由中建二局承包的配套工程肢解发包给了其他单位施工，由此导致的配套工程、装修工程未能按时完工，中建二局当然不应承担任何责任。为确保裕达国贸大厦工程质量，中建二局采取多种先进工艺和施工措施，并顺利通过了裕达公司、中建二局和监理方三方共同组织的基础工程验收和主体工程验收，整体质量达到优良，裕达公司专门为此出具了大厦主体工程质量优良的证明。

3. 工程取费标准应按法律的强制性规定执行，而不应按违法的合同约定执行。根据《民法通则》和《合同法》的规定，违反法律强制性规定的合同条款一律无效。建设部、国家工商行政管理局《建筑市场管理规定》第二十二条更是明确规定，承发包合同的签订，必须严格执行国家和地方的价格政策、计价方法和取费标准。任何单位和个人都不得随意扩大计价的各项标准，不得任意压价、抬价或附加不合理条件。在签订合同时，裕达公司利用业主优势违反法律规定将工程取费标准自一类降为二类，相差740万元左右。

4. 工程造价中应当计取裕达公司肢解工程管理费和配合费3 459 849元。1996年4月22日，建设部和国家工商局联合发出《关于禁止在工程建设中垄断市场和肢解发包的通知》，严禁建设单位肢解分包工程。郑州市建设委员会［郑建价字（1997）16号］《关于处理肢解工程费问题的若干规定》第二条规定，建设单位在发包工程时若将单位工程中的某一项或者某几项分项工程，直接发包给其他施工企业或专业厂家承建，主体承包单位应按单位工程原施工图纸全部设计项目的定额直接费和规定费率标准计取费用，然后再退减肢解发包部分的工程直接费。此外，主体承包单位还应以肢解部分的定额直接费为基数，计取3%的配合费。中建二局承包范围为地基、主体、部分初装修及部分设备安装工程，其余均由裕达公司强行肢解分包给十几家施工单位，在监理例会时，裕达公司及监理公司再三要求中建二局起到总承包的作用。中建二局在工程施工中也应要求负担了大量管理和配合工作，各参建单位不仅仅是机械配合，而是全方位的管理、协调及配合。所以中建二局有权要求按照"郑建价字（1997）16号"文件的规定计取肢解分包工程管理费3 459 849元。

5. 在确定超高费等有关费用计取系数时，应在准确理解定额文字表述的基础上严格按照定额规定执行而不能随意确定。《河南省建筑装饰定额（1999年版）》说明对主体工程超高

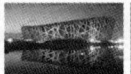

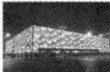

费规定，单独装饰及再次装饰工程按建筑工程预算定额第十五分部相应子目中人工及其他材料费乘以系数 0.2，机械费乘以系数 0.1。单位主体与装饰由两家施工单位分别施工时，装饰施工单位按上述标准计取超高费，余下部分应为主体施工单位计取超高费。鉴定单位关于凡主体与装饰由两家施工时，计取超高费应一律先扣除装饰部分的 20% 的理解是错误的。主体与装饰由两家施工时，计取超高费应扣除装饰部分的比例不是 20%，而是 13%，主体施工单位应计取的超高费比例应为 87%，累计应增调 262 万元。

6．预算外签证用工及业主借工单价应按每工日 50 元而不是每工日 19 元计取。鉴定机构对裕达公司提交一审法院的结算书中认可的预算外签证（包括每工日 50 元）均按裕达公司意见进行鉴定，对其未认可的预算外签证部分进行了鉴定，但预算外签证用工及业主借工单价仅按照定额计取。考虑到市场行情，中建二局于 1996 年 8 月 25 日致函裕达公司及监理公司，申报预算外签证用工及业主借工每工日 50 元，并在函件中注明应在三日内予以答复，逾期即视为确认。裕达公司和监理公司当日签收该函，但在三日内未作任何答复，据此应认为当事人已就此问题达成一致，应按该标准计取，累计增调 1 012 500 元。

7．1998 年 8 月份暖通工程造价 1 001 245 元应全额支付中建二局，即使该月的工程价款已由裕达公司与洋浦公司单独结算，也不应转嫁到中建二局身上，应由裕达公司与洋浦公司另行解决。

8．一审法院将查封的 1 511 765 元工程材料直接判给中建二局不当，应将该部分工程材料退还给裕达公司，由其另行支付相应款项。

9．一审法院还错误地将裕达公司已经支付并且在一审诉讼中自认的 100 万元工期奖认定为工程款。

10．将裕达公司已经支付的 40 万元裕达花园 17、18 号楼工程款认定为本案裕达大厦工程款。

11．裕达公司作为工程的发包方，不具有行政执法部门的职能，无权对承包方进行罚款，双方所签合同中也没有专门约定，中建二局提出这部分罚款属于裕达公司滥用业主优势进行的非法罚款，以及强行要求支付火灾赔偿等款项累计 410 800 元，不应将上述款项从工程款中扣除。

12．鉴定结论中漏计了 1999 年 5 月 25 日以后进行电缆安装造价为 629 300 元的工程量，应予增调。

13．一审判决认定双方均有违约行为是错误的，裕达公司拒不按期足额支付工程进度款、拒不及时返还中建二局垫资工程款和材料款、擅自将承包范围工程肢解分包、拒不办理结算等行为严重违反合同约定，中建二局严格按照合同履行了义务，应按有关司法解释规定每日万分之四的标准承担逾期付款违约金 1 957.339 2 万元。

裕达公司答辩称：

1．1998 年 4 月 29 日三方形成的《主体工程经济工作会议纪要》证明裕达公司对中建二局提出的结算书在 30 日内已经有明确不予认可的答复。

2．一审法院依职权委托的鉴定事实清楚，依据准确，结论应予确认。

3．取费标准是双方当事人协商一致的合意表示，是中建二局为追求自身企业利益而签订的，中建二局单方承诺给予优惠条件，证明裕达公司没有利用业主优势压价，有关取费标准的约定没有违背任何法律强制性规定。

4．工程质量问题裕达公司已另案起诉，一审法院已明确不属于本案讼争范围。

5. 中建二局要求按照合同签订后的行政规章向裕达公司主张肢解工程管理费、配合费等，没有法律依据。

6. 没有证据证明双方已就计取预算外签证用工及借工达成一致，一审法院依照定额计取，没有违反法律规定。

7. 裕达公司对洋浦公司工程款只能有一次支付义务。

8. 一审法院将工程材料判给中建二局符合公平合理、物尽其用的民事行为习惯。

9. 中建二局没有依照合同约定完成义务，没有合法证据证明工期延误近 400 天属于裕达公司过错，更不能证明系不可抗力造成，一审判决认定中建二局有违约行为是正确的。

10. 一审判决认定事实清楚，适用法律正确，诉讼程序合法，请求二审法院依法驳回上诉，维持原判。

二审法院认为，中建二局与裕达公司于 1995 年 10 月 12 日签订的《郑州裕达国际贸易中心大厦建设工程施工合同》系由《建设工程施工合同协议条款》、《补充条款》、《建设工程施工合同条件》三份合同组成，上述合同是双方当事人真实意思表示，不违反法律、行政法规的强制性规定，对双方均具有约束力，一审法院认定为有效是正确的。关于本案工程造价是以中建二局提供的结算书还是以一审法院委托鉴定机构所做鉴定结论作为依据的问题，双方在合同中虽对裕达公司审核结算书的期限作了约定，但在中建二局于 1998 年 4 月 17 日提交《郑州裕达国贸大厦工程土建部分结算书》的 12 天后，即同月 29 日中建二局、裕达公司及监理公司三方召开了经济工作会议，研究本案讼争工程并决定共同进行工程盘点和工程款审核结算的核对工作，虽因种种原因该工程结算的核对工作没有进行下去，但这已表明裕达公司没有认可结算书，双方在合同中约定的认可结算书的条件尚未成就。故一审法院没有以中建二局向裕达公司提交的土建部分结算书作为认定该部分工程造价的依据，依职权委托鉴定机构对有关工程造价进行鉴定，并无不妥。一审期间，该院已组织双方当事人多次质证，由鉴定机构就有关情况做了说明，并根据质证情况对鉴定结论做了相应调整；二审中，中建二局没有对一审法院委托的鉴定机构资质和程序提出异议，也未请求对所涉工程造价进行重新鉴定，只是提出以其向裕达公司提交的土建部分结算书作为认定该部分工程造价依据的同时，对该鉴定结论中的部分内容提出异议并提交了相关证据。经二审法院合议庭组织双方当事人对有关证据进行质证，对相关事实进行核对，在对有证据证明的属于计算方法涉及的相关内容进行相应调整后，有关鉴定结论可以作为认定本案讼争工程造价的基本依据。关于本案工程款取费标准是按一级取费还是按二级取费问题，中建二局提出其属一级企业，应按一级取费，合同约定按二级取费属于违法条款，按两级标准取费相差 740 万元应予补齐；经查，1991 年 11 月 21 日建设部发布的《建筑市场管理规定》属于部门规章，本案双方当事人就工程取费标准的约定虽与上述规章中有关不得任意压价、抬价或附加不合理条件的规定不符，但没有违反法律和行政法规的强制性或者禁止性规定，而且有关约定属于双方在平等自愿的基础上达成的优惠条件，鉴定机构在鉴定结论中以双方合同约定取费标准计价，并无不妥，中建二局主张所签合同中有关取费标准的约定条款无效的请求，于法无据，二审法院不予支持。关于中建二局应否收取裕达公司肢解工程管理费问题，一审期间，河南省郑州市建设委员会造价管理办公室在答复一审法院咨询时称，中建二局不是总包单位，只是承包了裕达公司肢解工程的一部分，裕达公司和中建二局之间不存在肢解工程关系，中建二局不应提取肢解工程管理费，故中建二局要求计取 346 万元肢解分包工程管理费的请求，缺乏事实依据，

二审法院不予支持。关于超高费应否增调的问题，中建二局提出一审法院委托的鉴定机构曲解了定额规定，错误地将分包和剩余的超高费按该部分工作量全部扣除，只应扣除此部分超高费中的人工费；单位主体与装饰由两家施工单位分别施工时，装饰施工单位按上述标准计取超高费，余下部分应为主体施工单位计取超高费。但一审法院委托的鉴定机构经复核已对该部分费用进行了调整，中建二局上诉请求提出应增加262万元超高费，但在二审质证中没有提出新的有证明力的证据，依据不充分，二审法院不予支持。关于应否计取配合费问题，因中建二局和裕达公司均没有提交有关分包工程图纸和结算资料及分包工程费的证据，一审法院委托的鉴定机构无法计算；二审期间，中建二局提出总体承包单位均应按单位工程施工图全部设计项目的定额直接费和规定费率标准计取 3%配合费用，因河南省郑州市建设委员会造价管理办公室在答复一审法院咨询时称，裕达公司和中建二局之间不存在肢解工程关系，且中建二局提供的其与其他施工单位之间的配合工作量及费用情况证据不充分，故中建二局请求调增 3 643 535 元配合费，证据不足，二审法院不予支持。关于洋浦公司1998年8至9月份施工的空调、水及通风安装工程造价 1 001 245 元支付问题，该部分费用系重复结算，中建二局已将应付该部分劳务费等款项支付给洋浦公司，裕达公司又与洋浦公司直接结算，属于裕达公司自身工作中的问题，与中建二局无关，故中建二局提出裕达公司重复支付给洋浦公司的工程款项应由裕达公司自行解决，并应在支付工程款中增调 1 001 245 元的理由成立，二审法院予以支持。关于预算外签证用工及业主借工每工日是按50元还是19元计算问题，中建二局在有关函件中注明应在3日内答复，逾期即视为收文单位予以确认，裕达公司和监理公司于当日签收该函后3日内未做答复；裕达公司在一审期间提交的由其自行编制的《结算书》中对此也已自认；鉴定结论中也列举了50元和19元两种计算标准供法院采用，故中建二局提出不应按每工日19元的定额计取而应按每工日50元计算，累计应增调工程款 1 012 500 元的理由成立，二审法院予以支持。关于中建二局1996年3月8日收到的40万元是否为裕达花园 17、18 号楼补偿款问题，因双方没有就该项工程签订书面合同，有关款项支付问题证据不足，无法认定裕达公司是否支付该笔款项，但鉴于双方对裕达花园17、18 号楼工程施工事实不持异议，在裕达公司不能证明已经支付上述工程款项的情况下，即有义务支付该笔款项，中建二局提出一审判决不应在工程款中减去 40 万元的理由成立，应予支持。关于 1996 年 12 月 4 日中建二局收到 100 万元应否认定为工期奖问题，虽然 1996 年12月4日裕达公司向中建二局支付了 100 万元，中建二局为此出具的收据上也注明此款为工期奖，裕达公司在一审期间提交的已付工程款证据材料中也注明该100万元属于工期奖，但双方于 2000 年 3 月就工程款拨付情况进行核对时，已确认该笔款项为工程款，中建二局当时没有提出异议，因此中建二局又提出一审法院不应将该笔款项认定为已付工程款，应调增工程款 100 万元的理由不成立，二审法院不予支持。关于罚款和火灾赔偿款问题，裕达公司作为工程的发包方，不具有行政执法部门的职能，无权对承包方进行罚款，双方所签合同中对此又没有专门约定，故中建二局提出这部分罚款属于裕达公司滥用业主优势进行的非法罚款，以及强行要求支付火灾赔偿等款项，不应从工程款中扣除上述410 800 元款项的理由成立，二审法院予以支持。一审法院查封的滞留在裕达国贸施工现场价值 1 515 117.65 元工程材料属于裕达公司所有，当双方发生纠纷未再施工时，该部分材料应归裕达公司，在中建二局未同意以该部分材料折抵相应工程款的情况下，一审法院将该部分材料直接判归中建二局所有并扣减相应工程款不当，应予纠正。关于鉴定结论中是否漏计1999年5月25日以后的

工程量造价为 629 300 元问题，一审法院委托的鉴定机构经复核认为中建二局在 1999 年 5 月 25 日之后完成的安装工程量为电缆安装方面的电缆绝缘强度测试记录，与工程量计算无直接联系，不能作为量化计算的依据；二审中，中建二局虽对该部分提出异议，但在质证中未提供新的有证明力的证据推翻一审法院委托鉴定机构所做的说明和认定，故对该请求部分二审法院不予支持。关于违约责任问题，中建二局虽在二审期间提交了裕达公司图纸不到位、设计变更提供不及时、业主设计环境、业主分包和不可抗力等因素造成应顺延工期 396 天的证据目录和清单，但在庭审质证中未提供证据原件或者复印件。中建二局在一审中未就其主张裕达公司承担违约责任问题提起诉讼请求，也没有预交相应的诉讼费用，一审法院没有对裕达公司提出的工期违约和质量违约反诉予以审理，并告知其另诉解决，表明一审法院对双方的违约责任问题没有进行实体审理。双方提出的涉及合同履行中的违约责任问题是一个整体，应一并审理。裕达公司在被一审法院告知有关工期违约和质量违约问题不在本案审理范围后，已经另行起诉。为便于查清双方的违约行为、过错程度及违约责任的承担等，中建二局应在该案中通过明确提出反诉的途径予以解决。将双方当事人都提及的违约责任问题另案解决，便于查清事实，分清责任，公平合理，符合本案的实际情况，也不违反《民事诉讼法》的有关规定。综上，根据《民事诉讼法》第一百五十三条第 1 款第（三）项之规定，判决如下：

1. 维持河南省高级人民法院（2001）豫法民初字第××号民事判决第二项、第三项、第五项、第六项和第七项。

2. 变更河南省高级人民法院（2001）豫法民初字第××号民事判决第一项为：裕达公司于本判决生效后 15 日内向中建二局支付工程欠款 25 633 151.90 元，并支付相应的利息（自 1999 年 5 月 27 日起至本判决确定的履行期限届满止，利率按中国人民银行同期同类贷款利率计算）。

3. 撤销河南省高级人民法院（2001）豫法民初字第××号民事判决第四项。

一审案件受理费、鉴定费、诉前财产保全费、诉讼财产保全费，按一审判决执行；二审案件受理费 623 000 元，由中建二局负担 498 400 元，裕达公司负担 124 600 元。

本判决为终审判决。

## 综合案例 14　设备安装质量不合格纠纷案

原告：业主
被告：承包商
第三人：供应商

### 一、一审诉辩主张

1. 业主诉称：2003 年 11 月向供应商购买两套汽轮机组。供应商逾期供货，且所供 2 号机组不合格，承包商未按技术要求安装，将汽轮机齿轮损坏，至今未能交付使用，要求承包商和供应商承担违约责任，并赔偿经济损失 539 800 元。

2. 承包商反诉称：造成设备未交工的原因是业主未按期提供设备及给付工程款；且提供的设备内在质量不合格，要求业主提供合格设备，给付工程款 357 315 元及利息 175 012.16 元，并要求业主给付修正不合格设备所花费用 33 227.18 元及误工损失。

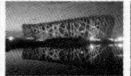

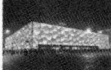

3. 第三人辩称：我厂供给业主的气轮机组质量合格。由于承包商不遵守安装技术规定，造成2号机组齿轮严重损坏，现已不能使用，故我厂不承担经济责任。

## 二、一审事实认定

哈尔滨市道里区人民法院受理此案后，经公开开庭审理，查明：供应商签订购销合同一份。合同规定：业主购买供应商背压式1 500千瓦汽轮发电机组两套（含辅机及备件），总价款43万元，在供货前如遇国家价格调整时做相应调整；第一台力争2004年4季度交货，第二台2007年3月交货；此合同生效后业主给付供应商定金8万元，余款待设备发运后一次付清；此设备运行半年内，如发现制造问题由供应商负责。合同签订后，业主即给付供应商定金8万元。2005年2月19日，业主与承包商签订了建筑安装工程承包合同一份。合同规定，业主将自备电站设备安装工程发包给承包商，设备由业主自备；承包商按《全国统一安装工程预算定额》及水电部、黑龙江省有关文件规定收取工程费；承包商按业主提供的施工图及水电部颁发的《电力建设施工及验收技术规范》进行安装，业主将此规定作为验收的标准；合同生效7日内，业主预付工程款28.8万元，另给付承包商进、退场地费3 800元，其余工程款由承包商每月25日前向业主提供当月工程进度表，经审核后，于下月10日前给付工程进度款，如逾期付款，业主按计划外贷款利率付息；承包商应于2005年3月20日开工，1号机组于同年10月25日交工使用，2号机组于2006年1月15日交工使用，散装锅炉安装绝对工期为295天；该工程每提前一日按工程造价的万分之三计算赶工费，每拖延一日按工程造价的万分之三扣罚误工费；2005年2月末前，由业主组织有关人员对施工图进行审定，并提前30日通知承包商；承包商按施工图做出预算交业主审核，在开工前一个月内审核完毕，未经审定的项目，不得开工；工程交付使用后承包商对设备安装质量保修一年。合同签订后，业主于2005年3月22日预付工程款30万元（含3 800元进货场地费）。承包商收款后，于同年4月初进入施工现场，并将安装工程预算及施工进度表交给业主审核。业主对此未提出书面异议，并于5月25日正式通知承包商施工。同年6月初，承包商将第一台散装锅炉钢架起吊，并开始进行安装，同时要求业主将汽轮机组于同年6至7月前提供。2005年5月，第三人提出气轮机组价格调整，要求业主付清58万元之后发货。业主即给付第三人货款59万元（含运费）。同年6月16日、9月6日收到第三人所供的两台背压式汽轮发电机组及有关资料交给承包商进行安装，其中2号机组出厂标牌空白，在供应商厂内也未经过试车检验。承包商在安装过程中，对业主购买供应商的机组做了必要的检查和测量，发现2号机组自动主气门打不开；喷嘴与动叶间超差，齿轮箱水平结合平面超差；超速保安器撑钩外形尺寸超差等问题。对上述部分问题，承包商未及时向业主及供应商提出，而自行进行了修正。承包商从2005年6月到2008年3月，每月向业主书面报告工程进度情况，要求业主给付工程进度款。业主收到工程进度报告后，只付给部分工程款及材料。由于业主设备晚到等原因，业主同意承包商顺延工期90天，2006年3月12日，1号机组安装完毕，经试机运行后于同年10月24日交付业主使用。

2006年6月8日，业主、承包商对2号机组进行第一次试车，发现小齿轮轴中心比汽轮机轴中心高0.49毫米，承包商对此进行了修正。2006年10月29日，在进行第二次试车时将汽轮机叶片损坏。经查系一螺丝杆掉入机体内所致。承包商支付22 254元重新购置了叶片，并在供应商指导下安装完毕。在此后的试车过程中，发现汽轮机差速器齿轮发生损坏。业主遂

组成自查小组，分析事故原因。由于未查明原因，业主要求供应商派员协助处理。同年12月26日，供应商派代表到施工现场，经与业主、承包商分析事故原因，三方产生分歧。2007年3月11日，三方进一步协商，决定采取更换汽轮机上的2号轴瓦、调整齿轮箱减速器大小尺寸。用油石去掉大小齿面存在的毛刺等措施，上述措施完成后，经试车，三方均认为2号机组运行正常，可继续联合试运工作。2007年3月19日，三方在现场检查机组试运行时，发现汽轮机减速器轮仍在继续破坏，经三方协商决定更换新齿轮。就购买新齿轮的费用负担问题，三方产生争议而未能落实，安装工程即停止进行。业主也停止向承包商拨付工程款，并诉至法院。鉴于业主请求，经法院审查，受诉法院将供应商列为本案第三人，并通知其参加诉讼。

2007年6月7日，法院委托黑龙江省技术监督局（以下简称技术局）对2号机组背压式汽轮机设备质量进行鉴定。其结论为：造成汽轮机减速器齿轮破坏的根本原因是两齿轮中心距与大小齿轮切齿深度偏大，使接触力增加，引起点蚀破坏；齿轮中心距与小齿轮切齿深度偏大是原减速器存在的问题，该齿轮不能继续使用，鉴定报告还指出，随机的技术文件中没有提及在调试安装中要控制中心距的误差。2007年8月30日，供应商对鉴定结论提出异议，认为小齿轮切齿深度实际超差0.014毫米。法院于同年8月31日委托技术局予以复议。2007年10月15日该局复议结论为：供应商所提出的异议无根据。之后供应商和技术局对鉴定设备又进行了一次测试，其结果是使用技术局的仪器和使用供应商的仪器所测试的结论不一致。为此法院于2008年4月1日委托机电部火电设备产品质量监测中心对两种测量仪器进行了鉴定。其结论为：用技术局的仪器测试结论接近正确，而用供应商的仪器测试结果符合实际。

法院还查明：供应商提供的背压式汽轮机组安装使用说明书规定，下半组合件（包括底盘及汽缸、轴承座、齿轮箱下半）已在制造厂安装调试好，一般不可再调整（特殊情况除外）。没有对中心座做出规定；在该使用说明书中，未定中心距的数值，但规定了相对中心距的齿侧间隙不得小于0.2毫米，而承包商实际调整的齿侧间隙为0.24毫米，符合技术要求；在供应商提供的图纸中，在技术要求内未对中心距尺寸做出明确规定。

为使电站尽快生产，业主于2008年9月2日以4.2万元向供应商订购汽轮机减速器轮轴一套。2008年11月11日经业主、承包商结算，工程总造价为2 125 892.2元，业主已付1 692 382.14元（含材料），承包商同意扣除安装不合格工程款76 194.90元，如将2号机组交付业主正常使用，业主尚欠承包商工程款357 315元。至2008年6月30日，业主因2号机组不能正常发电造成经济损失324 000元。

### 三、一审判决理由和判决结果

哈尔滨市道里区人民法院认为：

（1）业主有违约行为，应承担违约责任。业主与承包商签订的电站安装工程承包合同合法有效。但其中"如逾期付款，业主按计划外贷款利息给付承包商"条款，违反法律规定。故该条款无效。业主未按合同约定，及时给承包商拨付工程进度款是违约行为，应承担违约责任。

（2）承包商盲目安装有过错，应承担一定责任。承包商在安装前发现2号机组标牌空白，安装图纸数据不全，并检测出自动主气门打不开，喷嘴与动叶间超差等问题的情况下，仍进行安装、修正，致使叶片损坏。承包商对此有过错，应自行承担更换叶片、修正设备的费用。

（3）供应商迟延供货，且提供的设备质量有缺陷，应承担违约责任。供应商未按合同约

定时间供货，提供的 2 号机组质量存在缺陷，致使电站不能按期投产发电，由此造成的经济损失供应商应当承担，并且承担更换不合格部件，给付违约金的义务。

哈尔滨市道里区人民法院依据《合同法》第三十二条第 1 款，《建筑安装工程承包合同条例》第十三条第 1 款第二项、第 2 款第一项，《工矿产品购销合同条例》第三十五条第 5 款及《民事诉讼法》第一百二十六条之规定，作出判决：

（1）供应商于本判决生效后 1 个月内将业主订购的背压式 1 500 千瓦汽轮机减速器轮轴一套供应给业主，其费用由供应商自负。如逾期不供或供货质量不合格，每拖延一日赔偿业主经济损失 405 元。

（2）业主收到合格的齿轮后 7 日内交给承包商进行安装，如逾期不交其损失自负。

（3）承包商接到齿轮轴后 3 个月内安装完毕，并能达到正常发电，其安装调试等费用由承包商自行负担，如逾期不能安装或安装完毕后不能正常发电，如属承包商安装问题，每拖延一日赔偿业主损失 405 元。

（4）业主于本判决后 10 日内给付承包商工程款 25 万元，其余工程款 107 315 元，待 2 号机组正常运行一年后立即付清。如逾期不付按银行贷款利率加倍付息。如正常运行一年以后又发现问题，另行处理。

（5）供应商于本判决生效后 10 日内给付业主逾期供货违约金 20 010 元。如逾期不付，按银行贷款利率加倍付息。

（6）供应商于本判决生效后 30 日内给付业主不能供电的经济损失 303 990 元。逾期不付，按银行贷款利率加倍付息。

（7）业主于本判决生效后 10 日内给付承包商逾期付款违约金 101 541.36 元。如逾期不付，按银行贷款利率加倍付息。

（8）驳回业主、承包商其他诉讼请求。

案件诉讼费 28 003.59 元（含 9 000 元鉴定费），业主负担 8 000 元，承包商负担 5 003.59 元，供应商负担 15 000 元。

宣判后三方均未上诉。

评析：本案是建筑安装工程承包合同纠纷，涉及了业主、承包商和供应商三者之间的关系。

1. 供应商是本案的第三人而不是被告。业主起诉承包商未按技术要求安装汽轮机组，将汽轮机齿轮损坏；起诉供应商逾期供货，且所供 2 号机组不合格。业主起诉的两方是两个不同的法律关系引起的纠纷，一是建筑安装工程合同关系，二是购销合同关系。两个不同法律关系的当事人不应成为同一案件的共同被告。但是本案被告承包商对于原告业主的起诉予以反诉，认为业主提供安装的 2 号机组质量不合格，业主迟延供货。由于被告承包商的反诉，牵连到供应商迟延供货和生产的 2 号发电机组质量问题，案件的处理结果与供应商有利害关系，所以经法院审查，将供应商列为本案的第三人。

2. 供应商所供 2 号机组质量不合格，应承担责任。产品质量不合格是指产品设计、制造不合格。产品表示不合格和产品警示不合格，具备其一，便可认定为产品质量不合格。本案所涉供应商提供的 2 号机组齿轮箱是组合件，一般不可再调整，这说明齿轮箱不属承包商安装的范围，齿轮箱在运行中产生点蚀破坏属于齿轮箱的制造不合格。2 号机组出厂标牌空白，随机的技术文件中没有提及在调试安装中要控制中心距的误差，这表明产品性能、使用

安装应注意事项不全面,是产品表示不合格。供应商提供的产品制造质量和表示不合格,说明其产品质量不合格,应承担相应责任。

3. 混合过错,过错各方承担相应责任。《合同法》第一百二十条规定,当事人双方都违反合同的,应当各自承担相应的责任。本案即属这类情况。业主方逾期给付承包商工程进度款,违反与承包商签订的电站安装承包合同规定,承包商发现产品质量有瑕疵,在未商请业主、供应商意见的情况下自行安装,造成损失。供应商逾期供货,且提供的 2 号发电机组质量不合格,违反与业主所签购销合同的约定,导致业主方不能按期发电,造成经济损失,所以,法院判决是针对本案当事人各自的过错程度责令各自承担相应的责任。

4. 本案承包商在发现产品质量有瑕疵,在未商请业主、供应商意见的情况下自行安装,造成损失由自己赔偿。承包商完全是出于善意,想在自己能够解决问题的情况下就不必麻烦业主或第三人了。正是这个善意行为竟使自己蒙受了损失。这提示承包商,也包括其他当事人在履行法律或合同规定以外事项时应当注意:完成额外的工作,也意味着将承担额外的责任。

## 思考与练习题 2

### 一、单项选择题

1. 甲公司于 2005 年 3 月 5 日向乙企业发出签订购买钢材合同的要约信函,3 月 8 日乙企业收到甲公司声明该要约作废的传真。3 月 10 日乙企业收到该要约的信函。根据《合同法》规定,甲公司发出传真声明要约作废的行为属于(　　)。
   A. 要约撤回　　　　　　　　B. 要约撤销
   C. 要约生效　　　　　　　　D. 要约失效

2. 甲装潢公司与乙公司签订一份买卖木材的买卖合同,约定提货时付款。甲公司提货时称公司出纳员突发急病,支票一时拿不出来,要求先提货,过两天再把货款送来,乙公司拒绝了甲装潢公司的要求。乙公司行使的这种权利在法律上称为(　　)。
   A. 不安抗辩权　　　　　　　B. 先履行抗辩权
   C. 后履行抗辩权　　　　　　D. 同时履行抗辩权

3. 南方安装公司与国华机械厂在签订合同时约定,由南方安装公司将一张 10 万元的国债单据交付国华机械厂作为合同的担保。该担保方式在法律上称为(　　)。
   A. 抵押　　　B. 动产质押　　　C. 留置　　　D. 权利质押

4. 向阳公司与玉华公司签订了一份关于设备检修的合同,后向阳公司未能按要求履行合同,造成了玉华公司损失 30 万元,但是由于玉华公司没有及时采取措施,又多损失了 10 万元,根据《合同法》规定,向阳公司严格赔偿玉华公司(　　)万元。
   A. 30　　　B. 10　　　C. 40　　　D. 20

5. 张三和李四于 2005 年 2 月 1 日订立一份买卖枪支的合同,合同规定履行日期为 3 月 2 日,3 月 9 日张三发现合同违反了法律的禁止性规定,4 月 7 日该合同被当地法院宣告无效。该合同从(　　)开始不受法律保护。
   A. 2 月 1 日　　B. 3 月 2 日　　C. 3 月 9 日　　D. 4 月 7 日

6. 若合同双方对争议的解决方式没有达成协议,则(　　)。
   A. 只能通过仲裁方式解决争议

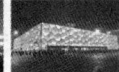

B．只能通过诉讼方式解决争议

C．任何一方可以选择仲裁或者诉讼方式解决争议

D．任何一方可以同时选择仲裁和诉讼方式解决争议

7．某工程承包人与材料供应商签订了材料供应合同。条款内未约定交货地点，运费也没有明确，则材料供应商把货物备齐后应该（　　）。

A．将材料送到施工现场

B．将材料送到承包人指定的仓库

C．通知承包人自己提货

D．将材料送到施工现场并向承包人收取运费

8．债权转让时，（　　）。

A．须征得债务人的同意

B．无须征得债务人的同意，但是应该办理公证手续

C．无须征得债务人的同意，也无须通知债务人

D．无须征得债务人的同意，但是必须通知债务人

9．当事人对合同变更的内容约定不明确的，（　　）。

A．推定为未变更　　　　　　　　B．认定为已经变更

C．按照合同约定不明处理　　　　D．约定不明的内容无效

10．甲乙二人签订一份钢材买卖合同，双方约定甲先付款，乙后发货。当合同的履行期限届至，甲由于担心收不到货而没有付款，于是乙在发货期限届至也没发货，此时，乙行使的权利是（　　）。

A．先履行抗辩权　　　　　　　　B．后履行抗辩权

C．同时履行抗辩权　　　　　　　D．不安抗辩权

11．甲乙二人签订一份钢材买卖合同，双方约定甲应于2003年10月20日交货，乙应于同年10月30日付款。10月上旬，甲渐渐发现乙财产状况恶化，已经不具备支付货款的能力，并且有确切证据证明。于是，甲提出终止合同，但乙未允许。基于上述情形，甲于10月20日未按照约定交货。依据合同法的有关规定，下列表述中正确的是（　　）。

A．甲有权不按照合同约定交货，除非乙提供了相应的担保

B．甲无权不按照合同约定交货，但是可以仅仅先支付部分货物

C．甲无权不按照合同约定交货，但是可以要求乙提供相应的担保

D．甲应该按照合同约定交货，如果乙不支付货款，可以追究其违约责任

12．施工合同履行中，总承包单位将土方开挖分包给了甲分包商，将基础部分分包给了乙分包商，但是甲分包商工期延误，现场又有监理单位，乙分包商为此应向（　　）提出要求承担违约责任。

A．发包方　　　　B．总承包方　　　　C．甲分包商　　　　D．监理单位

13．某材料采购方口头将材料采购的任务委托给材料供应方，但是双方没有签订书面合同，供应方将委托采购的材料交给采购方并进行了交验后，由于采购方拖欠材料款引发纠纷，此时应当认定（　　）。

A．双方没有合同关系　　　　　　B．合同没有成立

C．采购方不承担责任　　　　　　D．合同已经成立

14．B公司授权其采购员去采购A公司的某产品100件，采购员拿着公司的空白合同书与A公司订立了购买200件某产品的合同，由此发生纠纷后，应当（　　）。

　　A．要求B公司支付200件产品的货款

　　B．B公司可以向A公司无偿退货

　　C．由A公司支付100件产品，B公司支付相应的货款

　　D．由A公司支付200件产品，B公司支付相应的货款

二、多项选择题

1．法律、行政法规规定必须采用书面形式订立的合同，当事人在订立合同的时候可以采取的形式有（　　）。

　　A．合同书　　　　　B．信件　　　　　C．电子邮件　　　　　D．电传

2．南昌的甲公司向北京的乙房地产开发商购买坐落于广州的房产一座，双方对履行地没有约定，则以下说法正确的是（　　）。

　　A．合同成立，甲公司履行地为广州　　　B．合同成立，甲公司履行地为北京

　　C．合同成立，乙公司履行地为南昌　　　D．合同成立，乙公司履行地为广州

3．根据法律规定，下列财产中不得用于抵押的有（　　）。

　　A．抵押人所有的机器

　　B．抵押人依法有权处分的国有土地使用权

　　C．医院的医疗卫生设施

　　D．依法被扣押的财产

4．在对方当事人有下列哪些情形之一时，负有先履行义务的当事人可以中止履行？（　　）。

　　A．经营状况严重恶化

　　B．转移财产、抽逃资金以逃避债务

　　C．丧失商业信誉

　　D．有丧失或者可能丧失履行债务能力的其他情形

5．根据我国《合同法》规定，下列各项中属于无效合同的有（　　）。

　　A．订立时显失公平的合同　　　　　　　B．社会公共利益的合同

　　C．重大误解情况下订立的合同　　　　　D．恶意串通损害第三人利益的合同

6．乙欠甲30万元，丙欠乙50万元，乙欠甲30万元到期不还，又不向丙索取50万元的债务。此时甲可以向法院请求以自己的名义（　　）。

　　A．向丙索取50万元的债务　　　　　　　B．向丙索取30万元的债务

　　C．要求乙负担行使代位权的必要费用　　D．自己负担行使代位权的必要费用

7．下列属于要约邀请的有（　　）。

　　A．寄送价目表　　　　　　　　　　　　B．拍卖公告

　　C．招标公告　　　　　　　　　　　　　D．招股说明书

　　E．商店内商品的价签

8．以（　　）出质的，质押合同自登记之日起生效。

　　A．依法可以转让的股票

B. 依法可以转让的商标专用权
C. 依法可以转让的专利权、著作权中的财产权
D. 依法可以转让的支票
E. 依法可以转让的仓单、提单

9. 甲乙二人签订一份钢材买卖合同，双方约定甲应于2003年10月20日交货，乙应于同年10月30日付款。10月上旬，甲渐渐发现乙财产状况恶化，已经不具备支付货款的能力，并且有确切证据证明。基于上述情形，甲于10月20日未按照约定交货。依据《合同法》的有关规定，此时，乙行使的权利有（　　）。

　　A. 先履行抗辩权　　　　　　　　　　B. 后履行抗辩权
　　C. 同时履行抗辩权　　　　　　　　　D. 不安抗辩权
　　E. 先诉抗辩权

10. 甲乙二人签订一份钢材买卖合同，双方约定甲应于2005年10月20日交货，乙应于同年10月30日付款。乙在10月20日前若发生下列情况的（　　），甲可以依法中止履行合同。

　　A. 经营状况不理想　　　　　　　　　B. 转移财产以逃避债务
　　C. 在其他合同的履行中丧失诚信　　　D. 丧失履行能力
　　E. 抽逃资金以逃避债务

11. 某公司将其价值500万元的房产抵押给银行，第一次从银行抵押贷款200万元，抵押贷款的最高比例为70%，该公司现准备第二次将该房产抵押给银行，最多能够获得（　　）万元的贷款。

　　A. 350　　　　　　　　　　　　　　B. 300
　　C. 150　　　　　　　　　　　　　　D. 不能重复抵押

12. 某项目设计费用为100万元，合同中约定定金为15%，发包方已经支付定金，但是承包方不履行合同，此时，承包方应该返还给发包方（　　）费用。

　　A. 100万元　　　　　　　　　　　　B. 15万元
　　C. 30万元　　　　　　　　　　　　 D. 依据发包方损失定

# 第3章 建筑工程纠纷处理的法律制度

**教学导航**

| | |
|---|---|
| 知识重点 | 1. 工程建设常见纠纷与防范;<br>2. 纠纷处理程序 |
| 知识难点 | 1. 证据的种类、保全和应用;<br>2. 仲裁裁决的效力与执行 |
| 学习要求 | 掌握建筑工程纠纷处理的基本程序,证据的种类、保全和应用;熟悉民事诉讼法、仲裁法的有关内容;了解工程建设中常见纠纷的成因与预防措施 |
| 推荐教学方式 | 积极采用实践性模拟法庭形式,进行纠纷处理。使学生直观地掌握纠纷处理程序 |
| 建议学时 | 12学时 |

**【案例 3-1】** 某开发商在履约过程中，由于本身资金周转困难，主动发出书面通知暂停施工一个月。一个月后，监理工程师发出口头指令要求施工单位重新开工。后施工单位按照合同要求合格竣工。但开发商始终拖欠工程款 200 万元，在多次催要未果的情况下，施工单位将开发商告上法庭，要求开发商立即支付剩余工程款。开发商却进行反起诉，称施工单位逾期完成工程，要求施工单位赔偿违约金。在举证过程中，施工单位由于自身过失丢失暂停施工单，对监理单位的口头指令也没有进一步要求其出具书面证明，无法证明工程为开发商要求暂停施工。从中你得到什么启发？

评析：本案例中，对开发商的最好反驳为开发商发出的暂停施工单。但是由于施工单位自身的失误丢失书面通知，无法证明工期是顺延而不是逾期的事实。在建筑工程施工过程中，由于项目经理等人的法律意识淡薄，常常忽略证据的保全，导致到诉讼时处于被动地位。

## 3.1 建筑工程纠纷的处理

### 3.1.1 工程建设常见纠纷的成因与防范措施

建筑工程纠纷，是指建设工程当事人对建筑过程中的权利和义务产生了不同的理解，从而发生的争议。

建筑工程纠纷的发生和存在，不利于工程建设的顺利进行，有损于工程各方当事人的经济利益。同时，建筑工程纠纷的解决过程耗时、耗力、耗财，并且有损于当事人各方以后的合作。

所以在工程建设过程中，合理预防才是解决纠纷最合理、最经济的方式。而要想合理预防纠纷的发生，前提是必须熟悉纠纷，了解纠纷发生的原因。下面我们将分别介绍不同种类的常见纠纷的成因及防范措施。

**1. 施工合同主体纠纷的成因与防范措施**

1）纠纷成因

（1）因承包商资质不够导致的纠纷。
（2）因无权代理与表见代理导致的纠纷。
（3）因联合体承包导致的纠纷。
（4）因"挂靠"问题而产生的纠纷。

2）防范措施

（1）加强对建筑市场承包商资质的监管。
（2）加强对承包商资质的审查，避免与不具备相应资质的承包商订立合同。
（3）施工合同各方应当加强对授权委托书的管理，避免无权代理和表见代理的产生。
（4）避免与无权代理人签订合同。
（5）联合体承包应当规范、自愿。
（6）避免"挂靠"。

## 2. 施工合同工程款纠纷的成因与防范措施

1）纠纷成因

（1）承包商竞争过于激烈。
（2）"三边工程"引起的工程造价失控。
（3）从业人员法律意识薄弱。
（4）施工合同调价与索赔条款的重合。
（5）合同缺陷。
（6）双方理解分歧。
（7）工程款拖欠。

2）防范措施

（1）签订书面合同。
（2）避免合同总价与分项工程单价之和不符。
（3）避免约定不明与理解分歧。
（4）避免合同缺项。
（5）协调合同内容冲突。
（6）预防风险。
（7）调价条款与索赔条款重合的处理。

## 3. 施工合同质量纠纷的成因与防范措施

1）纠纷成因

（1）建设单位不顾实际地降低造价，缩短工期。
（2）不按建设程序运作。
（3）在设计或施工中提出违反法律、行政法规和建筑工程质量、安全标准的要求。
（4）将工程发包给没有资质的单位或者将工程任意肢解进行发包。
（5）建设单位未将施工图设计文件报县级以上人民政府建设行政主管部门或者其他有关部门审查。
（6）建设单位采购的建筑材料、建筑构配件和设备不合格或给施工单位指定厂家，明示、暗示使用不合格的材料、构配件和设备。
（7）施工单位脱离设计图纸、违反技术规范，以及在施工过程中偷工减料。
（8）施工单位未履行属于自己在施工前产品检验的强化责任。
（9）施工单位对于在质量保修期内出现的质量缺陷不履行质量保修责任。
（10）监理制度不严格。

2）防范措施

（1）应当严格按照建筑程序进行工程建设。
（2）对造价和工期的要求应当符合客观规律。
（3）应当按照法律、行政法规和建筑工程质量、安全标准的要求进行设计和施工。
（4）标段的划分应当合理，不能随意肢解工程。

（5）施工图设计文件应当按照规定进行审查。

（6）加强建筑材料、建筑构配件和设备采购的管理。

（7）应当按照设计图纸、技术规范进行施工。

（8）强化施工前产品检验的责任。

（9）完善质量保修制度。

（10）完善监理制度，加强质量监督管理。

4．施工合同分包与转包纠纷的成因与防范措施

1）纠纷成因

（1）因资质问题而产生的纠纷。

（2）因履约范围不清而产生的纠纷。

（3）因转包而产生的纠纷。

（4）因配合与协调问题而产生的纠纷。

（5）因违约和罚款问题而产生的纠纷。

（6）因各方对分包管理不严而产生的纠纷。

2）防范措施

（1）加强对分包商资质的管理。

（2）在分包合同中明确各自的履约范围。

（3）严格禁止转包。

（4）加强有关各方的配合与协调。

（5）避免违约和罚款。

（6）加强对分包的管理。

5．施工合同变更和解除纠纷的成因与防范措施

1）纠纷成因

（1）工程本身具有的不可预见性。

（2）设计与施工及不同专业设计之间的脱节。

（3）"三边工程"导致大量变更产生。

（4）大量的口头变更导致事后责任无法分清。

（5）单方解除合同。

2）防范措施

（1）使工程有计划性。

（2）避免设计与施工及不同专业设计之间的脱节。

（3）避免"三边工程"。

（4）规范口头变更。

（5）规范单方解除合同。

## 6. 施工合同竣工验收纠纷的成因与防范措施

1）纠纷成因

（1）隐蔽工程竣工验收产生的纠纷。
（2）未经竣工验收提前使用产生的纠纷。

2）防范措施

（1）严格按照规范和合同约定进行隐蔽工程竣工验收。
（2）避免未经竣工验收提前使用。

## 7. 施工合同审计纠纷的成因与防范措施

1）纠纷成因

（1）有关各方对审计监督权的认识偏差。
（2）审计机关的独立性得不到保证。
（3）工程造价的技术性问题也是导致纠纷产生的原因。

2）防范措施

（1）正确认识审计监督权。
（2）确保审计机关的独立性。
（3）规范审计工作。

## 8. 建设工程物资采购合同质量纠纷的成因与防范措施

1）纠纷成因

（1）合同约定不明确。
（2）检查验收不严格、不及时。

2）防范措施

（1）合同约定应当明确。
（2）严格检查验收制度。
（3）到货后及时验收。

## 9. 建设工程物资采购合同数量纠纷的成因与防范措施

1）纠纷成因

（1）合同约定不明确。
（2）检查验收不严格、不及时。

2）防范措施

（1）合同约定应当明确。
（2）严格检查验收制度。
（3）到货后及时验收。

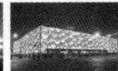

### 10．建设工程物资采购合同履行期限、地点纠纷的成因与防范措施

1）纠纷成因
（1）合同约定不明确。
（2）不按合同约定履行。

2）防范措施
（1）合同约定应当明确。
（2）严格按照合同约定履行。

### 11．建设工程物资采购合同价款纠纷的成因与防范措施

1）纠纷成因
（1）合同约定不明确。
（2）履行期间价格的变动。

2）防范措施
（1）合同约定应当明确。
（2）按照《合同法》的规定处理履行期间价格的变动。

### 12．建设工程勘察、设计合同纠纷的成因与防范措施

1）纠纷成因
（1）建设工程勘察、设计质量纠纷。
（2）建设工程勘察、设计期限纠纷。
（3）建设工程勘察、设计变更纠纷。

2）防范措施
（1）严格建设工程勘察、设计的质量与期限管理。
（2）避免和减少建设工程勘察、设计变更。

### 13．建设工程监理合同纠纷的成因与防范措施

1）纠纷成因
（1）监理工作内容的纠纷。
（2）监理工作缺陷纠纷。

2）防范措施
（1）合同约定应当明确。
（2）严格按照合同约定完成各自的职责。
（3）出现监理工作缺陷，应当按照规定补救和承担相应的责任。

### 14．相邻关系纠纷的成因与防范措施

1）纠纷成因
没有正确处理截水、排水、通行、通风、采光等方面的相邻关系。

2）防范措施

做好规划，严格按照有利生产、方便生活、团结互助、公平合理的精神进行建设。

**15．环境保护纠纷的成因与防范措施**

1）纠纷成因

建设项目施工中可能对环境的影响主要体现在两个方面：一方面是对自然环境造成了破坏；另一方面是施工产生的粉尘、噪声、振动等对周围生活居住区的污染和危害。

2）防范措施

施工单位应当严格按照国家规定的标准、规范和合同的约定进行施工。

**16．施工中的安全措施不当产生的损害赔偿纠纷的成因与防范措施**

1）纠纷成因

在工程施工过程中，没有按照需要设置明显标志、采取安全措施。

2）防范措施

在工程施工过程中，按照需要设置明显标志、采取安全措施，避免给他人造成损害。

**17．施工中搁置物、悬挂物造成损害赔偿纠纷的成因与防范措施**

1）纠纷成因

施工中搁置物、悬挂物管理不当，给他人造成人身和财产损害。

2）防范措施

施工单位应当严格管理搁置物、悬挂物。

### 3.1.2　工程建设纠纷的处理程序

**1．建设工程纠纷处理的基本形式和特点**

建设工程纠纷处理的基本形式有和解、调解、仲裁、诉讼四种。

1）和解

和解，是指建设工程纠纷当事人在自愿友好的基础上，互相沟通、互相谅解，从而解决纠纷的一种活动。和解通常没有第三人的参与。

由于和解方便易行，并且有利于纠纷的顺利解决，所以，建设工程发生纠纷时，当事人应首先考虑通过和解解决纠纷。事实上，在工程建设过程中，绝大多数纠纷都可以通过和解解决。建设工程纠纷和解解决有以下特点。

（1）简便易行，能经济、及时地解决纠纷。

（2）纠纷的解决依靠当事人的妥协与让步，没有第三方的介入，有利于维护合同双方的

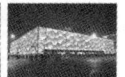

友好合作关系，使合同能更好地得到履行。

（3）和解协议不具有强制执行的效力，和解协议的执行依靠当事人的自觉履行。但是和解协议具有合同意义上的效力。

**【案例3-2】** 2006年8月2日，某建筑公司与某建材公司签订了购买混凝土的合同，合同中约定混凝土强度为C35。货物运至施工现场后，经过实验，确认运至的混凝土强度为C30。于是建筑公司要求建材公司承担违约责任。经过协商，达成了一致意见，建筑公司同意接收这批混凝土，但是只需要支付90%的价款就可以了。

不久，建筑公司反悔，要求按照原合同履行并要求建材公司承担违约责任。

你认为建筑公司的要求是否应予以支持？

**评析：** 不予以支持。双方和解后达成的协议是具有法律效力的。该和解协议是对原合同的补充，不仅是有效的，而且其效力要高于原合同。因此，建筑公司提出的按照原合同履行的要求不应予以支持。

2）调解

调解，是指建设工程当事人对法律规定或者合同约定的权利、义务发生纠纷，第三人依据一定的道德和法律规范，通过摆事实、讲道理，促使双方互相做出适当的让步，平息争端，自愿达成协议，以求解决建设工程纠纷的活动。这里讲的调解是狭义的调解，不包括诉讼和仲裁程序中在审判庭和仲裁庭主持下的调解。

建设工程纠纷调解有以下特点。

（1）有第三者介入作为调解人，调解人的身份没有限制，但以双方都信任者为佳；

（2）它能够较经济、较及时地解决纠纷；

（3）有利于消除合同当事人的对立情绪，维护双方的长期合作关系。

但是，需要注意的是，调解协议不具有强制执行的效力，调解协议的执行依靠当事人的自觉履行。调解协议具有合同意义上的效力。

3）仲裁

在汉语中，"仲"有"在当中"的意思，"裁"表示衡量、判断，因此，仲裁的字面意思是"居中判断"。仲裁，也称为"公断"，是当事人双方在纠纷发生前或纠纷发生后达成协议，自愿将纠纷交给他们共同选定的第三者，由第三者在事实上做出判断、在权利义务上做出裁决的一种解决纠纷的方式。这种纠纷解决方式必须是自愿的，因此必须有仲裁协议。如果当事人之间有仲裁协议，纠纷发生后又无法通过和解和调解解决，则应及时将纠纷提交仲裁机构仲裁。

仲裁作为一种解决纠纷的有效方式，在现实生活中被广泛应用，与其他解决纠纷的方式相比更为灵活便利。在我国仲裁的基本法律是1994年8月31日第八届全国人民代表大会常务委员会第9次会议审议通过，并于次年9月1日起施行的《中华人民共和国仲裁法》（以下简称《仲裁法》）。

现代仲裁制度中的仲裁区别于调解、诉讼。建设工程纠纷仲裁有以下特点。

（1）体现当事人的意思自治。这种意思自治不仅体现在仲裁的受理应当以仲裁协议为前提，还体现在仲裁的整个过程，许多内容都可以由当事人自主确定。

（2）专业性。由于各仲裁机构的仲裁员都是由各方面的专业人士组成的，当事人完全可

以选择熟悉纠纷领域的专业人士担任仲裁员。

（3）保密性。保密和不公开审理是仲裁制度的重要特点，除当事人、代理人，以及需要的证人和鉴定人外，其他人员不得出席和旁听仲裁开庭审理，仲裁庭和当事人不得向外界透露案件的任何实体及程序问题。

（4）裁决的终局性。仲裁裁决做出后是终局的，对当事人具有约束力。

（5）执行的强制性。仲裁裁决具有强制执行的法律效力，当事人可以向人民法院申请强制执行。由于中国是《承认及执行外国仲裁裁决公约》的缔约国，中国的涉外仲裁裁决可以在世界上的100多个公约成员国得到承认和执行。

4）诉讼

建筑工程纠纷双方当事人之间的诉讼实质上主要属于民事诉讼，是指建设工程当事人依法请求人民法院行使审判权，审理双方之间发生的纠纷，做出有国家强制保证实现其合法权益，从而解决纠纷的审判活动。合同双方当事人如果未约定仲裁协议，则只能以诉讼作为解决纠纷的最终方式。

建设工程纠纷诉讼有以下特点。

（1）程序和实体判决严格依法。与其他解决纠纷的方式相比，诉讼的程序和实体判决都应当严格依法进行。

（2）当事人在诉讼中对抗的平等性。诉讼当事人在实体和程序上的地位平等。原告起诉，被告可以反诉；原告提出诉讼请求，被告可以反驳诉讼请求。

（3）二审终审制。建设工程纠纷当事人如果不服第一审人民法院判决，可以上诉至第二审人民法院。建设工程纠纷经过两级人民法院审理，即告终结。

（4）执行的强制性。诉讼判决具有强制执行的法律效力，当事人可以向人民法院申请强制执行。

**2．仲裁处理**

1）仲裁程序

仲裁程序，是指仲裁法和仲裁机构的仲裁规则规定的仲裁法律关系主体（包括仲裁员、双方当事人和其他仲裁参与人）进行仲裁活动的先后顺序、方式和步骤。由于仲裁的"准司法性"，仲裁程序和诉讼程序既相类似又相区别。

（1）仲裁程序和诉讼程序的某些规则是相同的。

从程序的启动看，二者都遵循"不告（或者不申请）不理"的原则；从当事人的主体资格看，仲裁程序中的申请人和被申请人的资格标准与诉讼中的原告和被告的资格标准是一致的；从证据方面看，举证责任的分担原则和证据的种类也是相同的，举证责任都应该坚持"谁主张，谁举证"的原则。另外，在仲裁程序和诉讼程序中也都有临时保全措施、调解、和解与时限等制度。

（2）仲裁程序和诉讼程序又有明显的区别。

从宏观的角度看，诉讼程序作为法定程序的一种，当事人一般无权约定或者选择诉讼程序，而仲裁则不同，当事人可以选择仲裁机构和仲裁员。从微观的角度看，二者的具体程序也存在着一定的具体差别。比如：仲裁不存在诉讼中的一些强制性措施，不能拘传当事人，不得强迫

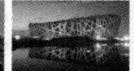

证人出庭作证，对妨害仲裁程序的人最多也只能进行缺席判决，而不可以采取强制措施。

2）仲裁的申请和受理

（1）当事人申请仲裁的条件

当事人发生合同纠纷或者其他财产权益纠纷以后，依照双方自愿达成的仲裁协议，以自己的名义请求仲裁机构通过仲裁方式给予法律保护的活动，称为仲裁申请。

一般来说，仲裁程序的启动坚持"不申请不理"的原则，即仲裁权的行使具有被动性，可见仲裁程序由当事人的申请开始。但是，当事人的申请并不必然引起仲裁程序的开始。只有当事人的申请符合法定的条件，仲裁程序方可启动。

纠纷发生后，当事人申请仲裁应当符合下列条件。

① 有仲裁协议；

② 有具体的仲裁请求、事实和理由；

③ 属于仲裁委员会的受理范围。

当事人申请仲裁，应该向仲裁委员会递交仲裁协议、仲裁申请书及副本。

仲裁申请书应当载明下列事项：当事人的姓名、性别、年龄、职业、工作单位和住所，法人或其他组织的名称、住所和法定代表人或者主要负责人的姓名、职务；仲裁请求和所根据的事实、理由；证据和证据的来源、证人姓名和住所。

（2）仲裁委员会的受理

当事人申请仲裁，仲裁程序并没有启动，只有当事人的申请被仲裁机构受理后，仲裁程序才开始。换言之，只有当事人的"申请"与仲裁机构的"受理"相结合，才能真正启动仲裁程序。

受理，是指仲裁机构经过审查，对符合法定条件的仲裁申请予以立案的仲裁活动，当事人的仲裁申请一经仲裁机构受理，便产生如下法律后果。

① 仲裁程序开始。某一仲裁机构一旦受理了当事人的仲裁申请，就表明了仲裁程序的正式开始，该仲裁机构就取得了对这一案件的仲裁管辖权，可以按照仲裁程序开始有关的仲裁活动。同时也表明，当事人不得向其他仲裁机构申请仲裁，即使申请了，其他机构也不得受理。

② 申请人和被申请人取得了仲裁当事人资格，成为仲裁当事人，并依法在仲裁活动中享有权利和承担义务。

③ 当事人和仲裁机构之间产生仲裁法律关系。

仲裁委员会收到仲裁申请书之日起5日内，对申请是否符合法定条件进行审查，认为符合受理条件的，应当受理，并通知当事人，既要通知申请人也要通知被申请人，通知的方式既可以是书面的也可以是口头的；认为不符合受理条件的，应当书面通知当事人不予受理，并说明理由。

仲裁委员会受理仲裁申请后，应当在仲裁规则规定的期限内将仲裁规则和仲裁员名册送达申请人，并将仲裁申请书副本和仲裁规则、仲裁员名册送达被申请人。被申请人收到仲裁申请书副本后，应当在仲裁规则规定的期限内向仲裁委员会提交答辩书。仲裁委员会收到答辩书后，应当在仲裁规则规定的期限内将答辩书副本送达申请人。被申请人未提交答辩书的，不影响仲裁程序的进行。

（3）仲裁庭的组成

① 仲裁庭的组成形式。仲裁庭的组成，无论是对仲裁机构依法仲裁，还是对于当事人通过仲裁活动来保护自己的合法权益，意义都非常重大。因此，仲裁庭的组成是仲裁程序中的一个重要环节。我国《仲裁法》从第三十条到第三十八条，对仲裁庭的组成问题做出了具体规定。

仲裁庭可以由3名仲裁员或者1名仲裁员组成。由3名仲裁员组成的，设首席仲裁员。

② 仲裁员的产生。当事人约定由3名仲裁员组成仲裁庭的，应当各自选定或者各自委托仲裁委员会主任指定一名仲裁员，第三名仲裁员由当事人共同选定或者共同委托仲裁委员会主任指定。第三名仲裁员是首席仲裁员。当事人约定由1名仲裁员成立仲裁庭的，应当由当事人共同选定或者共同委托仲裁委员会主任指定仲裁员。

当事人没有在仲裁规则规定的限期内约定仲裁庭组成的方式或者选定仲裁员的，由仲裁委员会主任指定。

【案例3-3】某建筑公司与某建设单位就工程质量纠纷进行了仲裁。建筑公司选择了仲裁员小张对此次纠纷进行仲裁。经过小张的调查审理，作出的裁决并不利于建筑公司。对此，建筑公司提出异议，认为自己选定的仲裁员没有为本方服务。你如何看待这一事件？

评析：《仲裁法》第七条规定："仲裁应当根据事实，符合法律规定，公平、合理地解决纠纷。"所以，仲裁员进行仲裁需要保持客观公正，而不是为选定他的一方服务。

（4）开庭和裁决

① 开庭与否的决定。仲裁应当开庭进行，当事人协议不开庭的，仲裁庭可以根据仲裁申请书、答辩书及其他材料做出裁决。仲裁不公开进行，但当事人协议公开的，可以公开进行，但涉及国家秘密的除外。

② 不到庭或者未经许可中途退庭的处理。仲裁委员会应该在仲裁规则规定的期限内将开庭日期通知双方当事人。当事人有正当理由的，可以在规定的期限内请求延期开庭。是否延期由仲裁庭决定。

申请人经书面通知，无正当理由不到庭或者未经仲裁庭许可中途退庭的，可以视为撤回仲裁申请。被申请人经书面通知，无正当理由不到庭或者未经仲裁庭许可中途退庭的，可以缺席裁决。

③ 证据的提供。当事人应当对自己的主张提供证据。仲裁庭认为有必要收集的证据，可以自行收集。仲裁庭对专门性问题认为需要鉴定的，可以交由当事人约定的鉴定部门鉴定，也可以由仲裁庭指定的鉴定部门鉴定。根据当事人的请求或者仲裁庭的要求，鉴定部门应当派鉴定人到庭，当事人经仲裁庭许可，可以向鉴定人提问。

在证据可能灭失或者以后难以取得的情况下，当事人可以申请证据保全。当事人申请证据保全的，仲裁委员会应当将当事人的申请提交证据所在地的基层人民法院。

④ 开庭中的辩论。当事人在仲裁过程中有权进行辩论。辩论终结时，首席仲裁员或者独任仲裁员应当征询当事人的最后意见。

⑤ 当事人自行和解。当事人申请仲裁后，可以自行和解。达成和解协议的，可以请求仲裁庭根据和解协议做出裁决书，也可以撤回仲裁申请。当事人达成和解协议，撤回仲裁申请后反悔的，可以根据仲裁协议申请仲裁。

⑥ 仲裁庭主持下的调解。仲裁庭在做出裁决前，可以先行调解。当事人自愿调解的，

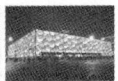

仲裁庭应当调解。调解不成的应该及时做出裁决。调解达成协议的，仲裁庭应当制作调解书或者根据协议的结果制作裁决书。调解书与裁决书具有同等法律效力。

调解书应当写明仲裁请求和当事人协议的结果。调解书由仲裁员签名，加盖仲裁委员会印章，送达双方当事人。调解书经双方当事人签收后，即产生法律效力。在调解书签收前当事人反悔的，仲裁庭应当及时做出裁决。

⑦ 仲裁裁决的做出。裁决应当按照多数仲裁员的意见做出，少数仲裁员的不同意见可以记入笔录。仲裁庭不能形成多数意见时，裁决应当按照首席仲裁员的意见做出。裁决书自做出之日起发生法律效力。

裁决书应当写明仲裁请求、争议事实、裁决理由、裁决结果、仲裁费用的承担和裁决的日期。当事人协议不愿写明争议事实和裁决理由的，可以不写。裁决书由仲裁员签名，加盖仲裁委员会印章，送达双方当事人。对裁决持有不同意见的仲裁员，可以选择签名也可以不签名。

（5）执行

仲裁委员会的裁决做出后，当事人应当履行。同时，国家建立了裁决的执行制度，在当事人不履行裁决时，强制当事人履行。如果没有执行制度，仲裁的法律效力将无从体现。由于仲裁委员会本身并无强制执行的权力，因此，当一方当事人不履行仲裁裁决时，另一方当事人可以依照《民事诉讼法》的有关规定向人民法院申请执行。接受申请的人民法院应当执行。

### 3. 诉讼程序

**【案例3-4】** 2008年3月5日，江西省某施工单位向法院提起诉讼。案情如下：2004年3月，此施工单位（原告方）与某开发公司（被告方）签订了一个施工承包合同。合同中约定竣工验收合格后一周内被告方向原告方支付全部工程款。2005年3月28日，施工按时竣工，经验收符合合同要求。但是，被告方却迟迟不支付工程款。由于被告方与原告方属于长期合作关系，并且双方公司的总经理之间私交很好，因此原告方也就没有去催要这笔工程款。但被告方一直没有主动支付工程款。所以，施工单位提起诉讼，请求法院支持本方获得工程款的权利。法院经调查审理后，认定施工工程质量符合合同约定，且原告方的诉讼要求合理正当。但由于诉讼时效已过，消灭了原告的胜诉权。请问这样合理吗？

**评析：** 合理。诉讼时效期间为2年，施工单位的诉讼时效期间始于2005年4月5日，截止于2007年4月5日。据案例可知，施工单位在诉讼时效期间并没有主张自己的权利。所以，即使原告方本应胜诉得到工程款，但超过了诉讼时效期间，法律已经消灭了它的胜诉权，被告方可以不予支付。

建筑工程纠纷的诉讼程序，是指人民法院在依法解决纠纷的过程中所采用的审判程序，具体包括起诉和受理、一审程序、二审程序、审判监督程序等。

1）起诉和受理

（1）起诉的条件。如果当事人没有在合同中约定通过仲裁解决纠纷，则只能通过诉讼作

为解决纠纷的最终方式。纠纷发生后，如需要通过诉讼解决纠纷，则首先应当向人民法院起诉。起诉是指公民、法人和其他组织认为自己的合法权益受到侵害或者与他人发生争议时，依法请求人民法院保护其合法权益的诉讼行为。根据我国《民事诉讼法》第一百零八条的规定，起诉必须符合下列条件。

① 原告是与本案有直接利害关系的公民、法人和其他组织。
② 有明确的被告。
③ 有具体的诉讼请求、事实和理由。
④ 属于人民法院受理民事诉讼的范围和受诉人民法院管辖。

（2）人民法院受理案件。受理是人民法院审查原告的起诉后，决定立案审理的诉讼行为。立案受理的前提是当事人的起诉符合法定的条件，受理之前人民法院应该进行审查。

人民法院对符合规定的起诉，必须受理，应当在 7 日内立案并通知当事人。认为不符合起诉条件的，应当在 7 日内裁定不予受理；原告对裁定不服的，可以提起上诉。人民法院受理起诉后，首先需要确定在第一审中适用普通程序还是简易程序。基层人民法院和它派出的法庭审理事实清楚、权利和义务关系明确、争议不大的简单的民事案件，可以适用简易程序。建设工程中发生的纠纷一般都适用普通程序，因此第一审程序只介绍普通程序。

（3）被告答辩。根据《民事诉讼法》的规定，在民事诉讼中，当事人的诉讼地位和诉讼权利、义务是平等的，原告有提出诉讼请求的权利（起诉），被告有答辩的权利（应诉）。所谓答辩，是指被告对原告提出的诉讼请求及其理由和事实根据，提出反驳和辩解。答辩是当事人的一项诉讼权利，当事人可以提供答辩状也可以不提供。

人民法院应当在立案之日起 5 日内将起诉状副本发送被告，被告在收到之日起 15 日内提出答辩状。被告提出答辩状的，人民法院应当在收到之日起 5 日内将答辩状副本发送原告。被告不提出答辩状的，不影响人民法院审理。

法律允许口头起诉的，应该依照上述期限将口诉笔录抄本发送被告或者口头通知被告，并依法限期被告提出答辩。

2）第一审开庭审理

开庭审理又称为法庭审理，是指在审判人员的主持下，在当事人及其他诉讼参与人的参与下，人民法院依照法定程序对案件进行口头审理的诉讼活动。

人民法院审理民事案件，除涉及国家秘密、个人隐私或者法律另有规定的以外，应当公开进行。离婚案件，涉及商业秘密的案件，当事人申请不公开审理的，可以不公开审理。

为开庭审理做准备的阶段称为预备阶段，内容包括：查明当事人和其他诉讼参与人是否到庭；宣读法庭纪律；核对当事人；宣布案由和审判人员；告知当事人有关的诉讼权利和义务，以及询问当事人是否提出回避申请。

（1）法庭调查。法庭调查是审判人员在当事人的参加下查明案情的阶段，也是案件进入实体审理的阶段。其任务是审查、核对各种证据，以查清案情，认定事实。通常法庭调查按照下列顺序进行。

① 当事人陈述。
② 告知证人的权利和义务，证人作证，宣读未到庭的证人证言。
③ 出示书证、物证和视听资料。

④ 宣读鉴定结论。

⑤ 宣读勘验笔录。

当事人的陈述应该按照先原告后被告的顺序进行；有第三人的，该第三人的陈述应该放在被告陈述后进行。根据《民事诉讼法》的规定，当事人在法庭上可以提出新的证据。当事人经法庭许可，可以向证人、鉴定人、勘验人发问。当事人要求重新进行调查、鉴定或者勘验的，是否准许，由人民法院决定。总之，与案件有关的证据必须在法庭调查阶段经过充分的调查核对和质证，才能作为认定事实的根据。

(2) 法庭辩论。法庭辩论是在审判人员的组织下，当事人就经过法庭调查的事实和证据，为了维护自己的诉讼请求与对方当事人相互辩驳和论证的诉讼活动。任务是要求当事人就认定案件事实和适用法律等问题进行辩驳和论证。根据《民事诉讼法》第一百零七条的规定，法庭辩论按照下列顺序进行。

① 原告及其诉讼代理人发言。

② 被告及其诉讼代理人答辩。

③ 第三人及其诉讼代理人发言或者答辩。

④ 互相辩论。

法庭辩论终结，由审判长按照原告、被告、第三人的先后顺序征询各方最后意见。法庭辩论终结，应当依法做出判决。判决前能够调解的，还可以进行调解，调解不成的，应当及时判决。

(3) 评议与判决阶段。评议与判决阶段是开庭审理的最后阶段，主要内容是：合议庭评议；做出判决，公开宣判；交代上诉权利、上诉期限和上诉审法院。法庭辩论结束后，审判长宣布休庭，合议庭全体成员退庭进行评议。

根据已经查明的案件事实和证据，适用有关的法律政策，分清是非，明确责任，从而对当事人争议做出处理决定。同时，合议庭还应根据诉讼费用的承担原则，确定诉讼费用如何负担。合议庭评议，实行少数服从多数的原则，但是对评议中的不同意见，必须如实记入笔录。评议笔录应该由合议庭成员签名。

根据《民事诉讼法》的规定，公开审理的案件可以当庭宣判，也可以定期宣判。当庭宣判，一般先由合议庭做出判决结论，待合议庭成员重新入庭后，由审判长宣布判决结论，并且 10 日内发送判决书。不公开审判的案件，应当定期公开宣判。定期宣判由审判长当庭告知当事人定期宣判的时间和地点，根据情况，也可以另行通知定期宣判的时间和地点。定期宣判，应当在宣判后立即发给判决书。无论是当庭宣判还是定期宣判，人民法院都应该向当事人说明上诉权和上诉的期限。

(4) 当事人拒不到庭或者未经许可中途退庭的处理。原告经传票传唤，无正当理由拒不到庭的，或者未经法庭许可中途退庭的，可以按撤诉处理；被告反诉的，可以缺席判决。被告经传票传唤，无正当理由拒不到庭的，或者未经法庭许可中途退庭的，可以缺席判决。

(5) 审限要求。审限就是审判期限，指人民法院立案后审结案件的法定期限。《民事诉讼法》对适用普通程序、简易程序、二审程序等审理案件的期限都做了规定。

人民法院适用普通程序审理的案件，应当在立案之日起 6 个月内审结。有特殊情况需要延长的，由本院院长批准，可以延长 6 个月；还需要延长的，报请上级人民法院批准。

3）第二审程序

第二审程序是第二审人民法院根据当事人对第一审人民法院所做的未发生法律效力的判决不服，提起上诉，对案件进行审理的程序。

（1）当事人提起上诉。上诉是当事人对第一审未生效的判决、裁定，在法定期限内声明不服，要求上一级人民法院进行审理并撤销或变更判决的诉讼行为。

当事人不服地方人民法院第一审判决的，有权在判决书送达之日起 15 日内向上一级人民法院提起上诉，不服地方人民法院第一审裁定的，有权在裁定书送达之日起 10 日内向上一级人民法院提起上诉。第二审人民法院应当对上诉请求的有关事实和适用法律进行审查。在此需要注意的是调解书不得上诉。

（2）第二审审理要求。第二审人民法院对上诉案件，应当组成合议庭，开庭审理。经过阅卷和调查，询问当事人，在事实核对清楚后，合议庭认为不需要开庭审理的，也可以直接判决、裁定。第二审人民法院审理上诉案件，可以在本院进行，也可以到案件发生地或者原审人民法院所在地进行。

（3）第二审的处理。第二审人民法院对上诉案件，经过审理，按照下列情形，分别处理。

① 判决认定事实清楚，适用法律正确的，判决驳回上诉，维持原判决。

② 判决适用法律错误的，依法改判。

③ 原判决认定事实错误，或者原判决认定事实不清，证据不足，裁定撤销原判决，发回原审人民法院重审，或者查清事实后改判。

④ 原判决违反法定程序，可能影响案件正确判决的，裁定撤销原判决，发回原审人民法院重审。当事人对重审案件的判决、裁定，可以上诉。人民法院审理对原审判决的上诉案件，应当在第二审立案之日起 3 个月内审结。第二审人民法院的判决、裁定，是终审的判决、裁定。

4）审判监督程序

审判监督程序又称为再审程序，是指为了保障法院裁判的公正，使已经发生法律效力但有错误的判决、裁定、调解协议得以改正而特设的一种程序。它并不是每个案件必经的程序。

各级人民法院院长对本院已经发生法律效力的判决、裁定，发现确有错误，认为需要再审的，应当提交审判委员会讨论决定。最高人民法院对地方各级人民法院已经发生法律效力的判决、裁定，上级人民法院对下级人民法院已经发生法律效力的判决、裁定，发现确有错误的，有权提审或者指令下级人民法院再审。当事人对已经发生法律效力的判决、裁定，认为有错误的，可以向原审人民法院或者上一级人民法院申请再审，但不停止判决、裁定的执行。

另外，人民检察院是我国的法律监督机关，根据《民事诉讼法》的规定，人民检察院有权对人民法院的民事审判活动实行法律监督。具体的监督方式主要针对人民检察院对人民法院发生法律效力的判决，认为确实有错误的，依照法定程序和方式，提请人民法院进行再审，即通过抗诉行使检察监督权。

### 3.1.3 证据的种类、保全和应用

证据是指能够证明案件事实的一切材料。人民法院审理案件必须查明案件事实，分清是

非。而任何案件事实，都是在法院受理案件以前发生的，要查明和认定这些事实，就需要借助证据。所以，证据是人民法院认定事实的依据，是当事人维护自己合法权益的重要手段。法院认定的案件事实必须是有证据证明的事实。

我国法律规定，作为证明案件事实的证据必须具备下列条件。

（1）真实性。证据必须符合客观实际情况，是客观存在的事实，都是不依审判人员的主观意志为转移的。任何假设、臆测、推想等主观想像的东西，都不能作为诉讼证据使用。

（2）关联性。关联性又称为相关性，是指各个证据之间能够相互印证，证据和被证明的对象之间具有客观的联系。证据必须能够用来直接或者间接地证明待证对象的真伪和虚实。凡是与查明案情无意义或无关联的事实，都不得作为证据。

（3）合法性。必须是法律允许并且按照法定程序提取的事实，方可以作为证据使用。采用非法手段取得的证据是不能被法院采用的。比如刑讯逼供、欺诈等方式而取得的相关证据是不能被采用的，属于无效的证据。

### 1. 证据的种类

根据我国法律的规定，按照证据的表现形式，可以将证据分为以下 7 个种类，下面将分别做一简单介绍：

（1）书证。凡是用文字、符号表达人们的思想，并能够证明案件事实的证据称之为书证，比如合同文本、书信、借条等。

（2）物证。物证是指以其存在、存放的地点、外部特征及物质的特性来证明案件事实真相的证据，例如买卖合同中的货物、损坏的机器设备等。

（3）视听资料。视听资料是用录音、录像磁带或者其他科学方法反映的形象和声音，以及计算机中储存的相关资料等，来证明案件事实的一种证据。随着科学技术的发展和各种新技术的推广使用，此种证据也越来越普遍。

（4）证人证言。凡是了解案件有关情况而接受人民法院询问，提供证据的人称为证人，证人所做的有关案件事实的陈述称为证言。

（5）当事人的陈述。当事人的陈述，是指当事人在诉讼中，向法院所做的关于案情的叙述。

（6）鉴定结论。鉴定结论是指专业人员就案件的有关情况向司法机关提供的专门性的书面鉴定意见。常见的鉴定结论主要有质量责任鉴定、损伤鉴定等。

（7）勘验笔录。勘验笔录，是审判人员对物证或者现场进行勘察检验的记录。勘验笔录应该把物证或者现场上一切与案件有关的客观情况，详细、如实地记录下来。

### 2. 证据的保全

（1）证据保全的概念。人民法院在审理案件的过程中所认定的事实必须有证据能够证明。然而有的证据由于时间过久或者其他原因，有灭失、毁坏或者难以提取的危险，为了保证当事人的权利，保证人民法院审判的顺利进行，以便将来能够利用这些证据，就需要设法把它保存下来，即采取证据保全的措施。

证据保全具体是指法院在起诉前或在对证据进行调查前，依据申请人、当事人的请求，或依职权对可能灭失或今后难以取得的证据，予以调查收集和固定保存的行为。可能灭失或今后难以取得的证据,具体是指:证人生命垂危;具有民事诉讼证据作用的物品极易腐坏变质;易于灭失的痕迹等。出现上述情况,诉讼参加人可以向人民法院申请保全证据,人民法院也可以主动采取保全措施。向人民法院申请保全证据,不得迟于举证期限届满前七日。

(2) 证据保全的方法。人民法院采取证据保全的方法主要有三种:

① 向证人进行询问调查,记录证人证言;

② 对文书、物品等进行录像、拍照、抄写或者用其他方法加以复制;

③ 对证据进行鉴定或者勘验。获取的证据材料,由人民法院存卷保管。

**3. 证据的应用**

证据的应用,是指应用证据来证明相关的案件事实,用以保护当事人的合法权利,保证法院对案件的顺利审理。

(1) 证据的提供或者收集。当事人对自己提出的主张,有责任提供证据。当事人及其诉讼代理人因客观原因不能自行收集的证据,或者人民法院、仲裁机构认为审理案件需要的证据,人民法院或者仲裁机构应当调查收集并按照法定程序,全面地、客观地审查核实证据。

(2) 开庭质证。证据应当在开庭时出示,并由当事人互相质证。经过法定程序公证证明的法律行为、法律事实和文书,人民法院或者仲裁机构应当作为认定事实的根据。但有相反证据足以推翻公证证明的除外。书证应当提交原件。物证应当提交原物。提交原件或者原物确有困难的,可以提交复制品、照片、副本、节录本。提交外文书证,必须附有中文译本。

(3) 专门性问题的鉴定。人民法院或者仲裁机构对专门性问题认为需要鉴定的,应当交由法定鉴定部门鉴定;没有法定鉴定部门的,由人民法院或者仲裁机构指定的鉴定部门鉴定。鉴定部门及其指定的鉴定人有权了解进行鉴定所需要的案件材料,必要时可以询问当事人、证人。鉴定部门和鉴定人应当提出书面鉴定结论,在鉴定书上签名或者盖章。建设工程纠纷往往涉及工程质量、工程造价等专门性的问题,在诉讼中一般需要进行鉴定。因此,在建设工程纠纷中,鉴定是常用的举证手段。

当事人申请鉴定,应当在举证期限内提出。对需要鉴定的事项负有举证责任的当事人,在人民法院指定的期限内无正当理由不提出鉴定申请或者不预交鉴定费用或者拒不提供相关材料,致使对案件纠纷的事实无法通过鉴定结论予以认定的,应当对该事实承担举证不能的法律后果。

(4) 重新鉴定。若当事人对人民法院委托的鉴定部门做出的鉴定结论有异议,申请重新鉴定,提供证据证明存在下列情形之一的,人民法院应予准许。

① 鉴定机构或者鉴定人员不具备相关的鉴定资格的。

② 鉴定程序严重违法的。

③ 鉴定结论明显依据不足的。

④ 经过质证认定不能作为证据使用的其他情形。

对有缺陷的鉴定结论,可以通过补充鉴定、重新质证或者补充质证等方法解决的,不予重新鉴定。一方当事人自行委托有关部门做出的鉴定结论,另一方当事人有证据足以反驳并申请重新鉴定的,人民法院应准许。

## 3.2 处理建筑工程纠纷的相关法律制度

### 3.2.1 仲裁法律制度的有关规定

【案例3-5】某建筑公司与某开发公司签订的施工承包合同中约定了解决纠纷的方法，双方同意采取仲裁的方式来解决纠纷。工程进行了5个月后，双方因为工程进度款的支付问题发生纠纷，施工单位决定通过起诉维护自己的权益。你认为法院会受理吗？

评析：法院会裁定不予受理。《民事诉讼法》第一百一十一条规定："依照法律规定，双方当事人对合同纠纷自愿达成书面仲裁协议向仲裁机构申请仲裁，不得向人民法院起诉，法院将告知原告向仲裁机构申请仲裁。"

仲裁是指由纠纷的各方当事人共同选定仲裁机构，依照法定程序对纠纷做出具有约束力的裁决的活动。

从仲裁的概念可以看出，仲裁具有三个要素。

（1）以双方当事人自愿协商为基础。

（2）由双方当事人自愿选择的中立第三者进行裁判。

（3）裁决对双方当事人都具有约束力。

根据我国《仲裁法》的规定，仲裁的适用范围是：平等主体的公民、法人和其他组织之间发生的合同纠纷和其他财产权益纠纷，可以仲裁。而关于婚姻、收养、监护、抚养、继承纠纷和依法应当由行政机关处理的行政争议则不能仲裁。至于劳动争议和农业集体经济组织内部的农业承包合同纠纷的仲裁，不属于《仲裁法》规定的仲裁范围。

#### 1. 仲裁的基本原则

1）仲裁自愿原则

自愿原则是仲裁制度的基本原则，是仲裁制度存在和发展的基础，该原则主要体现在下面几个方面。

（1）双方当事人自愿协商是否将争议提交仲裁来解决。

（2）当事人将哪些争议事项提交仲裁，由双方当事人自行约定。

（3）当事人将争议提交哪个仲裁委员会仲裁，由双方当事人自行约定。

（4）仲裁庭如何组成，由谁组成，由当事人自主选定。

（5）双方当事人还可以自主约定仲裁的审理方式、开庭方式等有关的程序事项。

2）根据事实、符合法律规定、公平合理解决纠纷原则

这个原则是对"以事实为依据，以法律为准绳"原则的肯定和发展。即仲裁要坚持以事实为依据、以法律为准绳原则，同时，在法律没有规定或者规定不完备的情况下，仲裁庭可以按照公平合理的一般原则来解决纠纷。

3）独立仲裁原则

我国《仲裁法》明确规定仲裁应该依法独立进行，不受行政机关、社会团体和个人的干涉。独立仲裁原则体现在仲裁与行政脱钩，仲裁委员会独立于行政机关，与行政机关之间没有隶属关系，仲裁委员会之间也没有隶属关系。

## 2. 仲裁的基本制度

### 1) 协议仲裁制度

当事人采用仲裁方式解决纠纷,双方必须达成仲裁协议。没有仲裁协议的,一方申请仲裁的仲裁委员会不予以受理。此点和诉讼是不同的。

### 2) 或裁或审制度

仲裁和诉讼是两种不同的解决纠纷的方式。当事人发生争议以后,只能在仲裁和诉讼中选择其中一种方式解决纠纷。有效的仲裁协议可以排除人民法院的管辖权。只有在没有仲裁协议或者仲裁协议无效,或者当事人放弃仲裁协议的情况下,法院才可以行使案件的管辖权。

### 3) 一裁终局制度

仲裁实行的是一裁终局制度,也就是说仲裁庭做出的裁决为终局裁决。裁决做出以后,当事人就同一纠纷再次申请仲裁或者向人民法院起诉的,仲裁委员会或者人民法院不予以受理。

### 4) 回避制度

仲裁员有下列情况之一的,必须回避,当事人也有权提出回避申请。
(1) 是本案当事人或者当事人、代理人的近亲属。
(2) 与本案有利害关系。
(3) 与本案当事人、代理人有其他关系,可能影响公正仲裁的。
(4) 私自会见当事人、代理人,或者接受当事人、代理人的请客送礼的。

仲裁员是否回避,由仲裁委员会主任决定。仲裁委员会主任担任仲裁员的,那么他的回避由仲裁委员会集体决定。

## 3. 仲裁组织

### 1) 仲裁委员会

仲裁委员会是依法成立的仲裁机构。仲裁委员会可以在直辖市或省、自治区人民政府所在地的市设立,也可以根据需要在其他地区的市设立,不按行政区划层层设立。仲裁委员会独立于行政机关,与行政机关无隶属关系。仲裁委员会之间也不存在隶属关系。

### 2) 仲裁协会

中国仲裁协会是依法成立的社会团体法人。中国仲裁协会实行会员制。全国各地的仲裁委员会是中国仲裁协会的法定会员。中国仲裁协会的章程由全国会员大会制定。

中国仲裁协会是仲裁委员会的自律性组织,根据全国会员大会制定的章程对仲裁委员会及其组成人员、仲裁员的违纪行为进行监督。

中国仲裁协会依照《仲裁法》和《民事诉讼法》的有关规定制定仲裁规则和其他仲裁规范性文件。

## 4. 仲裁协议

仲裁协议是当事人自愿将他们之间可能发生或者已经发生的纠纷提交仲裁机构进行仲

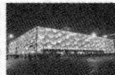

裁，达成协议的文书。我国《仲裁法》规定，仲裁协议包括合同中订立的仲裁条款和以其他书面方式在纠纷发生前或者纠纷发生后达成请求仲裁的协议。

仲裁协议应该以书面形式订立。口头达成仲裁的意思表示无效。

1）仲裁协议的特点
（1）合同当事人均受仲裁协议的约束。
（2）仲裁协议是仲裁机构对纠纷进行仲裁的先决条件。
（3）仲裁协议排除了法院对纠纷的管辖权。
（4）仲裁机构应按照仲裁协议进行仲裁。

2）仲裁协议的内容
仲裁协议应该具有下列内容。
（1）有请求仲裁的意思表示。
（2）有仲裁事项。
（3）有选定的仲裁委员会。

3）仲裁协议的无效
仲裁协议一经依法成立，即具有法律效力。仲裁协议是合同的组成部分，是合同的内容之一。有下列情况的，仲裁协议无效。
（1）约定的事项超出法律规定的仲裁范围的。
（2）无民事行为能力人或者限制民事行为能力人订立的仲裁协议。
（3）一方采取胁迫手段，迫使对方订立仲裁协议的。
（4）在仲裁协议中，当事人对仲裁事项或者仲裁委员会没有约定或者约定不明确，当事人又达不成补充协议的，仲裁协议无效。

仲裁协议独立存在，合同的变更、解除、终止或者无效，不影响仲裁协议的效力。若当事人对仲裁协议的效力有异议，应在仲裁庭首次开庭前提出。

当事人对仲裁协议的效力有异议的，可以请求仲裁委员会做出决定或者请求人民法院做出裁定。一方请求仲裁委员会做出决定，另一方请求人民法院做出裁定的，由人民法院裁定。

当事人达成仲裁协议，一方向人民法院起诉没有声明有仲裁协议的，人民法院受理后，另一方在首次开庭前提交仲裁协议的，人民法院应当驳回起诉，但是仲裁协议无效的除外；另一方在首次开庭前未对人民法院受理该案件提出异议的视为放弃仲裁协议，人民法院应当继续审理。

5．仲裁裁决的效力与执行

（1）仲裁裁决的效力。当事人一旦选择了仲裁解决争议，仲裁委员会所做出的裁决就对双方都有约束力，双方都要认真履行，否则，权利人可以向法院申请强制执行。

（2）仲裁裁决的执行。仲裁委员会的裁决做出后，当事人应当自觉履行。如果当事人不履行裁决，仲裁委员会不能强制执行。因此，当一方当事人不履行仲裁裁决时，另一方当事人可以依据《民事诉讼法》的有关规定向有管辖权的人民法院执行庭申请执行。

当被申请人提出证据证明仲裁裁决不符合法律规定时，经人民法院合议庭审查核实，可做出裁定不予执行。

## 3.2.2 民事诉讼法律制度的有关规定

建设工程合同纠纷的诉讼，是指合同纠纷的一方当事人诉诸国家机关，由人民法院对建设工程合同纠纷案件行使国家审判权。人民法院按照《民事诉讼法》规定的程序进行审理，查清事实，分清是非，明确责任，认定双方当事人的权利、义务关系，解决纠纷。诉讼是解决建设工程合同纠纷最有效的手段和方式，因为诉讼由国家审判机关依法进行审理裁决，最具有权威性；裁判发生法律效力后，以国家强制力保证裁决的实现。

通过诉讼解决建设工程合同纠纷，有利于增强合同当事人的法制观念；有利于及时、有效地打击利用建设工程合同进行违法犯罪活动；有利于维护社会经济秩序，保护当事人的合法权益，保证社会主义市场经济的健康发展。

建设工程合同纠纷的诉讼，是以《民事诉讼法》作为依据的，所以下面我们简单地介绍一下《民事诉讼法》的相关知识。

**1．起诉和答辩**

1）起诉

起诉是指原告向人民法院提起诉讼，请求司法保护的诉讼行为。

（1）起诉的方式

《民事诉讼法》第一百零九条第 1 款规定，起诉应向人民法院递交起诉状。由此可见，我国《民事诉讼法》规定的起诉形式是以书面为原则的。虽然起诉以书面为原则，但当事人书写起诉状有困难的，也可口头起诉，由人民法院记入笔录，并告知对方当事人。可见，我国起诉的形式是以书面起诉为主，口头形式为例外。

（2）起诉状的内容

根据《民事诉讼法》第一百一十条规定，起诉状应当记明下列事项。

① 当事人的姓名、性别、年龄、民族、职业、工作单位和住所，法人或其他经济组织的名称、住所和法定代表人或主要负责人的姓名、职务；

② 诉讼请求和所根据的事实与理由；

③ 证据和证据来源，证人姓名和住所。

2）答辩

人民法院对原告的起诉情况进行审查后，认为符合条件的，即立案，并于立案之日起 5 日内将起诉状副本发送到被告，被告在收到之日起 15 日内提出答辩状。被告不提出答辩状的，不影响人民法院的审理。

答辩是针对原告的起诉状而对其予以承认、辩驳、拒绝的诉讼行为。

（1）答辩的形式。书面形式：以书面形式向法院提交的答辩状。口头形式：答辩人在开庭前未以书面形式提交答辩状，开庭时以口头方式进行的答辩。

（2）答辩状的内容。针对原告、上诉人诉状中的主张和理由进行辩解，并阐明自己对案件的主张和理由。即揭示对方当事人法律行为的错误之处，对方诉状中陈述的事实和依据中的不实之处；提出相反的事实和证据说明自己法律行为的合法性；列举有关法律规定，论证自己主张的正确性，以便请求人民法院予以司法保护。

## 2. 诉讼管辖

诉讼管辖，是指在人民法院系统中，各级人民法院之间，以及同级人民法院之间受理第一案件的权限分工。诉讼管辖分为级别管辖、地域管辖、移送管辖和指定管辖。

### 1）级别管辖

级别管辖，是指划分上下级人民法院之间受理第一审民事案件的分工和权限。级别管辖是人民法院组织系统内部从纵向划分各级人民法院的管辖权限，它是划分人民法院管辖范围的基础。根据人民法院组织法的规定，我国人民法院设四级：基层人民法院、中级人民法院、高级人民法院、最高人民法院。

最高人民法院管辖在全国有重大影响的案件和它认为应该由其审理的案件。依照法律规定，最高人民法院管辖的案件实行一审终审制，所作判决、裁定一经送达即发生法律效力。高级人民法院管辖在本辖区有重大影响的案件。中级人民法院管辖以下三类经济纠纷案件：重大的涉外案件；在本辖区有重大影响的案件；最高人民法院确定由其管辖的案件。除上述案件外的其他案件都由基层人民法院管辖。

建设工程合同纠纷发生后，当事人应根据合同标的大小、影响等确定向哪一级人民法院起诉。

### 2）地域管辖

地域管辖，是指确定同级人民法院在各自的辖区内管辖第一审民事案件的分工和权限。它是在人民法院组织系统内部，从横向确认人民法院的管辖范围，是在级别管辖的基础上确认的。

地域管辖是根据各种不同民事案件的特点来确定的，一般原则是"原告就被告"，对其他特殊类型的案件，也是以当事人所在地、诉讼标的所在地或诉讼标的物所在地的人民法院管辖为原则的。

《民事诉讼法》规定，地域管辖有三种：一般地域管辖、特殊地域管辖、专属管辖。一般地域管辖，是指根据当事人所在地确定有管辖权的人民法院。特殊地域管辖，是指根据诉讼标的或诉讼标的物所在地确定有管辖权的人民法院。对特殊地域管辖，我国《民事诉讼法》采取列举的方式予以确定。专属管辖是指根据案件的特殊性质，法律规定必须由一定地区的人民法院管辖。专属管辖具有排他性。除上级人民法院指定管辖外，凡是法律明确规定专属管辖的案件，不能适用一般地域管辖和特殊地域管辖的原则确定管辖的法院。此类案件只能由法律所确认的法院行使管辖权，其他法院无权管辖。此外，协议管辖也不能变更专属管辖的有关规定。

所以，一旦发生建设工程合同纠纷需要提起诉讼的时候，第一审管辖法院可以是以下两种。

（1）被告住所地的人民法院，即被告户籍所在地或被告经常居住地。

（2）合同履行地人民法院，即合同标的物交接地，当事人履行义务和接受义务履行的地点的人民法院。合同纠纷案件可以实行协议管辖，即合同的双方当事人可以在书面合同中协议选择被告住所地、合同履行地、合同签订地、原告住所地、标的物所在地人民法院管辖，但不得违反《民事诉讼法》对级别管辖和专属管辖的规定。

法律还规定，因侵权行为提起的诉讼，由侵权行为地或者被告住所地人民法院管辖。

需要注意的是下列情况属于专属管辖。

（1）因不动产纠纷提起的诉讼，由不动产所在地人民法院管辖。

（2）因港口作业中发生纠纷提起的诉讼，由港口所在地人民法院管辖。

（3）因继承遗产纠纷提起的诉讼，由被继承人死亡时住所地或者主要遗产所在地人民法院管辖。

3）移送管辖和指定管辖

（1）移送管辖，是指某一人民法院受理案件后，发现自己对该案件没有管辖权，将案件移送有管辖权的人民法院审理。

（2）指定管辖，是指有管辖权的人民法院由于特殊原因，不能行使管辖权的，由上级人民法院指定管辖。

人民法院之间因管辖权发生争议时，由争议双方协商解决；协商解决不了的，报请它们的共同上级人民法院指定管辖。

【案例3-6】根据《民事诉讼法》第三十四条，不动产属于专属管辖，只能由不动产所在地法院管辖。若建筑工程出现纠纷，是否也适用于这条法律？

评析：不适用。建筑工程属于不动产，但是根据最高人民法院有关司法解释，建设工程施工合同纠纷不适用专属管辖，而仍应按照《民事诉讼法》第二十四条的规定，适用合同纠纷的地域管辖原则，即由被告住所地或者合同履行地人民法院管辖。发包人和承包人也可根据《民事诉讼法》第二十五条的规定，在发包人住所地、承包人住所地、合同签订地、施工行为地（工程所在地）的范围内，通过协议确定管辖法院。

3．执行程序

对于已经发生法律效力的判决、裁定、调解书、支付令、仲裁裁决书、公证债权文书等，当事人应当自动履行。一方当事人拒绝履行的，另一方当事人有权向法院申请执行。执行是人民法院依照法律规定的程序，运用国家强制力，强制当事人履行已生效的判决和其他法律文书所规定的义务的行为，又称强制执行。执行所应遵守的规则，就是执行程序。

1）执行程序的一般规定

执行程序的一般规定，包括执行的根据、执行案件的管辖、执行担保和执行等内容。

执行的根据，是指人民法院据以执行的法律文书。

（1）发生法律效力的民事判决、裁定。

（2）发生法律效力并且具有财产内容的刑事判决、裁定。

（3）法律规定由人民法院执行的其他法律文书。如先予执行的民事裁定书，仲裁机构制作的发生法律效力的裁决书、调解书，公证机关制作的依法赋予强制执行效力的债权文书。

执行管辖，是指各人民法院之间划分对生效法律文书的执行权限。人民法院执行管辖因法律文书的种类不同而有区别。

（1）人民法院做出生效的法律文书，由第一审人民法院执行。也即无论生效的裁判是第一审人民法院做出的，还是第二审人民法院做出的生效的法律文书，均由第一审人民法院开始执行程序。

（2）法律规定由人民法院执行的其他法律文书，由被执行人住所所在地或者被执行财产

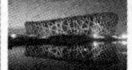

所在地人民法院执行。

（3）执行中发生异议的处理。法律规定，执行过程中，案外人对执行标的提出异议的，执行员应当按照法定程序进行审查。理由不成立的，予以驳回；理由成立的，由院长批准中止执行。如果发现判决、裁定确有错误的，按照审判监督程序处理。

（4）执行中，当事人自行达成和解协议时的处理。法律规定，在执行中，双方当事人自行和解达成协议的，执行员应当将协议内容记入笔录，由双方当事人签名或者盖章。一方当事人不履行和解协议的，人民法院可以根据对方当事人的申请，恢复对原生效法律文书的执行。

2）执行的申请和移送

申请执行是根据生效的法律文书，享有权利的一方当事人，在义务人拒绝履行义务时，在申请执行的期限内请求人民法院依法强制执行，从而引起执行程序的发生。移送执行程序是指人民法院的判决、裁定或者调解协议发生法律效力后，由审理该案的审判组织决定，将案件直接交付执行人员执行，从而引起执行程序的开始。

调解书和其他应当由人民法院执行的法律文书，当事人必须履行。一方拒绝履行的，对方当事人可以向人民法院申请执行。

法律还规定，对依法设立的仲裁机构的裁决，一方当事人不履行的，对方当事人可以向有管辖权的人民法院申请执行。受申请的人民法院应当执行。

被申请人提出证据证明仲裁裁决中有违反相关法律规定的，经人民法院组成合议庭审查核实，裁定不予执行。仲裁裁决被人民法院裁定不予执行的当事人可以根据双方达成的书面仲裁协议重新仲裁，也可以向人民法院起诉。

3）执行措施

执行措施的法律规定如下。

（1）向银行、信用合作社和其他有储蓄业务的单位，查询被执行人的存款情况，冻结、划拨被执行人应当履行义务部分的收入。

（2）查封、扣押、冻结并依照规定拍卖、变卖被执行人应当履行义务部分的财产。

（3）对隐瞒财产的被执行人及其住所或者财产隐匿地进行搜查。

（4）被执行人加倍支付迟延还债期间的债务利息。

（5）强制交付法律文书指定交付的财物或者票证。

（6）强制迁出房屋或退出土地。

（7）强制执行法律文书指定的行为。

（8）划拨或转交企业、事业单位、机关、团体的存款等。

4）执行中止和终结

（1）执行中止。在执行过程中，因某种特殊情况的发生而使执行程序暂时停止的为执行中止。《民事诉讼法》规定，有下列情形之一的，人民法院应当裁定中止执行：申请人表示可以延期的；案外人对执行标的提出确有异议的；作为一方当事人的公民死亡，需要等待继承人继承权利或者承担义务的；作为一方当事人的法人或者其他组织终止，尚未确定权利义务承受人的；人民法院认为应当中止执行的其他情形，如执行中双方当事人自行达成和解协议的；被执行人提供担保并经申请执行人同意的，被执行人依法宣告破产的等。中止的情形

消失后，应当恢复执行。

（2）执行终结。在执行过程中出现了某些特殊情况，使执行程序无法或无须继续进行而永久停止执行的，为执行终结。《民事诉讼法》规定，有下列情形之一的，人民法院有权裁定终结执行：申请人撤销申请的；据以执行的法律文书被撤销的；作为被执行人的公民死亡，无遗产可供执行，又无义务承担人的；追索抚养费、扶养费、抚育费案件的权利人死亡的；作为被执行人的公民因生活困难无力偿还借款，无收入来源，又丧失劳动能力的；人民法院认为应当终止的其他情形。

**【案例3-7】** 工程款拖欠仲裁执行案

申请执行人：中国国际工程咨询公司

被申请人：北京丽都饭店公司

中国国际工程咨询公司（下称咨询公司）与北京丽都饭店公司（下称丽都饭店）于1994年1月30日至1995年6月10日，先后签订了关于丽都饭店俱乐部工程、丽都饭店三栋六层公寓、三栋十五层公寓的三个工程承包合同。合同均规定：双方在执行合同过程中所发生的一切争议应通过友好协商解决，如协商不能解决时，应提请在北京的中国国际经济贸易仲裁委员会进行仲裁。2000年8月20日，咨询公司以丽都饭店长期拖欠工程款为理由，向该仲裁委员会提出仲裁申请，要求丽都饭店支付工程欠款及迟延付款的利息。中国国际经济贸易仲裁委员会于2001年11月1日做出（2001）贸仲字第×××号裁决：丽都饭店应于2001年12月31日前将所欠工程款及其他工程费用共计885 171.50美元及利息520 000美元支付给咨询公司。2002年1月15日，咨询公司以丽都饭店未履行仲裁裁决为由，向北京市中级人民法院申请执行该仲裁裁决。

审查与执行：

北京市中级人民法院立案后，于2002年2月1日向丽都饭店发出执行通知，责令该公司自觉履行仲裁裁决中确定的义务。2月9日，丽都饭店以咨询公司与丽都饭店均为中国法人，双方发生的工程承包合同纠纷纯属国内经济合同纠纷，不属于中国国际经济贸易仲裁委员会仲裁案件受理范围，该仲裁委员会无权进行仲裁为理由，向北京市中级人民法院提出书面《抗辩执行仲裁裁决状》，请求对中国国际经济贸易仲裁委员会的仲裁裁决书不予执行。对此，中国国际经济贸易仲裁委员会认为，丽都饭店是内地与香港合资经营企业，具有涉外因素；丽都饭店与咨询公司签订的工程承包合同中订有仲裁条款，出现争议后，双方都自愿接受仲裁，且在仲裁过程中，双方均未提出异议，所以仲裁委员会可以受理，并有权进行仲裁。

北京市中级人民法院经审查认为，丽都饭店是中国旅行社总社与香港益和有限公司共同出资，并在国家工商局申请注册登记的合资经营企业，丽都饭店与咨询公司均为中国法人，双方之间发生的工程承包合同纠纷系国内经济合同纠纷，不具有涉外因素，并非国际经济贸易中发生的争议。按照《中国国际经济贸易仲裁委员会仲裁规则》的规定，该案不属于中国国际经济贸易仲裁委员会的仲裁案件受理范围。因此，丽都饭店对执行仲裁裁决提出的异议有理。依照《中华人民共和国民事诉讼法》第二百六十条第1款第（四）项的规定，北京市中级人民法院于2002年12月23日作出裁定：申请执行人中国国际工程咨询公司向本法院申请强制执行的中国国际经济贸易仲裁委员会（2001）贸仲字第×××号裁决书不予执行。

评析：《中国国际经济贸易仲裁委员会仲裁规则》第二条规定："仲裁委员会根据当事人在争议发生之前或者在争议发生之后达成的将争议提交仲裁委员会仲裁的仲裁协议和一方

225

当事人的书面申请，受理产生于国际经济贸易中的争议案件。"国务院对中国国际经济贸易仲裁委员会的改名通知中规定，该仲裁委员会受理案件的范围"可扩大到有关中外合资经营企业、外国来华投资建厂、中外银行相互信贷等各种对外经济合作方面发生的争议。"根据上述规定，该仲裁机构的受案范围，应为中外当事人之间、外国当事人之间，以及中国当事人之间具有涉外因素的经济争议。咨询公司和丽都饭店都是住所在我国境内的中国法人，且双方之间的工程承包合同是在我国境内签订并在我国境内履行的，没有涉外因素，它们之间的该项争议并非国际经济贸易中发生的争议，不属于中国国际经济贸易仲裁委员会的受案范围，也即是该仲裁委员会无权仲裁的争议。《民事诉讼法》第二百六十条第 1 款第（四）项规定，对我国涉外仲裁机构作出的裁决，被申请人提出证据证明仲裁裁决属于仲裁机构无权仲裁的，人民法院经审查核实，裁定不予执行。本案被申请人丽都饭店提出，双方当事人均为中国法人，其工程承包合同纯属国内经济合同，不属本案仲裁机构仲裁受理范围，该仲裁机构无权仲裁，经受案法院审查属实，其异议成立。受案法院据此作出不予执行的裁定是正确的。该纠纷当事人可以依据我国《民事诉讼法》的有关规定，另行向有管辖权的法院提起民事诉讼。

## 综合案例 15　联合开发工程款拖欠纠纷案

上诉人（原审被告）：沈阳祖彩供热发展有限公司
被上诉人（原审原告）：东北金城房地产开发总公司

### 一、一审诉辩主张和事实认定

上诉人沈阳祖彩供热发展有限公司（以下简称祖彩公司）为与被上诉人东北金城房地产开发总公司（以下简称金城公司）拖欠工程款纠纷一案，不服辽宁省高级人民法院（2005）辽民初字第××号民事判决，向最高人民法院提起上诉。最高人民法院依法组成合议庭审理了本案，现已审理终结。

经审理查明：2002 年 8 月 15 日，祖彩公司与金城公司签订了《联合开发协议书》，协议约定：双方联合开发位于沈阳市区中华路 2 号楼工程，该楼建筑面积 17 354 平方米，投资标准为每平方米人民币 2 450 元，总计金额暂定 2 548 万元。由金城公司负责土地和建设指标的审批、施工设计和管理等，祖彩公司负责全部投资。工程竣工后，金城公司得 6 954 平方米，祖彩公司得 10 400 平方米公建及附属用房。协议同时约定了付款办法：第一次于协议生效后 10 日内付人民币 750 万元；第二次于三层框架施工后付人民币 730 万元；第三次于 1～3 层交付使用时付人民币 500 万元；第四次于 9 层完工时一次结清余款。协议还约定了质量标准，但未约定最后工期。2003 年 12 月 2 日，祖彩公司与金城公司就交付 1～3 层问题达成《补充协议》，约定：金城公司考虑到祖彩公司资金的暂时困难，同意在 2 号楼未结算之前先将 1～3 层公建部分交由祖彩公司管理，由双方派代表对 1～3 层建筑共同清理。凡属未完善的工程部分，由金城公司尽快处理完毕，双方清理后的 1～3 层建筑，如再发生其他欠缺，均由祖彩公司负责。2004 年 1 月 14 日，中华路 2 号楼工程全面竣工，沈阳市建筑工程质量监督站对工程进行了验收，并出具了"核定合格"的《单位工程质量综合评定表》。8 月 15 日，金城公司、祖彩公司和沈后工程一大队就尾工问题达成协议，约定金城公司对祖彩公司、沈后工

程一大队两方负责的收尾工程不再负责，仅在可能的情况下给予协助。9月8日，沈阳市建筑工程预算审查中心对该工程进行了决算。2005年1月17日，祖彩公司与金城公司对工程决算进行了认证，共同签署了《中华路2号楼工程决算书》。经决算：该楼总建筑面积实为16 985平方米，其中祖彩公司应得面积10 350.35平方米，祖彩公司应付金城公司投资款29 099 096元，已经付款19 759 550.12元，扣除遗留工程款2 405 559.67元，祖彩公司尚欠金城公司工程款6 933 986.21元（含消防验收预留款200 000元）。在决算书签订后，金城公司多次向祖彩公司催要所欠工程款，祖彩公司出具《还款计划》承认欠款，但实际仍未偿还。2005年10月10日，金城公司向辽宁省高级人民法院提起诉讼。

### 二、一审判决理由和判决结果

一审法院认为：祖彩公司与金城公司签订的《联合开发协议书》系双方当事人真实意思表示，且已经实际履行，应认定为合法有效。其所建中华路2号楼全面竣工后，经沈阳市工程质量监督站验收后"核定合格"，同时，经沈阳市建设工程预算审查中心决算。此后，双方又按《联合开发协议书》中有关条款对该工程费进行了结算，对结算结果、付款方式及时间等，双方均认可，因此祖彩公司除应给付尚欠金城公司工程款外，还应承担延期给付之利息。因该工程已经建筑质检部门"核定合格"，且祖彩公司实际上已在2003年12月接收、出售、进住（1~4层），双方对遗留问题在逐项验收与交接的基础上，做了扣款和预留款处理，并言明由祖彩公司与厂家或有关部门直接交涉和结算，因此祖彩公司以该工程存在质量问题等为由拒付金城公司工程款的理由不能成立。至于金城公司提出已替祖彩公司向税务部门代交营业税，该营业税应由祖彩公司承担的问题，应由税务部门调整解决，故其诉讼请求不予审理。据此判决：

（1）祖彩公司自判决生效之日起十日内，一次性给付金城公司工程款人民币6 733 986.21元及利息。消防预留款人民币200 000元，待消防验收合格后一次付清。

（2）上述款项利息给付，按中国建设银行同期贷款利率执行。利息给付时间自2005年1月17日至祖彩公司将拖欠金城公司工程款全部付清时止。

（3）上述（1）、（2）项逾期给付，按《民事诉讼法》第二百三十二条规定执行。

（4）金城公司在祖彩公司将上述款项全部付清时，将中华路2号楼的全部房产资料、文件及有关手续交给祖彩公司，并协助其办理有关产权手续。

（5）驳回双方其他诉讼请求。案件受理费43 510元人民币、财产保全费34 020元，均由祖彩公司负担。

### 三、二审诉辩主张

祖彩公司不服一审判决，向最高人民法院上诉称：
（1）金城公司应承担尾工工程和不合格工程的费用；
（2）金城公司应赔偿违约拖延工期给祖彩公司造成的经济损失；
（3）金城公司应承担两处违章建筑造成的经济损失。

金城公司答辩：一审判决正确，请求二审法院驳回祖彩公司的上诉请求。

### 四、二审判决理由和判决结果

最高法院认为：祖彩公司与金城公司签订的联合开发中华路2号楼工程的协议，意思表示真实，内容合法，且已实际履行，应认定为有效。该工程已经通过了建筑工程质量检验部

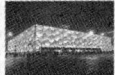

门验收,且祖彩公司已实际使用了该工程的 1~4 层,应认定质量合格。双方的联合开发协议没有约定最后工期,因此,祖彩公司所诉金城公司违约和拖延工期不能认定。上诉人所诉两处违章建筑,经查与本案无关。因此,祖彩公司的上诉没有事实和法律根据,应予驳回。中华路 2 号楼工程竣工并经有关部门验收合格后,祖彩公司与金城公司共同签署了工程决算书,决算书中祖彩公司承认拖欠了金城公司工程款 6 933 986.12 元,以后祖彩公司多次写出了还款计划,但始终未付款,损害了金城公司的利益,据此,根据《民事诉讼法》第一百五十二条第 1 款第(一)项之规定,判决如下:

驳回上诉,维持原判。

一审案件受理费 43 510 元,财产保全费 34 020 元由祖彩公司负担。二审案件受理费 43 510 元由祖彩公司负担。

**评析:**本案是房地产开发和建筑工程承包相结合的一个案例。在本案中没有分明的业主和承包商,祖彩公司和金城公司参与和从事业主和承包商的工作。大体看来,祖彩公司主要负责投资,相当于业主;金城公司主要负责施工设计和管理,相当于总承包商。

关于业主提前使用建筑工程的责任问题。

祖彩公司在诉讼中提出金城公司应当负责不合格工程的费用。法院认为"该工程已经通过了建筑工程质量检验部门验收,且祖彩公司已实际使用了该工程的 1~4 层,应认定质量合格。"这样认定是合理的,也符合有关法律的规定。根据我国《合同法》的规定,工程未经验收,提前使用,发现质量问题,自己承担责任。对于明显是承包商责任的质量或其他问题,应通过法律程序追究承包商的责任。

### 综合案例 16  气象观测楼工程质量纠纷案

原告:某地区气象局

被告:某县建筑工程二队

#### 一、诉辩主张和事实认定

2002 年 5 月 14 日,某地区气象局向法院起诉称,某县建筑工程二队承包该局的气象观测楼,建筑工程质量低劣,经技术人员鉴定和县、地两级政府研究,决定"全部推倒重建",然而工程二队拒不执行,要求法院处理。

工程二队于 5 月 22 日做了答辩,承认在施工中存在着偏重进度,忽视质量的问题,致使工程的某些部位没有达到设计要求,愿意承担责任,但对有些检查数据是否准确持有怀疑。地区行署关于"全部推倒重建"的批复,是在没有充分征求技术人员意见的情况下做出的。工程二队认为,只要进行加固补强,并不影响在八度震区使用。从起诉书与答辩状看,双方对工程质量所存在的问题,认识基本是一致的,争执的焦点是:一方要求全部推倒重建,另一方认为可以采取加固补强措施。这是关系到建设单位的使用安全和国家近十万元资产损失的问题,需要认真调查处理。

经法院调查证实,2000 年 6 月,气象局与工程二队签订了一份气象观测楼建筑承包合同。合同规定:建筑面积为 1 114 平方米,预算总造价为 14.7 万元,质量要求按气象局委托设计单位设计的图纸施工,2000 年 6 月下旬开工,2001 年 5 月 30 日全部竣工交付使用。2000 年

6月27日，工程二队如期开工，至同年12月26日因冬季气温太低而停工。此时，二层楼楼面板安装结束，并砌筑了部分墙体，完成工程量价值8.8万元，加上气象局支付的材料差价9 138元，共计97 138元。2001年3月25日，工程二队进行开工前质量检查，发现两个混凝土柱与梁交接处约有15厘米范围振捣不实，出现蜂窝，即会同气象局共同检查，又发现了不少部位质量有问题。为此，工程二队决定暂不开工并及时向有关部门和领导进行了汇报，有关部门从2001年5月12日至12月8日，先后组织过四次技术检查，多次召开会议进行分析研究，一致认为工程质量低劣，但如何处理，意见有分歧。2001年12月10日，地、县计委写了《关于××地区气象局气象观测楼施工事故的检查报告》，报告从坚持高质量，保证八级地震区使用出发，提出了全部推倒重建的意见。2002年3月22日地区行署做了批复，同意地、县两级计委的意见。

为了进一步查清事实，法院走访了自治区建委、自治区设计院、建工研究所、地区设计室、城建局等十一个单位，向有关人员征求意见67人次，特别注重原参与检查过此项工程的十二名工程师和技术员的意见。他们中除两人认为需要推倒重建外，其他同志都认为可以采取加固补强措施。为了慎重起见，法院又请自治区高级人民法院委托自治区建委派出工程技术人员进行技术鉴定。区建委接受委托后，立即委派以设计技术处副处长吴××工程师为组长的技术鉴定组到现场进行测试鉴定。鉴定书经总工程师审定签字。鉴定确认：由于施工单位管理不善、现场混乱，没有施工技术措施，没有技术交底，没有建材检验和砂浆、混凝土级配等各项验收制度，质量无人把关，因而造成砖墙局部偏差2厘米、地圈梁强度未达设计要求、柱子有裂缝、空心板露筋裂缝、灰土基础少下白灰60吨等质量事故。但原设计安全系数过大，经过加固补强后，这些问题可能补救，仍可保证八级地震时的安全，使用期能超过一般砖混结构60年以上的年限，同时提出了加固补强方案。业务部门的科学鉴定，为解决问题打下了基础。

**二、调解结果**

在对工程质量全面调查并经有关单位鉴定后，法院于2002年8月16日召集双方代表进行调解，当天达成协议：

（1）工程质量事故的责任在工程二队，工程队应按区建委提出的加固补强方案进行认真加固。施工中要接受建设单位和有关部门的监督指导，并分步分项进行验收，加固所需一切费用由工程二队承担。

（2）灰土基础偷工减料的60吨白灰由工程队按价退还给气象局。

**评析：** 此案调解协议正确，理由是：

（1）指导思想正确。这是一件建筑工程质量纠纷案件，争议的焦点是该项工程经采取加固补强措施后，能否在八级地震区使用。法院经过认真调查，取得科学依据后，决定不推倒重建，由承包单位采取加固补强措施，既保证了建设单位的使用安全，又避免了近10万元的财产损失，有利于经济建设的顺利进行。

（2）责任明确，这项建设工程质量事故的发生，原因在于建筑承包单位不按合同要求施工，因而应由建筑承包单位承担与此有关的法律责任。《建筑法》第七十四条规定，建筑施工企业造成建筑工程质量不符合规定的质量标准的，负责返工、修理，并赔偿因此造成的损失。加固补强属于返工性质，损失费用自应由建筑二队负担。此外，建筑二队在施工过程中，偷工减料，灰土基础少下 60 吨白灰的折价，当然应退还气象局。

## 综合案例 17　长期建筑修缮工程款拖欠纠纷上诉案

上诉人（原审被告）：福州市市政工程公司，住所地福州市群众路
法定代表人：薛爱田，经理
委托代理人：吴格、龙宇飞，福州闽天律师事务所律师
被上诉人（原审原告）：曾华燕，男，1952 年 8 月 22 日出生，汉族，住福建省长乐市古槐镇感恩村新街 67 号
委托代理人：张铨钦，福州福民律师事务所律师

上诉人福州市市政工程公司因建筑、修缮工程合同欠款纠纷一案，不服福州市台江区人民法院（2007）台初字第××号民事判决，向本院提起上诉。本院依法组成合议庭，公开开庭审理了本案。上诉人的法定代表人薛爱田及其委托代理人吴格、龙宇飞，被上诉人曾华燕及其委托代理人张铨钦等到庭参加诉讼。本案现已审理终结。

原审法院查明，原告曾华燕与被告市政公司之间有长期的建筑、修缮工程业务往来。2003 年前，原告曾华燕均以长乐古槐建筑工程公司名义承接被告市政公司的建筑、修缮工程项目。原告承建的每项工程竣工后均由被告市政公司基建科有关人员验收审核完毕并将工程决算单报送公司财务科。经财务科审核后重新书写一份修缮清单交给原告，累计工程项目 15 个，金额 1 686 570 元。2004 年 1 月 25 日，原告曾华燕根据被告市政公司财务科开具的清单从其挂靠单位福州市红光建筑工程队开出发票，并要求被告付款，适逢被告领导班子更换，虽然有关人员在发票背面签名，但原法定代表人未签署意见，致使原告未能领到工程款。此后，原告多次找有关人员及被告方现任经理追讨，被告方均以前任未移交、账面上未挂账为由拒付，双方引起纠纷，原告诉至本院。

原审法院认为，原、被告双方口头达成的建筑、修缮工程合同，原告已履行自己的义务，应认定为有效的民事法律行为。被告方财务人员依据决算单重新列出的工程项目、金额交给原告，应认定为原告已完成工程项目，被告理应支付工程款。被告方法定代表人的更换不影响合同的履行，现被告方以领导交接时未移交、账上也无此项挂账为由拒付是不对的。为此，对原告的诉讼请求依法予以支持，被告应按清单和发票所开具金额将所欠工程款 1 686 570 元，付还给原告，并承担自 2004 年 1 月 25 日起至还清欠款之日止期间的利息。被告提出本案已超过诉讼时效与事实不符，不予采纳。判决：被告市政公司应于本判决生效之日起十日内将欠款 1 686 570 元付给原告曾华燕并支付延期付款期间的利息（利息以欠款金额日万分之四计付，从 2004 年 1 月 25 日起计至本判决规定的还款之日止）。

上诉人诉称：

（1）原审法院对被上诉人究竟是挂靠长乐古槐建筑工程公司，还是福州市红光建筑工程队认定不清；且被上诉人以其个人名义提起诉讼不符合最高人民法院《关于适用〈民事诉讼法〉若干问题的意见》第四十三条的规定。

（2）被上诉人提供的修缮清单（复印件）和发票不足以支持其主张，原审法院收集的证人证言也不能支持被上诉人的主张。

（3）从被上诉人开出发票的 2004 年 1 月 25 日起算，被上诉人的起诉已逾诉讼时效。

请求二审法院撤销原审判决、依法改判，驳回被上诉人的起诉。

被上诉人辩称：

（1）在与上诉人的长期业务往来中，被上诉人确是挂靠长乐古槐建筑工程公司，但由于本案所涉及的建筑、修缮工程较小，为减少挂靠费用，才改为挂靠福州市红光建筑工程队。

（2）上诉人有关人员在发票上签字的事实和原审法院收集的证人证言，既证明了上诉人结欠被上诉人1 686 570元工程款的事实，又证明了被上诉人数年来不间断找上诉人交涉，时效已中断的事实。

请求二审法院驳回上诉，维持原判。

经审理查明，原审法院查明的事实属实。

本院另查明，被上诉人所持有的修缮清单系复印件，原件已丢失，但该修缮清单复印件经上诉人原会计林丽玲辨认，确认系其所书，并证明该修缮清单是为了结算工程款而根据十几份决算单制作的；被上诉人所持有的发票上有当时上诉人分管、经办基建工作的有关人员签字。其中上诉人基建科干部陈亦正在接受原审法院的调查时还证明被上诉人多年来都在向上诉人追讨本案讼争工程款。

本院还查明，福州市红光建筑工程队已出具证明，确认被上诉人承接上诉人的修缮工程期间挂靠在该工程队。

本院认为，被上诉人提交的修缮清单虽系复印件，但其与发票和原审法院收集的证人证言可以互相印证，根据这些证据可以认定被上诉人已完成了修缮清单上所记录的修缮工作，且数年来不断向上诉人追讨讼争工程款。被上诉人的挂靠问题不能成为上诉人拒付工程款的理由。因此，上诉人应当将所欠的1 686 570元工程款给付被上诉人，并支付利息。上诉人提出本案已逾诉讼时效的主张不能成立，本院不予采纳。原审法院认定事实清楚，适用法律正确，程序合法，应予维持；上诉人的上诉理由不能成立，其上诉请求予以驳回。综上，依照《民事诉讼法》第一百五十三条第1款第（一）项之规定，判决如下：

驳回上诉，维持原判。

本案二审诉讼费14 910元，由上诉人负担。

本判决为终审判决。

## 综合案例18　装修工程款争议仲裁案

申诉人：宏大建筑公司

被诉人：金鼎集团

中国国际经济贸易仲裁委员会深圳分会（下称深圳分会）根据申诉人宏大建筑公司和被诉人金鼎集团于2000年10月31日签订的《舞厅及西餐厅室内装修工程合约》（下称合同）中的仲裁条款，以及申诉人2002年6月10日提交的仲裁申请书，于2002年6月17日受理了双方当事人关于上述合同的争议案。

依照《中国国际经济贸易仲裁委员会仲裁规则》的规定，申诉人指定赵某为仲裁员，被诉人指定钱某为仲裁员，该两名仲裁员与深圳分会主席指定的首席仲裁员孙某三人于2002年7月20日组成仲裁庭审理本案。仲裁庭审阅了申诉人提交的仲裁申请书和有关证据材料，以及被诉人提交的答辩状、补充答辩书和有关证据材料，于2002年10月8日和2003年1月

4日两次开庭审理，申诉人和被诉人的法定代表人和仲裁代理人都按时出庭进行了陈述和辩论。2003年7月22日仲裁庭决定本案审理终结，同年7月28日仲裁庭做出本案裁决书。

现将本案案情、仲裁庭意见及裁决分述如下。

一、案情

申诉人和被诉人于2000年10月31日签订了一份合同，合同就申诉人完成D酒店舞厅及西餐厅室内装修工程做了规定，合同的主要内容如下：

（1）甲方（即被诉人）确认乙方（即申诉人）为D酒店歌舞厅、西餐厅室内装修之承包商，乙方认可甲方为D酒店歌舞厅、西餐厅进行室内装修工程之总承包商（合同1.1项）。

（2）本合同室内装修工程总承包面积约1 422平方米，以舞厅及西餐厅室内设计标书及图纸要求为准（合同1.3项）。

（3）乙方必须于2001年2月10日前完成全部工程，全部工程经甲方验收妥当后交付甲方，如由于甲方原因或遇人力不可抗拒的自然灾害或非属乙方施工的工程项目影响乙方施工进度时，则工期按实际影响天数顺延，各分项工程必须按双方商定的施工进度表如期完工（合同2.1.3项）。

（4）在施工过程中所发生的设计变更，必须以设计师或甲方签证的书面资料为依据，由此所发生的工程费用的增减在工程决算中予以调整（合同2.1.7项）。

（5）装修工程完工后，乙方认可可以投入正常使用时，应提前3天通知甲方和甲方指定的设计师及管理人员进行验收。甲方收到乙方的书面通告后于3天内进行验收（合同2.3.1项）。

（6）经验收合格后由甲方及甲方委任的设计师及管理人员于一星期内向乙方签发验收证明书。如验收中发现部分部件有缺陷或零件不全，或施工安装质量部分未全达到合同规定的技术要求但又不致影响使用，在能得到甲方同意时，并由乙方提出书面承诺在保修期内按合同规定的技术要求加以改善的条件下，才能发给乙方工程验收证明书（合同2.3.2项）。

（7）由甲方签发工程验收证明书之日起至保修期满止，这期间如因乙方安装质量不符合合同指定的规格，乙方要免费替换出现缺陷或品质不符的材料及零件（合同2.3.3项）。

（8）以原报价单为基础，双方确认合同总价款为港币6 771 435.08元。甲方在合同生效后两个星期内付给乙方合同总价的50%作为预付款。合同总价之其余款项按如下条件付给乙方：

① 乙方每月呈交施工进度报告单，并列明该月之施工完成量，甲方在接到乙方所提交施工进度报告单后14天内以电汇方式将该月安装费汇入乙方指定的受益人账户，甲方收到乙方施工进度报告单后应在7天内审核完毕。

② 每月甲方需从付乙方款中扣除10%的预扣金，但总预扣金额不超过合同总价的5%。

③ 半年保修期（由2001年2月10日起计6个月）满后，即乙方已完满执行第2.3.3项后，甲方收到乙方书面通知书后一星期内付还乙方合同总价5%的预扣金（合同3.1.1项、3.2项）。

（9）本合同生效后，涉及本合同之事项的一切来往文件经双方签署认可后生效（合同5.2项）。

（10）双方应遵守中国一切法律、政策并受其保护，如执行合同时发生争议，签约双方协商后，仍不能解决，即提请中国国际经济贸易仲裁委员会按仲裁程序规则进行仲裁，仲裁裁决为最终裁决，双方都应服从。不得诉诸法院或其他权力机构。对于仲裁费用，如仲裁委员会没有另行规定，由败诉一方负担（合同8.1项、8.2项）。

## 第3章 建筑工程纠纷处理的法律制度

合同签订后,申诉人开始装修 D 酒店歌舞厅及西餐厅工程。装修完成后,双方当事人因拖欠装修工程款的争议协商未果,申诉人遂于 2002 年 6 月 17 日向深圳分会申请仲裁。

申诉人在仲裁申请书中请求仲裁庭:(1) 裁决被诉人立即支付拖欠申诉人的装修工程款港币 393 777.96 元;(2) 裁决被诉人赔偿因其违约行为给申诉人造成的经济损失。

2003 年 5 月 31 日,申诉人又进一步明确其仲裁请求,要求被诉人支付:

(1)未付工程款共港币 393 777.96 元,其中工程尾款港币 110 000 元,工程保养款港币 283 777.96 元;

(2)未付工程款利息,以中国人民银行公布贷款利息(率)计算,其中工程尾款利息由 2001 年 3 月 31 日起计算,工程保养款利息由 2001 年 9 月 30 日(应为 10 月 1 日)起计算;

(3)由此案引起的律师费用人民币 6 560 元和仲裁费用由被诉人承担。

申诉人所依据的事实和理由为:2000 年 11 月,申诉人开始按合同规定装修 D 酒店歌舞厅及西餐厅的工程,由于装修期间有新增工程等原因,经双方协商,工期延至 2001 年 3 月 31 日竣工。工程经被诉人验收,质量评定为优良。4 月 12 日,D 酒店歌舞厅及西餐厅开业。工程验收合格后,申诉人按合同 2.3.3 项规定,履行了保修的义务。2001 年 3 月 16 日,申诉人与被诉人双方经过协商,工程总造价由原合同规定的港币 6 771 435.08 元降至港币 5 610 099 元。4 月 16 日,被诉人又确认增加工程款为港币 52 057.50 元。根据合同 2.1.7 项规定,该工程的实际结算额为港币 5 662 156.50 元,但被诉人至今只付给申诉人港币 5 268 378.54 元,尚欠港币 393 777.96 元。此款虽经申诉人多次追讨,但被诉人一直无理拒付。

被诉人在 2002 年 8 月 25 日提交的答辩状中辩称:申诉人所述与事实不符,被诉人为按时开业,在装修工程未进行正式验收的情况下,于 2001 年 4 月 12 日起对装修工程进行了使用,在使用中发现工程质量存在很多问题并要求申诉人进行返修,但申诉人迟迟不派人保修。后经双方协商决定,以后的保养工作由被诉人工程部负责,5%保养款不再支付给申诉人,被诉人同时将歌舞厅新加工程承包给申诉人。在申诉人主张的港币 393 777.96 元工程款中,除去 5%保养款外,尚有港币 11 万余元工程尾款,被诉人一直要求申诉人前来领取尾款,对全部工程款进行结算,但申诉人却迟迟不领取,因此造成的损失应由申诉人自行负担。

被诉人在 2002 年 10 月 30 日提交的补充答辩书中又变更答辩如下。

(1)由于工程质量问题,双方曾口头同意不再付给申诉人 5%保养款,此外其余的工程款项,被诉人早已全部支付给申诉人。

(2)支付方式为:2000 年 11 月 6 日被诉人通过建设银行深圳市分行转支付给申诉人 868 399.90 美元,申诉人自己折算其中的 437 959.13 美元作为履行合同中的 50%的预付款,双方均同意将多支付的部分美元转交香港 J 公司作为被诉人在深圳企业 D 酒店向其购买装修材料的订金,申诉人将该笔款打走后,依然要求被诉人依合同结算工程款。被诉人又于 2001 年 3 月 1 日、3 月 18 日、5 月 20 日、11 月 4 日分四批付给申诉人美金约 18 万元,港币 47 万元。至此,除由申诉人汇走的部分购装修材料的美元外,被诉人共付给申诉人合计港币 5 268 379 元。

(3)装修工程进行到最后,经双方商定确定最后付款额为 5 651 443 港元。因被诉人通过申诉人将 40 余万美元转交香港 J 公司用来购买装修材料,而该香港公司的法定代表人与申诉人一样也是丁某,被诉人有理由认为,该笔美元实际上是由申诉人收取了。后来 J 公司实际并未履行合同,购货款也全部未退还被诉人。因此,被诉人提出:① 申诉人施工质量不符合要求，已经答应的5%保养费理应不再收取。② 被诉人多付给申诉人的430 440.77美元在扣除应付申诉人的工程款余数后，应由申诉人会同其香港J公司将本息全部退回被诉人。

对于被诉人所述第（2）点的反诉请求，按照《中国国际经济贸易仲裁委员会仲裁规则》第九条的规定，其提出时间已超过了期限，深圳分会不予受理。

被诉人在第二次庭审后又对有关问题做出说明：（1）关于补充答辩书提到双方确定最后付款额为5 651 443港元的问题，原工程款在2001年3月份经双方确定为5 610 099港元，4月份又新增工程造价41 344港元，5 651 443港元是5 610 099和41 344之和。（2）申诉人提供的"工程竣工验收证书"是申诉人单方面制造的。（3）关于取消5%保养金问题，被诉人提供了证人证词。

## 二、仲裁庭意见及裁决

1. 关于工程总价款的问题

仲裁庭确认如下事实：

（1）2001年3月16日，申诉人和被诉人的法定代表人共同签字确认合同总价款由原合同规定的6 771 435.08港元降为5 610 099港元。对此双方当事人均无异议。

（2）申诉人交给被诉人标明日期为2001年4月2日的工程预（结）算表，就D酒店夜总会、西餐厅增加工程及签证分项列价，标明新增工程价为56 636港元。经被诉人对部分单价做修改，新增工程改为52 057.50港元。4月16日，被诉方代表×××在该工程预（结）算表下部注明"实际数量及价格合理，应按我们改后之单价结算，实际为52 057.50港元"。

裁庭经审查双方当事人提供的证据，认为52 057.50港元是被诉人对申诉人报价修改后双方确定结算的数额。而被诉人提出的41 344港元，无证据证明经过双方当事人认可。因此，仲裁庭认为双方认可的新增工程价应为52 057.50港元，加上双方当事人无异议的合同总价款5 610 099港元，工程总价款应为5 662 156.50港元。

2. 关于工程验收问题

申诉人向仲裁庭提交了一份"工程竣工验收证书"，上面注明竣工日期是2001年3月31日，验收日期是2001年4月12日，内容将分部工程分为八类，分别评定为优、良和及格，整项工程评定等级为优良，在"存在问题及处理意见"一栏中写明："（1）西餐厅宏大建筑公司按周先生之验收报告书细项已整改完善，除墙身之蚀花镜背面之问题没法改换。（2）对歌舞厅，宏大建筑公司也已按周先生之验收报告书整改完善。"并注明该段文字写于2001年8月20日。在"参加验收单位签署"一栏中，有周某、郑某、王某、冯某和陈某（周某姓名下注明日期2001年8月20日）五人签名。

仲裁庭在开庭时对双方进行调查，申诉人陈述，2001年4月12日，申诉人和被诉人的有关负责人员便对工程进行了验收，质量评为优良，在验收证书上签名的五人中，冯某和陈某是申诉人的代表，而周某、郑某和王某都是被诉人的设计师或工程部负责人，当日验收完后，西餐厅和歌舞厅便正式开业。其后，申诉人按照被诉人聘请的杨××先生于2001年7月12日开列的装修欠妥的清单整改完善，才出现了周某2001年8月20日在验收证书"存在问题及处理意见"一栏的说明及签名。被诉人则称，2001年4月12日，双方对工程进行过检验，但因发现质量问题，未正式验收，也没有签发验收证明书，申诉人所提交的验收证书是被诉方一般工作人员签名的，未盖被诉人的公章，未经总经理签字，它不是正式的验收证书。

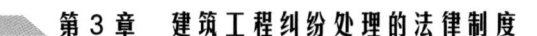

但被诉人在庭上承认吴某、郑某和王某是其请来画图和看工地的负责人员。庭后，被诉人在补充说明中又称申诉人提供的"工程竣工验收证书是申诉人单方面制造的，其中如日期、书写、签名等问题很多，我们不予承认。"

仲裁庭认为，按照合同规定的工程完工验收条款，申诉人在装修工程完工后，即会同被诉人指定的设计师及管理人员进行验收，并由被诉人委任的设计师及管理人员向申诉人签发了"工程竣工验收证书"，至于在验收过程中发现的装修欠妥之处，也已由申诉人在保修期内整改完善，且被诉人的管理人员在整改完后也在验收证书上签了字。因此，申诉人提供的"工程竣工验收证书"符合合同2.3.2项的规定。被诉人以验收证书未盖被诉人公章、未经总经理签字为由，否定验收证书的有效性，是不能成立的。被诉人称验收证书属申诉人单方面制造，但没有提供证据支持其论点，仲裁庭不予接受。

3．关于5%保养金的问题

按照合同规定，半年保修期满后，被诉人应付还申诉人合同总价5%的预扣金。据双方当事人的陈述，此预扣金即为保养金。被诉人在答辩书中及开庭时声称由于工程质量有问题，双方曾口头同意不再付给申诉人5%保养金，以后的保养工作由被诉人工程部负责。申诉人在开庭时陈述，保养期满后，被诉人曾提出过不付保养金的问题，但申诉人没有答应，因申诉人履行了保养义务，没有理由不收保养金。

仲裁庭认为，申诉人在2001年3月31日工程竣工之后，在保修期内又按照被诉人聘请的周某于2001年7月12日所列的保修项目表做了全面整改，且被诉人的代表周某于2001年8月20日在验收证书中对整改项目做了说明。因此，被诉人应在保修期满后按照合同的规定支付申诉人合同总价5%的保养金，并承担延迟支付造成的利息损失。被诉人所称双方曾口头同意不支付申诉人5%保养金，但并不能提供令人采信的证据来证明双方曾有过口头协议，因此仲裁庭不支持被诉人的主张。

4．关于工程尾款问题

申诉人和被诉人均承认，2000年11月6日，被诉人通过中国建设银行深圳市分行转给申诉人868 399.90美元，其中437 959.13美元折为3 385 717.54港元以履行合同中规定的被诉人在合同生效后两个星期内付给申诉人合同总价50%的预付款的要求。此后，被诉人又分四次支付工程款给申诉人，加上第一次的预付款共支付申诉人5 268 378.54港元。

对于2000年11月6日多支付的430 440.77美元，被诉人称双方均同意转交给J公司作为被诉人在深圳企业D酒店向其购买装修材料的订金，被诉人同时承认申诉人已将该订金汇给J公司。在这种情况下，仲裁庭认为，J公司和申诉人是两个不同的法人，被诉人不能以J公司和申诉人的法定代表人是同一人为由，而认为申诉人实际收取了该订金，也不能以J公司未履约为由，而认为该订金自动抵偿了所欠申诉人的工程尾款。因此，被诉人应将拖欠申诉人的工程尾款支付给申诉人并承担延迟支付造成的利息损失。

5．关于律师费用问题

被诉人应偿付申诉人律师费用。

被诉人还应向深圳分会缴纳仲裁费港币2 090元，此款应在本裁决书做出之日起30日内汇付深圳分会。逾期不付，按年利率12%加计利息。

本裁决为终局裁决。

评析：在建筑活动中发生纠纷是难以完全避免的，因此在纠纷发生以前就对处理纠纷的方式做出安排是非常必要的。总的来说，除了纠纷当事人自己协商解决纠纷以外，最终解决纠纷的方式主要有仲裁和诉讼两种。仲裁与诉讼相比具有以下优越性：

（1）仲裁庭的组成一般由当事人各指定一名仲裁员，由仲裁委员会指定一名仲裁员，与诉讼相比，当事人可以参与决定仲裁人员；

（2）仲裁员一般要求的资历比较高，从事审判工作（或律师）八年以上才能当仲裁员，因此仲裁员一般有非常好的法学素养和专业知识，尤其在专业知识上，仲裁员大多都是某一行业的专家或某一方面的法学专家，这比法院有明显的优势；

（3）仲裁实行一裁终局的制度，这能够比较迅速地解决纠纷，但也意味着当事人在仲裁中失败就没有机会了，不像诉讼可以上诉，甚至申诉；

（4）仲裁的裁定需要法院执行，当事人在一定条件下也可以要求法院对仲裁裁决进行审查和撤销。

当事人申请仲裁必须达成仲裁协议，否则仲裁委员会无权进行仲裁。

## 综合案例 19　工程材料款拖欠引起司法执行妨碍案

被拘留人、罚款人：杨元璋，男，66 岁，河南省平顶山市某房屋开发公司经理

被罚款人：谢冠臣，男，59 岁，河南省平顶山市某房屋开发公司副经理

被罚款人：谢开林，男，55 岁，河南省平顶山市某房屋开发公司工地副指挥长

河南省平顶山市卫东区人民法院因湖北省通山县某建筑工程联合公司第四工程队（以下简称通山工程队）不履行发生法律效力的民事调解协议（付清拖欠魏占顺的砖、沙货款），对通山工程队的财产查封后强制执行时，上述 3 人非法阻碍法院工作人员执行职务，情节严重，平顶山市卫东区人民法院决定，分别给予拘留和罚款处罚。

2000 年 11 月底，通山工程队与河南省平顶山市某房屋开发公司（以下简称平顶山房屋公司）签订施工合同。合同规定：通山工程队承包平顶山房屋公司 7 000 多平方米宿舍楼建筑工程；本工程实行包工包料，所需材料由通山工程队自行解决。2001 年 11 月至 2002 年 3 月，通山工程队先后向河南省叶县遵化乡张村农民魏占顺购买砖、砂用于该工程，货款 3 674.5 元一直未付。为此引起纠纷，魏占顺向卫东区人民法院起诉。该院于 2002 年 4 月 23 日受理此案后，在查明事实，分清责任的基础上，依法进行调解，双方自愿达成协议：通山工程队将所欠魏占顺的砖、砂货款及利息共计 87 570 元，于 2002 年 5 月 15 日前一次还清。卫东区人民法院于同年 4 月 26 日将调解书送达双方，调解书发生法律效力。

但是，通山工程队在期满既不向法院申明理由，又不自动履行调解协议，魏占顺于 2002 年 5 月 17 日向卫东区人民法院申请执行。卫东区人民法院曾三次传讯通山工程队负责人，只有该队会计到庭一次，提出队里无款，不能执行。随后，卫东区人民法院查明，通山工程队有一部搅拌机，是该队从荥阳县购进的；有约 2 吨钢材，其中一部分是从平顶山市房屋公司购进的，另一部分是从叶县和平顶山等地购进的。购进的搅拌机和钢材，均有发票或价拨单，已办理财务结算手续，通山工程队已将发票和价拨单作为报销凭证入账。鉴于该队的财产放在工地上，为保证调解协议顺利执行，卫东区人民法院与平顶山房屋公司商量，可否由其拨给通山工程队建筑工程款协助该队执行，被杨元璋、谢开林拒绝。卫东区人民法院告诉

杨元璋要强制执行通山工程队的财产,并依照《民事诉讼法》的规定,经院长批准,于2002年5月24日向通山工程队下达了查封命令,由该队会计到场,在工地查封了通山工程队的搅拌机1部、钢材约2吨;限该队3天之内把欠款如数付给魏占顺,如期满不付清,将以查封的财产折抵债务。

卫东区人民法院查封措施实施后,平顶山房屋公司谢开林等人便代表其公司,指使通山工程队将工地的一切材料、设备(包括法院已查封的搅拌机和钢材)移交给该公司。因通山工程队在限期届满仍不给付魏占顺欠款,卫东区人民法院于2002年5月28日上午,邀请平顶山市五条路街道办事处司法助理员参加,派两名执行人员前往工地,告知通山工程队到场的会计,法院要强制执行查封的财产。该会计说:"平顶山房屋公司通知了,工地上的货物全收了,已归该公司了。"执行人员问有无交接手续,工程承包合同解除没有?该队会计答:"没有手续,也未解除合同。"执行人员即宣布先将查封的财产清点拉走,然后再由通山工程队与魏占顺协商作价抵债。但是,当法院执行人员将查封的钢材装车时,谢开林赶到现场进行阻拦说:这是平顶山房屋公司的工地,钢材是公司的,我是指挥长,我不让拉就不能拉,工地上的货物都移交给平顶山房屋公司了。法院执行人员向谢说明:你公司的工程是包工包料,法院是依法强制执行已查封的通山工程队的财产,与你公司没有关系。谢开林不听劝告。因执行工作受阻,当天上午11时,法院执行人员将上述情况报告法院领导。院长即派民事庭负责人赵闯及法警等4人赶到现场,听了汇报后,决定继续执行。当执行人员将已查封的钢材继续装车时,杨元璋、谢冠臣和谢开林等人先后赶到现场,以法院强制执行的财产归平顶山房屋公司所有为由,继续阻拦装车。赵闯严肃指出:法院查封的这批财产是通山工程队的,今天我们是依法执行公务,你们有意见,可找院长反映,不能妨碍执行。杨元璋说:"你们院长算哪一级!市中级法院院长来也拉不成!我不叫拉谁敢动!"谢冠臣接着暴跳如雷地说:"要拉货,扣你们车!我们也有治安室,谁敢动扣谁!"随即杨元璋等人指使民工50多人,把法院执行人员团团围住,谁说话便进行围攻。谢开林组织几十人一哄而上,把已装上车的钢材全部卸下,并且立即转移到平顶山房屋公司材料仓库。由于杨元璋、谢冠臣、谢开林等人的非法阻挠,执行工作被迫中断。

事后,河南省计划经济委员会、河南省城乡建设环境保护厅、中国建设银行河南省分行受法院的委托,于2002年8月29日派专家和工程技术人员,对本案执行的财产所有权归属问题进行了论证,以《鉴定意见书》确认:"通山工程队依据《施工合同》规定和办理的材料结算手续,所采购的建筑材料及施工机械,应拥有所有权。"与法院的认定完全一致。杨元璋等人坚持的卫东区人民法院执行通山工程队的财产,其所有权归平顶山房屋公司所有,毫无根据。

杨元璋、谢冠臣、谢开林非法阻碍司法工作人员执行职务,妨碍民事诉讼活动正常进行,情节严重,影响很坏。2002年12月14日,卫东区人民法院依照《民事诉讼法》的规定,经院长批准,决定:对杨元璋拘留10天,罚款2 000元;对谢冠臣罚款2 000元;对谢开林罚款1 000元。当日,卫东区人民法院向杨元璋、谢冠臣、谢开林宣布了上述决定,并当即将杨元璋交平顶山市公安局依法执行拘留。

**评析:**人民法院是代表国家进行审判和工作的,其背后是有国家强制力作为后盾的,因此对抗司法机关或者阻碍司法机关工作人员执行职务的后果是非常严重的。《民事诉讼法》

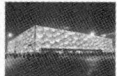

规定:"诉讼参与人和其他人应当遵守法庭规则。人民法院对违反法庭规则的人,可以予以训诫,责令退出法庭或者予以罚款、拘留。人民法院对哄闹、冲击法庭,侮辱、诽谤、威胁、殴打审判人员,严重扰乱法庭秩序的人,依法追究刑事责任;情节较轻的,予以罚款、拘留。"同时新《刑法》第三百零九条规定:"聚众哄闹、冲击法庭,或者殴打司法工作人员,严重扰乱法庭秩序的,处三年以下有期徒刑、拘役、管制或者罚金。"严重妨碍司法秩序的人是要受到刑事处罚的。由于本案当事人妨碍司法秩序的行为还不算太严重,只是给予拘留和罚款的处罚。

## 思考与练习题 3

一、单项选择题

1. 下列中有强制执行效力的是(　　)。
   A. 和解协议　　　　　　　　　B. 调解协议
   C. 仲裁庭调解书　　　　　　　D. 法院在执行中当事人的和解协议

2. 具有一次性决定效力的是(　　)。
   A. 和解　　　B. 调解　　　C. 仲裁　　　D. 诉讼

3. 仲裁庭做出的调解书经双方当事人(　　)即发生法律效力。
   A. 签收后　　B. 签收 7 天后　　C. 签收 15 天后　　D. 签收 30 天后

4. 仲裁庭的裁决书自(　　)发生法律效力。
   A. 作出之日　　　　　　　　　B. 作出之日起 7 天后
   C. 作出之日起 15 天后　　　　D. 作出之日起 30 天后

5. 被告在收到起诉状副本之日起 15 天内提出答辩状。被告不提出答辩状的,(　　)。
   A. 人民法院不得开庭审理　　　B. 人民法院可判决被告败诉
   C. 不影响人民法院的审理　　　D. 人民法院可以缺席审理

6. 地域管辖的一般原则是(　　)。
   A. 原告就被告　　　　　　　　B. 被告就原告
   C. 由当事人所在地的人民法院管辖
   D. 由诉讼标的所在地人民法院管辖

7. 建设工程纠纷仲裁解决时,以下不正确的论述是(　　)。
   A. 当事人申请仲裁后,可以自行和解
   B. 仲裁庭作出裁决前,可以先行调解
   C. 仲裁庭调解达成协议的,仲裁庭应该制作调解书,不再制作裁决书
   D. 调解书与裁决书具有同等法律效力

8. 下列关于和解的说法正确的是(　　)。
   A. 能够较为经济,较为及时地解决纠纷
   B. 纠纷的解决有第三方的介入,其身份没有限制,但最好为双方所信任
   C. 有利于消除合同当事人的对立情绪,维护双方的长期合作关系
   D. 达成的协议不具有强制执行的效力,其执行依靠当事人的自觉履行

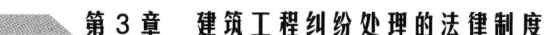

9. 和解与调解相比较，其主要区别是（　　）。
   A．是否能够经济、及时地解决纠纷
   B．纠纷的解决有无第三方介入
   C．是否有利于维护双方的合作关系
   D．达成的协议是否具有强制执行的效力

10. 下列各项中，关于仲裁过程中的证据提供、收集和应用，说法正确的是（　　）。
    A．证据的提供应该由公安或者检察部门负责
    B．仲裁庭认为有必要收集的证据，经当事人同意，可以收集
    C．仲裁庭对专门性问题认为需要鉴定的，可以交由当事人约定的鉴定部门鉴定，也可以由仲裁庭指定的鉴定部门鉴定
    D．当事人认为需要的，可以向鉴定人直接提问

11. 下列各项中，关于施工企业转让、出借资质证书或者以其他方式允许他人以本企业的名义承揽工程，因该项承揽工程不符合规定的质量标准给建设单位造成损失的，说法正确的是（　　）。
    A．施工企业承担全部赔偿责任
    B．挂靠单位或者个人承担全部赔偿责任
    C．施工单位与挂靠单位或者个人承担连带赔偿责任
    D．施工单位与挂靠单位或者个人分别承担各自应负的责任

12. 建筑物或者其他设施及建筑物上的搁置物、悬挂物发生倒塌、脱落、坠落造成他人损害的，应该遵循的处理原则为（　　）。
    A．一般由受害人自行承担民事责任
    B．一般由国家环保主管部门承担民事责任
    C．除非建筑物的所有人或者管理人如果能够证明其无过错，建筑物的所有人或者管理人应当承担民事责任
    D．无论建筑物的所有人或者管理人有无过错，应当依法承担民事责任

13. 下列各项中，关于施工现场安全保卫工作，说法错误的是（　　）。
    A．应当在现场周边设立围护设施
    B．脚手架应当统一设置围护设施
    C．施工现场在市区的，周围应当设置遮挡围栏
    D．非施工人员不得擅自进入施工现场

二、多项选择题

1. 在合同双方没有协议选择管辖法院的情况下，因为合同纠纷引起的诉讼，由（　　）人民法院管辖。
   A．原告住所地　　　B．被告住所地　　　C．合同履行地
   D．合同的签订地　　E．标的物所在地

2. 下列各项中，关于施工合同质量纠纷的成因，说法正确的是（　　）。
   A．建设单位不顾实际地降低造价，缩短工期
   B．建设单位将工程发包给没有资质的单位或者将工程任意肢解进行发包

C. 建设单位没有将施工图设计报县级以上人民政府建设行政主管部门或者其他有关部门审查

D. 在工程施工过程中，没有按照要求设置明显标志、采取安全措施

E. 单方解除合同

3. 根据我国《仲裁法》的规定，使得仲裁协议无效的情形包括（　　）。

A. 约定的事项超出法律规定的仲裁范围的

B. 无民事行为能力人或者限制民事行为能力人订立的仲裁协议

C. 一方采取欺诈、威胁手段，使对方订立仲裁协议的

D. 在仲裁协议中，当事人对仲裁事项或者仲裁委员会没有约定或者约定不明确，当事人又不能达成补充协议的

E. 合同的变更、解除、终止或者无效的

4. 人民法院采取证据保全的方法主要有（　　）。

A. 听取当事人的陈述，并做记录

B. 对文书、物品等进行录像、拍照、抄写或者用其他方法加以复制

C. 委托有资格的专业机构对证据采取处理措施，延长证据的留存时间

D. 向证人进行询问调查，记录证人证言

E. 对证据进行鉴定或者勘验

5. 诉讼管辖可以分为（　　）。

A. 级别管辖　　　　B. 地域管辖　　　　C. 移送管辖

D. 专属管辖　　　　E. 指定管辖

6. 未取得《建筑业企业资质证书》承揽工程的，应该承担的责任有（　　）。

A. 民事责任　　　　B. 行政责任　　　　C. 经济责任

D. 刑事责任　　　　E. 违宪责任

7. 建设施工纠纷发生后，需要通过诉讼方式解决纠纷的，当事人应当向人民法院起诉，起诉应当符合的条件包括（　　）。

A. 当事人在合同中约定，以诉讼作为争议解决的方式

B. 原告是与本案有利害关系的公民、法人和其他组织

C. 有明确的被告

D. 有具体的诉讼请求、事实和理由

E. 属于人民法院受理民事诉讼的范围和受诉人民法院管辖

# 第4章 建筑工程法律责任

**教学导航**

| 知识重点 | 1. 建筑当事人的法律责任； 2. 承包单位的法律责任；<br>3. 监理单位的法律责任 |
|---|---|
| 知识难点 | 1. 法律责任的一般构成要件和特殊构成要件；<br>2. 建筑工程法律责任的分类 |
| 学习要求 | 掌握建筑工程相关法律关于法律责任的规定，工程建设的主要民事责任；<br>熟悉工程建设的行政责任和刑事责任的种类；<br>了解建筑工程法律责任的构成要件、特征和种类 |
| 推荐教学方式 | 根据违法行为的一般特点，对法律责任的构成要件进行概括。根据相关建筑法规案例，讲解建筑各主体的法律责任 |
| 建议学时 | 4学时 |

**【案例 4-1】** A 某以公司名义对外承包一施工项目，并与建筑企业签订相关协议，协议中规定：A 某此次对外承包系个人行为，但因借用公司名义需向建筑企业缴纳管理费用共计 10 万元，工程盈亏自负，不得以公司的名义借款，造成任何损失纠纷与建筑企业无关。在施工过程中，A 某作为项目经理。施工后不久 A 某工程资金周转不善，又因项目部印章管理不完善。A 某以公司的名义借款 100 万元，并在欠条上加盖项目部印章。后债权人多次向 A 某讨要欠款未果，即将 A 公司告至法院。在起诉过程中，虽然公司将 A 某与公司签订的协议作为证据，但法院仍然将判决建筑企业需支付欠款 100 万元。你认为法院的判决正确吗？请说明理由。

**评析：** 判决合理。A 某为项目部的项目经理，可以代表建筑企业处理施工过程中的所有问题，虽建筑企业与 A 某签订了相关的协议，但没有对相关第三方进行告知，造成了足以使善意第三方相信 A 某有代理权的假象，造成了"表象代理"。所以建筑企业需负相关法律责任。

## 4.1 建筑工程法律责任的构成、特点及分类

### 4.1.1 建筑工程法律责任的构成要件

法律责任，是指行为人由于违法行为而应该承受的某种不利的法律后果。此处的行为人包括自然人、法人及其他组织。

建筑工程法律责任是建筑法律关系主体违反《建筑法》及其他法律规范而应当承担的法律责任，属于法律责任的组成部分之一。建设工程项目的完成通常是极为复杂的社会生产过程，一般要经过可行性研究、勘察设计、工程施工、竣工验收等阶段，参与者有建设单位、承包单位（勘察单位、设计单位、施工单位）、监理单位。按建筑法律关系主体划分，建筑法律责任可以分为建设单位法律责任、承包单位法律责任、监理单位法律责任。

在通常情况下，一旦有违法行为就需要承担法律责任，接受法律制裁。但是，并不能绝对地认为每个违法行为都必然导致法律责任。只有符合一定条件的违法行为才能引起法律责任。这种"一定条件"的总和就是法律责任的构成要件。

法律责任的构成要件有一般构成要件和特殊构成要件之分。所谓的一般构成要件是指：只要具备了这些条件就可以引起法律责任，法律无须明确规定这些条件；所谓特殊构成要件是指：只有具备了法律明确规定的要件时，才能构成法律责任，也就是说特殊要件必须有法律的明确规定。

下面我们将分别介绍法律责任的一般构成要件和特殊构成要件。

**1. 一般构成要件**

法律责任的一般构成要件有责任主体、损害事实、违法行为、因果关系和主观过错五个方面，五个方面紧密联系，互相作用，缺一不可。

（1）责任主体，是指承担法律责任的人，包括自然人、法人和其他社会组织。责任主体是法律责任构成的必备要件。应注意责任主体不完全等同违法主体，无民事行为能力的人就不可能成为责任主体，所以责任主体对于法律责任的有无、种类、大小有着密切的关系。

（2）损害事实，是指违法行为对法律所保护的社会关系和社会秩序所造成的侵害。损害

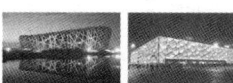

可以是对人身的损害、财产的损害、精神的损害，也可以是其他方面的损害。损害事实具有确定性和客观性，即已经存在。没有损害事实的存在，则不构成法律责任。

在此需要注意的是，损害事实不同于损害结果。损害结果是违法行为对行为指向的对象所造成的实际损害。有些违法行为尽管没有损害结果，但是已经对一定的社会关系和社会秩序构成了侵犯，因此也要承担法律责任，比如犯罪的预备、未遂等。

（3）违法行为，是法律责任的核心构成要件，法律规范中规定法律责任的目的就在于使国家的政治生活和社会生活按照统治阶级的意志发展，符合统治阶级的要求，以国家的强制力来树立法律的威严，制裁违法，减少犯罪。如果没有违法行为就不需要承担法律责任，并且合法的行为还受到法律的保护。所以，只要行为人的行为合法，即使造成了一定的损害后果，也不承担法律责任。比如，正当防卫、紧急避险和执行职务的行为，就不需要承担法律责任。

但是，需要注意的是违法行为包括了作为和不作为两类。作为是指人的积极的身体活动。直接做了法律所禁止的事情自然需要承担法律责任。不作为是指人的消极的身体活动，行为人在能够履行自己应尽义务的情况下不履行该义务，例如，不做法律规定应该做的事情，也要承担法律责任。区分作为和不作为，对于确定法律责任的范围、大小具有重要意义。

（4）因果关系，是指违法行为和损害事实之间的因果关系。因果关系是一种引起和被引起的关系，即一现象的出现是由于先前存在的另一现象而引起的，则这两现象之间就具有了因果关系。因果关系是归责的基础和前提，是认定法律责任的基本依据。

违法行为和损害事实之间的因果关系，指的是违法行为与损害事实之间存在着客观的、必然的因果关系。也就是说，一定损害事实是该违法行为所引起的必然结果，该违法行为正是引起损害事实的原因。

（5）主观过错，是指行为人对其行为及由此所引起的损害事实所抱的主观态度。主观过错包括故意和过失两类。故意是指明知自己的行为会发生危害社会的结果，而希望或者放任这种结果发生的心理状态。过失是指应当预见自己的行为可能发生损害他人、危害社会的结果，因为疏忽大意而没有预见，或者已经预见而轻信可以避免，以致发生这种结果的心理状态。

如果行为人在主观上既没有故意也没有过失，即使发生了损害结果，行为人也不需要承担法律责任。例如施工企业在施工过程中遇到严重的暴风雨，造成了停工，延误了工期，在这种情况下，停工行为和延误工期造成损失的结果并非出自施工者的故意和过失，而属于不可抗力，故不应该承担法律责任。

### 2．特殊构成要件

特殊构成要件，是指由法律特殊规定的法律责任的构成要件，它们并非有机地结合在一起，而是分别同一般要件构成法律责任。

（1）特殊主体。在一般构成要件中，对违法者即需要承担法律责任的主体，只要求具备了相应的民事行为能力即可成为责任主体，而没有其他的特殊要求。而特殊主体则不同，它是指法律规定违法者必须具备一定的身份和职务时才能承担法律责任。主要体现在刑事责任中的职务犯罪，如贪污罪、受贿罪、巨额财产来源不明罪等，以及行政责任中的职务违法，如以权谋私、徇私舞弊等。行为人如果不具备这一特殊主体的条件时,则不承担这类法律责任。

(2) 特殊结果。在法律责任的一般构成要件中,只要有损害事实的发生就需要承担相应的法律责任,而在特殊结果中,则要求的不是一般的损害事实和损害结果,它要求的是后果严重、损失重大,否则不能构成法律责任。

如质量监督人员对工程质量监督工作粗心大意、不负责任,如果致使应当发现的隐患而没有发现,造成严重的质量事故,那么就需承担玩忽职守的法律责任。

(3) 无过错责任。法律责任的一般构成要件中,都要求违法者在主观上应该具有过错,此即过错责任原则。而无过错责任并不要求行为者主观上是否有过错,只要有损害事实的发生,受益者就要承担一定的法律责任。

无过错责任,主要反映的是法律责任的补偿性,而不具有法律制裁意义。

(4) 转承责任。法律责任的一般构成要件都是要求违法行为的实施者承担法律责任,但是在我们国家的民法和行政法中,有一部分法律责任的承担者并不是由行为者来承担,而是由与违法者有一定关系的第三人来承担。

例如,在民事法律当中,未成年人的侵权责任由其监护人承担;在行政法律当中,被委托行政机关在行使被委托事项过程中产生的责任由委托机关承担。

【案例4-2】某省会城市建造一座跨江大桥,通过招标,某一级资质施工单位承接。建成后此桥顺利竣工验收,却在使用不到一年时间时主桥断裂,造成重大人员伤亡事故及严重的社会影响。后经调查:(1) 施工单位有严重的偷工减料,要求用块石的,在事故后现场却发现石块有大有小,甚至有碎石、空隙。(2) 监理单位严重失职,没有对工程质量严格把关,起码一半的监理人员没有从业资格。(3) 设计方案有误。设计方将设计任务违法转包给个人。后经相关司法部门追究各方的责任,最高判决死缓和无期徒刑。

### 4.1.2 建筑工程法律责任的特点

建筑工程法律责任属于法律责任的一个重要组成部分,法律责任所具备的特点,也都是建筑工程法律责任的特点。

法律责任不同于道义责任或其他社会责任。法律责任通常具有下列特点。

(1) 法律责任的法定性。法律是由国家制定和认可的,并且由国家强制力保障实施的规范总称。法律责任的法定性主要表现了法律的强制性,即违反法律时就必然受到法律的制裁,是国家强制力在法律规范中的一个具体体现。

(2) 承担法律责任的最终依据是法律。承担法律责任的具体原因可能各有不同,但最终的依据是法律。因为一旦法律责任不能顺利承担或者履行,就需要司法机关进行裁判,司法机关只能依据法律做出最终的裁决。当然,这里讲的法律既可以是正式意义上的法律渊源,也可以是非正式意义上的法律渊源。

(3) 法律责任由专门的国家机关和部门来认定。法律责任是依据法律的规定而让违法者承担一定的责任,是法律适用的一个组成部分。所以,法律责任必须由专门的国家机关和部门来认定,无法定权力的单位和个人是不能认定法律责任的。

### 4.1.3 建筑工程法律责任的分类

法律责任的分类，也就是法律责任的各种表现形式的分类。依据违法行为的不同和违法者承担法律责任的方式不同，法律责任可以分为民事责任、行政责任、刑事责任。建筑工程法律责任属于法律责任的组成部分，同样的道理，依据建筑工程违法行为的不同和违法者承担法律责任的方式不同，建筑工程法律责任也可以分为：民事责任、行政责任、刑事责任。下面我们将分别介绍建筑工程法律责任的种类。

#### 1. 工程建设的民事责任

1）民事责任的概念和特点

民事责任是指由于违反民事法律规定时，所应该承担的法律责任。

民事责任的特点如下。

（1）民事责任主要是一种救济责任。民事责任的功能主要在于救济当事人的权利，赔偿或补偿当事人的损失。当然，民事责任也执行惩罚的功能，具有惩罚的内容。违约金本身就含有惩罚的意思，收缴进行非法活动的财物和非法所得，罚款，拘留等，都是以执行惩罚和预防功能为主的责任。

（2）民事责任主要是一种财产责任。这是与第一个特点紧密联系的。赔偿损失、支付违约金、罚款，都是以财产为内容的。当然除财产责任以外，民事责任还包括其他责任方式。其中包括：行为责任，比如停止侵害、排除妨碍、消除危险、恢复原状等；精神责任，比如训诫、具结悔过；人身责任，比如拘留。但是，其中最主要的还是财产责任。

（3）民事责任主要是一方当事人对另一方的责任，在法律允许的条件下，多数民事责任可以由当事人协商解决。

2）民事责任的种类

以产生责任的法律基础为标准，民事责任可以分为违约责任和侵权责任。

违约责任是指行为人不履行合同义务或者履行合同义务不符合合同约定所产生的民事责任（在《合同法》中，对此有详细介绍）。

侵权责任是指行为人侵犯国家、集体和公民的财产权利，以及侵犯法人名称权和自然人的人身权时所产生的民事责任。

3）承担民事责任的方式

承担民事责任的方式如下。

（1）停止侵害。

（2）排除妨碍。

（3）消除危险。

（4）返还财产。

（5）恢复原状。

（6）修理、重做、更换。

（7）赔偿损失。

（8）支付违约金。

（9）消除影响、恢复名誉。
（10）赔礼道歉。
以上承担民事责任的方式，可以单独适用，也可以合并适用。

### 2. 工程建设的行政责任

1）行政责任的概念和特点

行政责任，是指因违反行政法或者因为行政法的规定而应该承担的法律责任。

行政责任的特点如下。

（1）承担行政责任的主体是行政主体和行政相对人。

行政主体，是拥有行政管理职权的行政机关及其公职人员；行政相对人，是指负有遵守行政法义务的普通公民、法人。

（2）产生行政责任的原因是行为人的行政违法行为和法律规定的特殊情况。

（3）通常情况下，实行过错推定的方法。在法律规定的一些场合，实行严格责任。

（4）行政责任的承担方式多样化。

2）行政责任的种类

（1）公民和法人因违反行政管理法律、法规的行为而应承担的行政责任；

（2）国家工作人员因违反政纪或在执行职务时违反行政法规的行为。

3）行政责任的承担方式

（1）行政处罚。即由国家行政机关或授权的企事业单位、社会团体，对公民和法人违反行政管理法律、法规的行为所实施的制裁，主要有警告、罚款、没收违法所得、没收非法财物、责令停产停业、暂扣或者吊销许可证、暂扣或者吊销执照、行政拘留等。

（2）行政处分。即由国家机关、企事业单位对其工作人员违反行政法规或政纪的行为所实施的制裁，主要有警告、记过、记大过、降职、降薪、撤职、留用察看、开除等。

### 3. 工程建设的刑事责任

1）刑事责任的概念和特点

刑事责任，是指犯罪主体因违反《中华人民共和国刑法》（下称《刑法》）的规定，实施了犯罪行为时所应承担的法律责任，是司法机关代表国家所确定的否定性法律后果。

刑事责任的特点如下。

（1）产生刑事责任的原因在于行为人行为的严重社会危害性。

只有行为人的行为具有严重的社会危害性（即构成犯罪），才能追究行为人的刑事责任。

（2）与作为刑事责任前提的行为的严重社会危害性相适应，刑事责任是犯罪人向国家所负的一种法律责任。它与民事责任由违法者向被害人承担责任有明显的区别，刑事责任的大小、有无都不以被害人的意志为转移。

（3）刑事法律是追究刑事责任的唯一法律依据，罪行法定。

（4）刑事责任是一种惩罚性责任，因此是所有法律责任中最严厉的一种。惩罚是刑事责任的首要功能。

（5）刑事责任基本上是一种个人责任。一般来说只有实施犯罪行为者本人才能承担刑事责任。

2）刑事责任的种类

刑事责任的种类主要包括重大责任事故罪，重大劳动安全事故罪，工程重大安全事故罪，公司、企业人员受贿罪，向公司、企业人员行贿罪，贪污罪，介绍贿赂罪，单位行贿罪，签订、履行合同失职罪，强迫职工劳动罪，挪用公款罪，重大环境污染事故罪，玩忽职守罪，滥用职权罪，徇私舞弊罪等。

3）刑事责任的承担方式

（1）刑事责任的承担方式是刑事处罚。刑事处罚有两种：主刑和附加刑。主刑，包括管制、拘役、有期徒刑、无期徒刑和死刑。附加刑，包括罚金、没收财产和剥夺政治权利。

（2）有些刑事责任可以根据犯罪的具体情况而免除刑事处罚。对免除刑事处罚的罪犯，有关部门可以根据法律的规定使其承担其他种类法律责任，如对贪污犯可以给予开除公职的行政处分等。

**【案例4-3】** 某厂新建一车间，分别与市设计院和市建某公司签订设计合同和施工合同。工程竣工后厂房北侧墙壁出现裂缝，为此某厂向法院起诉市建某公司。经勘验裂缝是由于地基不均匀沉降引起的。结论是结构设计图纸所依据的地质资料不准，于是某厂又诉讼市设计院。市设计院答辩，设计院是根据某厂提供的地质资料设计的，不应承担事故责任。经法院查证：某厂提供的地质资料不是新建车间的地质资料，而是与该车间相邻的某厂的地质资料，事故前设计院也不知该情况。

请问：（1）事故的责任者是谁？

（2）某厂所发生的诉讼费应由谁承担？

评析：（1）该案例中，设计合同的主体是某厂和市设计院，施工合同的主体是某厂和市建某公司。根据案情，由于设计图纸所依据的资料不准，使地基不均匀沉降，最终导致墙壁裂缝事故，所以，事故所涉及的是设计合同中的责权关系，而与施工合同无关，即市建某公司没有责任。在设计合同中，提供准确的资料是委托方的义务之一，而且要对"资料的可靠性负责"（《建筑工程质量管理条例》第八条），所以委托方提供假地质资料是事故的根源。委托方是事故的责任者之一。市设计院接对方提供的资料设计，似乎没有过错，但是直到事故发生前设计院仍不知道资料虚假，说明在整个设计过程中，设计院并未对地质资料进行认真的审查，使假资料滥竽充数，导致事故，否则，有可能防患于未然。所以，设计院也是责任者之一。由此可知：在此事故中，委托方（某厂）为直接责任者、主要责任者，承担方（设计院）为间接责任者、次要责任者。

（2）根据上述结论，某厂发生的诉讼费，主要应由某厂负担，市设计院也应承担一小部分。

## 4.2 建筑当事人的法律责任

### 4.2.1 建设单位的法律责任

**1. 民事法律责任**

1）未按照约定提供施工场地、资金、材料、资料等情况下的违约责任

建设单位应为承包单位提供施工场地，负责办理正式工程和临时设施所需施工用地、民

房的拆迁和障碍物拆除等许可证。建设单位应按期完成这些工作，提供符合要求的施工场地，否则，建设单位构成违约。建设单位在工程开工前或者施工过程中需按照约定提供建设资金，否则，建设单位需承担相应的违约责任。技术资料是工程建设项目顺利进行的技术保障。建设单位应当按照约定，及时提供相关技术资料，否则，建设单位应承担违约责任。建设工程合同中，对材料和设备的供应方式一般有明确规定。按照建设单位、承包单位的约定或者国家法律、法规的规定，承包单位对建设工程采取包工不包料或者包工半包料的方式，则建设单位应负责全部或者部分材料和设备的供应。如果建设单位未按照约定的时间和要求供应材料和设备，即构成违约。

建设单位对上述违约行为应当承担违约责任，包括顺延建设工程日期，赔偿停工、窝工等损失。承包单位承包工程建设项目后，一般即会按照约定组织人员、设备、材料等进入施工现场。建设单位如果未按照约定时间和方式提供材料、设备、场地、资金、技术资料，就会导致承包单位施工现场的停工、窝工，导致承包单位遭受额外经济损失。建设单位应对承包单位因此受到的实际损失予以赔偿。

2）导致建设工程停建、缓建的责任

建设单位由于资金缺乏、原材料短缺等种种原因会导致工程建设项目停建、缓建。由于建设单位原因致使工程中途停建、缓建时，建设单位有义务采取措施弥补或者减少损失，防止损失进一步扩大。因建设单位的原因导致建设工程停建、缓建后，承包单位已经投入的人员、物资等需要重新调整，往往造成停工、窝工、倒运、机械设备调迁、材料和构件积压等，给承包单位带来额外的损失，建设单位应按承包单位实际损失予以赔偿。

3）对勘察单位、设计单位的责任

建设单位将工程建设项目的勘察、设计委托给勘察单位、设计单位后，勘察单位、设计单位一般即依照约定开展勘察、设计工作。建设单位应严守约定，不得随意更改勘察、设计内容，并应按约定提供勘察、设计所需的资料、工作条件。如果建设单位单方违反约定变更计划，提供的资料不准确，或者未按照期限提供必需的勘察、设计工作条件，会使勘察单位、设计单位支出额外的工作量，使得勘察、设计费用不合理增加。建设单位应按照勘察单位、设计单位实际消耗的工作量增付费用，即按照勘察单位、设计单位所受到的实际损失承担赔偿责任。

4）未按照约定支付工程价款时的责任

取得工程价款是承包单位履行义务后享有的权利，给付工程价款是建设单位享受权利后应承担的义务。建设单位未按照约定支付价款的，承包单位可以催告建设单位在合理期限内支付价款。建设单位逾期不支付的，除按照建设工程的性质不宜折价、拍卖的以外，承包单位可以与建设单位协议将该工程折价，也可以申请人民法院将该工程依法拍卖。建设工程的价款就该工程折价或者拍卖的价款优先受偿。承包单位优先权的实现有两种方式：一是通过建设单位与承包单位之间的协议，对建设工程进行折价，承包单位在支付折价款与工程价款的差额后，取得该项建设工程的所有权，使其工程价款债权得以实现；二是在人民法院主持下对建设工程进行拍卖。并且建设单位应按银行有关逾期付款办法或"工程价款结算办法"的有关规定，承担逾期付款的违约责任。

5）使用未经验收或验收不合格的工程的责任

建设工程必须经过验收合格，并由建设单位正式接收后方可使用。工程的验收是建设单位对承包单位所承建工程的质量符合合同约定和法律规定的标准的确认。《合同法》第二百七十九条和《建筑法》第六十一条第 2 款对使用未经验收或者验收不合格的工程的责任问题做了相同规定：建设工程竣工验收合格后，方可交付使用；未经验收或者验收不合格的，不得交付使用。建设单位不得自己使用或者转让给他人使用未经验收或者验收不合格的工程。交付使用未经验收或验收不合格工程，建设单位需承担责任。并且，如果建设单位将未经验收或验收不合格工程转让给第三人使用的，应属无效转让，承担无效转让的法律责任。

【案例4-4】某钢铁工厂（甲方）和海宏建筑企业签订工厂厂房建设的施工合同。海宏建筑企业按合同约定日期完工，完工后，甲方未经验收即使用了厂房，但一直拖欠工程款，共计 100 万元。海宏建筑企业在多次催要未果后起诉到法院，要求钢铁工厂尽快支付工程款。但钢铁工厂却提出反诉讼，称工程有质量缺陷。在诉讼时，海宏建筑企业拿出钢铁工厂未经验收已使用厂房的相关证据。后法院最终采信了建筑企业的证据，判决甲方的索赔无效。

## 2. 行政法律责任

建设单位在建筑活动中违反《建筑法》及其他行政管理法律规范应当承担行政法律责任，主要体现在以下方面。

（1）建设单位违反规定将建设工程发包给不具有相应资质条件的勘察、设计、施工单位，或者委托给不具有相应资质等级的工程监理单位，或者违反规定将建筑工程肢解发包的，责令改正，处以罚款。建设单位违反规定将建筑工程肢解发包，对全部或者部分使用国有资金的项目，并可以暂停项目执行或者暂停资金拨付。

（2）建设单位违反《建设工程质量管理条例》的规定，有下列行为之一的，责令改正，处以罚款：迫使承包方以低于成本的价格竞标的；任意压缩合理工期的；明示或者暗示设计单位或者施工单位违反工程建设强制性标准，降低工程质量的；施工图设计文件未经审查或者审查不合格，擅自施工的；建设项目必须实行工程监理而未实行工程监理的；明示或者暗示施工单位使用不合格的建筑材料、建筑构配件和设备的；未按照国家规定将竣工验收报告、有关认可文件或者准许使用文件报送备案的。

（3）建设单位违反规定未取得施工许可证或者开工报告未经批准擅自施工的，责令改正，对不符合开工条件的责令停止施工，可以处以罚款。

（4）建设单位违反规定未经组织竣工验收擅自交付使用，或者验收不合格擅自交付使用，或者对不合格的建设工程按照合格工程验收的，责令改正，处以罚款；造成损失的，依法承担赔偿责任。

（5）建设工程竣工验收后，建设单位违反规定未向建设行政主管部门或者其他有关部门移交建设项目档案的，责令改正，处以罚款。

（6）建设单位在建设工程发包与承包中索贿、受贿、行贿，不构成犯罪的，分别处以罚款、没收贿赂的财物、对直接负责的主管人员和其他直接责任人员给予处分。

## 3. 刑事法律责任

建设单位在建筑活动中违反刑事法律规范应当承担刑事法律责任，主要体现在以下方面：建设单位违反《建筑法》规定，要求建筑设计单位或者建筑施工企业违反建筑工程质量、安全标准，降低工程质量，构成犯罪的，依法追究刑事责任。建设单位在这种情况下涉及工程重大安全事故罪。《刑法》第一百三十七条规定，建设单位、设计单位、施工单位、工程监理单位违反国家规定，降低工程质量标准，造成重大安全事故的，对直接责任人员，处五年以下有期徒刑或者拘役，并处罚金；后果特别严重的，处五年以上十年以下有期徒刑，并处罚金。该罪侵犯的客体是建筑工程安全；在客观方面表现为建筑工程违反国家规定，降低工程质量标准，造成重大安全事故的行为；主观方面是过失，即对造成严重后果所持的心理态度是过失，至于降低工程质量标准，则可以是故意降低。

《建筑法》第六十八条规定，建设单位在建设工程发包与承包中索贿、受贿、行贿，构成犯罪的，依法追究刑事责任。建设单位在这种情况下可能涉及《刑法》第一百六十三条公司、企业人员受贿罪，第一百六十四条对公司、企业人员行贿罪，第三百八十五条受贿罪，第三百八十七条单位受贿罪，第三百八十九条行贿罪，第三百九十一条对单位行贿罪，第三百九十三条单位行贿罪等罪名。如果构成犯罪则应该依据《刑法》追究相关人员的刑事责任。

### 4.2.2 承包单位的法律责任

#### 1. 民事法律责任

1）承包单位违约责任

（1）勘察单位、设计单位违约责任

勘察单位、设计单位的违约行为包括两种方式：一是勘察、设计的质量不符合要求，没有达到约定的要求或者勘察、设计的质量不符合法律、法规的强制性标准；二是勘察单位、设计单位未按照约定的期限提交勘察、设计文件拖延工期。勘察、设计单位有违约行为并且给建设单位造成了损失，勘察单位、设计单位应当承担相应的法律责任。《合同法》第二百八十条对勘察单位、设计单位的两种违约责任做了一般性规定。

① 由勘察单位、设计单位继续完成勘察、设计。勘察单位、设计单位在建设单位规定的合理期限内，继续完善勘察、设计，使之达到约定的要求或者法律、法规规定的强制性标准。

② 减收或者免收勘察、设计费并赔偿损失。通过减收或者免收应得的勘察、设计费，补偿建设单位的损失。如果勘察、设计费不足以补偿的，勘察单位、设计单位还需赔偿该部分损失，使建设单位因勘察单位、设计单位遭受的实际损失完全得到赔偿。

（2）施工单位违约责任

建设工程质量是建设工程所达到的工程的优劣程度。如果建设工程质量不符合法律强制性标准或者不符合约定，在验收时或者验收后的建设工程质量保证期内，建设单位发现工程有质量瑕疵的，在其他违约责任要件具备的情况下，施工单位需对承建的工程质量负相应的责任。对施工单位的违约责任主要规定了以下两种承担方式。

① 在合理期限内无偿修理或者返工、改建。施工单位根据不合格建设工程的实际予以修理或返工、改建，使之达到质量要求。施工单位修理或者返工、改建所支出的费用自行承担。

② 逾期违约责任。因施工单位的原因致使建设工程质量不合格，在合理期限内无偿修理或者返工、改建后，达到了约定的质量标准，但是，如果导致建设工程逾期交付的，与一般的履行迟延相同，施工单位应当承担迟延履行的违约责任，赔偿建设单位因此遭受的损失。

2）承包单位侵权责任

《产品质量法》第二条第 3 款规定："建筑工程不适用本法规定"，因此不能根据该法确定承包单位的侵权责任。《民法通则》、《合同法》、《建筑法》等法律法规对承包单位侵权责任的确认提供了法律依据。如《合同法》第二百八十二条规定："因承包人的原因致使建设工程在合理使用期限内造成人身和财产损害的，承包人应当承担损害赔偿责任。"

建设工程质量不符合约定或法律、法规规定的强制性标准，造成人身、财产损害的，符合侵权责任的构成要件，承包单位应依法承担相应的侵权责任。在建设工程中，承包单位侵权责任的构成要件如下。

（1）承包单位有违法行为。承包单位的行为违反《合同法》、《建筑法》等法律、法规的规定，具备违法性要件。

（2）有客观存在的损害事实。一定的行为致使权利主体的人身权、财产权受到损害，造成财产利益、非财产利益的减少或灭失。就建设工程而言，要求有人身和财产损害的客观事实，否则，承包单位不承担侵权责任。

（3）承包单位的违法行为与损害事实之间有因果关系。人身和财产的损害是因为承包单位的违法行为造成的。

（4）承包单位主观上有过错。人身和财产的损害是因承包单位的原因造成的，承包单位在主观上有过错。如果人身和财产的损害因第三人、受害人自己或者其他客观原因造成，承包人不承担侵权责任。

承包单位承担侵权责任主要是赔偿受害者的损失，包括财产损失和人身伤害损失。其中人身伤害损失包括受害者医疗费、误工费、残疾生活补助费，如果造成受害者死亡的，承包单位还应当承担丧葬费、抚恤金、抚养费等。

建设工程在合理使用期限内因承包单位原因造成受害者人身、财产损害的，有时会出现承包单位既违反了合同，应承担违约责任，同时也符合侵权责任的构成要件，应承担侵权责任。承包单位侵权责任和违约责任竞合时，受害者有权选择有利于自己的诉因提起诉讼，可以根据建设工程承包合同关系请求承包单位承担违约责任，也可以按照侵权关系请求承包单位承担侵权责任。

【案例 4-5】某施工单位承接某小区的拆迁工程。在高空作业中，由于施工管理者并未分发安全绳给相关施工人员王某和张某，也未对其做安全施工的教育。王某、张某在工作过程中不幸坠落，导致一死一伤。之后承包单位赔偿受害者的损失，承担受害者相关费用共计 32 万元。

## 2．行政法律责任

承包单位在建筑活动中违反《建筑法》及其他行政管理法律规范应当承担行政法律责任，主要体现在以下方面。

（1）勘察、设计、施工单位超越本单位资质承揽工程的，责令停止违法行为，对勘察、设计单位处合同约定的勘察费、设计费 1 倍以上 2 倍以下的罚款；对施工单位处工程合同价款 2%以上 4%以下的罚款，可以责令停业整顿，降低资质等级；情节严重的，吊销资质证书；有违法所得的，予以没收。未取得资质证书承揽工程的，予以取缔；以欺骗手段取得资质证书承揽工程的，吊销资质证书，依照规定处以罚款，有违法所得的，予以没收。

（2）勘察、设计、施工单位允许其他单位或者个人以本单位名义承揽工程的，责令改正，没收违法所得，对勘察、设计单位处合同约定的勘察费、设计费1倍以上2倍以下的罚款；对施工单位处工程合同价款2%以上4%以下的罚款；可以责令停业整顿，降低资质等级；情节严重的，吊销资质证书。

（3）承包单位将承包的工程转包或者违法分包的，责令改正，没收违法所得，并处罚款，可以责令停业整顿，降低资质等级；情节严重的，吊销资质证书。

（4）勘察单位未按照工程建设强制性标准进行勘察，设计单位未根据勘察成果文件、工程建设强制性标准进行工程设计，指定建筑材料、建筑构配件的生产厂、供应商的，予以罚款；造成工程质量事故的，责令停业整顿，降低资质等级；情节严重的，吊销资质证书。

（5）施工单位在施工中偷工减料，使用不合格的建筑材料、建筑构配件和设备，或者有不按照工程设计图纸或者施工技术标准施工的其他行为的，责令改正，处以罚款；情节严重的，责令停业整顿，降低资质等级或者吊销资质证书。

（6）施工单位违反规定未对建筑材料、建筑构配件、设备和商品混凝土进行检验，或者未对涉及结构安全的试件及有关材料取样检测的，责令改正，处以罚款；情节严重的，责令停业整顿，降低资质等级或者吊销资质证书。

（7）施工单位违反规定，不履行保修义务或者拖延履行保修义务的，责令改正，处以罚款。

（8）承包单位涉及建筑主体或者承重结构变动的装修工程，没有设计方案擅自施工的，责令改正，处以罚款。

### 3．刑事法律责任

承包单位在建筑活动中违反刑事法律规范应当承担刑事法律责任，主要体现在以下几方面。

（1）承包单位违反国家规定，降低工程质量标准，造成重大安全事故，对直接责任人员依照《刑法》第一百三十七条依法追究工程重大安全事故罪。

（2）在建筑活动中，承包单位因种种原因，比如为了承揽建设工程，可能行贿受贿，从而必须承担相应刑事责任。

（3）《建筑法》第七十一条第1款规定：建筑施工企业违反本法规定，对建筑安全事故隐患不采取措施予以消除，构成犯罪的，依法追究刑事责任。在这种情况下所涉及的罪名为《刑法》第一百三十五条所规定的重大劳动安全事故罪。

（4）《建筑法》第七十一条第2款规定：建筑施工企业的管理人员违章指挥、强令职工冒险作业，因而发生重大伤亡事故或者造成其他严重后果的，依法追究刑事责任。在这种情况下所涉及的罪名为《刑法》第一百三十四条所规定的重大责任事故罪。

## 4.2.3 监理单位的法律责任

### 1．民事法律责任

根据《工程建设监理规定》第二十一条的规定，监理单位在监理过程中因过错造成重大经济损失的，应承担一定的经济责任。《建筑法》第三十五条第1款规定："工程监理单位不按照委托监理合同的约定履行监理义务，对应当监督检查的项目不检查或者不按照规定检查，给建设单位造成损失的，应当承担相应的赔偿责任。"

监理单位在两种情况下承担连带赔偿责任。

(1)《建筑法》第三十五条第 2 款规定：工程监理单位与承包单位串通，为承包单位牟取非法利益，给建设单位造成损失的，应当与承包单位承担连带赔偿责任。

(2)《建筑法》第六十九条第 1 款规定：工程监理单位与建设单位或者建筑施工企业串通，弄虚作假，降低工程质量，造成损失的，承担连带赔偿责任。

### 2．行政法律责任

(1) 监理单位违反工程建设监理法律法规规定，未经批准而擅自开业，或者超出批准的业务范围从事工程建设监理活动的，由人民政府建设行政主管部门给予警告、通报批评、责令停业整顿、降低资质等级、吊销资质证书的处罚，并可以处以罚款。

(2) 对伪造、涂改、出租、出借、转让、出卖"监理申请批准书"、"监理许可证书"、"资质等级证书"，徇私舞弊，损害建设单位或者承包单位利益的监理单位，没收其全部非法收入，并处以罚款，直至给予收缴有关证书的处罚。

(3) 工程监理单位转让监理业务的，责令改正，没收违法所得，可以责令停业整顿，降低资质等级；情节严重的，吊销资质证书。

(4) 工程监理单位与建设单位或者建筑施工企业串通，弄虚作假，降低工程质量，将不合格的建设工程、建筑材料、建筑构配件和设备按照合格签字，与被监理工程的施工承包单位以及建筑材料、建筑构配件和设备供应单位有隶属关系或者其他利害关系承担该项建设工程的监理业务的，责令改正，处以罚款，降低资质等级或者吊销资质证书，有违法所得的，予以没收。

### 3．刑事法律责任

监理单位在建筑活动中违反刑事法律规范应当承担刑事法律责任，主要体现在以下几方面。

(1) 监理单位违反国家规定，与建设单位或者建筑施工企业串通，弄虚作假，降低工程质量标准，造成重大安全事故，对直接责任人员依照《刑法》第一百三十七条依法追究工程重大安全事故罪。

(2) 在建筑活动中，监理单位因种种原因，比如为了承揽监理业务，可能行贿受贿，从而必须承担相应刑事责任。

(3) 监理单位伪造、涂改、出租、出借、转让、出卖"监理申请批准书"、"监理许可证书"、"资质等级证书"，徇私舞弊，损害建设单位或者承包单位利益，如果其行为构成犯罪的，由司法机关追究其刑事责任。

【案例 4-6】一家儿童医院决定新建一栋心脏病房大楼，经招标后委托给一个颇有名望的工程咨询公司进行工程设计。医院地下为黏土层，其性质比较特殊。咨询公司在投标时选用了一个老资格、有经验的咨询工程师负责。中标后，公司改由一个年轻的咨询工程师负责，他对医院地下黏土的特性不太熟悉，设计时发生了错误，将打桩的承载力算错，打桩选用优质材料。当时客户对选材比较满意，但这掩盖了承载力计算的错误。开工后不久由于业主资金不足，设计做了修改，将桩柱和桩帽改为比较廉价的材料，但对工程计算的错误未做纠正。这样，在建设过程中，大楼的上部结构发生了问题，整个建筑需要重建。业主向法院起诉。法院判决咨询公司败诉，负责拆除并重新施工建设该大楼。咨询公司为此将支出数千万美元。

评析：在建筑工程的建设中，业主为了保持工程项目的连续性，在选择设计单位时一般

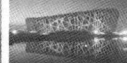

与选择施工监理综合考虑，尽量找同一咨询工程师负责工程的设计和施工监理，一贯到底，以免日后出现设计单位与监理单位互相推诿责任的现象。

对于建筑工程的设计责任有下列需要注意的问题。在工程设计中，设计人提供的是一种服务或智力成果。与提供商品的产品生产者和销售者比较，设计人的法律责任相对宽松一些。判断设计人的法律责任一般也依据"合理的细心和技能（Reasonable Care And Skill）"原则。根据这一原则，设计工程师的工作应达到一般合格设计工程师所具备的平均工作能力就可以了，这一原则不要求设计工程师达到本专业最尖端的技术水平。在实践上这一原则是建立在判例的基础上，有时需要专家的证言才能加以确定。另外，在依据《建筑法》的审判中，确定设计人责任的另外一个重要考虑是设计人的工作是否满足该工程项目所要达到的"目的"，如果设计工作没有达到该工程项目的目的，可以考虑要求设计人承担设计不当的责任，但一般要求该"设计目的"应当在合同中有具体明确的规定。

在我国，《建筑法》第三十七条规定："建筑工程设计应当符合按照国家规定制定的建筑安全规程和技术规范，保证工程的安全性能。"第五十二条规定："建筑工程勘察、设计、施工的质量必须符合国家有关建筑工程安全标准的要求，具体管理办法由国务院规定。有关建筑工程安全的国家标准不能适应确保建筑安全的要求时，应当及时修订。"第七十三条规定："建筑设计单位不按照建筑工程质量、安全标准进行设计的，责令改正，处以罚款；造成工程质量事故的，责令停业整顿，降低资质等级或者吊销资质证书，没收违法所得，并处罚款；造成损失的，承担赔偿责任；构成犯罪的，依法追究刑事责任。"这些规定的一个重要的核心是"安全规程和技术规范"。有关国家标准和技术规范是我国审判实践中确定设计责任最重要的依据。

本案由于设计人的计算错误导致工程重建。法院判决其承担拆除和重建费用是适当的。对建筑工程的设计单位或监理单位，一般考虑的主要因素是他们的设计能力和管理能力，而对他们的经济能力常常重视不够。本案咨询公司承担的拆除和重建费用竟高达数千万美元。这提示我们，对设计或监理等咨询单位经济实力的考虑是非常重要的。虽然一般情况下，咨询单位在执行合同时不需要他们本身有多大的经济实力，可一旦发生因为其设计、监理或其他咨询活动导致重大损失，没有实力的咨询单位是无法承担的。在这种情况下业主只好自吞苦果。因此业主在选择设计、监理等咨询单位时一定要充分考虑其经济实力。

**【案例4-7】** 在一个案例中，原告是承包商，承担一项河床疏浚工程，该疏浚工程是根据被告——监理工程师的勘察报告进行的。承包商诉称，由于河床石头太多，他们不得不采用大型施工设备进行施工，这样导致施工的难度和费用都大大增加。承包商指出，在招标阶段，工程师在报告中提供的资料是不适当的，没有准确表明河床中石头的范围和密度。承包商认为，监理工程师与承包商的关系是非常密切的，监理工程师应当能够认识到他的疏忽将导致承包商的损失。因此，监理工程师应当承担这类能够预见的损失。法院认为根据合同中没有规定监理工程师要承担承包商的这类损失，也不能根据侵权法认定监理工程师对承包商有直接的法律义务或法律责任。该索赔请求被法院驳回。

**评析：** 本案也是由于监理工程师提供勘察资料不合适而引起的纠纷。本案涉及建筑合同中一个重要的问题，即监理工程师和承包商的关系问题。在建筑工程合同中，业主、承包商和监理工程师是非常重要的三角关系，其中业主与监理工程师签订聘用合同，同时业主又与承包商签订工程施工合同。这里承包商与监理工程师之间一般没有合同关系。而在实际施工中，监理工程师对工程施工进行监理，控制施工质量、施工进度和施工成本。监理工程师的指挥和命令对承包商的施工进度和施工成本都有重大影响。例如在 FIDIC 合同条件中，承包商只有获得监理工程师的付款证书以后才能在业主那里获得工程进度款。在建筑工程中一个经常发生的争议就是，因为监理工程师的疏忽或监理不当而使承包商受到的经济损失是否可以向监理工程师索赔。

本案判决表明了法院审判中的这样一种倾向，即由于监理工程师与承包商之间没有合同关系，一般不支持承包商直接向监理工程师索赔，也不支持承包商运用侵权法律向监理工程师索赔。这种审判倾向的一个依据是，承包商可以根据合同向业主索赔，如果监理工程师有疏忽和其他责任那是业主与监理工程师之间的法律关系。应当注意，这只是一般倾向，不排除在特殊情况下承包商可以成功地向监理工程师索赔。有的文献把监理工程师应当承担赔偿责任归结为以下要件：

（1）监理工程师知道其所做的陈述（有关图纸、文件、指令等）将传达给承包商或承包商的成员；

（2）监理工程师知道其上述陈述是与有关工程密切相关的；

（3）承包商有可能依据上述陈述进行施工；

（4）承包商实际依赖了监理工程师的陈述并对承包商产生了一定的后果。

在我国，《建筑法》第三十五条规定："工程监理单位不按照委托监理合同的约定履行监理义务，对应当监督检查的项目不检查或者不按照规定检查，给建设单位造成损失的，应当承担相应的赔偿责任。"《建筑法》只规定了监理单位对业主或建设单位的责任，而没有规定监理单位应当对承包商承担什么样的责任。

【案例4-8】一个咨询公司受业主委托设计一地下水渠工程。在进行工程地质调查时，未能发现地层深处储藏有沼气。当承包商组织挖土施工时，因采用爆破法，致使深处沼气受震动而外逸，存留在地下暗渠内，施工中很幸运没有发生问题。竣工后当地群众前去祝贺并参观，他们进入泵站。当时由于天旱，地下水渠内充满了沼气，在开泵时沼气被水流赶入泵站内，正值有人吸烟，引起爆炸，造成死亡16人、伤多人的严重事故。受害人家属起诉咨询公司和承包商。法院判决咨询公司和承包商败诉，负赔偿责任。

评析：在建筑工程合同中，业主往往同时委托监理工程师承担有关地质勘察的任务。地质勘察是进行建筑工程基础设计和结构设计的基础性资料，其作用非常重大。在施工索赔中，占很大比例的索赔是依据"不利的自然条件"（Adverse Physical Conditions）或"不同的现场条件"（Different Site Conditions）进行的，而这些索赔大多与地质勘察有关。有资料表明，我国1994年发生的18起倒塌事故，有7起与勘察设计有关。可见勘察设计的重要性。

《建筑法》第五十二条规定："建筑工程勘察、设计、施工的质量必须符合国家有关建筑工程安全标准的要求，具体管理办法由国务院规定。"第五十六条规定："建筑工程的勘察、设计单位必须对其勘察、设计的质量负责。勘察、设计文件应当符合有关法律、行政法规的规定和建筑工程质量、安全标准、建筑工程勘察、设计技术规范及合同的约定。设计文件选用的建筑材料、建筑构配件和设备，应当注明其规格、型号、性能等技术指标，其质量要求必须符合国家规定的标准。"上述规定确定了建筑工程勘察设计的要求。法院审查勘察设计是否合格的主要依据是有关法律、行政法规的规定和建筑工程质量、安全标准、建筑工程勘察、设计技术规范及合同的约定。

## 综合案例 20　建筑工程承包合同纠纷案

上诉人（原审被告）：吉林省联合置业国际有限公司
被上诉人（原审原告）：吉林省建筑工程总公司

### 一、一审诉辩主张和事实认定

上诉人吉林省联合置业国际有限公司（以下简称联合置业公司）为与被上诉人吉林省建筑工程总公司（以下简称建筑工程公司）拖欠工程款纠纷一案，不服吉林省高级人民法院（2005）吉民初字第××号民事判决，向最高人民法院提起上诉。最高人民法院依法组成合议庭审理了本案，现已审理终结。

经审理查明：2004年6月15日，联合置业公司与吉林省建筑总公司第一工程处（以下简称第一工程处）签订了《工程协议书》，约定由第一工程处承建长春市贵阳街金融大厦工程，工程为框架结构28层（含地下一层半），建筑面积34 482平方米，工程造价6 000万元（最后以预算审定为准）。开工日期暂定为2004年6月28日，竣工日期为2006年12月28日。合同签订后，建筑工程公司于2004年7月30日开始施工，2004年9月23日，建筑工程公司制定了"联邦广场金融中心基础工程施工方案"。为确保冬期施工质量，2004年11月3日，建筑工程公司又制定了"联邦广场金融大厦冬期施工方案"，该方案对冬期施工组织机构、施工技术措施、安全措施等做了安排。对上述两方案，联合置业公司均盖章同意。2004年12月末停止施工。2005年4月21日联合置业公司、第一工程处、辽宁省建筑集团第四工程公司签订《金融大厦工程交接协议书》（以下简称《交接协议书》），约定第一工程处将承建的金融大厦工程移交给辽宁省建筑集团第四工程公司施工。工程移交时间为2005年4月22日，此后即由辽宁省建筑集团第四工程公司负责对金融大厦的施工和工程管理工作。第一工程处除参与善后工作处理之外不再参与该项工程的任何工作。协议书确定了工程交接部位、移交时间及工程结算时间，同时还约定于2005年9月末由联合置业公司全部结清工程款。至2005年8月止，联合置业公司共给付工程款（包括材料折款）5 160 796元。2005年8月15日，建筑工程公司以要求联合置业公司依据《交接协议书》支付所欠工程款为由向法院起诉。

经一审法院委托吉林省建设工程预算审查处决算审定，该工程由建筑工程公司施工部分造价为9 943 642元，联合置业公司尚欠建筑工程公司工程款4 782 846元。联合置业公司认可4 782 846元欠款。

另查明，建筑工程公司资质等级为一级。第一工程处隶属于建筑工程公司，以第一工程处名义所签《工程协议书》和《交接协议书》均系建筑工程公司法定代表人授权所签。建筑工程公司认可上述两个协议。

### 二、一审判决理由和判决结果

一审法院审理认为，建筑工程公司与联合置业公司签订的《工程协议书》及《交接协议书》，均是双方真实意思的表示，符合法律规定，应为有效合同。双方均应及时全面履行合同所约定的义务。联合置业公司未按协议约定结算应给付建筑工程公司的工程款，应当给付并应承担逾期付款的利息损失。关于联合置业公司提出的地基坡度不够引起塌方，造成经济损失问题，因双方制定了施工方案，联合置业公司同意并签字，且施工场地紧邻大街，是交通要道，联合置业公司也了解场地情况，造成塌方，不应由建筑工程公司承担责任。且塌方后，联合置业公司投入人力、物力，采取补救措施，所需费用已自行承担。关于联合置业公司提出的工程质量问题，根据《建筑工程质量管理条例》的有关规定，应视为质量合格。关于工程竣工日期问题，因联合置业公司未按时完成三通一平和提供图纸，此后双方又未具体约定竣工日期，联合置业公司的主张没有证据。关于建筑工程公司是否转包问题，根据承包协议，这只是企业内部的一种经营方式，不能认定为转包，所以不能以此认定建筑工程公司违约。据此判决：

（1）联合置业公司给付拖欠建筑工程公司的工程款 4 782 846 元及利息（计息时间自2005 年 9 月 30 日起至还款之日止，按银行同期同类贷款利率计算）。

（2）驳回双方的其他诉讼请求。

案件受理费 36 315 元由联合置业公司负担；鉴定费 60 000 元由联合置业公司负担 50 000 元，建筑工程公司负担 10 000 元。

### 三、二审诉辩主张

联合置业公司不服一审判决向最高人民法院上诉称，建筑工程公司将此工程转包他人，只收取管理费，不承担任何风险。该行为违反了《工程协议书》约定的"本工程不准转包他人，如发现转包立即收回工程，所发生的一切损失由建筑工程公司负责"的条款。一审判决认定事实不清，请求予以改判：

（1）追究建筑工程公司的违约责任；

（2）请求赔偿由于转包造成的工程质量和工程事故所造成的损失 23 万元。以上合计赔偿损失 260 万元。

建筑工程公司答辩同意一审判决，请求予以维持。

### 四、二审判决理由和判决结果

最高人民法院认为，双方所签《工程协议书》及《交接协议书》是双方经过平等协商的真实意思表示，内容符合有关法律、法规的规定，应当认定为有效。依据《交接协议书》，双方已终止了《工程协议书》的履行。联合置业公司应依《交接协议书》的约定，给付建筑工程公司的工程款，并承担逾期给付的利息损失。关于工程质量问题，因工程已交接完毕，联合置业公司当时未提出质量问题，二审中也提不出事实依据，故对联合置业公司提出赔偿 23 万元的主张不予支持。建筑工程公司直接参与工程施工方案的制定，并对施工组织机构、工程质量、工程安全进行管理，并非只收取工程管理费，不承担任何风险。建筑工程公司的内部经营方式，不能认定为转包。对联合置业公司要求建筑工程公司赔偿"转包"违约的损失，其请求也不予支持。根据《民事诉讼法》第一百五十三条第 1 款第 1 项的规定，判决如下：

驳回上诉，维持原判。

二审案件受理费 36 315 元，由联合置业公司负担。

**评析**：本案是建筑工程承包合同纠纷，涉及以下几个法律问题。

1．施工方案有缺陷的责任问题

关于联合置业公司提出的地基坡度不够引起塌方，造成经济损失问题应由谁承担责任问

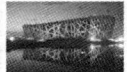

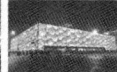

题。法院认为，因双方制定了施工方案，联合置业公司同意并签字，且施工场地紧邻大街，是交通要道，联合置业公司也了解场地情况，造成塌方，不应由建筑工程公司承担责任。判决由业主联合置业公司承担塌方损失。现行的《建筑法》没有直接规定施工方案由谁负责，但其第四十五条规定："施工现场安全由建筑施工企业负责。实行施工总承包的，由总承包单位负责。分包单位向总承包单位负责，服从总承包单位对施工现场的安全生产管理。"从立法精神上看，施工方案是由承包商负责的。但本案涉及另外一个情况，即业主与承包商共同制定了施工方案。业主联合置业公司同意并在施工方案上签字，法院认定应由业主承担责任。从国际惯例看，施工合同条件一般都规定施工方案由承包商负责，监理工程师或业主的审查和同意并不能减轻或免除承包商的责任。这是考虑到具体施工方案的制定，需要经过比较长的时间，是专业技术要求非常强的一项工作，承包商在这方面更具有专业知识和实践，而监理工程师或业主在短时间内的审查和批准是不能发现并更正施工方案缺陷的。尤其业主可能完全是建筑行业的门外汉，如果因业主审查批准了施工方案就承担其全部责任，显然是不合理的。

2. 合同的工期和工期索赔

关于工程竣工日期问题，因联合置业公司未按时完成三通一平和提供图纸，此后双方又未约定具体竣工日期，法院没有支持业主联合置业公司的主张。根据国际惯例，大多数施工条件都规定了详细的开工竣工日期和在各种情况下进行工期索赔的程序，如逾期提供图纸和施工延误的工期索赔等。但诉讼合同没有对有关工期的索赔进行规定，因此业主主张承包商延误工期就无法认定。这反映了我国建筑施工承包合同的制定还很不规范，像本案工程款达到6 000万元的合同对施工中经常遇到的很多问题都没有明确的规定，这给审判也带来很大的困难。

3. 合同不完善的后果

从本案看，业主因合同不完善受到的损失太大了，其原因在于上述有关本案施工方案、工期和工程质量的规定都是不规范的，和国际惯例的差距太大。本来在建筑市场买方市场的情况下业主完全可以争取一个相当有利的合同，但本案由于施工合同的不完善使业主在诉讼中处于极为不利的境地。这是从事建筑活动包括房地产开发的企业应当借鉴的。这表明从事建筑活动的当事人在签订合同时多么需要律师或有关专家的参与和帮助。当然，由于建筑业涉及的专业性比较强，我国真正熟悉建筑法及国际惯例的律师还比较有限，大多数律师只是局限在用一般的民法、合同法理论来理解和分析建筑法和建筑合同法规，这在一定程度上制约了建筑活动律师业务的发展；同时这又反过来导致了建筑活动严重缺乏规范性。

4. 转包和"挂靠"问题

本案上诉人的一个上诉理由是"建筑工程公司将此工程转包他人，只收取管理费，不承担任何风险。该行为违反了《工程协议书》约定的'本工程不准转包他人，如发现转包立即收回工程，所发生的一切损失由建筑工程公司负责'的条款"。法院判决认定建筑工程公司和第一工程处是属于内部经营方式，而不是转包。

这里涉及当前建筑业比较普遍的挂靠经营的问题。所谓挂靠经营，系指被挂靠方为建筑企业法人或其下属分支机构（处、队），挂靠方系无证经营的乡镇工程队、个体建筑户，双方口头或书面签订以"内部承包"形式承包工程的施工协议。（如果当事人双方均有法人地位，则系联营或转包，不属此列。）这种现象在建筑市场已出现多年，是造成市场混乱原因

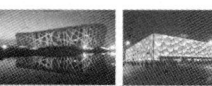

之一。一些城镇无证经营工程队、个体建筑户，有时还有个别法人建筑企业下属"走穴"的施工队，以种种手段联系承包工程，因无权签订合同，在给被挂靠方一定好处的条件下，以被挂靠方名义与建设单位签订施工合同的同时，又以内部承包形式签订协议确定双方的权利与义务。这种经营方式，被挂靠方往往下浮造价或只收管理费，对工程技术管理不负责任；而挂靠方又往往捞了一把后一走了事。诸多纠纷，大致有两种情况：一是无证经营无签订合同资格的一方挂靠到企业法人，以该法人名义与建设单位签订承包合同，挂靠者变为签订合同的代表人、施工负责人；另一种是无证经营无签订合同资格的一方挂靠到企业法人下属分支机构（工程处、队），以该分支机构名义对外签订承包合同，挂靠者或为签约代表人、施工负责人。这两种情况在处理时其法律后果是不同的，但应属禁止之列。被挂靠方为挂靠方签订承包工程合同，实际上是出借公章和合同捞取非法收入的行为，在发生纠纷涉讼时，除了将被挂靠方列为当事人外，对其签订的合同应确认为主体不合格、内容违法，对其违法经营的行为依法予以制裁，以维护正常的经济建设秩序。

区别上述"挂靠"和"企业内部经营方式"是一个很关键的问题。我们认为区别的关键就在于被挂靠企业能否承担相应的法律责任，是否对施工管理和施工质量负责。本案判决认为建筑工程公司实际参与了管理，能够对质量负责，所以，应认定建筑工程公司与第一工程处是"企业内部经营方式"而不是转包。

实际上，在建筑工程招标投标和施工合同签订过程中，业主是可以采取措施对"转包"和"挂靠"问题加以限制的。例如，在招标文件中一般都要求投标人填写主要管理人员和技术人员的情况。这些文件一般应作为合同的附件而成为合同的一部分。如果承包人没有派相应的人员进行施工的管理和技术服务，那承包商就是违约的，业主可以通过某种方式要求承包商改正。建筑工程的质量和安全的管理关键还是一个人员问题，只要有相应资格和经验的人员从事管理和技术服务，施工的安全和质量就是有保证的。当然在我国的建筑市场上，业主工作人员与承包商的工作人员互相串通、行贿受贿，恶意违法经营的情况偶有发生，这是触犯刑事法律的犯罪行为，会受到法律制裁。只要积极采用国际先进的合同管理模式，例如在人员和设备上加以规范，就能够解决诸如"挂靠"之类的问题；否则，单纯从理论上区分何谓"挂靠"、"转包"，何谓"内部经营方式"实在是很难解决问题的。

## 综合案例 21　工程发包收受贿赂案

被告人：罗国庆，男，52 岁，原系广东省广州重型机器厂建筑安装公司工程师，2005 年 9 月 20 日被逮捕。

被告人：李仁光，男，51 岁，原系广东省广州重型机器厂建筑安装公司经理，2005 年 9 月 23 日被逮捕。

被告人：陈耀坤，男，52 岁，原系广东省广州重型机器厂建筑安装公司副经理，2005 年 9 月 26 日被逮捕。

被告人：梁鸿杰，男，42 岁，原系广东省广州重型机器厂建筑安装公司助理工程师，2005 年 9 月 20 日被逮捕。

被告人：赵积林，男，38 岁，原系广东省广州重型机器厂建筑安装公司助理工程师，2005 年 12 月 3 日被逮捕。

被告人罗国庆、李仁光、陈耀坤、梁鸿杰、赵积林，在广州重型机器厂掌管基建工程期间，利用职务之便，以收取"回扣费"的手段，向承建该厂基建工程的施工单位，大量索取和收受贿赂，事实是：

1. 2003年8月，广州重型机器厂兴建自编号82-5工程，被告人罗国庆与被告人梁鸿杰、赵积林合谋，经被告人李仁光、陈耀坤同意，向承建此项工程的清远县第二建筑工程工司204施工队索取"回扣费"。随后，由罗国庆、梁鸿杰经手，收取该公司的"回扣费"46 000元；由罗国庆负责分给李仁光12 000元，陈耀坤、梁鸿杰、赵积林和罗国庆各7 000元；另外，分给工程介绍人秦洪添、刘满、陈锦彬（此3人另案处理）各2 000元。

2. 2003年11月，清远县第二建筑工程公司204施工队继续承建广州重型机器厂板材仓工程，罗国庆收取"回扣费"14 000元，分给李仁光8 000元，罗国庆自得6 000元。

3. 2004年4月，清远县第二建筑工程公司204施工队，再承建广州重型机器厂的泥浆泵试验台、镗床基础和铆焊车间X射线探伤室等三项工程，罗国庆索取"回扣费"4 500元，与李仁光、陈耀坤3人分赃，各得1 500元。

4. 2004年广州重型机器厂兴建昌岗路职工宿舍自编号84-1、84-2的基础工程，由罗国庆介绍三水县建筑工程公司王应权负责的挖桩队参加投标承建，并商定"回扣费"为24 000元。罗国庆将上述情况分别告知李仁光和陈耀坤。同年12月，罗国庆向王应权收"回扣费"21 500元（因王现金不足少付2 500元），分给李仁光3 000元，陈耀坤2 000元，罗国庆自得16 500元。

5. 2005年5月，广州重型机器厂建筑自编号84-1上部工程，采取明标暗投的方法招标承建，罗国庆暗中将中标额告诉给三水县建筑工程公司施工队的邓泉基，使该队中标承建。罗国庆向邓泉基索要"回扣费"75 000元，实际收取53 000元。这笔钱，罗分给李仁光9 000元，陈耀坤8 000元，梁鸿杰、赵积林各4 000元，同科室干部张墨峰1 000元（未起诉），罗国庆自得27 000元。

6. 2005年7月，广州重型机器厂建筑该厂84-2上部工程，采取暗标暗投方式招标。投标前，梁鸿杰与罗国庆密谋，并征得李仁光同意，以5万元"回扣费"为条件，许诺给吴川县建筑安装工程公司驻穗工区李碧春施工队承建，并填写了投标书。之后罗国庆、梁鸿杰从李仁光处得知确切的标底后，弄虚作假，由梁鸿杰重填标书，经罗国庆交李仁光偷换李碧春原填写的投标书，从而使李碧春中标。随后，梁鸿杰向李碧春收取"回扣费"36 000元（未遂14 000元），由罗国庆分给李仁光1万元，陈耀坤、赵积林各6 000元，梁鸿杰和罗国庆各7 000元。

7. 2003年至2005年，李仁光将广州重型机器厂的卫生所楼房加层和技改维修等工程，分别让广州郊区竹料工程队和番禺县第二建筑公司208施工队承建，收受竹料工程队贿赂5 000元、208施工队贿赂3 000元。

此外，罗国庆、李仁光、陈耀坤、梁鸿杰、赵积林还将该厂的自编号84-3工程，交由湛江市第四建筑工程公司406施工队承建，并通过李碧春同该施工队商定，收取"回扣费"35 000元。后因案发，受贿未遂。

上列各被告人收受贿赂的事实，有证人证言及书证证实，证据确实、充分，各被告人也供认在案。

广东省广州市中级人民法院对该案审理认为，被告人罗国庆、李仁光、陈耀坤、梁鸿杰、

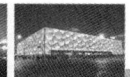

赵积林，共同实施犯罪，属于《刑法》第二十二条第1款规定的共同故意犯罪。罗国庆在共同犯罪中，策划和直接索贿受贿，并积极分配赃款，个人分得受贿款65 000元；李仁光身为公司主要领导人，在共同犯罪中，公然决定罗国庆等人收受贿赂，个人分得受贿款51 500元；以上二被告人在共同犯罪中起主要作用，依照《刑法》第二十三条第1款的规定，是本案主犯，应予严惩。陈耀坤身为公司领导人之一，参与共同受贿，分得受贿款24 500元；梁鸿杰、赵积林积极参与作案，分别受贿18 000元和17 000元；以上三被告人在共同犯罪中，起次要和辅助作用，依照刑法第二十四条第1款、第2款的规定，是本案从犯，可酌情从轻处罚。上述各被告人均为国营工厂主管基建工程的国家工作人员，依法从事公务，竟在全国人大常委会《关于严惩严重破坏经济的罪犯的决定》公布之后，利用职务之便，在近两年时间内，以收取"回扣费"的手段，商定8次受贿共256 500元，因对方一时钱不够或因案发受贿未遂，实际收受贿赂183 000元（包括分给秦洪添、刘满、陈锦彬和张墨峰的7 000元），其行为均构成《刑法》第一百八十五条第1款规定的收受贿赂罪。罗国庆、李仁光受贿数额巨大，情节特别严重，依照全国人大常委会《关于严惩严重破坏经济的罪犯的决定》第一条第（2）项的规定，收受贿赂的，依照《刑法》第一百五十五条贪污罪论处。

据此，2005年12月18日，广州市中级人民法院以受贿罪分别判处被告人罗国庆、李仁光无期徒刑，并依照《刑法》第五十三条第1款规定，分别剥夺政治权利终身；以受贿罪判处被告人陈耀坤有期徒刑13年；以受贿罪判处被告人梁鸿杰有期徒刑10年；以受贿罪判处被告人赵积林有期徒刑8年。依照《刑法》第六十条的规定，判处罗国庆、李仁光、陈耀坤、梁鸿杰、赵积林所退的赃款和赃物，予以追缴。

宣判后，李仁光以犯罪情节不属特别严重为由，梁鸿杰以能检举揭发他人，要求减轻处罚为由，赵积林以不是积极参与作案为由，分别向广东省高级人民法院提出上诉。

广东省高级人民法院受理该案后，依照《刑事诉讼法》第一百三十四条第1、2款的规定，对全案进行了审查。经审理认为，上诉人李仁光、梁鸿杰、赵积林和同案被告人罗国庆、陈耀坤，身为企业领导干部和工程技术人员，竟利用职务之便，向施工单位索取工程"回扣费"，收受贿赂183 000元。李仁光是公司主要领导人，在共同犯罪中起主要作用，是本案主犯之一，且受贿数额巨大，情节特别严重，上诉显属无理，不予采纳。梁鸿杰、赵积林是主要工程技术人员，积极参与作案，应依法严惩。梁鸿杰在案发后虽有检举揭发别人几条犯罪线索，经查证，梁所揭发的问题，有的查无事实，有的构不成从轻处罚情节，故不予采纳。赵积林否认积极参与作案，实属无理，不予采纳。原审判决认定上诉人和同案被告人犯罪事实清楚，证据确实、充分，适用法律正确，审判程序合法。1996年3月22日，依照《刑事诉讼法》第一百三十六条第（1）项规定，裁定驳回李仁光、梁鸿杰、赵积林的上诉，维持原判。

**评析**：本案涉及的是在发包过程中的行贿受贿犯罪。这是仅仅发生在一个企业的案件，从中我们可以看到建筑行业蓬勃发展背后的阴暗一面。尽管我国从改革开放之初就实行了发包承包制度，但即使到今天这一制度实际执行时仍然存有漏洞。改变这一状况是我们面临的非常紧迫的任务。《建筑法》对贿赂和其他非法经营活动做出了专门的规定，例如，第六十八条规定："在工程发包与承包中索贿、受贿、行贿，构成犯罪的，依法追究刑事责任；不构成犯罪的，分别处以罚款，没收贿赂的财物，对直接负责的主管人员和其他直接责任人员给予处分。对在工程承包中行贿的承包单位，除依照前款规定处罚外，可以责令停业整顿，降低资质等级或者吊销资质证书。"这些规定能够促进我国建筑行业的迅速、健康发展。

## 思考与练习题4

### 一、单项选择题

1. 中标人不履行与招标人订立的合同的，（　　）。
   A．履约保证金不予退还，不再赔偿招标人超过部分的其他损失
   B．履约保证金不予退还，另外赔偿其他损失
   C．履约保证金不予退还，另外赔偿超过部分的其他损失
   D．按照实际损失赔偿

2. 甲施工企业转让、出借资质证书，允许乙以该企业名义承揽工程，因工程质量问题造成的损失，（　　）。
   A．由甲承担赔偿责任　　　　　　B．由乙承担赔偿责任
   C．由甲和乙承担连带赔偿责任　　D．由甲和乙各承担一半责任

3. 承包单位将承包的工程转包的，对因转包工程不符合规定的质量标准造成的损失（　　）。
   A．由该承包单位承担赔偿责任
   B．由接受转包的单位承担赔偿责任
   C．由承包单位和建设单位承担连带责任
   D．由承包单位和接受转包的单位承担连带责任

4. 注册执业人员未执行法律、法规和工程建设强制性标准（　　），5年内不予注册。
   A．情节轻微的　　　　　　B．情节严重的
   C．造成重大安全事故的　　D．构成犯罪的

5. 施工单位的主要负责人、项目负责人因违反《建设工程安全生产管理条例》的规定，未履行安全生产管理职责被处分或判刑的，自刑罚执行完毕或受处分之日起（　　）。
   A．终身不得担任任何施工单位的主要负责人、项目负责人
   B．5年内不得担任任何施工单位的主要负责人、项目负责人
   C．5年内不得担任本施工单位的主要负责人、项目负责人
   D．5年内不得担任本施工单位的管理人员

6. 工程监理单位与建筑施工企业串通、弄虚作假、降低工程质量的，由此给建设单位造成损失的，（　　）。
   A．由建筑施工企业承担全部赔偿责任
   B．由监理单位承担全部赔偿责任
   C．监理单位与建筑施工企业按照各自比例分别承担赔偿责任
   D．监理单位与建筑施工企业承担连带赔偿责任

7. 生产经营单位的主要负责人未依法履行安全生产管理职责而受刑事处罚或者撤职处分的，自刑罚执行完毕或者受处分之日起，（　　）内不得担任任何生产经营单位的主要负责人。

A．7年　　　　　B．5年　　　　　C．3年　　　　　D．2年

8．注册执业人员未执行法律、法规和工程建设强制性标准、造成重大安全事故的，（　　）。

　　A．吊销执业资格证书，终身不予注册

　　B．吊销执业资格证书，5年内不予注册

　　C．责令停止执业3个月以上1年以下

　　D．处1万元以上10万元以下罚款

9．关于未经依法批准，擅自生产、经营、储存危险物品的法律责任，下列说法错误的是（　　）。

　　A．责令停止违法行为或者予以关闭

　　B．造成严重后果，构成犯罪的，依法追究刑事责任

　　C．对责任人员给予行政处分

　　D．没收违法所得，并处罚款

10．关于建设工程勘察、设计单位将所承揽的建设工程勘察、设计转包的法律责任，下列说法错误的是（　　）。

　　A．对责任人员给予行政处分

　　B．责令改正，没收违法所得，处合同约定的勘察费、设计费25%以上50%以下的罚款

　　C．可以责令停业整顿、降低资质等级

　　D．情节严重的，吊销资质证书

二、多项选择题

1．《建筑法》规定，超越本单位资质等级承揽工程的，应承担的法律责任有（　　）。

　　A．责令停止违法行为　　　　　　B．处以罚款

　　C．责令停业整顿、降低资质等级　　D．吊销资质证书

　　E．有违法所得的，没收违法所得

2．生产经营单位与从业人员订立协议，免除或减轻其对从业人员因生产安全事故伤亡依法应该承担的法律责任，（　　）。

　　A．该协议有效　　　　　　　　　B．该协议无效

　　C．对单位主要负责人处罚款　　　D．不对单位主要负责人处罚款

　　E．单位和从业人员按照协议承担责任

3．涉及建筑主体或者承重结构变动的装修工程擅自施工的，关于相应的法律责任，下列说法正确的有（　　）。

　　A．责令改正，处以罚款

　　B．造成损失的，承担赔偿责任

　　C．构成犯罪的，依法追究刑事责任

　　D．情节严重的，吊销资质证书

　　E．可以责令停业整顿、降低资质等级

4．下列关于法律责任的说法正确的有（　　）。

　　A．违约责任的承担方式只有支付违约金

B. 警告既是行政处分的一种方式也是行政处罚的一种方式

C. 有期徒刑服刑期间并不必然剥夺政治权利

D. 罚金、没收财产和剥夺政治权利都属于附加刑

E. 侵权责任的客体既可是财产权也可以是人身权

5. 下列属于民事责任承担方式的有（　　）。

A. 停止侵害　　　　　　　B. 支付违约金

C. 警告　　　　　　　　　D. 消除影响、恢复名誉

E. 没收财产

6. 关于侵权责任，下列说法正确的有（　　）。

A. 因为行为人不履行合同义务所产生的责任

B. 某施工企业在施工过程中扰民将会产生侵权责任

C. 某建设单位的办公楼挡住了北面居民住宅区的阳光将会产生侵权责任

D. 某施工企业在施工过程中，楼上掉下的砖头砸到了路上的行人将会产生侵权责任

E. 当对象是法人时，侵犯的客体只可能是财产权利

7. 在招标投标过程中，招标人以不合理的条件限制或者排斥潜在投标人的，对潜在投标人实行歧视待遇的，强制要求投标人组成联合体共同投标的，或者限制投标人之间竞争的，（　　）。

A. 可以责令停业整顿　　　　B. 构成犯罪的，依法追究刑事责任

C. 情节严重的，吊销营业执照　　D. 责令改正

E. 可以处 1 万元以上 5 万元以下的罚款

# 附录A 综合测试题（一）

（满分 100分）

一、单项选择题（共60题，每题1分。每题的备选项中，只有1个最符合题意）

1. 下列哪种情况，可以以建造师的名义从事建设工程施工项目的管理工作（　　）。
   A. 张某已经通过建造师执业资格认证
   B. 李某已经取得建造师执业资格证书，并且经过注册登记
   C. 王某已经通过建造师执业资格考试
   D. 丁某是建筑行业专家，从事过建造师考试及师资培训工作

2. 二级建造师划分为10个专业，下列（　　）不属于这10个专业。
   A. 房屋建筑工程　　B. 公路工程　　C. 铁路工程　　D. 装饰装修工程

3. 民事法律关系的产生是指民事法律关系的主体之间形成了一定的（　　）关系。
   A. 权利和义务　　B. 合同　　C. 契约　　D. 协议

4. 民事法律关系的（　　）是指民事法律关系主体之间的权利义务不复存在，彼此丧失了约束力。
   A. 变更　　B. 终止　　C. 中止　　D. 无效

5. 关于代理的种类，下列说法正确的是（　　）。
   A. 代理有委托代理、法定代理和协议代理三种形式
   B. 代理有委托代理、法定代理和指定代理三种形式
   C. 代理有委托代理、指定代理和协议代理三种形式
   D. 代理有指定代理、法定代理和协议代理三种形式

6. 承包建筑工程的单位应当持有依法取得的资质证书，并在其资质（　　）许可的业务范围内承揽工程。
   A. 规定　　B. 等级　　C. 行业　　D. 专业

7. 联合共同承包的各方对承包合同的履行承担（　　）责任。
   A. 各自　　B. 独自　　C. 共同　　D. 连带

8. 发证机关在收到建设单位报送的《建筑工程施工许可证申请表》和所附证明文件后，对于符合条件的，应当自收到申请之日起（　　）日内颁发施工许可证。
   A. 7　　B. 10　　C. 15　　D. 20

9. 禁止建筑施工企业以任何形式允许其他单位或个人使用本企业的资质证书和（　　），以本企业的名义承揽工程。
   A. 企业代码证　　B. 银行账号　　C. 税务登记证　　D. 营业执照

10. 发包单位将工程发包给不具有（　　）条件的承包单位，或者违反《建筑法》规定将建筑工程肢解发包的，责令改正，处以罚款。
    A. 相同资质　　B. 相应资质　　C. 较高资质　　D. 最高资质

11. 下列做法中，符合建筑法关于建筑工程发承包规定的是（　　）。
    A. 某建筑施工企业将其承包的全部建筑工程转包给他人

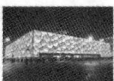

B．某建筑施工企业将其承包的全部建筑工程肢解以后以分包的名义分别转包给他人
C．某建筑施工企业经建设单位认可，将承包工程中的部分工程发包给具有相应资质条件的分包单位
D．某建筑施工企业将所承包工程主体结构的施工分包给其他单位

12．工程监理单位与承包单位串通，为承包单位牟取非法利益，给建设单位造成损失的，应当（　　）。
　　A．由承包单位承担赔偿责任　　　　　　B．独立承担赔偿责任
　　C．不承担赔偿责任　　　　　　　　　　D．与承包单位承担连带赔偿责任

13．重新招标后投标人仍然少于3个人的，属于必须审批的工程建设项目，报经原审批部门的批准后，可以（　　）。
　　A．评标　　　　　　　　　　　　　　　B．不再进行招标
　　C．议标　　　　　　　　　　　　　　　D．自行决定不再进行招标

14．下列项目不属于工程建设项目招标范围的是（　　）。
　　A．属于利用扶贫资金实行以工代赈需要使用农民工的项目
　　B．大型基础设施、公用事业等关系社会利益和公众安全的项目
　　C．全部或者部分使用国有资金投资或者国家融资的项目
　　D．使用国际组织或者外国政府资金的项目

15．在资格预审合格的投标申请人过多时，可以由招标人从中选择不少于（　　）家资格预审合格的投标申请人。
　　A．3　　　　　B．5　　　　　C．6　　　　　D．7

16．根据《招标投标法》的规定，两个以上法人或者其他组织可以组成一个联合体，以一个投标人的身份共同投标的称为（　　）。
　　A．共同投标体　　B．合作投标体　　C．联合投标体　　D．统一投标体

17．以下关于联合体投标的描述，正确的有（　　）。
　　A．联合体各方应当签订共同投标协议，并将共同投标协议连同投标担保书一并交于招标人
　　B．联合体各方应当签订共同投标协议，并将共同投标协议连同投标文件一并交于行政主管部门备案
　　C．联合体各方应当签订共同投标协议，明确约定各方拟承担的工作和责任，并将共同投标协议连同投标文件一并交于建设单位
　　D．联合体各方应当签订共同投标协议，明确约定各方拟承担的工作和责任，并将共同投标协议连同投标文件一并交于招标人

18．下列关于劳动合同的表述中，不正确的是（　　）。
　　A．建立劳动合同应当订立劳动合同
　　B．劳动合同的当事人是劳动者和用人单位
　　C．经当事人协商一致订立和变更的劳动合同都受法律保护
　　D．劳动合同依法订立即具有法律约束力，当事人必须履行劳动合同规定的义务

19．以下选项中，不属于开标记录内容的是（　　）。
　　A．开标组织人的名称　　　　　　　　　B．投标人的名称及报价

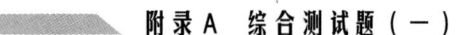

C. 决标后收到投标文件的处理情况　　D. 购买招标文件的单位名称

20. 评标委员会成员在评标过程中擅离职守，影响评标程序正常进行，或者在评标过程中不能客观公正地履行职责的，其依法应承担的法律责任为（　　）。
    A. 投标保证金不予退还并取消其中标资格
    B. 没有提交投标保证金的，应当对招标人的损失承担赔偿责任
    C. 给予警告；情节严重的，取消担任评标委员会成员的资格，不得再参加任何依法必须进行招标项目的评标，并处1万元以下的罚款
    D. 可以责令停业整顿

21. 按照民法基本理论概念，在招标投标活动中，中标通知书属于（　　）。
    A. 要约　　　　　B. 要约邀请　　　　C. 承诺　　　　D. 新要约

22. 《安全生产法》规定，法律责任分为刑事责任、行政责任和（　　）三种。
    A. 人身责任　　　B. 财产责任　　　　C. 民事责任　　　D. 其他法律责任

23. 对事故调查结论持有不同意见可在事故处理工作时限内，交由上级劳动管理部门或者有关部门处理，仍不能达成一致的，由（　　）裁决。
    A. 县级以上安全生产监督管理部门　　B. 省、自治区、直辖市劳动管理部门
    C. 同级人民政府　　　　　　　　　　D. 国务院有关部门

24. 安全设备的设计、制造、安装、使用、检测、维修、改造和报废，应当符合国家标准或者（　　）。
    A. 行业标准　　　B. 地方标准　　　　C. 企业标准　　　D. 国际标准

25. 关于建设单位安全生产管理的主要责任和义务，下列表述错误的是（　　）。
    A. 建设单位应当将拆除发包给具有相应资质的施工单位
    B. 建设工程安全作业环境及安全施工措施所需费用包含在工程概算中
    C. 在获得施工单位的同意后，建设单位可以压缩双方合同约定的工期
    D. 建设单位不得明示或暗示施工单位使用不符合安全施工要求的物资

26. 施工单位的（　　）依法对本单位的安全生产工作全面负责。
    A. 企业法人代表　B. 主要负责人　　　C. 首要负责人　　D. 项目负责人

27. 关于安全生产许可证颁发和管理单位，下列表述正确的是（　　）。
    A. 国务院安全生产监督管理部门负责中央管理的矿山企业安全生产许可证的颁发和管理
    B. 煤矿安全监察机构负责煤矿企业安全生产许可证的颁发和管理
    C. 省、自治区、直辖市设立的煤矿安全监察机构接受国家煤矿安全监察机构的指导和监督
    D. 国务院建设主管部门负责重要建筑施工企业安全生产许可证的颁发和管理

28. 下述安全生产许可证要求的生产条件，一般企业可以不具备的是（　　）。
    A. 投入符合安全生产要求
    B. 管理人员和作业人员每年至少进行一次安全生产教育培训并考核合格
    C. 设置安全生产管理机构，配备专职安全生产管理人员
    D. 特种作业人员经有关业务主管部门考核合格，取得特种作业操作资格证书

29. 政府对工程质量的监督管理的主要目的是（　　）。
    A. 保证工程使用安全和环境质量　　B. 保证招标投标活动的公开进行

C．保证建设资金的合理使用　　　　　　D．保证招标投标活动的合法性

30．根据《建设工程质量管理条例》中的相关规定，建设单位应当依法对工程建设项目的勘察、设计、施工、监理，以及与工程建设有关的重要设备、材料等的采购进行（　　）。

　　A．合约购买　　　B．关联交易　　　C．指定购买　　　D．招标

31．建设工程承包单位在向建设单位提交工程竣工验收报告时，应当向建设单位出具（　　）。

　　A．完工报告　　　B．质量保修书　　　C．检测报告　　　D．施工计划书

32．根据工程建设标准强制性条文的规定，对工程建设强制性标准实施情况进行监督检查的方式中，对建设项目在某个方面或某个专项执行强制性标准情况进行的检查是（　　）。

　　A．重点检查　　　B．专项检查　　　C．抽查　　　D．突击检查

33．根据我国对标准级别的划分，对企业范围内需要协调、统一的技术要求，管理事项和工作事项所制定的标准是（　　）。

　　A．国家标准　　　B．行业标准　　　C．企业标准　　　D．地方标准

34．劳动者发生（　　）情形时，用人单位无权解除劳动合同。

　　A．因酒后驾车被行政拘留的
　　B．在试用期间被证明不符合录用条件的
　　C．严重违反劳动纪律或者用人单位规章制度的
　　D．严重失职，对用人单位利益造成重大损害的

35．因发生法律、法规或劳动合同规定的情况，提前终止劳动合同的法律效力是指（　　）。

　　A．协商解除　　　B．约定解除　　　C．法定解除　　　D．单方解除

36．根据《消防法》，按照国家工程建筑消防技术标准需要进行消防设计的建筑工程，设计单位应当按照国家工程建筑消防技术标准进行设计，（　　）应当将建筑工程的消防设计图纸及有关资料报送公安消防机构审核。

　　A．施工单位　　　B．设计单位　　　C．监理单位　　　D．建设单位

37．以产生法律责任的法律基础为标准，可将民事责任划分为（　　）。

　　A．违约责任与侵权责任　　　　　　B．单方责任与混合责任
　　C．单独责任和共同责任　　　　　　D．相对责任和绝对责任

38．侵权行为的种类包括一般侵权行为和（　　）。

　　A．法定侵权行为　　　　　　B．意定侵权行为
　　C．预期侵权行为　　　　　　D．特殊侵权行为

39．属于工程法律责任的特殊构成要件的是（　　）。

　　A．损害事实　　　B．违法行为　　　C．转承责任　　　D．因果关系

40．下列选项中，不属于建筑工程一切险的被保险人范围的是（　　）。

　　A．业主　　　　　　　　　　B．建设行政主管部门
　　C．总承包商　　　　　　　　D．业主聘用的监理工程师

41．下列情况中，合同当事人意思表示真实的是（　　）。

　　A．甲企业按照乙企业提供的与实物不符的样品，与乙企业签订了合同
　　B．甲企业欲以每吨1万元的价格购买一批钢材，与卖方协商后同意每吨支付1.5万元

268

C. 乙企业以终止长期合作关系要挟，甲企业被迫签订承包合同
D. 甲装修公司误将要约中的价格看错，向乙单位发出承诺

42. 下列选项中属于无效合同的是（　　）。
　　A. 以合法形式掩盖非法目的的合同　　B. 因重大误解订立的合同
　　C. 一方以欺诈手段订立的合同　　　　D. 一方以胁迫手段订立的合同

43. 下列对合同免责条款表述不正确的是（　　）。
　　A. 因故意造成对方财产损失的免责条款无效
　　B. 因过失造成对方财产伤害的免责条款无效
　　C. 因重大过失造成对方财产伤害的免责条款无效
　　D. 造成对方人身伤害的免责条款无效

44. 下列合同属于效力待定合同的是（　　）。
　　A. 未规定争议解决方式的合同
　　B. 一方当事人拒绝履行的合同
　　C. 未经担保的合同
　　D. 精神病患者签订的与其智力状况不相符的合同

45. 合同条款对价款或报酬约定不明确，当事人不能达成补充协议，又不能按照合同条款或交易习惯确定的，（　　）。
　　A. 按履行合同时，订立合同地的市场价格履行
　　B. 按订立合同时，订立合同地的市场价格履行
　　C. 按履行合同时，履行地市场价格履行
　　D. 按订立合同时，履行地市场价格履行

46. 下列情况中，可以要求违约当事人继续履行的是（　　）。
　　A. 合同标的物是特定物，因一方当事人违约而灭失
　　B. 合同标的物是种类物，因一方当事人违约而灭失
　　C. 违约导致合同目的不能实现
　　D. 继续履行费用过高

47. 合同对标的质量要求不明确，产生纠纷的，首先按照（　　）履行。
　　A. 通常标准　　　　　　　　　　　　B. 符合合同目的的特定标准
　　C. 国家标准、行业标准　　　　　　　D. 地方标准

48. 甲公司将所属的两个部门分立出去设立乙公司和丙公司，分立前甲公司欠李某货款8万元，分立时甲公司与乙公司、丙公司未就债务负担问题进行约定。现在李某要求偿还，则（　　）。
　　A. 由甲公司承担　　　　　　　　　　B. 由乙、丙公司承担连带责任
　　C. 由甲、乙、丙公司承担连带责任
　　D. 由甲、乙、丙公司协商确定各自应承担的份额

49. 原告向三个有管辖权的人民法院起诉，确认的管辖法院应为（　　）。
　　A. 原告住所地法院　　　　　　　　　B. 最先立案法院
　　C. 原告最终选择的法院　　　　　　　D. 纠纷发生地法院

50. 人民法院适用普通程序审理的普通施工合同纠纷案件，审理期限为（　　）。

A. 3个月 B. 6个月 C. 9个月 D. 12个月

51. 作为被执行人的公民死亡时,（   ）。
    A. 中止执行 B. 终止执行
    C. 以其遗产偿还 D. 由其继承人偿还债务

52. 当事人行使法定解除权解除合同的,合同自（   ）时解除。
    A. 解除通知发出 B. 解除通知到达相对方
    C. 法院做出解除合同的判决 D. 解除权人向法院主张行使解除权

53. 建设工程合同应当采用（   ）。
    A. 书面形式 B. 口头形式
    C. 书面形式为原则,口头形式例外 D. 口头形式为原则,书面形式例外

54. 下列行为,属于要约的是（   ）。
    A. 拍卖公告 B. 商品价目表
    C. 新书广告,称款到发货
    D. 某股份有限公司发起人公布招股说明书

55. 根据合同法,下列合同属于无名合同的是（   ）。
    A. 建设工程合同 B. 居间合同
    C. 借用合同 D. 借款合同

56. 下列各项中,绝对不能做合同当事人的是（   ）。
    A. 某12岁儿童 B. 某县人民政府
    C. 某合伙企业 D. 某高校法律系

57. 债权让与在让与人与受让人间需满足（   ）要件方可发生效力。
    A. 双方达成让与合意 B. 将双方让与合意通知债务人
    C. 双方达成合意,并经债务人同意
    D. 双方达成合意,经债务人同意且不得牟利

58. 下列不属于合同法调整对象的是（   ）。
    A. 买卖合同 B. 委托合同 C. 监护合同 D. 承揽合同

59. 按照合同的表现形式对合同进行分类,合同可以分为（   ）。
    A. 书面合同、口头合同、默示合同 B. 要式合同、不要式合同
    C. 有名合同、无名合同 D. 有偿合同、无偿合同

60. 按照当事人是否相互负有义务对合同进行分类,合同可以分为（   ）。
    A. 有偿合同、无偿合同 B. 双务合同、单务合同
    C. 诺成合同、要物合同 D. 要式合同、不要式合同

二、多项选择题（共20题,每题2分。每题的备选项中,有2个或2个以上符合题意,至少有1个错项。选错,本题不得分；少选时,所选对的每个选项得0.5分）

1. 一级建造师应具有一定的（   ）水平,并具有丰富的施工管理专业知识。
   A. 工程技术 B. 外语 C. 工程管理理论
   D. 相关经济理论 E. 思想道德

2. 以下说法正确的是（   ）。
   A. 诉讼时效中止时,诉讼时效期间重新计算

B．诉讼时效中断时，诉讼时效期间重新计算
C．诉讼时效中止时，从中止诉讼时效的原因消除之日起，诉讼时效期间继续计算
D．诉讼时效中断时，从中止诉讼时效的原因消除之日起，诉讼时效期间继续计算
E．诉讼时效中断或中止，都不影响原诉讼时效期间的计算

3. 物权的保护方式包括请求（    ）。
   A．确认物权　　　　　B．排除妨碍　　　　　C．恢复原状
   D．返还原物　　　　　E．加倍赔偿损失

4. 专利权取得的原则包括（    ）。
   A．新颖性原则　　　　B．单一性原则　　　　C．创造性原则
   D．先申请原则　　　　E．优先权原则

5. 以下情况中，（    ）确定的施工企业无效。
   A．应该招标的工程没有招标　　　B．应该公开招标的工程没有公开招标
   C．建设单位肢解发包　　　　　　D．建设单位将工程发包给联合体
   E．建设单位将工程发包给不具备相应资质条件的组织或个人

6. 以下必须进行招标的是（    ）。
   A．单项合同估算价为 80 万元的某种建筑材料采购
   B．单项合同估算价为 40 万元的设计
   C．单项合同估算价为 60 万元的监理业务
   D．单项合同估算价为 150 万元的建筑施工
   E．单项合同估算价为 120 万元的设备采购

7. 生产经营单位主要负责人的安全生产职责包括（    ）。
   A．学习与本单位所从事的生产经营活动相应的安全生产知识
   B．保证本单位安全生产投入的有效实施
   C．组织制定本单位安全生产规章制度和操作规程
   D．组织制定并实施本单位的生产安全事故应急求援预案
   E．及时、如实报告生产安全事故

8. 建设工程安全生产管理的基本制度包括（    ）。
   A．安全生产责任制度　　　B．安全生产教育培训制度
   C．安全设施验收制度　　　D．群防群治制度
   E．安全责任追究制度

9. 施工单位对于达到一定规模的危险性较大的（    ）部分分项工程应当编制专项施工方案，并附具安全验算结果。
   A．基坑支护与降水工程　　B．模板工程
   C．脚手架工程　　　　　　D．土方开挖工程
   E．砌体工程

10. 环境影响报告书的基本内容应包括（    ）。
    A．建设项目对环境影响的经济损益分析
    B．建设项目周围环境现状　　　C．对建设项目实施环境监测的建议
    D．建设项目环境保护的职责分工　　E．环境影响评价的结论

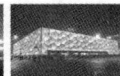

11. 所谓环境保护"三同时"制度，是指建设项目需要配套建设的环境保护设施，必须与主体工程（　　）。

　　A．同时规划　　　　　　B．同时设计　　　　　　C．同时施工
　　D．同时验收　　　　　　E．同时投产使用

12. 下列各项中，属于符合从事建筑工程活动的经济组织的是（　　）。

　　A．建筑施工企业　　　　B．勘察、设计单位　　　C．工程监理单位
　　D．工程招标代理机构　　E．专业审计机构

13. 一方以胁迫手段订立的损害国家利益的合同是无效合同，胁迫手段的构成要件有（　　）。

　　A．胁迫人是故意的　　　　　　B．胁迫人实施了胁迫行为
　　C．胁迫行为造成了实际的损害　D．胁迫必须是非法的
　　E．受胁迫人因恐惧做出了不真实的意思表示

14. A 市甲厂与 B 市乙厂约定，由甲厂供应乙厂钢材 100 吨，乙支付价款 30 万元，未约定交货和付款的地点，则（　　）。

　　A．付款地点为 A 市　　B．付款地点为 B 市　　C．交货地点为 A 市
　　D．交货地点为 B 市　　E．付款地点、交货地点均为 B 市

15. 当事人向人民法院提交的"授权委托书"上仅写明"全权委托"而无具体授权的，诉讼代理人有权（　　）。

　　A．代为出庭应诉　　　　　　　B．代为承认、放弃诉讼请求
　　C．代为质证　　　　　　　　　D．代为进行和解
　　E．代为提起反诉或者上诉

16. 民事诉讼时，下列情形中，可以采用指定管辖的有（　　）。

　　A．受移送的法院认为自己对受移送的案件没有管辖权
　　B．有管辖权的人民法院因为特殊原因无法行使管辖权
　　C．两个法院对管辖权发生争议，均不愿受理某一个案件
　　D．人民法院受理案件后发现自己对案件没有管辖权的
　　E．上级法院将本院审理的案件分配给下级人民法院审理

17. 下列（　　）情形下，要约失效。

　　A．拒绝要约的通知到达要约人　　　B．要约人依法撤回要约
　　C．承诺期限届满，受约人未作承诺　D．受约人对要约内容做出实质性变更
　　E．受约人对要约内容做出非实质性变更，要约人未反对

18. 区分有偿合同和无偿合同的法律意义在于（　　）。

　　A．二者注意义务的程度不同，有偿合同更注意义务
　　B．对于纯获利益的无偿合同，无行为能力人和限制行为能力人可以独立进行，有偿合同则需法定代理人同意或者追认
　　C．有偿合同一般要同时履行抗辩权，无偿合同一般则不要
　　D．有偿合同若被撤销，须以受让人知道对债权人造成损害为要件，无偿合同则不要
　　E．有偿合同符合公平对价原则，无偿合同则不要

19. 判决书应当写明的内容有（　　）。

　　A. 案由、诉讼请求、争议的事实和理由

　　B. 判决认定的事实、理由和适用的法律依据

　　C. 判决结果和诉讼费用的负担

　　D. 合议过程中所有法官的意见

　　E. 上诉期间和上诉的法院

20. 甲公司向多家公司发出招标书，乙公司接到招标书后向甲公司发出了投标书，甲公司经过决标，确定乙公司中标，并向其发出中标通知书，下列正确的是（　　）。

　　A. 甲发出招标书的行为属于要约邀请

　　B. 甲发出招标书的行为属于要约

　　C. 乙发出投标书的行为属于要约

　　D. 乙发出投标书的行为属于承诺

　　E. 甲发出中标通知书的行为属于承诺

# 附录B 综合测试题(二)

(满分 100分)

一、单项选择题(共60题,每题1分。每题的备选答案中,只有1个最符合题意)

1. 下列各项关于建造师的执业范围说法中,不正确的是( )。
   A. 担任建设工程项目施工的项目经理
   B. 从事其他施工活动的管理工作
   C. 对建设工程进行合同管理和信息管理
   D. 法律、行政法规或国务院建设行政主管部门规定的其他业务

2. 建造师执业资格注册的有效期一般为( )年。
   A. 1    B. 2    C. 3    D. 4

3. 民事法律关系的构成要素不包括( )。
   A. 民事法律关系主体    B. 民事法律事实
   C. 民事法律关系客体    D. 民事法律关系内容

4. 民事法律关系的变更不包括( )。
   A. 主体变更    B. 客体变更    C. 性质变更    D. 内容变更

5. 下列事实中,发生不当得利的事实有( )。
   A. 养子女给其生父母的赡养费
   B. 甲公司利用乙公司倒掉的废煤渣制作建筑材料
   C. 给付因赌博而欠的钱款
   D. 售货员找零时多找给顾客的钱

6. 建设工程开工前,由( )向建设行政主管部门领取施工许可证后,方可开工。
   A. 施工单位    B. 建设单位    C. 监理单位    D. 设计单位

7. 建筑工程在施工过程中,建设单位或者施工单位发生变更的,应当( )领取施工许可证。
   A. 重新申请    B. 不需要重新申请    C. 只需更换    D. 退还

8. 违反《建筑法》规定,未取得施工许可证或者开工报告未经批准擅自施工的,责令改正,对于不符合开工条件的责令停止施工,可以( )。
   A. 处以罚款    B. 吊销资质证书
   C. 责令停业整顿    D. 降低资质等级

9. 下列各项中说法正确的是( )。
   A. 大型建筑工程或者结构复杂的建筑工程,只能由享有一级资质的企业承包
   B. 大型建筑工程或者结构复杂的建筑工程,不可以由一个企业单独承包
   C. 大型建筑工程或者结构复杂的建筑工程,可以由两个以上的承包单位联合共同承包
   D. 大型建筑工程或者结构复杂的建筑工程,必须由多个企业分包完成

10. 施工总承包的,建筑工程主体结构的施工必须由( )完成。
    A. 各分包单位共同    B. 总承包单位自行
    C. 总承包单位与分包单位    D. 联合体共同

11. 联合体中标的，（　　）。
    A. 由联合体选出代表人同招标人签订合同，但联合体各方就中标项目向招标人承担连带责任
    B. 由联合体选出代表人同招标人签订合同，联合体各方就中标项目向招标人承担各自的合同责任
    C. 联合体各方共同与招标人签订合同，并就中标项目向招标人承担连带责任
    D. 联合体各方共同与招标人签订合同，但各方只向招标人承担各自的合同责任
12. 建筑业企业资质分为（　　）序列。
    A. 两个　　　　　B. 三个　　　　　C. 四个　　　　　D. 五个
13. 开标由（　　）主持，邀请所有投标人参加。
    A. 招标人　　　　　　　　　　　　B. 公证人员
    C. 招标代理机构　　　　　　　　　D. 评标委员会
14. 评标委员会成员人数为（　　）人以上单数。
    A. 3　　　　　　B. 5　　　　　　C. 7　　　　　　D. 9
15. 依法必须进行招标的项目，招标人应当自确定中标人之日起（　　）内，向有关行政监督部门提交招标投标情况的书面报告。
    A. 10日　　　　　B. 15日　　　　　C. 20日　　　　　D. 30日
16. 安全监督检查人员具有的职权是（　　）。
    A. 拒绝权　　　　B. 现场处理权　　C. 紧急避险权　　D. 建议权
17. 《建设工程安全生产管理条例》规定：（　　）应当审查施工组织设计中的安全技术措施或者专项施工方案是否符合工程建设强制性标准。
    A. 建设单位　　　　　　　　　　　B. 施工企业项目经理
    C. 监理单位　　　　　　　　　　　D. 施工企业技术负责人
18. 施工现场暂时停止施工的，施工单位应当做好现场防护，所需费用由（　　）承担。
    A. 建设单位　　　B. 施工单位　　　C. 设计单位　　　D. 责任方
19. 工程质量监督机构的基本职责不包括（　　）。
    A. 办理建设单位工程建设项目报监手续，收取监督费
    B. 发现工程质量问题时，有权采取局部暂停施工等强制性措施，直到问题得到改正
    C. 对需要实施行政处罚的进行行政处罚
    D. 工程竣工以后，向委托的政府有关部门报送工程质量监督报告
20. 以下正常使用条件下的最低保修期限不正确的是（　　）。
    A. 屋面防水工程为5年
    B. 电气管线、给排水管道和设备安装为2年
    C. 供热供冷系统为2个采暖期、供冷期
    D. 装修工程为1年
21. 按属性分类的工程建设标准不包括（　　）。
    A. 施工及验收标准　　　　　　　　B. 技术标准
    C. 管理标准　　　　　　　　　　　D. 工作标准
22. 审批部门应当自收到环境影响报告表之日起（　　）日内，作出审批决定并书面通

知建设单位。

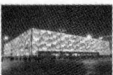

  A．60    B．30    C．15    D．10

23．《建设工程质量管理条例》规定：（  ）必须按照工程设计要求、施工技术标准和合同约定，对建筑材料、建筑构配件、设备和商品混凝土进行检验，未经检验或检验不合格的，不得使用。

  A．建设单位  B．监理单位  C．施工单位  D．总承包单位

24．《工程建设标准强制性条文》对（  ）来说，是设计或施工时必须绝对遵守的技术法规。

  A．设计人员和施工人员    B．设计和监理人员

  C．监理和施工人员    D．监理和政府监督人员

25．根据环境保护"三同时"制度的要求，建设项目的（  ）应当按照环境保护设计规范的要求，编制环境保护篇章。

  A．可行性研究  B．初步设计  C．技术设计  D．施工图设计

26．建筑工程一切险可分期交纳保险费，但出单后必须立即交纳第一期保费，而最后一笔保费必须在（  ）交清。

  A．工程开工后立即    B．工程开工后半年

  C．工程完工后立即    D．工程完工前半年

27．安装工程一切险的除外责任包括（  ）。

  A．由结构、材料或在车间制作方面的错误导致的损失

  B．因安装地点的运输而引起的意外事件造成的损失

  C．短路、过电压、电弧所造成的损失

  D．超压、压力不足和离心力引起的断裂所造成的损失

28．以下用人单位可以随时解除劳动合同的情形是（  ）。

  A．劳动者被依法追究刑事责任的

  B．劳动者患病，医疗期满后不能从事原工作也不能从事由用人单位另行安排工作的

  C．劳动者不能胜任工作，经过培训或者调整工作岗位仍不能胜任工作的

  D．劳动合同订立时所依据的客观情况发生重大变化致使原劳动合同无法履行，经当事人协商不能就变更劳动合同达成协议的

29．劳动者解除劳动合同，应当提前（  ）以书面形式通知用人单位。

  A．15日    B．30日    C．60日    D．10日

30．无效的劳动合同，（  ）就没有法律约束力。

  A．从人民法院认定为无效劳动合同之时起  B．从合同执行时起

  C．从订立的时候起    D．从人民法院撤销其效力后

31．环境保护是我国的基本国策，关系国家和人民的长远利益，是（  ）的重要职责之一。

  A．公民    B．社会    C．政府    D．国家

32．根据公司组织机构的规定，（  ）行使修改公司章程的职权。

  A．股东（大）会  B．董事会  C．监事（会）  D．总经理

33．税务机关可采取的强制执行的措施是指（  ）。

A. 书面通知纳税人开户银行暂停支付纳税人的金额相当于应纳税款的存款
B. 扣押、查封纳税人的价值相当于应纳税款的商品、货物或其他财产
C. 书面通知其开户银行或者其他金融机构从其存款中扣缴税款
D. 依法对其进行罚金、拘役、有期徒刑、无期徒刑

34. 纳税人因有特殊困难，经批准可以延期缴纳税款，但最长不得超过（　　）。
A. 1个月　　　　B. 3个月　　　　C. 6个月　　　　D. 1年

35. （　　）是希望和他人订立合同的意思表示。
A. 要约邀请　　　B. 要约　　　　C. 承诺　　　　D. 缔约

36. 订立合同过程中，（　　）是要约。
A. 招标公告　　　B. 投标书　　　C. 寄送的价目表　　D. 招股说明

37. 缔约后，当事人一方泄露商业机密给对方造成损失，应当承担（　　）。
A. 缔约过失责任　B. 违约责任　　　C. 双倍赔偿责任　　D. 刑事责任

38. 下列不属于无效合同的情形是（　　）。
A. 以合法形式掩盖非法目的　　　　B. 恶意串通，损害第三人利益
C. 采用胁迫手段损害对方利益　　　D. 损害社会公共利益

39. 某工程承包人与材料供应商签订了材料供应合同。条款内未约定交货地点，运费也未予明确，则材料供应商把货备齐后应（　　）。
A. 将材料送到施工现场　　　　　　B. 将材料送到承包人指定的仓库
C. 通知承包人自提　　　　　　　　D. 将材料送到承包人所在地的货运站

40. 某合同执行市场价格。签订合同时约定价格为每千克1000元，逾期交货和逾期付款违约金均为每天每千克1元。供货方按时交货，但买方逾期付款30天。付款时市场价格为每千克1200元。则买方应付货款为每千克（　　）元。
A. 1000　　　　B. 1030　　　　C. 1200　　　　D. 1230

41. 撤销权自债权人知道或者应当知道撤销事由之日起（　　）内行使。
A. 3个月　　　　B. 6个月　　　　C. 1年　　　　D. 2年

42. 因违约行为造成损害高于合同约定的违约金，守约方（　　）。
A. 应按合同约定违约金要求对方赔偿
B. 可按实际损失加上违约金要求对方赔偿
C. 应在原约定违约金基础上适当增加一定比例的违约金
D. 可请求法院增加超过违约金部分损失赔偿

43. 当事人在合同中既约定定金，又约定违约金时，若一方违约，对方（　　）追究违约方的赔偿责任。
A. 可选择违约金条款或定金条款　　B. 可以同时采用违约金和定金条款
C. 应该采用违约金条款　　　　　　D. 必须采用定金条款

44. 合同被撤销后，从（　　）之日起，合同无效。
A. 订立　　　　　　　　　　　　　B. 被撤销
C. 当事人发现为可撤销合同　　　　D. 当事人向法院提出撤销合同

45. 法定代表人越权订立的合同，若相对人知道其越权，则该合同为（　　）。
A. 效力待定合同　　　　　　　　　B. 无效合同

C. 可撤销合同 D. 可变更合同
46. 合同一方当事人通过资产重组分立为两个独立的法人，原法人签订的合同（　　）。
　　A. 自然终止　　　B. 归于无效　　　C. 仍然有效　　　D. 可以撤销
47. 在担保方式中，只能由第三方担保的方式是（　　）。
　　A. 保证　　　　　B. 抵押　　　　　C. 留置　　　　　D. 定金
48. 可以实现留置权的合同是（　　）。
　　A. 买卖合同　　　　　　　　　　　B. 承揽合同
　　C. 借款合同　　　　　　　　　　　D. 建筑工程施工合同
49. 定金合同自（　　）起生效。
　　A. 签订之日　　　　　　　　　　　B. 实际交付定金之日
　　C. 登记之日　　　　　　　　　　　D. 公证之日
50. 具有一次性决定效力的是（　　）。
　　A. 和解　　　　　B. 调解　　　　　C. 仲裁　　　　　D. 诉讼
51. 当事人申请仲裁后，可以自行达成和解协议。当事人达成和解协议，撤回仲裁申请反悔的，（　　）。
　　A. 另一方可要求法院强制执行和解协议
　　B. 可以再根据仲裁协议申请仲裁
　　C. 另一方可要求仲裁机构强制执行和解协议
　　D. 仲裁机构可不受理此案
52. （　　）经书面通知，无正当理由不到庭或未经仲裁庭许可中途退庭，可以缺席裁决。
　　A. 证人或申请人　　　　　　　　　B. 被申请人
　　C. 申请人　　　　　　　　　　　　D. 申请人或被申请人
53. 人民法院认为不符合起诉条件的，应当在（　　）日内裁定不予受理。
　　A. 2　　　　　　　B. 7　　　　　　C. 10　　　　　　D. 15
54. （　　）经传票传唤，无正当理由拒不到庭的，法院可以缺席判决。
　　A. 原告　　　　　B. 被告　　　　　C. 第三人　　　　D. 证人
55. 最高人民法院对地方各级人民法院已经发生法律效力的判决、裁定，发现确有错误的，（　　）。
　　A. 只有权提审　　　　　　　　　　B. 只有权指令下级人民法院再审
　　C. 有权提审或指令下级人民法院再审　D. 只有权指令原人民法院再审
56. 向人民法院申请保全证据，不得迟于举证期限届满前（　　）日。
　　A. 7　　　　　　　B. 14　　　　　　C. 28　　　　　　D. 30
57. 被告应在收到起诉状副本之日起18日内提出答辩状。被告不提出答辩状的，（　　）。
　　A. 人民法院不得开庭审理　　　　　B. 人民法院可判决被告败诉
　　C. 不影响人民法院的审理　　　　　D. 人民法院可缺席审理
58. 因侵权行为提起的诉讼，由（　　）人民法院管辖。
　　A. 原告住所地或被告住所地　　　　B. 侵权行为地或原告住所地
　　C. 侵权行为地或被告住所地　　　　D. 被侵害人选择的
59. 因不动产纠纷提起的诉讼，由不动产所在地人民法院管辖，这属于（　　）的规定。

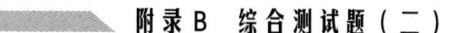

A．一般地域管辖 B．特殊地域管辖
C．专属管辖 D．指定管辖

60．法院在执行判决、裁定过程中，双方当事人自行和解达成协议，一方当事人不履行和解协议，另一方当事人可（　　）。

A．要求法院强制执行和解协议 B．重新起诉
C．要求法院恢复对原生效法律文书的执行 D．上诉

**二、多项选择题**（共20题，每题2分。每题的备选项中，有2个或2个以上符合题意，至少有1个错项。错选，本题不得分；少选时，所选对的每个选项得0.5分）

1．一级建造师应具备的执业技术能力包括（　　）。

A．具有一定的工程技术、工程管理理论和相关经济理论水平，并具有丰富的施工管理专业知识
B．能够熟练掌握和运用与施工管理业务相关的法律、法规、工程建设强制性标准和行业管理的各项规定
C．具有丰富的施工管理实践经验和资历，有较强的施工组织能力，能保证工程质量和安全生产
D．接受继续教育，更新知识，不断提高业务水平
E．有一定的外语水平

2．建设法律关系主体，主要是指参加或管理、监督建设活动，受建设工程法律规范等，在法律上享有权利、承担义务的（　　）。

A．自然人 B．法人 C．其他组织
D．政党 E．协会

3．在代理关系中，通常涉及三方关系人，即（　　）。

A．代理人 B．利益相关人 C．被代理人
D．利害攸关人 E．第三人

4．下列选项中，（　　）属于法定代理终止的原因。

A．代理期限届满 B．被代理人取得民事行为能力
C．代理人辞去委托 D．代理人死亡
E．代理事务完成

5．根据《建筑工程施工许可管理办法》，建设单位领取施工许可证必须具备一系列条件，其中包括（　　）。

A．已经办理了建筑工程用地批准手续
B．在城市规划区的建筑工程，已经取得建设工程规划许可证
C．有满足施工需要的施工图纸及技术资料
D．已经确定施工企业
E．建设资金正在筹备

6．下列做法中，（　　）不符合《建筑法》关于建筑工程发承包的规定。

A．发包单位将应当由一个承包单位完成的建筑工程肢解成若干部分发包给几个承包单位
B．某建筑施工企业超越本企业资质等级许可的业务范围承揽工程
C．某建筑施工企业将其承包的全部建筑工程肢解以后，以分包的名义分别转包给他人

D. 发包单位将建筑工程的勘察、设计、施工、设备采购一并发包给一个工程总承包单位

E. 某建筑施工企业将所承包工程主体结构的施工分包给其他单位

7. 根据《建筑业企业资质管理规定》，建筑业企业资质中施工总承包序列企业资质设（    ）。

  A. 特级      B. 一级      C. 二级

  D. 三级      E. 四级

8. 根据《招标投标法》的有关规定，下列说法符合开标程序的有（    ）。

  A. 开标应当在招标文件确定的提交投标文件截止时间的同一时间公开进行

  B. 开标由招标人主持，邀请中标人参加

  C. 在招标文件规定的开标时间前收到的所有投标文件，开标时都应当众予以拆封、宣读

  D. 开标地点应当为招标文件中预先确定的地点

  E. 开标过程应当记录，并存档备查

9. 下列叙述中，（    ）是《安全生产法》关于安全生产规程的要求。

  A. 生产经营单位应当在有较大危险因素的生产经营场所和有关设施、设备上，设置明显的安全警示标志

  B. 安全设备的设计、制造、安装、使用、检测、维修、改造和报废，应当符合国家标准或者行业标准

  C. 生产经营单位必须对安全设备进行经常性维护、保养，并定期检测，保证正常运转

  D. 安全生产中从业人员应当掌握本职工作所需的安全生产知识，提高安全生产技能，增强事故预防和应急处理能力

  E. 生产经营单位不得使用国家明令淘汰、禁止使用的危及生产安全的工艺、设备

10. 根据《建设工程安全生产管理条例》，下列选项中，（    ）是设计单位安全生产管理的主要责任和义务

  A. 按照法律、法规和工程建设强制性标准进行设计，防止因设计不合理导致安全生产事故的发生

  B. 考虑施工安全操作和防护的需要，对涉及施工安全的重点部位和环节在设计文件中注明，并对防范安全生产事故提出指导意见

  C. 采用新工艺的建设工程，设计单位不必在设计中提出预防生产安全事故的措施建议

  D. 设计单位应当对其设计负责

  E. 注册建筑师等注册执业人员应当对其设计负责

11. 根据《建设工程质量管理条例》，（    ）是建设单位办理工程竣工验收备案应提交的材料。

  A. 工程竣工验收备案表      B. 工程竣工验收报告

  C. 施工单位签署的工程质量保修书    D. 住宅质量保证书

  E. 住宅使用说明书

12. 建筑工程一切险承保的内容包括（    ）。

  A. 工程本身     B. 由被保险人看管的停放于工地的财产

  C. 场地清理费    D. 施工人员的人身伤亡     E. 第三者责任

13. 劳动者可以随时通知用人单位解除劳动合同的情形是（     ）。
    A．用人单位未按劳动合同约定支付劳动报酬或者提供劳动条件的
    B．用人单位经济效益大幅下降，即将破产或倒闭的
    C．在试用期内
    D．用人单位以暴力、威胁或者非法限制人身自由的手段强迫劳动的
    E．用人单位分立或合并的

14. 以下关于有限责任公司的组织机构的论述中，正确的是（     ）。
    A．有限责任公司的股东会由全体股东组成
    B．董事长为公司的法定代表人
    C．有限责任公司股东人数较少和规模较小的，可设 1 名执行董事，不设董事会
    D．经董事会讨论通过可以修改公司章程
    E．监事会由股东代表和适当比例的公司职工代表组成

15. 下列表述正确的有（     ）。
    A．要约发出时生效　　　　　　　　B．要约到达受要约人时生效
    C．承诺发出时生效　　　　　　　　D．承诺到达受要约人时生效
    E．承诺生效时合同成立

16. 属于不得撤销要约的情况有（     ）。
    A．要约人确定了承诺期限　　　　　B．要约已经到达受要约人
    C．要约人明示要约不可撤销　　　　D．受要约人已经为履行合同做了准备工作
    E．要约已经发生法律效力

17. 当事人在合同的订立过程中（     ），应承担缔约过失责任。
    A．假借订立合同，恶意进行磋商　　B．泄露商业机密
    C．提供虚假情况　　　　　　　　　D．故意隐瞒与订立合同有关的重要事实
    E．由于不可抗力最终未签订合同

18. 在下列几种情形中，（     ）合同是无效合同。
    A．损害社会公共利益的
    B．以合法形式掩盖非法目的的
    C．恶意串通，损害国家、集体或第三人利益的
    D．以欺诈、胁迫等手段，使对方在违背真实意思的情况下订立的
    E．违反法律、行政法规、部门规章规定的

19. （     ），原债权人与债务人的债务法律关系并不因此变更。
    A．当事人约定由第三人向债权人履行债务
    B．当事人约定向第三人履行债务
    C．债权人转让权利　　D．债务人转移义务　　E．债权债务一并转让

20. 下列属于可撤销的合同有（     ）。
    A．因重大误解而订立的　　　　　　B．在订立合同时显失公平的
    C．一方以欺诈、胁迫手段使对方在违背真实意思的情况下订立的
    D．一方乘人之危，使对方在违背真实意思的情况下订立的
    E．一方以欺诈胁迫手段订立损害国家利益和对方当事人利益的

# 附录 C 综合测试题（三）

（满分 100 分）

一、单项选择题（共 60 题，每题 1 分。每题的备选项中，只有 1 个最符合题意）

1. 法律关系的变更是指法律关系的（    ）发生变化。
   A. 主体    B. 客体    C. 内容    D. 三个要素

2. （    ）是指能够参加民事活动，享有民事权利和负担民事义务的法律资格。
   A. 民事权利能力    B. 民事行为能力
   C. 民事活动能力    D. 民事义务能力

3. 父母作为监护人代理未成年人进行民事活动属于（    ）。
   A. 委托代理    B. 指定代理    C. 法定代理    D. 一般代理

4. 国际货物买卖合同和技术进出口合同争议提起诉讼或仲裁的期限为（    ）。
   A. 1 年    B. 2 年    C. 4 年    D. 20 年

5. 物权的客体（    ）。
   A. 只能是物
   B. 可以是物和智力成果，不能是行为
   C. 可以是物、行为和智力成果
   D. 可以是物和行为，不能是智力成果

6. 物权依据（    ）的不同划分为用益物权和担保物权。
   A. 权利主体是否是财产的所有人    B. 设立目的
   C. 客体    D. 主体

7. 外观设计取得专利权的条件是（    ）。
   A. 新颖性    B. 创造性    C. 实用性    D. 经济性

8. 申请领取施工许可证要求建设资金已经落实。建设工期不足 1 年的，到位资金原则上不得少于工程合同价的（    ）。
   A. 50%    B. 60%    C. 70%    D. 80%

9. 按照国务院有关规定批准开工报告的建筑工程，因故不能按期开工超过（    ）的，应当重新办理开工报告的批准手续。
   A. 3 个月    B. 6 个月    C. 1 年    D. 2 年

10. 《建筑法》规定：提倡对建筑工程实行（    ），禁止将建筑工程肢解发包。
    A. 全过程发包    B. 施工总承包    C. 总承包    D. 管理总承包

11. 从事建筑工程活动的企业或单位，由（    ）审查，颁发资格证书。
    A. 工商行政管理部门    B. 建设行政主管部门
    C. 县级以上人民政府    D. 市级以上人民政府

12. （    ）符合建筑法关于建筑工程发承包的规定。
    A. 某建筑施工企业超越本企业资质等级许可的业务范围承揽工程
    B. 某建筑施工企业以另一个建筑施工企业的名义承揽工程
    C. 某建筑施工企业持有依法取得的资质证书，并在其资质等级许可的业务范围内承揽工程
    D. 某建筑施工企业允许个体户王某以本企业的名义承揽工程

282

13. 根据《建筑法》的规定，工程监理单位应当根据建设单位的委托，（　　）执行监理任务。

   A．偏向建设单位　　　　　　　　B．偏向施工单位
   C．客观、公正地　　　　　　　　D．按照建设行政主管部门的意见

14. 根据《工程建设项目招标范围和规模标准规定》，属于工程建设项目招标范围的工程建设项目，重要设备、材料等货物的采购，单项合同估算价在（　　）人民币以上的，必须进行招标。

   A．50万元　　　B．100万元　　　C．150万元　　　D．200万元

15. 招标代理机构与行政机关和其他国家机关不得存在（　　）。

   A．经济关系　　　　　　　　　　B．隶属关系或其他利益关系
   C．隶属关系　　　　　　　　　　D．任何关系

16. 关于共同投标协议的说法中错误的是（　　）。

   A．共同投标协议属于合同关系
   B．共同投标协议必须详细、明确，以免日后发生争议
   C．共同协议不应同投标文件一并提交招标人
   D．联合体内部各方通过共同投标协议明确约定各方在中标后要承担的工作和责任

17. 下列选项中，（　　）不是投标人以非法手段骗取中标的表现。

   A．借用其他企业的资质证书参加投标
   B．投标时递交虚假业绩证明、资格文件
   C．以行贿方式牟取中标
   D．投标文件中故意在商务上和技术上采用模糊的语言骗取中标，中标后提供低档劣质货物、工程或服务

18. 根据《招标投标法》的有关规定，（　　）应当采取必要的措施，保证评标在严格保密的情况下进行。

   A．招标人　　　　　　　　　　　B．评标委员会
   C．工程所在地建设行政主管部门　　D．工程所在地县级以上人民政府

19. 根据《安全生产法》的规定，下列选项中，（　　）不是生产经营单位主要负责人的安全生产职责。

   A．建立、健全本单位安全生产责任制　B．保证本单位安全生产投入的有效实施
   C．及时、如实报告生产安全事故　　　D．为从业人员缴纳保险费

20. 在《安全生产法》对安全生产从业人员的权利的规定中，安全生产从业人员有权了解其作业场所和工作岗位存在的危险因素、防范措施和事故应急措施，即（　　）。

   A．知情权　　　B．拒绝权　　　C．紧急避险权　　　D．建议权

21. 在安全生产的四种监督方式中，任何单位对安全生产违法行为向负有安全生产监督管理职责的部门报告属于（　　）。

   A．工会民主监督　　　　　　　　B．社区报告监督
   C．社会舆论监督　　　　　　　　D．公众举报监督

22. 根据《建设工程安全生产管理条例》，下列选项中，（　　）不是建设单位安全生产管理的主要责任和义务。

A．向施工单位提供有关资料　　　　B．及时报告安全生产事故隐患
C．保证安全生产投入　　　　　　　D．将拆除工程发包给具有相应资质的施工单位

23．根据《建设工程安全生产管理条例》，（　　）应当为施工现场从事危险作业的人员办理意外伤害保险。

A．建设行政主管部门　　　　　　　B．施工单位
C．市级以上人民政府　　　　　　　D．建设单位

24．根据《建设工程质量管理条例》，建设单位应当在工程竣工验收合格后的（　　）内到县级以上人民政府建设行政主管部门或其他有关部门备案。

A．10日　　　B．15日　　　C．30日　　　D．60日

25．（　　），建设单位应当向审批该建设项目环境影响报告书、环境影响报告表或者环境影响登记表的环境保护行政主管部门，申请该建设项目需要配套建设的环境保护设施竣工验收。

A．建设项目竣工后　　　　　　　　B．建设项目完工后
C．建设项目使用后　　　　　　　　D．建设项目设计后

26．环境保护行政主管部门应当自收到环境保护设施竣工验收申请之日起（　　）内，完成验收。

A．60日　　　B．15日　　　C．30日　　　D．45日

27．建筑工程一切险的保险金额按照不同的（　　）确定。

A．保险人　　　B．被保险人　　　C．保险标的　　　D．投保人

28．根据《劳动法》，（　　）不属于用人单位不得解除劳动合同的情形。

A．职工患病，在规定的医疗期内　　B．职工因工负伤，伤愈出院
C．女职工在孕期内　　　　　　　　D．女职工在哺乳期内

29．在城市范围内向周围生活环境排入工业与建筑施工噪声的，应当符合国家规定的工业企业厂界标准和（　　）。

A．噪声污染的工业设备行业标准　　B．城市市区噪声排放地方标准
C．建筑施工场界环境噪声排放标准　D．产品的噪声排放国家标准

30．根据《消防法》，在设有车间或者仓库的建筑物内，不得设置员工集体宿舍。对已经设置且确有困难不能立即加以解决的，应当采取必要的消防安全措施，经（　　）批准后，可以在限期内继续使用。

A．武警消防机构　　　　　　　　　B．公安消防机构
C．县级以上人民政府　　　　　　　D．建设行政主管部门

31．农村集体经济组织投资设立的乡镇企业，其企业财产权属于（　　）所有。

A．村委会　　　　　　　　　　　　B．乡政府
C．县政府　　　　　　　　　　　　D．设立该企业的全体农民

32．根据《公司法》，（　　）是有限责任公司的法定代表人。

A．总经理　　　　　　　　　　　　B．董事长
C．股东会主席　　　　　　　　　　D．监事会主席

33．根据《公司法》对股份有限公司的规定，股东大会对公司合并、分立或者解散公司作出的决议以及修改公司章程的决议，必须经（　　）通过。

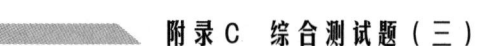

A．代表 1/2 以上表决权的股东　　　　B．代表 2/3 以上表决权的股东

C．出席股东大会的股东所持表决权的 1/2 以上

D．出席股东大会的股东所持表决权的 2/3 以上

34．监督检查不正当竞争行为的国家机关工作人员徇私舞弊，对明知有违反《反不正当竞争法》的规定构成犯罪的经营者故意包庇不使他受追诉的，依法追究（　　）。

A．民事责任　　　　B．经济责任　　　　C．刑事责任　　　　D．行政责任

35．下列对于要约的表述，错误的是（　　）。

A．要约是一种意思表示　　　　B．要约的内容具体确定

C．要约是一种法律行为　　　　D．要约约束受要约人而非要约人

36．下列承诺有效的是（　　）。

A．承诺对要约的内容做了实质性变更

B．承诺因其他原因而延误，但要约人却未及时通知受要约人

C．撤回承诺的通知与承诺同时到达要约人

D．撤回承诺的通知先于承诺到达要约人

37．合同法律关系的客体是指（　　）。

A．合同的当事人　　　　B．合同的标的

C．合同双方的权利　　　　D．合同双方的义务

38．合同的主体资格合格是指（　　）。

A．合同的当事人要具有完全的民事权利能力

B．合同的当事人要具有完全的民事行为能力

C．合同的当事人要具有完全的民事权利能力和民事行为能力

D．合同的当事人要具有相应的民事权利能力和民事行为能力

39．甲乙两人签订合同时对免责条款的约定如下，其中有效的免责条款是（　　）。

A．因乙的行为，使甲的身体健康遭受损害，免除责任

B．因乙的行为，使甲的名誉遭受损害，免除责任

C．因乙的过失行为，使甲遭受财产损失，免除责任

D．因乙的重大过失行为，使甲遭受财产损失，免除责任

40．对于已经生效的合同，如发现合同条款空缺，当事人可以协议补充。关于协议补充，下列表述中错误的是（　　）。

A．对于质量要求没有约定的，可以协议补充

B．对于价款约定不明确的，可以协议补充

C．对于履行地点没有约定或约定不明确的，不适用协议补充

D．所订立的补充协议，与原合同具有同样的法律约束力

41．甲乙两人签订一份钢材买卖合同，约定甲先付款，乙后发货。当合同的履行期限届至，甲因担心收不到货而未付款，于是乙在发货期限届至时也未发货。此时，乙行使的权利是（　　）。

A．先履行抗辩权　　　　B．后履行抗辩权

C．同时履行抗辩权　　　　D．不安抗辩权

42．代位权的行使中，关于"专属于债务人自身的债权"的含义，错误的表述是（　　）。

A．是指只有债务人本身才能享有的权利
B．包括专属于债务人的人身权利
C．包括专属于债务人的财产权利
D．不包括因身体被伤害而产生的损害赔偿请求权

43．在工程施工中由于（　　）原因导致工期延误，承包方应该承担违约责任。
A．承包方的设备损坏　　　　　　　B．不可抗力
C．工程量变化　　　　　　　　　　D．设计变更

44．某项目在施工过程中，由于建设单位没有筹措到资金而未按照约定向施工单位支付工程款，该行为属于（　　）。
A．合法行为　　B．自然事件　　C．违法行为　　D．社会事件

45．无效合同从（　　）时起就没有法律效力。
A．谈判　　B．订立　　C．被确认无效　　D．履行

46．无权代理人代订的合同，未经被代理人追认，相对人又没有正当理由相信行为人有代理权的，其法律后果由（　　）承担。
A．被代理人　　B．行为人　　C．代理人　　D．相对人

47．下列说法正确的是（　　）。
A．转移债务的，新债务人和原债务人对合同的义务承担连带责任
B．转让债券的，受让人和让与人对合同的权利享有连带债权
C．当事人订立合同后合并的，由合并后的法人和其他组织承担连带债务，享有连带债权
D．当事人订立合同后分立的，由分立的法人或其他组织对合同的权利和义务享有连带债权，承担连带债务

48．（　　）一般不会发生合同解除期限的问题。
A．法定解除　　B．法院解除　　C．协商解除　　D．约定解除

49．一般地，保函属于（　　）担保方式。
A．一般保证　　B．连带保证　　C．抵押　　D．质押

50．某公司将其价值500万元的房产抵押给银行，第一次从银行抵押贷款200万元，抵押贷款的最高比例为70%，该公司现准备第二次将该房产抵押给银行，最多能够获得（　　）万元的贷款。
A．350
B．300
C．150
D．不能重复抵押

51．下列合同中，不属于《合同法》分则中列举的15种有名合同的是（　　）。
A．技术合同　　　　　　　　　　　B．保险合同
C．买卖合同　　　　　　　　　　　D．建设工程合同

52．仲裁庭由（　　）名仲裁员组成时，应设首席仲裁员。
A．2　　B．3　　C．4　　D．5

53．仲裁，是当事人双方在纠纷发生前或纠纷发生后达成协议，自愿将纠纷交给第三者，由第三者在实施上作出判断，在（　　）上作出裁决的一种解决纠纷的方式。
A．一般责任　　B．相互责任　　C．权利和义务　　D．纠纷

54. 诉讼，是指建设工程当事人请求（   ）行使审判权，审理双方之间发生的纠纷，做出由国家强制保证实现其合法权益，从而解决纠纷的审判活动。

    A．仲裁委员会                        B．调解委员会

    C．人民法院                           D．人民检察院

55. 在证据可能灭失的情况下，诉讼参加人可以向人民法院申请（   ）。

    A．开庭质证      B．诉讼保全      C．重新鉴定      D．证据保全

56. 李某被正在施工的建筑坠落物砸伤，住院治疗花去医疗费4000元，起诉到人民法院，并向法院递交了医院的诊断证明。向人民法院提交的医院诊断证明是（   ）。

    A．书证          B．鉴定结论      C．证人证言      D．勘验笔录

57. 根据我国《民事诉讼法》的有关规定，下列关于答辩的说法错误的是（   ）。

    A．被告不提出答辩状的，不影响人民法院的审理

    B．答辩是针对原告的起诉状而对其予以承认、辩驳、拒绝的诉讼行为

    C．被告可以书面形式向法院提交答辩状

    D．在开庭前未以书面形式提交答辩状，开庭时以书面方式进行答辩

58. 刘伟诉张三一案经B市H区人民法院一审终结，判决张三赔偿刘伟人民币3900元。张三不服判决，向B市中级人民法院提出上诉，二审人民法院经过审理，驳回了张三的上诉。经查，刘伟居住在B市X区，张三在B市C区的银行有存款4000元。则本案的执行法院是（   ）。

    A．B市H区人民法院              B．B市X区人民法院

    C．B市C区人民法院              D．B市中级人民法院

59. 根据我国《仲裁法》的规定，下列关于仲裁机构组织性质的表述中，（   ）是正确的。

    A．属民间性质组织，独立于行政机关

    B．属带有行政性的组织，隶属于各省、市、自治区的法制局

    C．有民间性质，但仲裁委员会秘书处的日常工作人员隶属于有关的行政机关

    D．属民间性质组织，但各省、直辖市、自治区中设区的市所设立的仲裁机构，与省、直辖市、自治区所设立的仲裁机构有隶属关系

60. 发包人与承包人双方对仲裁协议效力有异议，发包人请求仲裁委员会作出决定，承包人请求人民法院作出裁定的，应由（   ）。

    A．仲裁委员会作出裁定          B．人民法院作出裁定

    C．仲裁委员会和人民法院共同作出裁定    D．双方当事人重新协议

二、多项选择题（共20题，每题2分。每题的备选项中，有2个或2个以上符合题意，至少有1个错项。错选，本题不得分；少选时，所选对的每个选项得0.5分）

1. 实行建筑工程监理前，建设单位应当将委托的（   ）书面通知被监理的建筑施工企业。

    A．工程监理单位      B．监理的内容      C．监理的权限

    D．建设项目研究      E．设计任务书

2. 建设单位必须在建设工程立项批准后，工程发包前，向（   ）办理工程报建登记

手续。

  A．建设行政主管部门    B．建设行政主管部门授权的部门

  C．县级以上人民政府    D．县级以上人民政府授权的部门

3. 根据《建设工程质量管理条例》中的相关规定，质量保修书中应当明确（　　）。

  A．建设工程的保修金额  B．业主的责任  C．建设工程的保修范围

  D．保修期限      E．保修责任

4. 以下选项中，属于工程前的监理的服务内容包括（　　）。

  A．参与建设项目的需求分析，帮助用户确定工程的设计目标

  B．协助用户编制招标文件，制定工程标底，实施招标活动，确定工程承包单位，组织评选设计方案

  C．参与合同谈判，协助用户完善工程建设合同和技术协议，明确系统验收方案，保护用户的权益

  D．审核施工设计、技术方案和进度计划，检查施工准备情况

  E．在保修期内定期或不定期对项目进行质量检查，督促承建方按合同要求进行维护

5. 以下项目中，可不进行公开招标的有（　　）。

  A．涉及国家安全、国家秘密的项目

  B．抢险救灾项目

  C．属于利用扶贫资金实行以工代赈需要使用农民工的项目

  D．生态环境保护项目

  E．在建工程追加的附属小型工程或者主体加层工程，原中标人仍具备承包能力的

6. 投标人的报价一般由（　　）组成。

  A．成本  B．利润  C．税金  D．保证金  E．违约金

7. 根据《招标投标法》的相关规定，应作为废标处理的情况是（　　）。

  A．投标书只有英文版本而没有中文翻译的

  B．以虚假的方式牟取中标

  C．低于成本报价竞标

  D．不符合资格条件或拒不对投标文件澄清、说明或改正

  E．未能在实质上响应的投标

8. 《安全生产法》规定，以下单位的主要负责人和安全生产管理人员应当由主管部门对其安全生产知识和管理能力考核后方可任职（　　）。

  A．危险物品的生产、经营、储存单位  B．矿山

  C．建筑施工单位        D．民用航空部门

  E．使用危险物品的车间、商店

9. 安全生产的"三同时"制度是指（　　）。

  A．同时出资  B．同时设计  C．同时监理

  D．同时投入生产和使用  E．同时施工

10. 《安全生产许可证条例》规定，国家对（　　）实行安全生产许可制度。

  A．矿山企业

  B．建筑施工企业

C．旧用化学品生产、经营、储存单位
D．危险化学品生产、经营、储存单位
E．烟花爆竹、民用爆破器材生产企业

11．根据《工程建设标准强制性条文》，对工程建设强制性标准实施情况进行监督检查的方式有（　　）。
　　A．重点检查　　　　B．突击检查　　　　C．抽查
　　D．普查　　　　　　E．专项检查

12．建设项目的环境影响报告书应当包括（　　）等内容。
　　A．建设项目对环境可能造成影响的分析、预测和评估
　　B．建设项目周围环境现状
　　C．建设项目对环境影响的经济损益分析
　　D．对建设项目实施环境监测的建议
　　E．环境影响评价的说明书

13．在建筑工程一切险承保的内容中，工程本身包括（　　）。
　　A．预备工程　　　　B．临时工程　　　　C．施工机具
　　D．工地内现有建筑物　　E．全部存放于工地，为施工所必需的材料

14．根据《劳动法》，有（　　）情形之一的，劳动者可以随时通知用人单位解除劳动合同。
　　A．在试用期内　　　　　　　　B．用人单位用暴力手段强迫劳动
　　C．用人单位用威胁手段强迫劳动　　D．用人单位用利诱手段要求劳动
　　E．用人单位未按劳动合同约定支付劳动报酬

15．下列关于要约撤销的表述中，正确的是（　　）。
　　A．要约生效之前，要约人可以撤销要约
　　B．要约生效之后，要约人可以撤销要约
　　C．在不损害受要约人的前提下，要约人可以撤销要约
　　D．撤销要约的通知应当在要约生效之前到达受要约人
　　E．撤销要约的通知应当在受要约人发出承诺通知之前到达受要约人

16．当承诺对要约的内容做出非实质性变更时，下列表述正确的是（　　）。
　　A．该承诺无效　　　　　　　　B．该承诺有效
　　C．该承诺效力不确定　　　　　D．如果要约人及时表示反对，则承诺无效
　　E．如果要约明示承诺不得对要约的内容做出任何变更，则承诺无效

17．对于已经生效的合同，如发现合同条款空缺，致使合同难以履行，则对于有关事项的确定方法，下列表述中错误的是（　　）。
　　A．当事人应当先补充协议
　　B．当事人可以直接按照合同的有关条款确定
　　C．当事人可以直接按照交易习惯确定
　　D．当事人可以直接适用《合同法》第六十二条的规定
　　E．当事人可以申请仲裁机构裁决

18. 当事人约定由第三人向债权人履行债务的，下列说法中正确的是（　　）。

　　A．第三人向债权人履行债务，必须征得债权人的同意

　　B．第三人向债权人履行债务，并不因此而成为合同的当事人

　　C．第三人向债权人履行债务，不得损害债权人的利益

　　D．第三人未向债权人履行债务的，应向债权人承担违约责任

　　E．第三人未向债权人履行债务的，债务人应向债权人承担违约责任

19. 甲乙两人签订一份钢材买卖合同，约定甲应于 2003 年 10 月 20 日交货，乙应于同年 10 月 30 日付款。乙在 10 月 20 日前发生的下列情况中，甲可以依法中止履行合同的是（　　）。

　　A．经营状况不理想　　　　　　　　B．转移财产以逃避债务

　　C．在其他合同的履行中丧失诚信　　D．丧失履行能力

　　E．抽逃资金以逃避债务

20. 可撤销合同的确认应该由（　　）确认。

　　A．行政主管部门　　　　B．当事人双方　　　C．人民法院

　　D．仲裁委员会　　　　　E．工商行政管理部门

# 附录D 2008年度全国二级建造师执业资格考试《建设工程法规及相关知识》试卷及答案

一、单项选择题（共60题。每题1分。每题的备选项中，只有1个符合题意）

**场景（一）**

建设单位拟兴建一栋20层办公楼，投资总额为5 600万元，由建设单位自行组织公开招标。

建设单位对甲、乙、丙、丁、戊五家施工企业进行了资格预审，其中丁未达到资格预审最低条件。建设单位于投标截止日后的第二天公开开标。评标阶段丙向建设单位行贿谋取中标。评标委员会向建设单位推荐了甲、乙施工企业为中标候选人，建设单位均未采纳，选中丙为中标人。建设单位向丙发出中标通知书，并要求降低报价才与其签订合同。

根据场景（一），回答下列问题。

1. 根据《招标投标法》和《工程建设项目招标范围和规模标准规定》，下列说法中错误的是（　　）。
   A. 若该项目部分使用国有资金投资，则必须招标
   B. 若投资额在3 000万元人民币以上的体育场施工项目必须招标
   C. 施工单位合同估算为300万元人民币的经济适用住房施工项目可以不招标
   D. 利用扶贫资金实行以工代赈使用农民工的施工项目，由审批部门批准，可以不进行施工招标

2. 招标人应当在资格预审文件中载明的内容不包括（　　）。
   A. 资格条件　　　　　　　　B. 最低标准要求
   C. 审查方法　　　　　　　　D. 审查目的

3. 根据《招标投标法》的规定，下列说法中正确的是（　　）。
   A. 甲、乙、戊施工企业具有投标资格
   B. 丁施工企业可以参加投标
   C. 丙的行贿行为不影响中标
   D. 戊应当成为中标人

4. 根据《招标投标法》的规定，下列关于建设单位的说法中正确的是（　　）。
   A. 建设单位有权要求丙降低报价
   B. 建设单位应在招标文件确定的提交投标文件截止时间的同一时间开标
   C. 建设单位可以在招标人中选择任何一个投标人中标
   D. 评标委员会成员中的2/3可以由建设单位代表担任

**场景（二）**

吴某是甲公司法定代表人，吴某依据《中华人民共和国勘察设计管理条例》将厂房设计任务委托给符合相应资质的乙设计院，设计院指派注册建筑师张某负责该项目。丙施工企业承建，注册建造师李某任该项目负责人，2006年2月1日厂房通过了竣工验收。甲公司未依

约结清设计费，设计院指令张某全权负责催讨。2008年1月1日在一次酒会上，吴某当众对设计院办公室主任王某说："欠你们院的设计费春节前一定还上"，事后王某向单位做了汇报，设计院决定改由王某全权处理该项事宜。后在税务检查中税务机关发现甲公司有逃税事实，遂冻结甲公司的账户，故拖欠的设计费仍未清偿。2008年4月1日，王某催讨，吴某以超过诉讼时效为由拒付，设计院遂提起诉讼。

根据场景（二），回答下列问题。

5. 《中华人民共和国勘察设计管理条例》属于（　　）。
   A．法律　　　　　　　　　B．行政法规
   C．地方性法规　　　　　　D．行政规定

6. 该工程设计合同法律关系中，法律关系主体是（　　）。
   A．吴某与张某　　　　　　B．吴某与设计院
   C．甲公司与张某　　　　　D．甲公司与乙设计院

7. 建造师李某申请延续注册，下列情况中不影响延续注册的是（　　）。
   A．工伤被鉴定为限制民事行为能力人
   B．其始终从事技术工作，故无需且未参加继续教育
   C．执业活动受到刑事处罚，自处罚执行完毕之日起至申请注册之日不满3年
   D．其负责的工程项目因工程款纠纷导致诉讼

8. 甲公司的其他股东对吴某的还钱表示不予认同，下列观点正确的是（　　）。
   A．吴某未得到其他股东授权，其还钱表态无效
   B．吴某酒后失言，不是真实意思表示，行为无效
   C．吴某的行为后果，其他股东不负责任
   D．吴某还钱可以，但需先行退还其他股东出资

9. 从设计任务委托法律关系的角度看，乙设计院将张某变更为王某全权负责催讨欠款属于（　　）。
   A．主体变更　　　　　　　B．客体变更
   C．内容变更　　　　　　　D．未变更

10. 张某代表设计院向甲公司催讨欠款属于（　　）。
    A．委托代理　　　　　　　B．法定代理
    C．指定代理　　　　　　　D．表见代理

11. 下列关于诉讼时效的表述，正确的是（　　）。
    A．距工程竣工已满两年，诉讼时效届满，乙设计院丧失胜诉权
    B．王某不是乙设计院的全权代表，吴某向王某表示还钱无效
    C．设计院事后安排王某负责处理催讨欠款事宜，故吴某向王某的表态，使诉讼时效中断
    D．因2008年1月1日处于诉讼时段的最后六个月当中，故诉讼时效中止

12. 甲公司的下列行为中，正确的是（　　）。
    A．为其他关系单位代开增值税发票
    B．为单位职工代扣代缴个人所得税
    C．设立两套账簿分别用于内部管理和外部检查
    D．将税务登记证借给关系单位

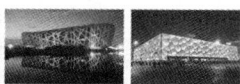

**场景（三）**

甲建设单位在某城市中心区建设商品房项目，由取得安全产生许可证的乙施工单位总承包，由丁监理公司监理。乙经过甲同意将基础工程分包给丙施工单位，丙在夜间挖掘作业中操作失误，挖断居民用水管造成大面积积水，需抢修。后续又发生两起安全事故：（1）乙施工单位的施工人员违反规定使用明火导致失火，造成一名工人受伤；（2）焊接现场作业员万某违章作业造成漏电失火，王某撤离现场。

根据场景（三），回答下列问题。

13. 乙施工单位的（　　）依法对本单位的安全生产全面负责。
    A．企业法人代表　　　　B．主要负责人
    C．项目负责人　　　　　D．安全生产员

14. 发生事故当时焊接作业员王某及时撤离了现场，是王某行使《安全生产法》赋予从业人员的（　　）。
    A．知情权　　　　　　　B．拒绝权
    C．紧急避难权　　　　　D．请求赔偿权

15. 该施工现场发生的两起安全事故，应由（　　）负责上报当地安全生产监管部门。
    A．甲建设单位　　　　　B．乙施工单位
    C．丙施工单位　　　　　D．丁监理公司

16. 该施工现场的安全生产责任应由（　　）负总责。
    A．甲建设单位　　　　　B．乙施工单位
    C．丙施工单位　　　　　D．丁监理公司

17. 根据《建设工程安全生产管理条例》规定，两单位从事危险作业人员的意外伤害保险费应当（　　）支付。
    A．由甲建设单位　　　　B．由乙施工单位
    C．由丙施工单位　　　　D．按合同约定

18. 以下对丁监理公司的安全责任说法中，不正确的是（　　）。
    A．按工程建设强制性标准实施监理
    B．依据法律、法规实施监理
    C．审查专项施工方案
    D．发现安全事故隐患立即向劳动安全管理部门报告

19. 在该焊接作业现场的下列说法中，不符合《消防法》规定的是（　　）。
    A．氧气瓶应单独存放并做好安全标志
    B．经项目负责人批准，可以携带火种进入焊接场所
    C．焊接作业人员必须持证上岗
    D．焊接作业人员应采取相应的消防安全措施

20. 根据《建筑施工企业安全生产许可证管理规定》，（　　）不是施工企业取得安全生产许可证必须具备的条件。
    A．建立、健全安全生产责任制
    B．保证本单位安全生产条件所需资金的有效使用
    C．设置安全生产管理机构

D. 依法参加工伤保险

21. 根据环境保护相关法律法规，对于项目夜间抢修的说法正确的是（　　）。

　　A. 可以直接抢修

　　B. 有县级以上人民政府或者有关主管部门证明可以抢修

　　C. 向所在地居民委员会或街道申请后可以抢修

　　D. 不可以夜内抢修

22. 因宿舍失火，要临时安置施工人员，则下列有关说法中正确的是（　　）。

　　A. 可以直接安排到仓库中，并远离危险品

　　B. 不可以安排到仓库中

　　C. 可以暂时安排到仓库中，并报公安消防机构批准

　　D. 经公安消防机构批准，可以长期居住在仓库中

**场景（四）**

具有房屋建筑设计丙级资质的某油田勘探开发公司欲新建专家公寓，该工程地下一层，地上九层，预制钢筋混凝土桩基础，钢筋混凝土框架结构。由甲设计院设计，施工图经乙审图中心审查通过。经公开招标，由某施工单位承建，包工包料，某监理公司负责工程的监理。施工过程中，建设单位要求更换外墙保温材料。

根据场景（四），回答下列问题。

23. 根据《建设工程质量管理条例》规定，以下不是建设单位质量责任的是（　　）。

　　A. 组织工程竣工验收

　　B. 确保外墙保温材料符合要求

　　C. 不得擅自改变主体结构进行装修

　　D. 不得迫使承包方以低于成本价格竞标

24. 若施工合同约定本工程保修期间采用质量保证金方式担保，则建设单位应按工程价款（　　）左右的比例预留保留金。

　　A. 结算总额 5%　　　　　　B. 预算总额 5%

　　C. 预算总额 10%　　　　　 D. 结算总额 10%

25. 根据《建设工程质量管理条例》，（　　）应当保证钢筋混凝土预制桩符合设计文件和合同要求。

　　A. 建设单位　　　　　　　　B. 监理公司

　　C. 施工单位　　　　　　　　D. 设计单位

26. 根据《建设工程质量管理条例》的规定，下列选项中不属于工程验收必备条件的是（　　）。

　　A. 有完整的技术档案

　　B. 有完整的施工管理资料

　　C. 设计单位签署的质量合格文件

　　D. 监理单位签署的工程质量保修书

27. 建设单位更换保温材料，应当由（　　）后方可施工。

　　A. 原设计院出设计变更，报当地审图机构审查

B. 当地具有相应资质的设计单位出设计变更,报当地审图机构审查
C. 原设计院出设计变更,报原审图机构审查
D. 建设单位设计院出设计变更,报原审图机构审查

28. 若对外墙保温材料的质量要求不明确而产生纠纷时,首先应按照（　　）履行。
   A. 通常标准　　　　　　　　B. 符合合同目的特定标准
   C. 国家标准　　　　　　　　D. 地方标准

29. 施工过程中的质量控制文件应由（　　）收集和整理后进行立卷归档。
   A. 建设单位　　　　　　　　B. 施工单位
   C. 监理单位　　　　　　　　D. 设计单位

30. 该项目关于节约能源的专题论证,应当包括在（　　）中。
   A. 可行性研究报告　　　　　B. 招标文件
   C. 投标文件　　　　　　　　D. 竣工验收报告

31. 依据《建设工程质量管理条例》关于见证取样的规定,（　　）无须取样送检,即可用于工程。
   A. 保温材料　　　　　　　　B. 供水管主控阀
   C. 钢筋原材料　　　　　　　D. 钢筋垫块

32. 以下关于工程质量保修问题的论述中,不符合《建设工程质量管理条例》的是（　　）。
   A. 地基基础工程质量保修期为设计文件规定的合理使用年限
   B. 发承包双方约定屋面防水工程的保修期为6年
   C. 保修范围属于法律强制性规定的,承发包双方必须遵守
   D. 保修期限法律已有强制性规定的,承发包双方不得协商约定

**场景（五）**

某市区一固定资产项目的施工现场图示如下,请根据图示回答以下问题：

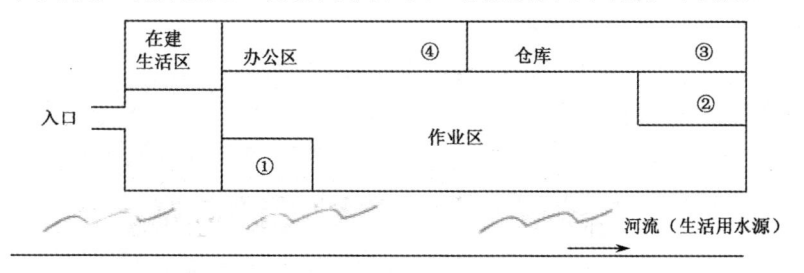

根据场景（五）,回答下列问题。

33. 因生活区尚未建成,可以将施工人员暂时安排在（　　）居住。
   A. 作业区①　　　　　　　　B. 作业区②
   C. 仓库③　　　　　　　　　D. 办公区④

34. 施工过程中产生的污染环境固体废弃物可暂时存放在（　　）。
   A. 作业区①　　　　　　　　B. 作业区②
   C. 办公区④　　　　　　　　D. 在建生活区⑤

35. 对施工过程中产生的废弃硫酸容器的处理,正确的是（　　）。

A．可以和其他固体废弃物统一存放并做好安全性处置

B．可以和施工原材料统一存放到仓库中

C．可以直接回填在基坑内

D．应该单独存放并做好标志

36．施工过程中会产生噪声污染，施工单位应在开工 15 日以前向（　　）申报环境噪声污染防治情况。

  A．环境保护行政主管部门  B．所在地居民委员会或街道办

  C．建设行政主管部门  D．安全生产行政主管部门

37．应在施工现场的（　　）处设置明显的安全警示标志。

  A．生活区入口  B．生活用水源

  C．在建工程出入通道  D．办公区入口

38．施工现场各区布置的相关说法中不正确的是（　　）。

  A．办公、生活区与作业区应分开设置

  B．应当对施工现场设置封闭围挡

  C．施工现场应设置消防安全设施

  D．施工现场临时搭建的建筑物可适当降低安全性

**场景（六）**

  施工单位与水泥厂签订了水泥买卖合同，水泥厂因生产能力所限无法按时供货，便口头向施工单位提出推迟 1 个月交货的要求，但施工单位未予答复。为此，水泥厂将该合同全部转让给建材供应商，约定建材供应商按水泥厂与施工单位所签合同的要求向施工单位供货，并就合同转让一事书面通知了施工单位。材料供货商按原合同约定的时间和数量供应了水泥，但水泥质量不符合合同约定的标准。施工单位要求水泥厂继续履行合同，并要求材料供应商赔偿相应损失。

  根据场景（六），回答下列问题。

39．若施工单位同意水泥厂转让合同，水泥质量不合格应由（　　）承担责任。

  A．施工单位  B．水泥厂

  C．材料供应商  D．水泥厂与材料供应商共同

40．水泥厂向施工单位提出迟延交货的要求，则合同（　　）。

  A．发生变更  B．效力待定

  C．无效  D．未发生变更

41．水泥厂转让合同的行为在（　　）后有效。

  A．水泥厂与材料供应商联名通知施工单位

  B．水泥厂通知施工单位

  C．材料供应商通知施工单位

  D．征得施工单位同意

42．根据《合同法》的规定，不属于合同债权债务概括转移条件的是（　　）。

  A．转让人与受让人达成合同转让协议

  B．原合同有效

C. 原合同为单务合同
D. 符合法定的程序

43. 根据《合同法》的规定，下列说法中正确的是，施工单位（　　）。
   A. 有权要求水泥厂继续履行合同，并要求材料供应商赔偿损失
   B. 无权要求水泥厂继续履行合同
   C. 有权要求水泥厂继续履行合同，并赔偿损失
   D. 有权要求水泥厂继续履行合同，并要求水泥厂赔偿损失

**场景（七）**

2007年9月20日，施工单位与建材商签订了一份买卖合同，约定将工程完工后剩余的石材以8万元的价格卖给建材商，合同履行地为施工单位所在地。9月28日，建材商依约交付1万元定金。9月29日，施工单位为建材商代为托运。9月30日，建材商收到货物，但并没有按照约定在货到时付款。

根据场景（七），回答下列问题。

44. 如果该施工单位营业执照允许经营范围无销售石材业务，则设买卖合同为（　　）合同。
   A. 无效　　　　　　　　　B. 有效
   C. 可变更、可撤销　　　　D. 效力待定

45. 该定金合同的生效日期为（　　）。
   A. 9月20日　　　　　　　B. 9月28日
   C. 9月29日　　　　　　　D. 9月30日

46. 如果货物在运输途中遭遇台风，致使部分石材损坏，该损失由（　　）。
   A. 施工单位承担
   B. 建材商承担
   C. 施工单位和建材商各承担一半
   D. 建材商承担3/4，施工单位承担1/4

47. 如果建材商一直无力偿还施工单位的7万元，且某工厂欠建材商6万元已到期，但建材商明示放弃对该工厂的债权。对建材商这一行为，施工单位可以（　　）。
   A. 请求仲裁机构撤销建材商放弃债权的行为
   B. 请求人民法院撤销建材商放弃债权的行为
   C. 通过仲裁机构行使代位权，要求工厂偿还6万元
   D. 通过人民法院行使代位权，要求工厂偿还6万元

48. 如果施工单位与建材商在买卖合同中，既约定了定金，又约定了违约金。在建材商违约时，施工单位（　　）。
   A. 可以同时适用定金与违约金的约定
   B. 只可选择适用其中一项约定
   C. 只能适用违约金约定
   D. 只能适用定金约定

## 场景（八）

甲施工单位向乙银行申请贷款200万元。甲提交了丙汽车制造厂和丁市公安局各自为其出具的还款付息保证书。甲因经营不善，造成严重亏损，不能按期还本付息。甲与乙经过协商，达成延期两年还款协议，并通知了保证人。

根据场景（八），回答下列问题。

49．甲与乙签订的有效合同属于（　　）。
　　A．单务合同　　　　　　B．实践合同
　　C．双务有偿合同　　　　D．无名合同

50．依据《担保法》规定，在该场景中能做保证人的是（　　）。
　　A．甲　　　　　　　　　B．乙
　　C．丙　　　　　　　　　D．丁

51．该保证合同主体是（　　）。
　　A．甲与乙　　　　　　　B．甲与丙
　　C．乙与丁　　　　　　　D．乙与丙

52．下列不属于保证合同的内容是（　　）。
　　A．保证方式　　　　　　B．保证期间
　　C．保证担保范围　　　　D．被保证人的其他债权

53．若两年后甲仍不能还款，则该还款义务由（　　）承担。
　　A．甲　　　　　　　　　B．乙
　　C．丙　　　　　　　　　D．丁

54．按照担保法的规定，属于保证担保方式的是（　　）。
　　A．定金保证　　　　　　B．一般保证
　　C．抵押保证　　　　　　D．留置保证

## 场景（九）

甲建设单位与乙施工单位签订了一份装饰合同，合同约定由乙负责甲办公楼的装饰工程，并且约定一旦因合同履行发生纠纷，由当地仲裁委员会仲裁。施工过程中，因乙管理不善导致工期延误，给甲造成了损失，甲要求乙赔偿，遭到乙拒绝，于是甲提出仲裁申请。

根据场景（九），回答下列问题。

55．针对乙延误工期这一事实，提供证据的责任由（　　）承担。
　　A．甲　　　　　　　　　B．乙
　　C．甲乙双方　　　　　　D．仲裁庭

56．仲裁过程中，如果甲申请证据保全，则正确程序是（　　）。
　　A．甲向仲裁机构所在地的基层人民法院提出申请
　　B．仲裁机构将甲的申请提交证据所在地的基层人民法院
　　C．仲裁机构将甲的申请提交仲裁机构所在地的基层人民法院
　　D．仲裁机构采取必要的证据保全措施

57．仲裁庭审理过程中，仲裁员在赔偿数额上意见不一致，首席仲裁员张某认为赔偿数额为30万元，另两名仲裁员王某、李某都认为赔偿数额应为15万元，则仲裁庭应按（　　）

意见作出。
　　A．仲裁委员会　　　　　　B．仲裁委员会主任
　　C．张某　　　　　　　　　D．王某、李某
58．该纠纷经仲裁后，裁决书（　　）发生法律效力。
　　A．自作出之日
　　B．经上级仲裁机构审查批准后
　　C．经人民法院审查批准后
　　D．在双方当事人不申请复议时
59．如果被申请人乙发现该案在仲裁过程中违反法律程序，则可以向（　　）申请撤销裁决。
　　A．仲裁庭
　　B．建设行政主管部门
　　C．上级仲裁委员会
　　D．人民法院
60．如果裁决发生法律效力后，乙不履行裁决，甲可以（　　）。
　　A．向法院申请强制执行
　　B．向仲裁委员会申请强制执行
　　C．向公安部门申请强制执行
　　D．再申请仲裁

二、多项选择题（共20题。每题2分。每题的备选项中，有2个或2个以上符合题意，至少有1个错项。错选，本题不得分；少选时，所选对的每个选项得0.5分）

**场景（十）**

甲建设单位将宾馆改建工程直接发包给乙施工单位，约定工期10个月，由丙监理公司负责监理。甲指定丁建材公司为供货商，乙施工单位不得从其他供应商处另行采购建筑材料。乙施工单位具有房屋建筑工程总承包资质，为完成施工任务，招聘了几名具有专业执业资格的人员。在征得甲同意的情况下，乙施工单位将电梯改造工程分包给戊公司。在取得施工许可证后，改建工程顺利。

根据场景（十），回答下列问题。

61．下列关于施工许可证申请的表述正确的有（　　）
　　A．施工许可证应由乙施工单位申请领取
　　B．申请用地已办理建设工程规划许可证
　　C．改建设计图已按规定进行了审查
　　D．到位资金不得少于工程价款的50%
　　E．宾馆建设消防设计图纸已通过公安消防机构审核
62．下列关于工程发包、承包的表述正确的有（　　）。
　　A．乙单位与戊单位就电梯改造部分向甲单位承担连带责任
　　B．建筑工程应该招标发包，对不适用招标发包的可以直接发包
　　C．乙单位只能从丁公司采购建筑材料，否则构成违约

D. 甲单位可以将电梯改造与其他改建工程分别发包

E. 该工程施工合同无效，即使竣工验收合格，甲单位也可拒付工程价款

63. 乙施工单位的企业资质可能是（    ）。

　　A. 特级　　　　　　　　　　　B. 一般

　　C. 二级　　　　　　　　　　　D. 三级

64. 目前我国主要的建筑业专业技术人员执业资格种类包括（    ）。

　　A. 注册土木（岩土）工程师

　　B. 注册房地产估价师

　　C. 注册土地估价师

　　D. 注册资产评估师

65. 丙监理单位在改建过程中，其监理内容包括（    ）。

　　A. 进度控制　　　　　　　　　D. 质量控制

　　C. 成本控制　　　　　　　　　D. 合同管理

**场景（十一）**

某电信公司在市中心新建电信大厦，该工程为钢筋混凝土框架结构，地下一层，地上七层。施工阶段由监理公司负责监理。电信公司将工程发包给甲施工单位，经电信公司同意，甲将消防工程采用包工包料的方式分包给乙公司。为节约成本，电信公司要求降低节能标准，更换材料。工程竣工验收并进行工程文件移交、归档。电信大厦投入使用后三个月，位于三楼的一处消防管控制阀因质量不合格漏水，造成某通信设备调试公司存放于该楼的二台电子设备损坏，直接经济损失近百万元。

根据场景（十一），回答下列问题。

66. 对该设备损失承担责任的有（    ）。

　　A. 甲施工单位　　　　　　　　B. 乙公司

　　C. 消防器材供货商　　　　　　D. 电信公司

　　E. 消防验收机构

67. 下列关于甲单位的质量责任，说法正确的有（    ）。

　　A. 对该办公楼的施工质量负责

　　B. 建立、健全施工质量管理制度

　　C. 做好隐蔽工程的质量检查和记录

　　D. 对商品混凝土的检验，在当地工程质量监督站的监督下现场取样送检

　　E. 审查乙公司的质量管理体系

68. 以下是甲单位试验员的几次见证取样行为，其中不符合《建设工程质量管理条例》的有（    ）。

　　A. 现浇板混凝土试块在监理工程师监督下，从混凝土搅拌机出料口取样

　　B. 在监理工程师监督下，从已完成的钢筋骨架上截取钢筋焊接接头试样

　　C. 试验员和监理工程师去门窗厂抽取窗户样品

　　D. 在电信公司代表监督下，对进场的防水材料随机抽取样品

　　E. 在电信公司代表监督下，到公司仓库抽取钢材试件

69. 电信公司的安全责任包括（　　）。
   A．提供安全施工措施所需费用
   B．审查安全技术措施
   C．提供施工现场及地下工程的有关资料
   D．不得违反强制性标准规定压缩合同约定的工期
   E．自开工报告批准日起 15 日内，将保证安全施工的措施报相关部门备案

70. 以下安全责任中，（　　）属于施工单位的责任。
   A．配备专职安全员
   B．编制工程施工安全技术措施
   C．审查乙公司编制的安全措施
   D．提供乙公司施工期间所需的全部安全防护用品
   E．采用新技术时，对作业人员进行相应的安全生产教育培训

71. 对该项目经审查合格的节能设计文件，下列说法正确的有（　　）。
   A．电信公司可以要求甲施工单位变更节能设计，降低节能标准
   B．甲施工单位可以要求乙施工单位变更节能设计，降低节能标准
   C．电信公司不可以要求甲施工单位变更节能设计，降低节能标准
   D．建筑节能强制性标准，仅是针对甲和乙的要求
   E．建筑节能强制性标准，是针对电信公司、甲、乙的要求

72. 下列关于该项目档案移交和文件归档说法，正确的有（　　）。
   A．甲、乙监理公司应各自整理本单位形成的工程文件并向电信公司移交
   B．应由甲负责收集，汇总乙形成的工程档案并向电信公司移交
   C．监理公司应在工程施工验收前，将形成的工程档案向电信公司归档
   D．监理公司应根据城建管理机构要求对档案进行审查，合格后向电信公司移交
   E．工程档案一般不少于二套，一套（原件）由电信公司保管，一套移交当地城建档案馆（室）

**场景（十二）**

电力局在 A、B 两地同时建设两个变电站，分别签订了设计合同、施工合同和设备供应合同。

设计合同采用标准化范本，规定合同担保方式为定金担保。供货合同履行过程中发现，由于两个变电站的规模不同，所订购的两套设备不是同一型号，供货合同中未明确约定各套设备的交货地点。

根据场景（十二），回答下列问题。

73. 设计合同采用定金担保方式，该定金合同生效必须满足的条件包括（　　）。
   A．建设单位与设计单位书面的定金担保
   B．设计院将定金支付给建设单位
   C．建设单位将定金支付给设计院
   D．建设单位将设计依据材料移交给设计院
   E．设计院乙开始设计工作

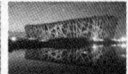

74. 依据《合同法》中对一般条款的规定，各施工合同内均应明确约定的条款包括（　　）。
   A. 工程应达到的质量标准
   B. 工程款的支付与结算
   C. 合同工期
   D. 工程保险的投保责任
   E. 解决合同纠纷的方式

75. 施工合同履行过程中，按照《合同法》有关当事人行使抗辩权的规定，下列说法中正确的包括（　　）。
   A. 施工质量不合格工程部位的工程不予计量和支付
   B. 施工质量不合格工程部位的工程量应先予计量和支付，然后再由承包商自费修复工程缺陷
   C. 超出设计尺寸部分的工程量即使质量合格也不予计量和支付
   D. 超出设计尺寸部分的工程量，当质量合格时应按实际完成工程量计量支付
   E. 拖延支付工程进度款超过合同约定的时间，承包商预先发出通知仍未获得支付，有行使暂停施工的权力

76. 按照《合同法》对合同内容约定不明确的处理规定，对于设备交付方式和交货地点不明确的下述说法中正确的包括（　　）。
   A. 供货商通知电力局到供货商处提货，运输费由电力局负担
   B. 供货商通知电力局到供货商处提货，运输费由供货商负担
   C. 供货商用自有运输机械将设备运到电力局指定地点，运费由供货商承担
   D. 供货商用自有运输机械将设备运到电力局指定地点，运费由电力局承担
   E. 供货商委托运输公司，将设备运到电力局指定地点，运费由电力局承担

77. 如果施工合同违反法律、行政法规的强制性规定，致使合同无效，则（　　）。
   A. 合同自订时起就不具有法律效力
   B. 当事人不能通过同意或追认使其生效
   C. 在诉讼中，法院可以主动审查决定该合同无效
   D. 合同全部条款无效
   E. 合同中独立存在的解决争议条款有效

**场景（十三）**

施工单位投标中标后，与建设单位签订合同。在施工过程中，施工单位偷工减料，使用不合格的建筑材料。建设单位多次要求其返工处理，施工单位一直未予解决，因此导致合同纠纷。

根据场景（十三），回答下列问题。

78. 下列解决纠纷方式产生的法律文书，其不强制执行效力的包括（　　）。
   A. 民间调解　　　　　　B. 行政调解
   C. 仲裁　　　　　　　　D. 诉讼
   E. 协商

79. 如果建设单位选择诉讼方式解决此纠纷，起诉状中应说明的事项包括（　　）。

A. 原告的姓名、住所

B. 被告的姓名、住所

C. 诉讼请求

D. 代理律师的基本情况

E. 诉讼事实及理由

80. 施工单位若对人民法院委托的鉴定部门作出的鉴定结论有异议，申请重新鉴定。法院应予准许的情况包括（  ）。

A. 鉴定程序严重违法

B. 鉴定人员不具备相关的鉴定资格

C. 鉴定结论明显依据不足

D. 经过质证不能作为证据使用

E. 有缺陷的鉴定结论可通过补充鉴定解决

## 参考答案

一、单项选择题

| 1~5 CDABB | 6~10 DDCDA | 11~15 CBBCB | 16~20 BBDBB |
|---|---|---|---|
| 21~25 BCBAC | 26~30 DCCCA | 31~35 ADDBD | 36~40 ACDCD |
| 41~45 DCDBB | 46~50 BBBCC | 51~55 DDABA | 56~60 BDADA |

二、多项选择题

| 61. BCDE | 62. ABD | 63. ABCD | 64. AB | 65. ABCD； |
|---|---|---|---|---|
| 66. ABC | 67. ABC | 68. CD | 69. ACDE | 70. ABE； |
| 71. CE | 72. BD | 73. AC | 74. ABCE | 75. ACE； |
| 76. ADE | 77. ABCE | 78. CD | 79. ABCE | 80. ABCD |

# 附录E 2009年度全国二级建造师执业资格考试《建设工程法规及相关知识》试卷及答案

一、单项选择题（共60题，每题1分。每题的备选项中，只有1个最符合题意）

1. 在我国法律体系中，《建筑法》属于（　　）部门。
   A. 民法　　　　　　　　B. 商法
   C. 经济法　　　　　　　D. 诉讼法

2. 关于民事法律行为分类，以下说法错误的是（　　）。
   A. 民事法律行为可分为要式法律行为和不要式法律行为
   B. 订立建设工程合同应当采取要式法律行为
   C. 建设单位向商业银行的借贷行为属于不要式法律行为
   D. 自然人之间的借贷行为属于不要式法律行为

3. 引起债权债务关系发生的最主要、最普遍的根据是（　　）。
   A. 合同　　　　　　　　B. 扶养
   C. 不当得利　　　　　　D. 无因管理

4. 根据《物权法》规定，下例关于抵押权的表述中错误的是（　　）。
   A. 在建工程可以作为抵押物
   B. 即使抵押物财产出租早于抵押，该租赁关系也不得对抗已经登记的抵押物
   C. 建设用地使用权抵押后，该土地上新增的建筑物不属于抵押财产
   D. 抵押权人应当在主债权诉讼时效期间行使抵押权

5. 根据《物权法》规定，一般情况下动产物权的转让，自（　　）起发生效力。
   A. 买卖合同生效　　　　B. 转移登记
   C. 交付　　　　　　　　D. 买方占有

6. 某工程项目建设工期为三年，为保证施工顺利进行，开工前的到位资金原则上不得少于工程合同价的（　　）。
   A. 20%　　　　　　　　B. 30%
   C. 50%　　　　　　　　D. 80%

7. 建筑施工企业确定后，在建筑工程开工前，建设单位应当按照国家有关规定项工程所在地县级以上人民政府激射行政主管部门申请领取（　　）。
   A. 建设用地规划许可证
   B. 建设工程规划许可证
   C. 施工许可证
   D. 安全生产许可证

8. 按照《建筑法》规定，以下正确的说法是（　　）。
   A. 建筑企业集团公司可以允许所属法人公司以其名义承揽工程
   B. 建筑企业可以在其资质等级之上承揽工程

C. 联合体共同承包的，按照资质等级高的单位的业务许可范围承揽工程

D. 施工企业不允许将承包的全部建筑工程转包给他人

9. 关于建筑工程的发包、承包发式，以下说法错误的是（    ）。

   A. 建筑工程的发包方式分为招标发包和直接发包
   B. 未经发包发式方同意且无合同约定，承包方不得对专业工程进行分包
   C. 联合体各成员对承包合同的履行承担连带责任
   D. 发包方有权将单位工程的地基与基础、主体结构、屋面等工程分别发包给符合资质的施工单位

10. 甲乙两建筑公司组成一个联合体去投标，如果在施工过程中出现质量问题而遭遇建设单位索赔，各自承担索赔额的50%。后来甲建筑公司施工部分出现质量问题，建设单位索赔20万元。则下列说法正确的是（    ）。

    A. 由于是甲公司的原因导致，故建设单位只能向甲公司主张权利
    B. 因约定各自承担50%，故乙公司只应对建设单位承担10万元的赔偿责任
    C. 如果建设单位向乙公司主张，则乙公司应先对20万元索赔额承担责任
    D. 只有甲公司无力承担，乙公司才应先承担全部责任

11. 按照《招标投标法》及相关规定，必须进行施工招标的工程项目是（    ）。

    A. 施工企业在其施工资质许可范围内自建自用的工程
    B. 属于利用扶贫金实行以工代赈需要使用农民工的工程
    C. 施工主要技术采用特定的专利或者专有技术工程
    D. 经济适用房工程

12. 根据《招标投标法》规定，投标联合体（    ）。

    A. 可以牵头人的名义提交投标保证金
    B. 必须由相同专业的不同单位组成
    C. 各方应在中标后签订共同投标协议
    D. 是各方合并后组建的投标实体

13. 按照《建筑法》及其相关规定，投标人之间（    ）不属于串通投标的行为。

    A. 相互约定抬高或者降低投标报价
    B. 约定在招标项目中分别以高、中、低价位报价
    C. 相互探听对方投标标价
    D. 先进行内部竞价，内定中标人后再参加投标

14. 招标人以招标公告的方式邀请不特定的法人或者组织来投标，这种招标方式称为（    ）。

    A. 公开招标              B. 邀请招标
    C. 议标                  D. 定向招标

15. 招标人采取招标公告的方式对某工程进行施工招标，于2007年3月3日开始发售招标文件，3月6日停售；招标文件规定投标保证金为100万元；3月22日招标人对已发出的招标文件做了必要的澄清和修改，投标截止日期为同年3月25日。上述事实中错误有（    ）处。

    A. 1                     B. 2
    C. 3                     D. 4

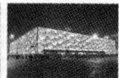

16. 根据法律、行政法规的规定，不需要经有关主管部门对其安全生产知识和管理能力考核合格就可以任职的岗位是（　　）。

   A．施工企业的总经理

   B．施工项目的负责人

   C．施工企业的技术负责人

   D．施工企业的董事

17. 施工单位违反施工程序，导致一座 13 层在建楼房倒塌，致使一名工人死亡，直接经济损失达 7000 余万元人民币，根据《生产安全事故报告和调查处理条例》规定，该事件属于（　　）事故。

   A．特别重大　　　　　　　　B．重大

   C．较大　　　　　　　　　　D．一般

18. 某建设工程施工过程中发生较大事故，根据《生产安全事故调查处理条例》规定，该级事故应由（　　）负责调查。

   A．国务院

   B．省级人民政府

   C．设区的市级人民政府

   D．县级人民政府

19. 监理工程师发现施工现场料堆偏高，有可能滑塌，存在安全事故隐患，则监理工程师应当（　　）。

   A．要求施工单位整改

   B．要求施工单位停止施工

   C．向安全生产监督行政主管部门报告

   D．向建设工程质量监督机构报告

20. 甲公司是某项目的总承包单位，乙公司是该项目的建设单位指定的分包单位。在施工过程中，乙公司拒不服从甲公司的安全生产管理，最终造成安全生产事故，则（　　）。

   A．甲公司负主要责任

   B．乙公司负主要责任

   C．乙公司负全部责任

   D．监理公司负主要责任

21. 安全生产许可证的有效期为（　　）年。

   A．2　　　　　　　　　　　　B．3

   C．4　　　　　　　　　　　　D．5

22. 下列关于建设单位质量责任和义务的表述中，错误的是（　　）。

   A．建设单位不得将建设工程肢解发包

   B．建设工程发包方不得迫使承包方以低于成本的价格竞标

   C．建设单位不得任意压缩合同工期

   D．涉及承重结构变动的装修工程施工期前，只能委托原设计单位提交设计方案

23. 根据相关司法解释的规定，建设工程未经竣工验收，发包人擅自使用后，又以使用后的（　　）工程质量不符合约定为由主张权利的，法院应予支持。

A. 主体结构  B. 电气
C. 装饰  D. 暖通

24. 根据《建设工程质量管理条例》规定，下列关于监理单位的表述错误的是（   ）。
   A. 应当依法取得相应等级的资质证书
   B. 不得转让工程监理业务
   C. 可以是建设单位的子公司
   D. 应与监理分包单位共同向建设承担责任

25. 施工单位于6月1日提交竣工验收报告，建设单位因故迟迟不予组织竣工验收；同年10月8日建设单位组织竣工验收时因监理单位的过错未能正常进行；10月20日建设单位实际使用该工期。则施工单位承担的保修期应于（   ）起计算。
   A. 6月1日  B. 8月30日
   C. 10月8日  D. 10月20日

26. 《建设工程质量管理条例》中确定的建设工程质量监督管理制度，其主要手段不包括（   ）。
   A. 工程质量保修制度
   B. 施工许可制度
   C. 竣工验收备案制度
   D. 工程质量事故报告制度

27. 建设单位应当自建设竣工验收合格之日起（   ）日内，将竣工验收报告和规划、公安消防、环保等部门出具的认可文件或者准许使用文件报建设行政主管部门或者其他有关部门备案。
   A. 10  B. 15
   C. 30  D. 60

28. 按照我国《产品质量法》规定，建设工程不适用该法关于产品的规定，以下不属于产品质量法所指的产品是（   ）。
   A. 购买的电气材料
   B. 购买的塔吊设备
   C. 现场制作的预制板
   D. 商品混凝土

29. 根据《产品标识与标注规定》，对所有产品或者包装上的标志均要求（   ）。
   A. 必须有产品质量检验合格证明
   B. 必须有中英文标明的产品名称、生产厂厂名和厂址
   C. 应当在显著位置标明生产日期和安全使用期或失效日期
   D. 应当有警示标志或者中英文警示说明

30. 某建筑公司实施了以下行为，其中符合我国环境污染防治法律规范的是（   ）。
   A. 将建筑垃圾倒在季节性干枯的河道里
   B. 对已受污染的潜水和承压水混合开采
   C. 冬季工地上工人燃烧沥青、油毡取暖
   D. 直接从事收集、处置危险废物的人员必须接受专业培训

31. 下列关于民用建筑节能的表述正确的是（　　）。
    A. 对不符合节能强制性标准的项目，建设行政主管部门下的颁发建设工程划许可证
    B. 对既有建筑实施节能改造，优先采用向阳、改善通风等低成本改造措施
    C. 国家要求在新建筑中必须安装和使用太阳能等可再生资源利用系统
    D. 企业可以制定高于国家、行业能耗标准的企业节能标准

32. 某建筑公司在工地采取的下列消防安全措施中，正确的是（　　）。
    A. 责令安置在仓库里居住的员工尽量不使用明火
    B. 将施工用剩余炸药存放在会议室橱柜里
    C. 禁止仓库保管员晚上在仓库里居住
    D. 为防丢失，将消防器材锁在铁柜里

33. 根据《劳动争议调解仲裁法》的规定，劳动争议申请仲裁的时效期限为（　　），仲裁时效期间从当事人知道或者应当知道其权利被侵害之日起计算。
    A. 2个月　　　　　　　　B. 6个月
    C. 1年　　　　　　　　　D. 2年

34. 李某今年51岁，自1995年起就一直在某企业做临时工，担任厂区门卫。现企业首次与所有员工签订劳动合同。李某提出自己愿意长久在本单位工作，也应与单位签订合同，但被拒绝并责令其结算工资走人。根据《劳动合同法》规定，企业（　　）。
    A. 应当与其签订固定期限劳动合同
    B. 应当与其签订无固定期限的劳动合同
    C. 应当与其签订以完成一定工作任务为期限的劳动合同
    D. 可以不与之签订劳动合同，因其是临时工

35. 某施工单位与王先生签订了为期二年的劳动合同，按照《劳动合同法》的规定，王先生的试用期不得超过（　　）个月。
    A. 1　　　　　　　　　　B. 2
    C. 3　　　　　　　　　　D. 6

36. 职工李某因参与打架斗殴被判处有期徒刑一年，缓期三年执行，用人单位决定解除与李某的劳动合同。考虑到李某在单位工作多年，决定向其多支付一个月的额外工资，随后书面通知了李某。这种劳动合同解除的方式称为（　　）。
    A. 随时解除　　　　　　　B. 预告解除
    C. 经济性裁员　　　　　　D. 刑事性裁员

37. 按照劳动合同的规定，企业的集体合同由（　　）与企业订立。
    A. 企业工会代表企业职工
    B. 企业每一名职工
    C. 企业10名以上职工
    D. 企业绝大部分职工

38. 重大建设项目档案验收应在竣工验收（　　）个月前完成。
    A. 1　　　　　　　　　　B. 2
    C. 3　　　　　　　　　　D. 4

39. 根据《税收征收管理法》规定，纳税人未按期缴纳纳税款的，税务机关除责令限期

缴纳外，从之纳税款之日起，按日加收滞纳税款的（　　）的滞纳金。
   A．0.1‰　　　　　　　　　B．0.5‰
   C．1‰　　　　　　　　　　D．5‰

40．下列属于行政处罚的是（　　）。
   A．没收财产　　　　　　　B．罚金
   C．撤职　　　　　　　　　D．责令停产停业

41．施工单位偷工减料，降低工程质量标准，导致整栋建筑倒塌，12名工人被砸死。该行为涉嫌触犯（　　）。
   A．重大责任事故罪
   B．重大劳动安全事故罪
   C．工程重大安全事故罪
   D．以其他方式危害公共安全罪

42．下列属于我国《合同法》调整的法律关系是（　　）。
   A．收养关系　　　　　　　B．劳动合同
   C．税款代扣合同　　　　　D．赠与合同

43．下列关于《合同法》中格式合同的表述，错误的是（　　）。
   A．格式合同由提供方事先拟定，可以重复使用
   B．提供格式条款的一方免除对方的责任、加重自己责任的，该条款无效
   C．对格式条款的理解发生争议的，应当按照通常理解予以解释
   D．对格式条款有两种以上解释的，应当作出不利于格式条款提供方的解释

44．要约是希望和他人订立合同的意思表示，包括（　　）。
   A．寄送的价目表　　　　　B．投标书
   C．拍卖公告　　　　　　　D．招股说明书

45．甲企业于2月1日向乙企业发出签订合同的信函。2月5日乙企业收到了该信函，第二天又收到了通知该信函作废的传真，甲企业发出传真，通知信函作废的行为属于要约（　　）的行为。
   A．发出　　　　　　　　　B．撤回
   C．撤销　　　　　　　　　D．变更

46．某建筑公司以欺骗手段超越资质等级承揽某工程施工项目，开工在即，建设单位得知真相，遂主张合同无效，要求建筑公司承担（　　）。
   A．违约责任　　　　　　　B．侵权责任
   C．缔约过失责任　　　　　D．行政责任

47．某建筑材料买卖合同被认定为无效合同，则其民事法律后果不可能是（　　）。
   A．返还财产　　　　　　　B．赔偿损失
   C．罚金　　　　　　　　　D．折价补偿

48．根据《合同法》规定，对效力待定合同的理解正确的是（　　）。
   A．在相对人催告后一个月内，当事人之法定代理人未作表示，合同即可生效
   B．效力待定合同的善意相对人有撤销的权利，撤销期限自行为作出之日起一年
   C．表见代理实质上属于无权代理，却产生有效代理的后果

D. 超越代理权签订的合同，若未经被代理追认，则必定属于效力待定合同

49. 某建筑公司为承揽一工程施工项目与某设备租赁公司签订了一份塔吊租赁合同，其中约定租赁期限至施工合同约定的工程竣工之日，则该合同是（　　）。

  A. 附条件合同，条件成立合同解除

  B. 附条件合同，条件成立合同生效

  C. 附期限合同，期限届满合同解除

  D. 附期限合同，期限届满合同生效

50. 甲公司向乙公司购买钢材，双方合同中约定由丙公司向乙公司付款。当丙公司不支付乙公司贷款时，应当由（　　）承担违约责任。

  A. 甲公司向乙公司

  B. 乙公司自己

  C. 丙公司向乙公司

  D. 甲公司和丙公司共同向乙公司

51. 某建筑公司向供货商采购某种国家定价的特种材料，合同签订价格为 4 000 元/吨，约定 6 月 1 日运至某工地。后供货商迟迟不予交货，8 月下旬，国家调整价格为 3 400 元/吨，供货商急忙交货。双方为结算价格产生争议。下列说法正确的是（　　）。

  A. 应按合同约定的价格 4 000 元/吨结算

  B. 应按国家确定的最新价格 3 400 元/吨结算

  C. 应当按新旧价格的平均值结算

  D. 双方协商确定，协商不成的应当解除合同

52. 甲公司欠刘某 100 万元，丙公司欠甲公司 150 万元，均已届清偿期。甲公司一直拖延不行使对丙公司的债权，致使其自身无力向刘某清偿。下列关于代位权的说法正确的是（　　）。

  A. 刘某可以以甲公司的名义向丙公司提出偿债请求

  B. 刘某可以通过仲裁方式行使代位权

  C. 刘某行使代位权的必要费用应当由甲公司承担

  D. 代位权顺利行使后，丙公司对甲公司所负债务消灭

53. 下列情形中，可以导致施工单位免除违约责任的是（　　）。

  A. 施工单位因严重安全事故隐患且拒不改正而被监理工程师责令暂停施工，致使工期延误

  B. 因拖延民工工资，部分民工停工抗议导致工期延误

  C. 地震导致已完工程被爆破拆除重建，造成建设单位费用增加

  D. 由于为工人投保意外伤害险，因公致残工人的医疗等费用由保险公司支付

54. 建设工程民事纠纷经不同主体调解成功并制作了调解书，其中可以强制执行的是（　　）。

  A. 双方签收的由人民调解委员会制作的调解书

  B. 双方签收的仲裁调解书

  C. 人民法院依法作出但原告方拒绝签收的调解书

  D. 双方签收的由人民政府职能部门依法作出的调解书

55. 民事诉讼的证据不包括（　　）。
   A. 书证
   B. 物证
   C. 视听资料
   D. 科学实验

56. 根据《民事诉讼法》规定，（　　）可以作为民事诉讼证人。
   A. 本案审判员
   B. 涉及本案的鉴定人员
   C. 本案原告诉讼代理人
   D. 本案被告的亲属

57. 对民事诉讼的基本特征表述正确的是（　　）。
   A. 当事人约定诉讼方式解决纠纷的，人民法院才有管辖权
   B. 除简易程序外均采用合议庭制
   C. 所有民事案件审理及判决结果均应当向社会公开
   D. 一个案件须由两级人民法院审理才告终结

58. 下列关于诉讼管辖的表述正确的是（　　）。
   A. 第一审重大涉外民事案件应当由中级人民法院管辖
   B. 建设工程施工合同纠纷应当由不动产所在地人民法院管辖
   C. 受移送人民法院认为移送的案件不属于本院管辖的，可继续移送有管辖权的人民法院
   D. 房屋买卖纠纷实行"原告就被告"原则

59. 当事人委托傅泽律师事务所的张律师做自己的诉讼代理人，授权委托书中委托权限一栏仅注明"全权代理"，则张律师有权代为（　　）。
   A. 陈述事实、参加辩论
   B. 承认、放弃、变更诉讼请求
   C. 进行和解
   D. 提起反诉或上诉

60. 下列关于《仲裁法》中规定的仲裁制度的表述正确的是（　　）。
   A. 仲裁委员会由当事人自主选定
   B. 仲裁委员会是人民法院的下属事业单位
   C. 仲裁审理以公开审理为原则
   D. 对生效的仲裁裁决书请求上级仲裁委员会予以撤销

二、多项选择题（共20题，每题2分。每题的备选项中，有2个或2个以上符合题意，至少有1个错项。错选，本题不得分；少选时，所选对的每个选项得0.5分）

61. 根据《行政复议法》规定，下列选项中不可申请行政复议的有（　　）。
   A. 建设行政主管部门吊销建筑公司的资质证书
   B. 人民法院对保全财产予以查封
   C. 监察机关给予机关工作人员降级处分
   D. 建设行政主管部门对建设工程合同争议进行的调解
   E. 行政拘留

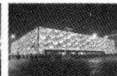

62. 根据我国《宪法》规定，公民的宪法权利包括（    ）。
    A. 在法律面前一律平等
    B. 有言论、出版、游行和示威的自由
    C. 有宗教信仰的自由
    D. 对任何国家机关和国家工作人员有批评和建议权
    E. 有维护祖国的安全、荣誉和利益的权利

63. 下列各选项中，属于民事法律关系客体的是（    ）。
    A. 建设工程施工合同中的工程价款
    B. 建设工程施工合同中的建筑物
    C. 建材买卖合同中的建筑材料
    D. 建设工程勘察合同中的勘察行为
    E. 建设工程设计合同中的施工图纸

64. 国有建设用地使用权的用益物权，可以采取（    ）方式设立。
    A. 出租              B. 出让
    C. 划拨              D. 抵押
    E. 转让

65. 根据《建设工程施工许可管理办法》，下列工程项目无须申请施工许可证的是（    ）。
    A. 北京故宫修缮工程
    B. 长江汛期抢险工程
    C. 工地上的工人宿舍
    D. 某私人投资工程
    E. 部队导弹发射塔

66. 在工程建设项目招标过程中，招标人可以在招标文件中要求投标人提交投标保证金。投标保证金可以是（    ）。
    A. 银行保函          B. 银行承兑汇票
    C. 企业连带责任保证  D. 现金
    E. 实物

67. 按照《招标投标法》及相关规定，在建筑工程投标过程中，下列应当作为废标处理的情形是（    ）。
    A. 联合体共同投标，投标文件中没有附共同投标协议
    B. 交纳投标保证金超过规定数额
    C. 投标人是响应招标、参加投标竞争的个人
    D. 投标人在开标后修改补充投标文件
    E. 投标人未对招标文件的实质内容和条件作出响应

68. 生产经营单位保证安全生产必需的资金由（    ）予以保证，并对由于安全生产所需的资金投入不足导致的后果承担责任。
    A. 公司董事会        B. 公司法定代表
    C. 个人经营的投资人  D. 公司股东
    E. 公司工会

69. 施工单位的项目负责人的安全生产责任主要包括（    ）。
    A. 制定安全生产规章制度和操作规程
    B. 确保安全生产费用的有效使用
    C. 组织制定安全施工措施
    D. 消除安全事故隐患
    E. 及时、如实报告生产安全事故

70. 下列选项中，对施工单位的质量责任和义务表述正确的是（    ）。
    A. 总承包单位不得将主体工程对外分包
    B. 分包单位应当按照分包合同的约定对建设单位负责
    C. 总承包单位与每一分包单位就各自分包部分的质量承担连带责任
    D. 施工单位在施工中发现设计图纸有差错时，应当按照国家标准施工
    E. 在建设工程竣工验收合格之前，施工单位应当对质量问题履行保修义务

71. 建设项目需要配套建设的环境保护设施，必须与方体工程（    ）。
    A. 同时规划          B. 同时设计
    C. 同时施工          D. 同时竣工验收
    E. 同时投产使用

72. 下列属于承担民事责任的方式是（    ）。
    A. 赔偿损失          B. 返还财产
    C. 支付利息          D. 支付违约金
    E. 支付定金

73. 下列关于承诺的表述中，正确的有（    ）。
    A. 受要约人发出承诺，表示价格再降一成即可成交
    B. 承诺超期的后果是承诺不可能发生法律效力
    C. 承诺一经送达要约人即发生法律效力
    D. 撤销承诺的通知应当在双方签订书面合同前到达要约人．
    E. 承诺可以由受要约人的代理人向要约人授权的代理人作出

74. 对于可撤销合同，具有撤销权的当事人（    ），撤销权消灭。
    A. 自知道或者应当知道权利受到侵害之日起一年内没有行使撤销权的
    B. 自知道或者应当知道撤销事由之日起六个月内没有行使撤销权的
    C. 自知道或者应当知道撤销事由之日起一年内没有行使撤销权的
    D. 知道撤销事由后明确表示放弃撤销权的
    E. 知道撤销事由后以自己的行为放弃撤销权的

75. 致使承包人单位行使建设工程施工合同解除权的情形包括（    ）。
    A. 发包人严重拖欠工程价款
    B. 发包人提供的建筑材料不符合国家强制性标准
    C. 发包人坚决要求工程设计变更
    D. 项目经理与总监理工程师积怨太深
    E. 要求承担保修责任期限过长

76. 某建设工程施工合同履行期间，建设单位要求变更为国家新推荐的施工工艺，在其

后的施工中予以采用，则下列说法正确的是（　　）。

　　A．建设单位不能以前期工程未采用新工艺为由，主张工程不合格

　　B．施工单位可就采用新工艺增加的费用向建设单位索赔

　　C．由此延误的工期由施工单位承担违约责任

　　D．只要双方协商一致且不违反强制性标准，可以变更施工工艺

　　E．从法律关系构成要素分析，采用新工艺属于合同主体的变更

77．6月1日，甲乙双方签订建材买卖合同，总价款为100万元，约定由买方支付定金30万元。由于资金周转困难，买方于6月10日交付了25万元，买方予以签收。下列说法正确的是（　　）。

　　A．买卖合同是主合同，定金合同是从合同

　　B．买卖合同自6月10日成立

　　C．买卖合同自6月1日成立

　　D．若卖方不能交付货物，应返还50万元

　　E．若买方不履行购买义务，仍可以要求卖方返还5万元

78．根据最高人民法院《关于民事诉讼证据的若干规定》，当事人无需要举证证明的事实有（　　）。

　　A．太阳自东方升起，自西方落下

　　B．人受重伤后若得不到及时救治，会有生命危险

　　C．人所共知的某企业偷工减料

　　D．已被仲裁机构生效的裁决书所确认的事实

　　E．已被人民法院生效裁判所确认的事实

79．根据《仲裁法》和《民事诉讼法》规定，对国内仲裁而言，人民法院不予执行仲裁裁决的情形包括（　　）。

　　A．约定的仲裁协议无效

　　B．仲裁事项超越法律规定的仲裁范围

　　C．适用法律确有错误

　　D．原仲裁机构被撤销

　　E．申请人死亡

80．我国建筑业专业技术人员执业资格的共同点有（　　）。

　　A．只有注册以后才能执业

　　B．一次注册终生有效

　　C．均需接受继续教育

　　D．不得同时注册于两家不同的单位

　　E．均有各自的职业范围

## 参考答案

| 01.C | 02.C | 03.A | 04.B | 05.C |
| --- | --- | --- | --- | --- |
| 06.B | 07.C | 08.D | 09.D | 10.C |
| 11.D | 12.B | 13.C | 14.A | 15.B |
| 16.D | 17.B | 18.C | 19.A | 20.B |
| 21.B | 22.D | 23.A | 24.D | 25.A |
| 26.A | 27.B | 28.C | 29.A | 30.D |
| 31.C | 32.C | 33.C | 34.B | 35.B |
| 36.A | 37.A | 38.C | 39.D | 40.D |
| 41.C | 42.B | 43.A | 44.B | 45.C |
| 46.C | 47.C | 48.C | 49.C | 50.A |
| 51.B | 52.C | 53.C | 54.B | 55.D |
| 56.C | 57.B | 58.A | 59.A | 60.A |
| 61.CD | 62.ABCD | 63.ABCE | 64.BC | 65.ABCE |
| 66.ABD | 67.ACE | 68.ABCD | 69.BCDE | 70.ABC |
| 71.BCE | 72.ABD | 73.CE | 74.CDE | 75.AB |
| 76.ABD | 77.ABD | 78.ABDE | 79.ABC | 80.ACDE |

# 附录 F  2010 年度全国二级建造师执业资格考试《建设工程法规及相关知识》试卷及答案

一、单项选择题（共60题，每题1分，每题的备选项中，只有1个最符合题意）

1. 根据施工合同，甲建设单位应于2009年9月30日支付乙建筑公司工程款。2010年6月1日，乙单位向甲单位提出支付请求，则就该项款额的诉讼时效（　　）。
   A. 中断　　　　　　　B. 中止
   C. 终止　　　　　　　D. 届满

2. 二级注册建造师注册证书有效期为（　　）年。
   A. 1　　　　　　　　B. 2
   C. 3　　　　　　　　D. 4

3. 下列规范性文件中，效力最高的是（　　）。
   A. 行政法规　　　　　B. 司法解释
   C. 地方性法规　　　　D. 行政规章

4. 没有法定或者约定义务，为避免他人利益受损失进行管理或者服务而发生的债称为（　　）之债。
   A. 合同　　　　　　　B. 侵权
   C. 不当得利　　　　　D. 无因管理

5. 根据《物权法》的相关规定，以建筑物抵押的。抵押权自（　　）时设立。
   A. 合同签订　　　　　B. 备案
   C. 交付　　　　　　　D. 登记

6. 下列选项中，不属于我国建造师注册类型的是（　　）。
   A. 初始注册　　　　　B. 年检注册
   C. 变更注册　　　　　D. 增项注册

7. 某建设工程预计建设工期13个月，按照法律规定，建设单位的到位资金原则上不少于工程合同价的（　　）%。
   A. 20　　　　　　　　B. 30
   C. 40　　　　　　　　D. 50

8. 根据《物权法》的相关规定，不得抵押的财产是（　　）。
   A. 正在建造的航空器
   B. 土地所有权
   C. 生产原材料
   D. 荒地承包经营权

9. 我国建筑业企业资质分为（　　）三个序列。
   A. 工程总承包，施工总承包和专业承包
   B. 工程总承包，专业分包和劳务分包

C. 施工总承包，专业分包和劳务分包

D. 施工总承包，专业承包和劳务分包

10. 根据工程承包相关法律规定，建筑业企业（　　）承揽工程。

　　A. 可以超越本企业资质等级许可的业务范围

　　B. 可以另一个建筑施工企业的名义

　　C. 只能在本企业资质等级许可的业务范围内

　　D. 可允许其他单位或者个人使用本企业的资质证书

11. 根据《工程建设项目施工招标投标办法》规定，在招标文件要求提交投标文件的截止时间前，投标人（　　）。

　　A. 可以补充修改或者撤回已经提交的投标的文件，并书面通知招标人

　　B. 不得补充、修改、替代或者撤回已经提交的投标文件

　　C. 须经过招标人的同意才可以补充、修改、替代已经提交的投标文件

　　D. 撤回已经提交的投标文件的，其投标保证金将被没收

12. 根据《招标投标法》规定，在工程建设招标投标过程中，开标的时间应在招标文件规定的（　　）公开进行。

　　A. 任意时间

　　B. 投标有效期内

　　C. 提交投标文件截止时间的同一时间

　　D. 提交投标文件截止时间之后三日内

13. 下列选项中不属于招标代理机构的工作事项是（　　）。

　　A. 审查投标人资格　　　　B. 编制标底

　　C. 组织开标　　　　　　　D. 进行评标

14. 根据《安全生产法》规定，生产经营单位必须对安全设备进行经常性维护、保养，并定期检测，这一规定属于安全生产保障措施中的（　　）。

　　A. 组织保障措施　　　　　B. 管理保障措施

　　C. 经济保障措施　　　　　D. 技术保障措施

15. 书面评标报告作出后，中标人应由（　　）确定。

　　A. 评标委员会　　　　　　B. 招标人

　　C. 招标代理机构　　　　　D. 招标投标管理机构

16. 根据《建设工程安全生产管理条例》规定，工程监理单位应当审查施工组织设计中的安全技术措施或专项施工方案是否符合工程建设强制性标准和（　　）标准。

　　A. 建设单位要求适用的　　B. 监理单位制定的

　　C. 工程建设推荐的　　　　D. 工程建设行业

17. 工程实行总承包的，分包单位作业人员的意外伤害保险费由（　　）支付。

　　A. 建设单位　　　　　　　B. 总承包单位

　　C. 分包单位　　　　　　　D. 总承包和分包单位共同

18. 在施工现场安装和拆卸施工起重机械、整体提升脚手架、模板等自升式架设设施，必须由（　　）承担。

　　A. 总承包单位　　　　　　B. 使用设备的分包单位

C. 具有相应资质的单位　　　　D. 设备出租单位

19. 下列选项中，属于建筑施工企业取得安全生产许可证应当具备的安全生产条件是（　　）。

　　A. 在城市规划区的建筑工程已经取得建设工程规划许可证

　　B. 依法参加工伤保险，依法为施工现场从事危险作业人员办理意外伤害保险，为从业人员交纳保险费

　　C. 施工场地已基本具备施工条件，需要拆迁的，其拆迁进度符合施工要求

　　D. 有保证工程质量和安全的具体措施

20. 根据《安全生产许可证条例》规定，安全生产许可证的有效期为（　　）年。

　　A. 1　　　　　　　　　　B. 2
　　C. 3　　　　　　　　　　D. 4

21. 某工地发生了安全事故，造成3人死亡，按照《生产安全事故报告和调查处理条例》的规定，该事故属于（　　）。

　　A. 特别重大　　　　　　　B. 重大
　　C. 较大　　　　　　　　　D. 一些

22. 依据《建设工程质量管理条例》，工程承包单位在（　　）时，应当向建设单位出具质量保修书。

　　A. 工程价款结算完毕

　　B. 施工完毕

　　C. 提交工程竣工验收报告

　　D. 竣工验收合格

23. 某工程设计文件需要作重大修改，则（　　）。

　　A. 设计单位应和建设单位协商一致修改后即可使用

　　B. 设计单位可直接进行修改

　　C. 应由建设单位报原审批机关批准

　　D. 须开专家论证会后，设计单位方可修改

24. 某建设项目施工单位拟采用的新技术与现行强制性标准规定不符，应由（　　）组织专题技术论证，并报批准该项标准的建设行政主管部门或国务院有关主管部门审定。

　　A. 建设单位　　　　　　　B. 施工单位
　　C. 监理单位　　　　　　　D. 设计单位

25. 由国务院建设、铁路、交通、水利等行政主管部门各自审批，编号和发布的标准，属于（　　）。

　　A. 国家标准　　　　　　　B. 行业标准
　　C. 地方标准　　　　　　　D. 企业标准

26. 在城市市区范围内，施工过程中使用机械设备，可能产生环境噪声污染的，施工单位必须在工程开工（　　）日前向工程所在地县及以上人员政府环境保护行政主管部门申报。

　　A. 10　　　　　　　　　　B. 15
　　C. 20　　　　　　　　　　D. 30

27. 以下关于建筑节能的说法，错误的是（　　）。

A．企业可以制定严于国家标准的企业节能标准
B．国家实行固定资产项目节能评估和审查制度
C．不符合强制性节能标准的项目不得开工建设
D．省级人民政府建设主管部门可以制定低于行业标准的地方建筑节能标准

28．建设单位应将建设工程项目的消防设计图纸和有关资料报送（　　）审核，未经审核或经审核不合格的，不得发放施工许可证，建设单位不得开工。

A．建设行政主管部门
B．公安消防机构
C．安全生产监管部门
D．规划行政主管部门

29．某建筑企业的劳动争议调解委员会应由（　　）组成。

A．企业的法定代表人与劳动行政部门的代表
B．企业的工会代表与劳动行政部门的代表
C．企业的职工代表和企业代表
D．企业的职工代表、企业代表和劳动行政部门的代表

30．甲某与某建筑施工企业签订了劳动合同，其劳动合同期限为6个月，则甲的试用期应在（　　）的期间范围内确定。

A．15日　　　　　　　　　　B．1个月
C．2个月　　　　　　　　　　D．3个月

31．非全日制用工报酬结算支付周期最长为（　　）

A．7天　　　　　　　　　　　B．15天
C．20天　　　　　　　　　　D．30天

32．工程建设强制性标准由（　　）负责解释。

A．国家质量监督检验检疫总局
B．国务院建设行政主管部门
C．省级人民政府建设行政主管部门
D．工程建设标准批准部门

33．根据《税收征收管理法》规定，对不按时缴纳税款的，税务机关可从滞纳税款之日起，按日加收滞纳税款（　　）的滞纳金。

A．万分之五　　　　　　　　　B．千分之五
C．万分之三　　　　　　　　　D．千分之三

34．下列选项中，当事人应承担侵权责任的是（　　）。

A．工地的塔吊倒塌造成临近的民房被砸塌
B．某施工单位未按照合同约定工期竣工
C．因台风导致工程损害
D．某工程存在质量问题

35．按照行政处罚法的规定，（　　）可以设定除限制人身自由以外的行政处罚。

A．法律　　　　　　　　　　　B．行政法规
C．部门规章　　　　　　　　　D．地方性法规

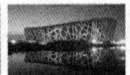

36. 根据《合同法》规定，建设工程施工合同不属于（    ）。
    A. 双务合同                B. 有偿合同
    C. 实践合同                D. 要式合同

37. 从性质上讲，施工企业的投标行为属于（    ）。
    A. 要约                    B. 要约邀请
    C. 承诺                    D. 询价

38. 下列选项中，没有发生承诺撤回效力的情形是（    ）。
    A. 撤回承诺的通知在承诺通知到达要约人之前到达要约人
    B. 撤回承诺的通知与承诺通知同时到达要约人
    C. 撤回承诺的通知在承诺通知到达要约人之后到达要约人
    D. 撤回承诺的通知于合同成立之前到达要约人

39. 缔约过失责任与违约责任的区别主要表现为（    ）。
    A. 前者产生于订立合同阶段，后者产生于履行合同阶段
    B. 前者是主观故意，后者是主观过失
    C. 前者是侵权责任，后者是合同责任
    D. 前者无须约定，后者须有约定

40. 甲施工单位由于施工需要大量钢材，遂向乙供应商发出要约，要求其在一个月内供货，但数量待定，乙回函表示一个月内可供货 2000 吨，甲未作表示，下列表述正确的是（    ）。
    A. 该供货合同成立
    B. 该供货合同已生效
    C. 该供货合同效力特定
    D. 该供货合同未成立

41. 某建筑公司从本市租赁若干工程模板到外地施工，施工完毕后，因觉得模板运回来费用很高，建筑公司就擅自将该批模板处理了，后租赁公司同意将该批模板卖给该建筑公司，则建筑公司处理该批模板的行为（    ）。
    A. 无效                    B. 有效
    C. 效力特定                D. 失效

42. 甲乙采购合同约定，甲方交付 20% 定金时，采购合同生效，该合同是（    ）。
    A. 附生效时间的合同
    B. 附生效条件的合同
    C. 附解除条件的合同
    D. 附终止时间的合同

43. 在某建设单位与供应商之间的建筑材料采购合同中约定，工程竣工验收后 1 个月内支付材料款，期间发现建设单位经营状况严重恶化，供应商遂暂停供应建筑材料，要求先付款，否则终止供货，则供应商的行为属于行使（    ）。
    A. 同时履行抗辩权
    B. 先履行抗辩权
    C. 不安抗辩权
    D. 先诉抗辩权

44. 根据《合同法》规定，债权人应自知道或者应当知道撤销事由之日起（  ）年内行使撤销权。
    A. 1              B. 2
    C. 5              D. 20

45. 根据《合同法》规定，当事人对合同变更的内容约定不明确的，推定为（  ）。
    A. 变更           B. 重新协定
    C. 原则上变更     D. 未变更

46. 合同的权利义务终止，不影响合同中（  ）条款的效力。
    A. 履行时间       B. 履行地点
    C. 争议解决       D. 质量检验

47. 当事人既约定违约金，又约定定金的，一方违约时，对方（  ）条款。
    A. 应当适用违约金
    B. 应当适用定金
    C. 可以选择适用违约金或者定金
    D. 可以同时适用违约金和定金

48. 主债权债务合同无效，担保合同（  ），但法律另有规定的除外。
    A. 仍然有效       B. 无效
    C. 在担保期间内有效   D. 效力待定

49. 以下不属于民事纠纷处理方式的是（  ）。
    A. 当事人自行和解     B. 行政复议
    C. 行政机关调解       D. 商事仲裁

50. 下列纠纷、争议中，适用于《仲裁法》调整的是（  ）。
    A. 财产继承纠纷       B. 劳动争议
    C. 婚姻纠纷           D. 工程款纠纷

51. 下列选项中，对调解的理解错误的是（  ）。
    A. 当事人庭外和解的，可以请求法院制作调解书
    B. 仲裁调解生效后产生执行效力
    C. 仲裁裁决生效后可以进行仲裁调解
    D. 法院在强制执行时不能制作调解书

52. 在民事诉讼中，当事人不需要运用证据加以证明的是（  ）的事实。
    A. 请求实体权益
    B. 免除自己法律责任
    C. 主张程序违法
    D. 对方承认

53. 根据《担保法》规定，必须由第三人为当事人提供担保的方式是（  ）。
    A. 保证           B. 抵押
    C. 留置           D. 定金

54. 民事诉讼是解决建设工程合同纠纷的重要方式，其中不属于民事诉讼参加人的有（  ）。

A. 当事人代表 B. 第三人
C. 鉴定人 D. 代理律师

55. 当事人、利害关系人认为人民法院的执行程序违反法律规定的，可以向（　　）人民法院提出书面异议。

　　A. 原审 B. 负责执行的
　　C. 原告所在地 D. 被告所在地

56. 当事人对仲裁协议的效力有异议，一方请求仲裁委员会作出决定，另一方请求人民法院作出裁定的，由（　　）。

　　A. 仲裁委员会决定
　　B. 合同履行地中级人民法院裁定
　　C. 被告所在地中级人民法院裁定
　　D. 仲裁委员会所在地中级人民法院裁定

57. 在下列选项中，不属于要式合同的是（　　）。

　　A. 建设工程设计合同
　　B. 企业与银行之间的借款合同
　　C. 法人之间签订的保证合同
　　D. 自然人之间签订的借款合同

58. 当事人申请撤销仲裁裁决的，应当自收到裁决书之日起（　　）内提出。

　　A. 三个月 B. 六个月
　　C. 一年 D. 二年

59. 在依法必须进行招标的工程范围内，对于委托监理合同，其单项合同估算价最低金额在（　　）万元人民币以上的，必须进行招标。

　　A. 50 B. 100
　　C. 150 D. 200

60. 在施工过程中，必须经总监理工程师签字的事项是（　　）。

　　A. 建筑材料进场 B. 建筑设备安装
　　C. 隐蔽工程验收 D. 工程竣工验收

二、**多项选择题**（共20题，每题2分，每题的备选项中，有2个或2个以上符合题意。至少有1个错项。错选，本题不得分；少选时，所选对的每个选项得0.5分）

61. 根据合同中的规定，建筑施工合同中约定出现因（　　）时免除自己责任的条款，该免责条款无效。

　　A. 合同履行结果只有对方受益
　　B. 不可抗力造成对方财产损失
　　C. 履行合同造成对方人身伤害
　　D. 对方不履行合同义务造成损失
　　E. 故意或重大过失造成对方财产损失

62. 建设工程竣工验收应当具备（　　）等条件。

　　A. 完整的技术档案资料和施工管理资料

B. 工程所用的主要建筑材料，建筑构配件和设备等进场试验报告

C. 勘察、设计、施工、监理等单位分别签署的质量合格文件

D. 已付清所有款项

E. 有施工单位签署的工程保修书

63. 建设项目需要配套建设的环境保护设施，必须与主体工程同时（　　）。

　　A. 立项　　　　　　　　　B. 审批

　　C. 设计　　　　　　　　　D. 施工

　　E. 投产使用

64. 根据《劳动合同法》规定，下列属于用人单位不得解除劳动合同的情形是（　　）。

　　A. 在本单位患职业病被确认部分丧失劳动能力的

　　B. 在本单位连续工作15年，且距法定退休年龄不足5年的

　　C. 劳动者家庭无其他就业人员，有需要抚养的家属的

　　D. 女职工在产期的

　　E. 因工负伤被确认丧失劳动能力的

65. 下列属于投标人之间串通投标的行为是（　　）。

　　A. 招标人在开标前开启投标文件，并将投票情况告知其他投标情况告知其他投标人

　　B. 投标人之间相互约定，在招标项目中分别以高、中、低价位报价

　　C. 投标人在投标时递交虚假业绩证明

　　D. 投标人与招标人商定，在投票时压低标价，中标后再给投标人额外补偿

　　E. 投标人无进行内部竞价，内定中标人后再参加投标

66. 发包人具有下列（　　）情形之一，致使承包人无法施工，且在催告的合理期限内仍未履行相应义务，承包人请求解除建设工程施工合同的，人民法院应予支持。

　　A. 未按约定支付工程价款的

　　B. 提供的主要建筑材料、建筑构配件和设备不符合强制性标准的

　　C. 施工现场安装摄像设备全程监控

　　D. 施工现场安排大量人员

　　E. 不履行合同约定的协助义务的

67. 按照《合同法》的规定，债权人转让权利应当通知债务人，债权人转让权利的通知（　　）。

　　A. 不得自行撤销

　　B. 有权自行撤销

　　C. 经受让人同意可以撤销

　　D. 经债务人同意可以撤销

　　E. 定金

68. 当事人一方不履行合同义务或者履行合同义务不符合约定的。在合同对违约责任没有具体约定的情况下，违约方应当承担的法定违约责任有（　　）。

　　A. 继续履行　　　　　　　B. 采取补救措施

　　C. 赔偿损失　　　　　　　D. 支付违约金

　　E. 定金

69. 当事人提交给法院的以下材料中，不属于民事诉讼证据的有（　　）。
    A．建筑工程法规
    B．建筑材料检验报告
    C．工程竣工验收现场录像
    D．双方往来的电子邮件
    E．代理意见

70. 某律师接受当事人委托参加民事诉讼，以下属于委托代理权消灭的原因有（　　）。
    A．诉讼终结
    B．当事人解除委托
    C．代理人辞去委托
    D．委托代理人死亡
    E．委托代理人有过错

71. 商事仲裁裁决生效后，应当向（　　）申请执行。
    A．作出裁决的仲裁委员会
    B．申请人依据地的中级人民法院
    C．被执行人住所地的中级人民法院
    D．仲裁委员会所在地的中级人民法院
    E．被执行财产所在地的中级人民法院

72. 人民法院审理行政案件，审判庭组成符合法律规定的是（　　）。
    A．审判员独任
    B．审判员、书记员
    C．审判员三人以上单数
    D．审判员、陪审员三人以上单数
    E．陪审员三人以上单数

73. 根据《物权法》的相关规定，将（　　）作为抵押物的，其抵押权自登记时设立。
    A．交通运输工程
    B．正在施工匠建筑物
    C．生产设备、原材料
    D．正在加工的工程模板
    E．建设用地使用权

74. 建设单位的安全责任包括（　　）。
    A．向施工单位提供地下管线资料
    B．依法履行合同
    C．提供安全生产费用
    D．不推销劣质材料设备
    E．对分包单位安全生产全面负责

75. 总承包单位依法将建设工程分包给其他单位施工，若分包工程出现质量问题时，应当由（　　）。
    A．总承包单位单独向建设单位承担责任

B. 分包单位单独向建设单位承担责任
C. 总承包单位与分包单位向建设单位承担连带责任
D. 总承包单位与分包单位分别向建设单位承担责任
E. 分包单位向总承包单位承担责任

76. 下列违约责任承担方式可以并用的有（　　）。
    A. 赔偿损失与继续履行
    B. 实际发行与解除合同
    C. 定金与支付违约金
    D. 赔偿损失与修理、重作、更换
    E. 违约金与解除合同

77. 为保证案件的公正处理，民事诉讼规定了回避制度，下列人员中（　　）若与审理的案件有利害关系，应当回避。
    A. 法院的书记员　　　　　　B. 勘验人
    C. 鉴定人　　　　　　　　　D. 出庭的证人
    E. 被告方的诉讼代理人

78. 仲裁案件当事人申请仲裁后自行达成和解协议的，可以（　　）。
    A. 请求仲裁庭根据和解协议制作调解书
    B. 请求仲裁庭根据和解协议制作裁决书
    C. 撤回仲裁申请书
    D. 请求强制执行
    E. 请求法院判决

79. 可以提起行政复议的事项包括（　　）。
    A. 行政处罚　　　　　　　　B. 行政强制措施
    C. 行政处分　　　　　　　　D. 行政机关对民事纠纷作出的调解

1.【答案】A
【解析】《民法通则》第一百四十条规定，诉讼时效因提起诉讼。当事人一方提了要求或者同意履行义务而中断，从中断时起，诉讼时效时间重新计算。本题属于因乙单位向甲单位提出支付请求而中断的情形。

2.【答案】C
【解析】建造师的注册分为初始注册、延续注册、变更注册和增项注册四类。初始注册证书与执业印章有效期为3年；延续注册的，注册证书与执业印章有效期也为3年；变更注册的，变更注册后的注册证书与执业印章仍延续原注册有效期。

3.【答案】A
【解析】行政法规的效力低于《宪法》和其他法律，地方性法规具有地方性，只在本辖区内有效，其效力低于法律和行政法规；行政规章是由国家行政机关制定的法律规范性文件，包括部门规章和地方政府规章，效力低于法律、行政法规；最高人民法院对于法律的系统性解释文件和对法律适用的说明，对法院审判有约束力，具有法律规范的性质，在司法实践中具有重要的地位和作用。

4.【答案】D

【解析】无因管理是指既未受人之托，也不负有法律规定的义务，而是自觉为他人管理事务的行为。

5.【答案】D

【解析】《物权法》规定了可以在建工程作为抵押物，同时规定，以正在建造的建筑物抵押的，应当办理抵押登记，抵押权自登记时设立。

6.【答案】B

【解析】建造师的注册分为初始注册、延续注册、变更注册和增项注册四类。

7.【答案】B

【解析】《建筑工程施工许可管理办法》第四条规定，建设工期不足一年的，到位资金原则上不得少于工程合同价的 50%；建设工期超过一年的，到位资金原则上不得少于工程合同价的 30%。

8.【答案】B

【解析】我国土地所有权属于国家，不得抵押，但土地使用权可以抵押。

9.【答案】D

【解析】建筑业企业资质分为施工总承包、专业承包和劳务分包三个序列。施工总承包资质、专业承包资质、劳务分包资质序列按照工程性质和技术特点分别划分为若干资质类别。

10.【答案】C

【解析】承包建筑工程的单位应当持有依法取得的资质证书，并在其资质等级许可的业务范围内承担工程，禁止建筑施工企业超越本企业资质等级许可的业务范围或者以任何形式用其他建筑施工企业的名义承担工程，禁止建筑施工企业以任何形式允许其他单位或者个人使用本企业的资质证书、营业执照，以本企业的名义承担工程。

11.【答案】A

【解析】投标人在招标文件要求投标文件的截止时间前，可以补充，修改或者撤回已提交的投标文件，并书面通知招标人，补充、修改的内容为投标文件的组成部分。

12.【答案】C

【解析】开标应当在招标文件确定的提交投标文件截止时间的同一时间公开进行；开标地点应当为招标文件中预告确定的地点。

13.【答案】D

【解析】D 项，评标应由招标代理机构组织评标委员会进行。

14.【答案】B

【解析】生产经营单位必须对安全设备进行经常性维护、保养，并定期检测，这是设备的日常管理工作，属于管理保障措施中的物力资源管理范围。

15.【答案】B

【解析】评标委员会提出书面评标报告后，招标人应根据提供的书面评标报告确定中标人。

16.【答案】A

【解析】《建设工程安全生产管理条例》第十四条规定："工程监理单位应当审查施工组织设计中的安全技术措施或者专项施工方案是否符合工程建设强制性标准"在实践中可能会存在合同中约定的标准高于强制性标准的情况，那时监理单位就不仅要审查施工组织设计中的安全技术措施或者专项施工方案是否违法了，还要看一看是否违约，若违约也不能批准施工单位的施工组织设计。

**17.【答案】B**

【解析】意外伤害保险费由施工单位支付，实行施工总承包的，由总承包单位支付意外伤害保险费，分包单位的从事危险作业人员的意外伤害保险的保险费是由总承包单位支付的。

**18.【答案】C**

【解析】根据施工起重机械和自升式架设设施的安全管理，在施工现场安装和拆卸施工起重机械和整体提升脚手架、模板等自升式架设设施，必须由具有相应资质的单位承担。

**19.【答案】B**

【解析】根据《建筑施工企业安全生产许可证管理规定》第四条，将建筑施工企业取得安全生产许可证应当具备的安全生产条件具体规定为：①建立、健全安全生产责任制，制定完备的安全生产规章制度和操作规程；②保证本单位安全生产条件所需资金的投入；③设置安全生产管理机构，按照国家有关规定配备专职安全生产管理人员；④主要负责人、项目负责人、专职安全生产管理人员经建设主管部门或者其他有关部门考核合格；⑤特种作业人员经有关业务主管部门考核合格，取得特种作业操作资格证书；⑥管理人员和作业人员每年至少进行一次安全生产教育培训并考核合格；⑦依法参加工伤保险，依法为施工现场从事危险作业的人员办理意外伤害保险，为从业人员交纳保险费；⑧施工现场的办公、生活区及作业场所和安全防护用具、机械设备、施工机具及配件符合有关安全生产法律、法规、标准和规程的要求；⑨有职业危害防治措施，并为作业人员配备符合国家标准或者行业标准的安全防护用具和安全防护服装；⑩有对危险性较大的分部分项工程及施工现场易发生重大事故的部位或环节的预防、监控措施和应急预案；⑪有生产安全事故应急救援预案、应急救援组织或者应急救援人员，配备必要的应急救援器材、设备；⑫法律、法规规定的其他条件。

**20.【答案】C**

【解析】《安全生产许可证条例》第九条规定，安全生产许可证的有效期为3年，安全生产许可证有效期满需要延期的，企业应当于期满前3个月向原安全生产许可证颁发管理机关办理延期手续；企业在安全生产许可证有效期内，严格遵守有关安全生产的法律法规，未发生死亡事故的，安全生产许可证有效期届满时，经原安全生产许可证颁发管理机关同意，不再审查，安全生产许可证有效期延期3年。

**21.【答案】C**

【解析】根据生产安全事故造成的人员伤亡或者直接经济损失，事故一般分为以下等级：①特别重大事故，是指造成30人以上死亡，或者100人以上重伤（包括急性工业中毒，下同），或者1亿元以上直接经济损失的事故；②重大事故，是指造成10人以上30人以下死亡，或者50人以上100人以下重伤，或者5000万元以上1亿元以下直接经济损失的事故；③较大事故，是指造成3人以上10人以下死亡，或者10人以上50人以下重伤，或者1000万元以上5000万元以下直接经济损失的事故；④一般事故，是指造成3人以下死亡，或者10人以下重伤，或者1000万元以下直接经济损失的事故，这里所称的"以上"包括本数，所称"以下"不包括本数。

**22.【答案】C**

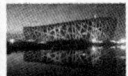

【解析】《建设工程质量管理条例》第三十九条第 2 款规定，"建设工程承包单位在向建设单位提交工程竣工验收报告时，应当向建设单位出具质量保修书，质量保修书中应当明确建设工程的保修范围、保修期限和保修责任。"

23.【答案】C

【解析】建设工程勘察、设计文件内容需要作重大修改的，建设单位应当报原审批机关批准后，方可修改。

24.【答案】A

【解析】工程建设中拟采用的新技术、新工艺、新材料，不符合现行强制性标准规定的，应当由拟采用单位提请建设单位组织专题技术论证，报批准标准的建设行政主管部门或者国务院有关主管部门审定。

25.【答案】B

【解析】《标准化法》按照标准的级别不同，把标准分为国家标准、行业标准、地方标准和企业标准，《标准化法》第六条规定，对没有国家标准而又需要在全国某个行业范围内统一的技术要求，可以制定行业标准。

26.【答案】B

【解析】在城市市区范围内，建筑施工过程中使用机械设备，可能产生环境噪声的污染的，施工单位必须在工程开工 15 日以前向工程所在地县及以上地方人民政府环境保护行政主管部门申报该工程的项目名称、施工场所和期限，可能产生的环境噪声值以及所采取的环境噪声污染防治措施的情况。

27.【答案】D

【解析】建筑节能的国家标准、行业标准由国务院建设主管部门组织制定，并依照法定程序发布，省、自治区、直辖市人民政府建设主管部门可以根据本地实际情况，制定严于国家标准或者行业标准的地方建筑节能标准，并报国务院标准化主管部门和国务院建设主管部门备案，国家鼓励企业制定严于国家标准、行业标准的企业节能标准。

28.【答案】B

【解析】按照国家工程建筑消防技术标准需要进行消防设计的建筑工程，设计单位应当按照国家工程建筑消防技术标准进行设计，建设单位应当将建筑工程的消防设计图纸及有关资料报送公安消防机构审核；未经审核或者经审核不合格的，建设行政主管部门不得发给施工许可证，建设单位不得施工。

29.【答案】C

【解析】企业劳动争议调解委员会由职工代表和企业代表组成，职工代表由工会成员担任或者由全体职工推举产生，企业代表由企业负责人指定，企业劳动争议调解委员会主任由工会成员或者双方推举的人员担任。

30.【答案】B

【解析】劳动合同期限 3 个月以上不满 1 年的，试用期不得超过 1 个月；劳动合同期限 1 年以上不满 3 年的，试用期不得超过 2 个月；3 年以上固定期限和无固定期限的劳动合同，试用期不得超过 6 个月。

31.【答案】B

【解析】非全日制用工是指以小时计酬为主，劳动者在同一用人单位一般平均每日工作

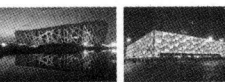

时间不超过四小时,每周工作时间累计不超过 24 小时的用工形式,非全日制用工劳动报酬结算支付周期最长不得超过 15 日。

32.【答案】D
【解析】工程建设强制性标准的解释由工程建设标准批准部门负责,有关标准具体技术内容的解释,工程建设标准批准部门可以委托该标准的编制管理单位负责。

33.【答案】A
【解析】根据《税收征收管理法》的有关规定,纳税人因有特殊困难,不能按期缴纳税款的,经批准可以延期缴纳税款,但是最长不得超过三个月,纳税人未按照规定期限缴纳税款的,扣缴义务人未按照规定期限解缴税款的,税务机关除责令限期缴纳外,从滞纳税款之日起,按日加收滞纳税款万分之五的滞纳金。

34.【答案】A
【解析】建筑物或者其他设施以及建筑物上的搁置物或悬挂物发生倒塌、脱落、坠落造成他人的损害的,属于特殊侵权行为,它的所有人或者管理人应当承担民事责任,但能够证明自己没有过错的除外。

35.【答案】B
【解析】根据《行政处罚法》的规定,法律可以设定各种行政处罚,限制人身自由的行政处罚,只能由法律设定;行政法规可以设定除了限制人身自由以外的行政处罚;地方性法规可以设定除限制人身自由、吊销企业营业执照以外的行政处罚;国务院部、委员会制定的规章,省、自治区、直辖市人民政府和省、自治区人民政府所在地的市人民政府以及经国务院批准的较大的市人民政府制定的规章可以设定警告或者一定数量罚款的行政处罚,罚款的数额分别由国务院和省级人大及其常委会加以规定;除此之外,其他规范性文件均不得设定行政处罚。

36.【答案】C
【解析】诺成合同是指当事人各方的意思表示一致即告成立的合同,如委托合同、勘察和设计合同等;实践合同,又称要物合同是指除双方当事人的意思表示一致以后,尚需交付标的物才能成立的合同,如保管合同、定金合同等。

37.【答案】A
【解析】要约的概念,要约是希望和他人订立合同的意思表示。可见,要约是一方当事人以缔结合同为目的,向对方当事人所作的意思表示。

38.【答案】C
【解析】承诺到达要约人时生效,承诺生效时合同成立,撤回承诺的通知于合同成立之前到达要约人,即在承诺通知到达要约人之前到达要约人,所以此时承诺可以撤回。

39.【答案】
【解析】缔约过失责任是指一方因违背诚实信用原则所要求的义务而致使合同不成立,或者虽已成立但被确认无效或被撤销时,造成确信该合同有效成立的当事人信赖利益损失,而依法应承担的民事责任,这种责任主要表现为赔偿责任,其一般发生在订立合同阶段,这是违约责任与缔约过失责任的显著区别。

40.【答案】D
【解析】乙的回函对标的数量做出了实质性变更,应视为新要约,甲未作表示,即没有发出承诺，故合同不成立。

41.【答案】B

【解析】无处分权人只能对财产享有占有、使用权，无处分权人处分他人财产与相对人订立的合同，经权利人追认或者无权处分权人订立合同后取得处分权的，该合同有效。

42.【答案】B

【解析】附条件合同是指在合同中约定了一定的条件，并且把该条件的成立或者不成立作为合同效力发生或者消灭的根据的合同，根据条件对合同效力的影响，可将所附条件分为生效条件和解除条件。

43.【答案】C

【解析】不安抗辩权是指先履行合同的当事人一方因后履行合同一方当事人欠缺履行或信用，而拒绝履行合同的权利。

44.【答案】A

【解析】《合同法》第七十五条规定：撤销权自债权人知道或者应当知道撤销事由之日起一年内行使，自债务人的行为发生之日起五年内没有行使撤销权的，该撤销权消灭。

45.【答案】B

46.【答案】C

【解析】合同权利义务的终止，不影响合同中结算、清理条款和独立存在的解决争议方法的条款（如仲裁条款）的效力。

47.【答案】C

【解析】违约金存在于主合同之中，定金存在于从合同之中，它们可能单独存在，也可能同时存在，当事人既约定违约金，又约定定金的，一方违约时，对方可以选择适用违约金或者定金条款。

48.【答案】B

【解析】担保是伴随着主债务的产生而产生的，因此，将担保合同称为从合同，而与之相对应的约定主债务的合同则称为主合同，主合同中的债务人如果履行了主债务，则主合同消失，相应的从合同也就自然消失了。

49.【答案】B

【解析】建设工程民事纠纷的处理方式主要有四种，分别是和解、调解、仲裁、诉讼。

50.【答案】D

【解析】在我国，《仲裁法》是调整和规范仲裁制度的基本法律，但《仲裁法》的调整范围仅限于民商事仲裁，即平等主体的公民、法人和其他组织之间发生的合同纠纷和其他财产权纠纷可以仲裁，劳动争议和农业承包合同纠纷不属于《仲裁法》的仲裁范围。此外，根据《仲裁法》第三条的规定，下列纠纷不能仲裁：①婚姻、收养、监护、抚养、继承纠纷；②依法应当由行政机关处理的行政争议。

51.【答案】C

【解析】仲裁调解是指仲裁庭在作出裁决前进行调解的解决纠纷的方式，仲裁调解书与裁决书具有同等法律效力，调解书经当事人签收后即发生法律效力。

52.【答案】D

【解析】诉讼过程中，一方当事人对另一方当事人陈述的案件事实明确表示承认的，另一方当事人无需举证。根据最高人民法院《关于民事诉讼证据的若干规定》，对下列事实当事人无需举证证明：①众所周知的事实；②自然规律及定理；③根据法律规定或者已知事实和日常生活经验法则能推定出的另一事实；④已为有效公正文书所证明的事实。

53. 【答案】A

【解析】保证是以保证人的保证承诺作为担保的，签订保证合同时并不涉及具体的财物，当债务人不能依主合同的约定清偿债务时，保证人负有代为清偿债务责任。

54. 【答案】A

【解析】民事诉讼是指人民法院在当事人和其他诉讼参与人的参加下，以审理、裁判、执行等方式解决民事纠纷的活动，诉讼参与人包括原告、被告、第三人、证人、鉴定人、勘验人等。

55. 【答案】B

【解析】当事人、利害关系人认为执行和为违反法律规定的，可以向负责执行的人民法院提出书面异议，当事人、利害关系人提出书面异议的，人民法院应当自收到书面异议之日起15日内审查，理由成立的，裁定撤销或者改正；理由不成立的，裁定驳回，当事人、利害关系人对规定不服的，可以自裁定送达之日起10日内向上一级人民法院申请复议。

56. 【答案】D

【解析】当事人协议选择国内的仲裁机构仲裁后，一方以仲裁协议的效力有异议请求人民法院裁定的，由该仲裁委员会所在地的中级人民法院管辖，当事人对仲裁委员会没有约定或者约定不明的，由被告所在地的中级人民法院管辖。

57. 【答案】D

【解析】要式合同是法律或当事人必须具备特定形式的合同，例如，建设工程合同应当采用书面形式，就是要式合同；不要式合同是指法律或当事人不要求必具备一定形式的合同，实践中，以不要式合同居多。

58. 【答案】B

【解析】仲裁裁决作出后，撤销仲裁裁决必须在法定的期限内提出撤销申请，我国《仲裁法》规定，当事人申请撤销仲裁裁决的，应当自收到裁决书之日起6个月内提出。

59. 【答案】A

【解析】《工程建设项目招标范围和规模标准规定》规定的必须招标的各类工程建设项目，包括项目的勘察、设计、施工、监理以及与工程建设有关的重要设备、材料等的采购，达到下列标准之一的，必须进行招标：①施工单项合同估算价在200万元人民币以上的；②重要设备、材料等货物的采购，单项合同估算价在100万元人民币以上的；③勘察、设计、监理等服务的采购，单项合同估算价在50万元人民币以上的；④单项合同估算价低于第1、2、3项规定的标准，但项目总投资额在3000万元人民币以上的。

60. 【答案】D

【解析】工程监理单位应当选派具备相应资格的总监理工程师和监理工程师进驻施工现场，未经监理工程师签字，建筑材料、建筑构配件和设备不得在工程上使用或安装，施工单位不得进行下一道工序的施工，未经总监理工程师签字，建设单位不拨付工程款，不进行竣工验收。

61. 【答案】CE

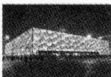

【解析】合同中可以约定在一方违约的情况下免除其责任的条件，这个条款称为免责条款，免责条款并非全部有效。《合同法》第五十三条规定，合同中的下列免责条款无效：①造成对方人身伤害的；②因故意或者重大过失造成对方财产损失的。

62.【答案】ABCE

【解析】建设工程竣工验收是施工全过程的最后一道程序，是建设投资成果转入生产或使用的标志，也是全面考核投资效益，检验设计和施工质量的重要环节，建设工程竣工验收应当具备的条件有：①完成建设工程设计和合同约定的各项内容；②有完整的技术档案和施工管理资料；③有工程使用的主要建筑材料、建筑构配件和设备的进场试验报告；④有勘察、设计、施工、工程监理等单位分别签署的质量合格文件；⑤有施工单位签署的工程保修书。

63.【答案】CDE

【解析】所谓环境保护"三同时"制度是指建设项目需要配套建设的环境保护设施，必须与主体工程同时设计、同时施工、同时投产使用。

64.【答案】ABDE

【解析】用人单位不得解除劳动合同的情形有：①从事接触职业病危害作业的劳动者未进行离岗前职业健康检查，或者疑似职业病病人在诊断或者医学观察期间的；②在本单位患职业病或者因工负伤并被确认丧失或者部分丧失劳动能力的；③患病或者非因工负伤，在规定的医疗期内；④女职工在孕期、产期、哺乳期的；⑤在本单位连续工作满 15 年，且距法定退休年龄不足 5 年的；⑥法律、行政法规规定的其他情形。

65.【答案】ADE

【解析】《工程建设项目施工招标投标办法》第四十七条规定，招标人与投标人串通投标行为包括：①招标人在开标前开启投标文件，并将投标情况告知其他投标人，或者协助投标人撤换投标文件，更改报价；②招标人向投标人泄露标底；③招标人与投标人商定，投标时压低或抬高标价，中标后再给投标人或招标人额外补偿；④招标人预先内定中标人；⑤其他串通投标行为。

66.【答案】ABE

【解析】发包人具有下列情形之一，致使承包人无法施工，且在催告的合理期限内仍未履行相应义务，承包人请求解除建设工程施工合同的，应予支持：①未按约定支付工程价款的；②提供的主要建筑材料、建筑构配件和设备不符合强制性标准的；③不履行合同约定的协助义务的，上述三种情形均属于发包人违约。因此，合同解除后，发包人还要承担违约责任。

67.【答案】AC

【解析】根据《合同法》第八十条的规定，债权人转让权利的，应当通知债务人，未经通知，该项转让对债务人不发生效力，债权人转让权利的通知不得撤销，但经受让人同意的除外。

68.【答案】ABC

【解析】《合同法》第一百零七条规定：当事人一方不履行合同义务或者履行合同义务不符合约定的，应当承担继续履行，采取补救措施或者赔偿损失等违约责任。

69.【答案】AE

【解析】民事诉讼证据包括七种证据形式，即书证、物证、视听资料、证人证言、当事人陈述、鉴定结论、勘验笔录。

70.【答案】ABCD

【解析】委托代理权可以因诉讼终结、当事人解除委托、代理人辞去委托、委托代理人死亡或丧失行为能力而消灭。

71.【答案】CD

【解析】《仲裁法解释》第二十九条规定，当事人申请执行仲裁裁决案件，由被执行人住所地或者被除数执行的财产在地的中级人民法院管辖。

72.【答案】CD

【解析】人民法院审理行政条件，由审判员组成合议庭，或者由审判员、陪审员组成合议庭，合议庭成员应当是 3 人以上的单数。

73.【答案】BD

【解析】《物权法》规定了可以在建设工程作为抵押物。同时规定，以正在建造的建筑物抵押的，应当办理抵押登记，抵押权自登记时设立。

74.【答案】ABCD

【解析】建设单位的安全责任主要包括：①向施工单位提供资料的责任；②依法履行合同的责任；③提供安全生产费用的责任；④不得推销劣质材料设备的责任；⑤提供安全施工措施资料的责任；⑥对拆除工程进行了备案的责任。

75.【答案】AE

【解析】建设工程实行总承包的，总承包单位应当对全部建设工程质量负责；总承包单位依法将建设工程分包给其他单位的，分包单位应当按照分包合同的约定对其他分包工程的质量向总承包单位负责，总承包单位与分包单位对分包工程的质量承担连带责任。

76.【答案】ABDE

【解析】当事人既约定违约金，又约定定金的，一方违约时，对方可以选择适用违约金或者定金条款。

77.【答案】ABC

【解析】根据《民事诉讼法》第四十五条规定，审判人员、书记员、翻译人员、鉴定人、勘验人有下列情形之一的，必须回避，当事人有权用口头或者书面方式申请回避：①是本案当事人或者诉讼代理人的近亲属；②与本案有利害关系；③与本案当事人有其他关系，可能影响对案件公正审理的。

78.【答案】BC

【解析】仲裁和解是指仲裁当事人通过协商，自行解决已提交仲裁的争议事项的行为。《仲裁法》规定，当事人早班仲裁后，可以自行和解。当事人达成和解协议的，可以请求仲裁庭根据和解协议作出裁决书，也可以撤回仲裁申请。如果当事人撤回仲裁申请后反悔的，则可以仍根据原仲裁协议申请仲裁。仲裁调解，是指在仲裁庭的主持下，仲裁当事人在自愿协商，互谅互让基础上达成协议从而解决纠纷的和中制度。

79.【答案】ABC

【解析】根据《行政复议法》第六条的规定，当事人可以申请复议的情形通常包括：①行政处罚；②行政强制措施；③行政许可；④认为行政机关侵犯其合法的经营自主权的；⑤认为行政机关违法集资、摊派费用或者违法要求履行其他义务的；⑥认为行政机关的其他具体行政行为侵犯其合法权益的。

# 参 考 文 献

[1] 人事部，建设部．一、二级建造师执业资格考试大纲．北京：中国建筑工业出版社，2004

[2] 全国二级建造师执业资格考试用书编写委员会．建设工程法规及相关知识．北京：中国建筑工业出版社，2004

[3] 史敏，姚兵．《中华人民共和国建筑法》讲话．北京：经济管理出版社，1988

[4] 何红锋．工程建设相关法律事务．北京：人民交通出版社，2000

[5] 何红锋．工程建设中的合同法与招投标法．北京：中国计划出版社，2002

[6] 黄安永．建筑法．南京：东南大学出版社，2004

[7] 姚惠娟．建筑法．北京：法律出版社，2003

[8] 中国建筑业协会．建设企业经理手册．北京：中国建筑工业出版社，1997